Angela Pilch Ortega · Andrea Felbinger · Regina Mikula
Rudolf Egger (Hrsg.)

Macht – Eigensinn – Engagement

Lernweltforschung
Band 7

Herausgegeben von
Heide von Felden
Rudolf Egger

Angela Pilch Ortega
Andrea Felbinger · Regina Mikula
Rudolf Egger (Hrsg.)

# Macht – Eigensinn – Engagement

Lernprozesse gesellschaftlicher
Teilhabe

**VS VERLAG**

Bibliografische Information der Deutschen Nationalbibliothek
Die Deutsche Nationalbibliothek verzeichnet diese Publikation in der
Deutschen Nationalbibliografie; detaillierte bibliografische Daten sind im Internet über
<http://dnb.d-nb.de> abrufbar.

1. Auflage 2010

Alle Rechte vorbehalten
© VS Verlag für Sozialwissenschaften | Springer Fachmedien Wiesbaden GmbH 2010

Lektorat: Stefanie Laux

VS Verlag für Sozialwissenschaften ist eine Marke von Springer Fachmedien.
Springer Fachmedien ist Teil der Fachverlagsgruppe Springer Science+Business Media.
www.vs-verlag.de

Umschlaggestaltung: KünkelLopka Medienentwicklung, Heidelberg
Gedruckt auf säurefreiem und chlorfrei gebleichtem Papier
Printed in the Netherlands

ISBN 978-3-531-17085-5

# Inhaltsverzeichnis

*Rudolf Egger*
Vorwort 7

## Werte, Kriterien, Ziele

*Heiner Keupp*
Visionen der Zivilgesellschaft: Der aufmüpfige Citoyen oder
eine Mittelschichtveranstaltung? 17

*Melanie Krug/ Michael Corsten*
Sind Nicht-Engagierte nicht eigensinnig? 41

*Rudolf Egger*
„The wider benefits of negotiations". Zur Entstehung
von sozialer Wertschöpfung in gewerkschaftlichen Bezügen 63

*Angela Pilch Ortega*
Biographisierte Wir-Bezüge und ihre Relevanz für soziales
Engagement. Eine kritische Momentaufnahme 81

*Regina Mikula*
Sozial-Kapital als Bedingungsfeld und studentisches Engagement
als Möglichkeitsraum für individuelle und kollektive
Veränderungsprozesse 99

## Perspektiven, Ressourcen, Fälle

*Peter Alheit*
Lernwelt „Nachbarschaft": Zur Wiederentdeckung
einer wichtigen Dimension 121

*Heiner Keupp*
Kommunale Förderbedingungen für bürgerschaftliches
Engagement 137

*Wolf-Dietrich Bukow / Sonja Preißing*
„Wir sind kölsche Jungs". Die „Kalker Revolte" – Der Kampf
um Partizipation in der urbanen Gesellschaft                                   151

*Andrea Felbinger*
Gesellschaftlicher Ressourcenmangel als Entwicklungschance?
Oder: Die Suche nach Sinn durch gesellschaftliches Engagement
am Beispiel ehrenamtlicher Sachwalterschaft                                    173

*Michael May*
Produktionsweisen des Sozialen älterer Migrantinnen und
Migranten in Deutschland                                                       189

*Michael Wrentschur*
Neuer Armut entgegenwirken: Politisch-partizipative Theaterarbeit
als kreativer Impuls für soziale und politische Partizipationsprozesse         211

*Michaela Harmeier*
Lehrengagement zwischen biographischer Selbstfindung und
Wissensvermittlung: Ehrenamt in der Erwachsenenbildung                         233

*Patrick Meyer-Glitza*
Nicht-tötende Rinderhaltung als neue Herausforderung für den
Ökologischen Landbau – eine Fallstudie                                         249

*Cornelia Dinsleder / Katharina Faltis / Andrea Felbinger / Andrea Mayr /
Helga Moser / Karin Pesl-Ulm / Harald Ploder / Elisabeth Puster / Katica Stanić*
Die Herausbildung professioneller Handlungsmacht in der Berufswelt
einer Betriebsrätin                                                            267


*AutorInnenverzeichnis*                                                        283

# Vorwort

Die Begriffe, mit denen eine Gesellschaft beschrieben wird, sind Ergebnisse von Deutungsversuchen rivalisierender Interessensgruppen und deren Weltsicht. Die hier in die Diskussion gebrachten Prinzipien, Urteile und Überzeugungen bestimmen in ihren Interpretationsräumen das soziale Gewebe, innerhalb dessen wir unser Leben interpretieren. Gesellschaftliche Macht beruht deshalb nicht einfach auf Gewalt, Zwang oder Unterdrückung, sondern in Demokratien ist die Erlangung und Erhaltung von Zustimmung zu bestimmten Erzählungen und Interpretationen von Gesellschaftsvorstellungen zentraler Bestandteil der Absicherung von Herrschaft. Heute dominieren hier (trotz der anhaltenden und sich noch verschärfenden Krisen) neoliberale Denkweisen, die den Ort des Handelns von Individuen in Konsumentscheidungen und globalen Wirtschaftstrends auflösen. Der Versuch, die Krisen unserer Gesellschaft durch derartige ökonomische und technologische Strategien, durch mehr Effizienz im Wirtschaftssystem, durch immer neue Kontrollen im Finanzsystem, durch Pflegeroboter oder Autokatalysatoren etc. meistern zu wollen, die Hoffnung, durch mehr Technik und Markt zu einer gerechteren, rationaleren Welt beizutragen, scheint als Interpretationsfundament unserer Welt trotz zahlreicher gravierender Notlagen kaum an Attraktivität eingebüßt zu haben. Es weist vieles darauf hin, dass das Abrücken von dieser Marktgläubigkeit mit einer enormen Angst vor der zunehmenden sozialen Komplexität gesellschaftlicher Sachverhalte und einer damit einhergehenden Überforderung der Subjekte einhergeht. Die Welt jenseits der reinen ökonomischen Parameter von Kosten-Nutzen, von Gewinn und Verlust, von In- und Output, wird hier als zu kompliziert und auch als zu wenig kontrollierbar angesehen. Ultraliberale Denkschulen verstärken dieses Credo, indem sie betonen, dass allen am Besten gedient ist, wenn technologische Systeme und die unsichtbare Hand des Marktes nur ihrer eigenen Logik folgen können, wenn die hier wirkenden vitalen Eigendynamiken nicht gestört werden. Derartige Argumentationen übersehen dabei, dass es in einem Gemeinwesen aber nicht nur um Techniken und deren Adjustierung, um Output und Regelungsdichten, um Geld und Besitz geht, sondern fortwährend auch um die Frage, wie man die verschiedenen materiellen und sozialen Ressourcen für als wichtig zu definierende Ziele sinnvoll einsetzen kann und soll. Es geht letztlich stets auch darum, wie dieses „Sinnvolle" etikettiert und in weiterer Folge durchgesetzt wird. Erst durch soziale Prozesse, in denen handelnde Individuen ihre Kriterien, Werte und Ziele verhandeln und überprüfen, in denen sie sich ihre Welt verständlich machen, entsteht das, was wir mit Fug und Recht als Gesellschaft bezeichnen können. Dazu bedarf es aber des Zutrauens, dass wir uns in einer prinzipiell verstehbaren Welt bewegen, dass solche Verständlichkeit überhaupt möglich und auch tauglich ist, auch wenn wir wissen, dass unsere Werte und Ziele einem Wandel unterliegen. So gemeinte Verständlichkeit ist dabei kein einmal erreichter Zustand, sondern ein Prozess, der Auskunft über die ordnenden Kräfte unseres Lebens zu geben vermag. Da wir soziale Wesen sind, betrifft dies aber nicht nur unsere persönlichen Stellungnahmen zur „Welt", sondern die Aufgabe besteht auch darin, Gründe zum gemeinsamen Handeln zu finden, um selbst daran zu wachsen und etwas für andere beizutragen. Eine solche Perspektive bedarf der Rückbindung an die Gesellschaft, bedarf des Aufgreifens der Gelegenheiten zum Miteinander, zum sozialen Engagement, zur sozialen Wertschöpfung. Indem wir erkennen, dass wir unsere Welt gemeinsam hervorbringen, erkennen wir auch, wer wir sind, und wer wir sein könn(t)en. Gerade diese Atmosphäre ist in der Technologisierung und Verbetriebswirtschaftung unseres Lebens stark gefährdet. Demgegenüber stehen Formen sozialer Wertschöpfung, die die Möglichkeiten der stetigen Bezugnahme zwischen den Wünschen, Vorstellungen, Ideen vom Mensch-Sein und den Möglichkeiten des je konkreten Lebens, zwischen dem, was ich für mich und andere leiste und dem, was andere für mich schaffen, hervorheben. Dieser Fokus der sozialen Verortung wird im Rahmen unserer heutigen Wirtschaftsordnung immer stärker in Nischen abgeschoben und oft nur noch dort in seiner eigenständigen, wert-schöpfenden und sozialen Dimension gesehen, wo der Markt, mangels zu geringer Verdienstaussichten, kein Interesse mehr daran hat. In diesem Sinne ist unsere noch immer umfassende Orientierung am Bruttoinlandsprodukt (BIP) zu verstehen, die zum Beispiel die Arbeitsleistung, die Eltern mit der Erziehung ihrer Kinder erbringen oder auch die freiwillige Pflege von Angehörigen, einfach negiert. Dass das BIP auch über die wahren Folgekosten dieses Wirtschaftswachstums nichts sagt, wird ebenfalls achselzuckend hingenommen. Trotz der Erarbeitung weiterer wichtiger Kriterien (z. B. der vom Nobelpreisträger A. Sen entwickelte Human Development Index oder der Vorschlag für einen Nationalen Wohlfahrtsindex) bevorzugen die bestehenden Indi-zes weiterhin nur den klassischen Markt und seine Logik. Eine vernünftige Umorien-tierung müsste unmissverständlich anzeigen, dass Formen der Wertschöpfung nicht nur durch ökonomisches Kapital ausgewiesen werden können, sondern dass auch „Investitionen" in soziales Kapital, in die Art, wie wir mit der Familie, unseren Nach-barn, den Kollegen, den Vereinskameraden, den Leuten, die wir in Bürgerinitiativen oder im Gasthaus treffen umgehen, die Grundlagen allen wirtschaftlichen Handelns darstellen. In diesen sozialen Feldern wird jene Form von Kapital geschaffen, derer wir alle lebenslang bedürfen. Ein Schwinden dieser Kapitalsorte, das Nachlassen von Vertrauen, das Verrosten des „gesellschaftlichen Scharniers Solidarität" ist auf lange Sicht unstreitbar auch wirtschaftlich kontraproduktiv. Dazu bedarf es aber der Bürger und Bürgerinnen, die eine Form menschlichen Zusammenlebens ernst nehmen, in der der Zusammenhang der Gesellschaft nicht allein durch Marktgesetze oder durch staatliche Zwangsmaßnahmen hergestellt wird. Das in den letzten Jahren zunehmende Interesse an sozialen Netzwerken, an der Entstehung sozialen Kapitals kann als Indiz dafür betrachtet werden, dass dessen Relevanz als gesellschaftliche Ressource, um sozialer Desintegration entgegenzuwirken, zumindest in Teilbereichen der Gesellschaft stärker ins Zentrum gerückt wurde. Begriffe wie „soziales Engagement", „BürgerInnengesellschaft" u. dgl. akzentuieren die gesellschaftspolitische Relevanz von sozialen Netzwerken und deren Ressourcen. Die in diesem Buch versammelten Überlegungen fragen deshalb danach, wie soziales Kapital heute in unserer Gesellschaft erzeugt und lebendig gehalten werden kann. Dabei geht es einmal um die Beschreibung jener vielfältigen informellen und non-formalen Lernprozesse, in denen wir in unserer unmittelbar erlebbaren Nachbarschaft jene sozialstrukturellen Ressourcen im Sinne der Teilhabe an Gesellschaft kreieren, die in weiterer Folge auch für die verschiedenen Subsystem der Gesellschaft entscheidend sind. Den Funktionen und Möglichkeiten, den Potenzialen und Widerständen in der Herausbildung von (sozialen) Wert-Schöpfungsketten wird diesbezüglich in den Sozialstrukturen der Akteure nachgegangen. Um die hier eingelagerten biographischen Bewältigungs- und Lernprozesse zu verstehen ist es notwendig, die in den Subgruppen jeweils wirksamen Sinnperspektiven zu reflektieren. Diese sind freilich nicht als „externe Größen" immer schon gegeben. Alle die hier gebundenen Erfahrungsprozesse bilden den biographischen Wissensvorrat einer Person, der aus verschiedenen Schichten und Regionen abgestufter Nähe und Ferne besteht und der sich, unter den Bedingungen gesellschaftlicher „Großwetterlagen", (durch Lernprozesse) verändert. In den hier vorgelegten strukturellen und empirischen Analysen der Prozesse von sozialer Wertschöpfung soll dementsprechend weitschichtiges Wissen über die Leistungen der Subjekte generiert werden, in denen sie die sozial präformierten Anforderungen die an sie herangetragen werden zu ihren eigenen Lernprojekten machen, und wie sie diese wiederum anschlussfähig an ihre je konkrete Lebenswelt gestalten. Es werden dabei auch jene Erwartungs- und Deutungsmuster beleuchtet, die die heterogenen Lernanforderungen erst subjektiv bedeutsam werden lassen. Diese systematischen und erfahrungsgesättigten Rekonstruktionen von Lernwelten können dabei Hinweise darauf geben, wie sich gemeinsame gesellschaftliche Wertekontexte, aus denen heraus Entscheidungen getroffen werden, konfigurieren und transformieren.

In dieser Publikation stehen deshalb die Bedingungen, Möglichkeiten und Perspektiven von Menschen im Mittelpunkt, die sich in unserer Gesellschaft für ein WIR (das von der kleinräumigen Peer-Group über Vereine und Nachbarschaftsaktivitäten bis hin zur ökologischen „Zentralverbundenheit" reicht) engagieren. Die Grundfrage der in diesem Sammelband verhandelten Beiträge ist, wie Menschen dazu kommen, dass ihr Interesse an der Steigerung des Eigenwohls nicht (nur) auf Kosten anderer geht. Dabei steht auch das „innige" Verhältnis zwischen Demokratie und Kapitalismus zur Diskussion, indem danach gefragt wird, wo sich in den großen Demokratien der reale Platz von Solidarität, von Mitgefühl und gesellschaftlicher Verbundenheit befindet. In den Blick gerückt werden jene Prozesse, die Aufschluss darüber geben, innerhalb welcher *MACHT*konstellationen welche Formen der *EIGEN*intitaive *SINN* ergeben und welche Arten von sozialem *ENGAGEMENT* dabei „freigesetzt" werden. Aufgezeigt wird dies anhand von konkreten Beispielen der Verpflichtungen unterschiedlicher Menschen in verschiedenen Aktivitätsfeldern. Von Interesse ist diesbezüglich auch, wie sich die identitätsstiftenden Herkunftserzählungen von Menschen und Gruppen heute präsentieren, und wie die Kernwerte einer zivilen Gesellschaft im Sinne einer aktiven Bürgerinnen- und Bürgerbeteiligung weitergetragen werden können. Die einzelnen Beiträge bearbeiten in diesem Sinne ein breites Spektrum lebensnaher sozialer Aktivitäts- und Engagementfelder. Im Einzelnen befassen die Aufsätze konkret mit folgenden Phänomenen:

Im Artikel von *Heiner Keupp*, betitel mit *Visionen der Zivilgesellschaft: Der aufmüpfige Citoyen oder eine Mittelschichtveranstaltung?*, wird ein gangbarer Weg zur Idee der Zivilgesellschaft gesucht, wobei als zentraler Prüfstein die Anerkennung der aktiven Subjekte innerhalb ihrer unhintergehbaren Ansprüche auf Selbstbestimmung und Partizipation proklamiert wird. Die hier gültigen Ansprüche und Rechte für bürgerschaftliches Engagement werden kritisch diskutiert.

*Melanie Krug* und *Michael Corsten* beschreiben in ihrem Artikel *Sind Nicht-Engagierte nicht eigensinnig?* den gegenwärtigen Aktivierungsdiskurs als Herrschaftsform, die den Eigensinn der Akteure an sich bindet und zur Sicherung des Gemeinwohls instrumentalisiert. Nicht-Engagierte gelten dann als „therapiebedürftig". Anhand von Vergleichen bürgerschaftlich Engagierter und Nicht-Engagierter, die sich in soziodemographischen Merkmalen nur minimal unterscheiden, können sie zeigen, dass auch Nicht-Engagierte Eigensinn im positiven Sinne beweisen. Sie bilden Lebenskonstruktionen aus, die sich dem Aktivierungsdiskurs entziehen und daher nicht in bürgerschaftliches Engagement münden.

Der Beitrag von *Rudolf Egger* mit dem Titel *„The wider benefits of negotiations". Zur Entstehung von sozialer Wertschöpfung in gewerkschaftlichen Bezügen* beschäftigt sich mit der Erweiterung der ökonomischen Parameter zur Feststellung der Leistungsfähigkeit einer Gesellschaft. Auf der Grundlage eines empirischen Projekts zur Sozialisation von BetriebsrätInnen wird die Absicherung solidarischen Handelns in gewerkschaftlichen Bezügen als ein weit gespannter sozialer Zusammenhang analysiert.

*Angela Pilch Ortega* beschreibt in ihrem Aufsatz *Biographisierte Wir-Bezüge und ihre Relevanz für soziales Engagement. Eine kritische Momentaufnahme* die Vervielfältigung und Entgrenzung möglicher Wir-Zugehörigkeits-Konstruktionen in modernen Gesellschaften und deren Verstrickheit in Prozesse sozialer Verortung. Für sie ist die Beleuchtung kollektiver Muster der sozialen Bezugnahme aufgrund der Einbettung sozialer Akteurinnen und Akteure in sozio-historische sowie sozio-kulturelle Kontexte unerlässlich. Weiters wird auch der Frage nachgegangen, inwiefern das breit diskutierte Konzept des sozialen Kapitals verstärkt als kollektive oder als individuelle Ressource verstanden werden kann. Bei der Suche nach der Identifikation solidaritätsfördernder

Mechanismen in einer Gesellschaft plädiert die Autorin dafür, die „Schattenseiten" sozialen Kapitals, dessen sozialdesintegrative Wirkungsweise in der Diskussion nicht völlig außer Acht zu lassen.

*Regina Mikula* untersucht in ihrem Beitrag mit dem Titel *Sozial-Kapital als Bedingungsfeld und studentisches Engagement als Möglichkeitsraum für individuelle und kollektive Veränderungsprozesse* das Konzept des sozialen Kapitals am Beispiel der Studierendenproteste 2009 in mehrfacher Art und Weise. Sie zeigt ein mögliches Erklärungs- und Aufklärungsmuster für die Entstehung und Funktionsweise von derartigen Protestbewegungen und versucht die horizontalen Beziehungsnetzwerke und die damit verbundenen solidarischen Bindungen (die Studierende zum gemeinsamen Handeln motivieren) zu skizzieren. Darüber hinaus werden auch der individuelle und der kollektive Lernnutzen, bzw. die Auswirkungen der lokalen Partizipationsbewegung zu einer über die lokalen Grenzen hinaus wahrnehmbaren europäischen und internationalen Solidarität beschrieben.

*Peter Alheit* beschäftigt sich in seinem Beitrag *Lernwelt „Nachbarschaft": Zur Wiederentdeckung einer wichtigen Dimension* eingangs mit einem demographischen Krisenszenario der näheren Zukunft, um darauf aufbauend eine feinfühlige Vorahnung davon zu geben, wie die heute erst in Ansätzen bemerkbaren politischen, soziologischen und pädagogischen Konsequenzen dieser Entwicklung aussehen könnten. Sein Nachdenken über Nachbarschaft ist dabei analytisch und empirisch getragen und gründet auf ausgewählten Ergebnissen einer aktivierenden Befragung in einem Göttinger Problemstadtteil.

Der zweite Beitrag von *Heiner Keupp*, mit dem Titel *Kommunale Förderbedingungen für bürgerschaftliches Engagement*, geht auf ein Gutachten für die Enquetekommission des deutschen Bundestages zurück. Er beschreibt hier Potentiale des Freiwilligenengagements und den Formenwandel sozialer Beziehungen in der Bundesrepublik und skizziert die Rahmen von Vergemeinschaftungsformen, die, um handlungswirksam werden zu können, neuer „Gelegenheitsstrukturen" und offener Passungsangebote bedürfen.

*Wolf-D. Bukow* und *Sonja Preißing* erläutern in ihrem Beitrag *„Wir sind kölsche Jungs". Die „Kalker Revolte" – Der Kampf um Partizipation in der urbanen Gesellschaft* die „Grammatik urbanen Zusammenlebens", innerhalb der die Bezugsgruppe zur alles entscheidenden Diskursgemeinschaft emporsteigt. Die hier wirkenden Formen der systemischen Inklusion der lebensweltlichen Anerkennung werden als Basiserfahrungen für das urbane Zusammenleben charakterisiert. Die Analyse der „Kalker Revolte" ist ein gutes Beispiel dafür, wie sich Jugendliche und Heranwachsende um lebenspraktische Partizipation bemühen und wie ihnen die Stadtgesellschaft dafür tatsächlich auch einen Raum im Sinne der Entwicklung einer modernen Zivilgesellschaft einräumt.

*Andrea Felbinger* beschreibt in ihrem Text *Gesellschaftlicher Ressourcenmangel als Entwicklungschance? Oder: Die Suche nach Sinn durch gesellschaftliches Engagement am Beispiel ehrenamtli-*

*cher Sachwalterschaft* die Manifestationen von Sinnstiftung im Engagement auf einer individuellen und einer sozialen Ebene. In ihrem Beitrag wird der Frage nachgegangen, in welcher Art und Weise ein zunehmend ungenügendes staatliches Unterstützungssystem dazu beiträgt, dass die Individuen in die Lage versetzt werden, soziale Partizipation, Beteiligung an einem Gemeinwohl und Teilhabe an konkreter gesellschaftlicher Veränderung zu lernen bzw. erlernen zu müssen. Darüber hinaus wird am konkreten Beispiel ehrenamtlicher Sachwalterschaft untersucht, wie Menschen ihre Kohärenz und damit ihre individuelle Sinngebung und Sinnanschlüsse durch soziales Engagement gestalten.

*Michael May* beschreibt in seinem Beitrag *Produktionsweisen des Sozialen älterer Migrantinnen und Migranten in Deutschland* den theoretischen Bezugsrahmen und erste Ergebnisse des Handlungsforschungsprojektes „Ältere MigrantInnen im Quartier – Stützung und Initiierung von Netzwerken der Selbstorganisation und Selbsthilfe". Als Hintergrund dazu werden weitere empirische Befunde vor allem quantitativer Forschungsprojekte zum Bereich Sozialkapital und Freiwilligenengagement von Zuwanderern in Deutschland kritisch kommentiert.

Im Text von *Michael Wrentschur* mit dem Titel *Neuer Armut entgegenwirken: Politisch-partizipative Theaterarbeit als kreativer Impuls für soziale und politische Partizipationsprozesse* steht das Projekt „Kein Kies zum Kurven kratzen", das sich zum Ziel setzt, auf kreative und partizipative Weise Ideen und Vorschläge zur Armutsbekämpfung und -vermeidung zu entwickeln. Menschen, die bestimmte soziale Problemlagen und Interessen teilen, werden über Methoden politisch-partizipativer Theaterarbeit zur Selbstbildung, zur sozialen und politischen Beteiligung aktiviert, wodurch sich neue Teilhabechancen an gesellschaftlichen und politischen Vorgängen ergeben.

*Michaela Harmeier* stellt in ihrem Aufsatz *Lehrengagement zwischen biographischer Selbstfindung und Wissensvermittlung. Ehrenamt in der Erwachsenenbildung* Überlegung dazu an, was Menschen veranlasst, sich neben beruflichen und familiären Verpflichtungen ehrenamtlich in der Erwachsenenbildung zu engagieren. Zunächst zeigt sie in einem historischen Abriss, dass das Ehrenamt eine lange Tradition in der organisierten Bildungsarbeit hat. Hierauf folgt eine trägerspezifische Darstellung der Unterschiede im Anteil der ehrenamtlich Tätigen und abschließend werden über ein Fallbeispiel biographisch begründete Motivlagen zur Aufnahme eines Ehrenamtes in der Erwachsenenbildung und darin implizierte Lernpotentiale exemplarisch vorgestellt.

*Patrick Meyer-Glitza* stellt in seinem Beitrag mit der Überschrift *Nicht-tötende Rinderhaltung als neue Herausforderung für den Ökologischen Landbau - eine Fallstudie* ausdrücklich dar, wie ein ökologischer Landbau mit dem Schutz von Tieren zu verbinden ist. Im Nachvollzug der Lebensgeschichte seiner Protagonistin schildert er, wie sich die Überlegungen und Werte des Ökologischen Landbaus in Richtung Mitgefühl und der Achtung des Lebensrechtes der Tiere entwickeln können.

Eine DokorandInnengruppe der Universität Graz, bestehend aus *Cornelia Dinsleder, Katharina Faltis, Andrea Felbinger, Andrea Mayr, Helga Moser, Karin Pesl-Ulm, Harald Ploder, Elisabeth Puster* und *Katica Stanić* beschäftigt sich in ihrem Beitrag mit dem Titel *Die Herausbildung professioneller Handlungsmacht in der Berufswelt einer Betriebsrätin* anhand eines Forschungsprojekts mit den konkreten Bedingungen der Herausbildung einer prozedural und in der Gewerkschaftsarbeit institutionell abgesicherten Form von gelebter Solidarität. Ausgangspunkt dazu ist ein narrativ-biographisches Interview mit einer engagierten Betriebsrätin.

Die hier versammelten Aufsätze sind alle, so unterschiedlich sie sich auch ihren Themenbereichen zuwenden, getragen vom Versuch der Bestimmung der sozialen Rückversicherung und der sozialpolitischen Absicherung dessen, was wir als Zivilgesellschaft bezeichnen. In diesem Sinne versuchen Sie innerhalb ihrer Perspektiven zum Denken anzuregen um das eigene soziale Handlungsfeld zu erweitern.

Last but not least sei an dieser Stelle erwähnt, dass das vorliegende Buch seine letztendliche Gestalt der fachkundigen Formatierung und Lektorierung der einzelnen Beiträge sowie der umsichtigen Betreuung des Gesamtprojekts durch *Anneliese Pirs* verdankt, der wir dafür zu herzlichem Dank verpflichtet sind.


Rudolf Egger                                                        Graz, Juli 2010

# Werte, Kriterien, Ziele

Heiner Keupp

# Visionen der Zivilgesellschaft: Der aufmüpfige Citoyen oder eine Mittelschichtveranstaltung?

Seit uns Jürgen Habermas (1985) die Diagnose beschert hat, dass uns die „utopischen Energien" ausgegangen seien, ist es um die Zukunftsforschung ziemlich still geworden oder sie hatte ihr Pulver schon längst verschossen und Habermas hat es dann nur noch mal bestätigt. Visionen werden zwar in allen Firmen seit einiger Zeit propagiert, aber es scheint mir dort eine ähnliche Situation gegeben zu sein, wie sie Theodor Adorno in Bezug auf das Individuum so eingängig beschrieben hat: „Vom Ende des Individuums zur Individualisierung ohne Ende". Vom Ende der Visionen zu einer zwanghaften Kultur der Visionen, die ja meist über ein paar Allgemeinplätze nicht hinausreichen. Wo also soll ich Anknüpfungspunkte für meine Themenstellung finden? Da finde ich es erstmal hilfreich, dass wir so etwas wie eine „Trendforschung" haben, die sich – für gutes Geld – nicht scheut, ihren Blick auf hoffnungsvolle Zukunftsmärkte zu richten. Unter dem Titel „Future Values" gibt es etwa eine Publikation von Heiner Barz und einem Team (Barz et al. 2001) des Heidelberger Instituts GIM. In diesem Buch wird u.a. mit der „Futurität" eine Schlüsselqualifikation für das begonnene Jahrhundert die „Zukunftskompetenz" als „überlebensnotwendig" eingeführt und so charakterisiert: „Innovationsbereitschaft und ein fortwährendes Navigieren und Neupositionieren wird für Individuen wie Organisationen, für das Selbstmanagement wie das Produktmarketing unverzichtbar" (ebd., S. 24). Und wer es noch nicht mitbekommen hat, dem sei es ausdrücklich versichert: Es geht um die Überlebensnotwendigkeit, wenn es um „den Besitz von ‚Future Tools' als Accessoires eines zukunftsorientierten Lebensstils" geht und der immer neue Beweis der eigenen ‚Updatability' gewinnen an Bedeutung" (ebd.). Ist das eine Vision oder beschreibt es erst einmal nur den Zeitgeist der Multioptionsgesellschaft, mehr Ideologie als gelebte Realität?

# FUTURITÄT: Zukunft hat Prestige

 In einer Zeit *allseits beschleunigter Entwicklungen* und schrumpfender Halbwertzeiten wird Zukunftskompetenz immer wichtiger.

**Streben nach Zukunftsfähigkeit**
,Zukunftsfähigkeit' mit all seinen Facetten wird zu einem Prestige-Wert, der ,Vermögen' neu definiert. Die gesellschaftliche Dynamik öffnet ständig neue Horizonte, Gestaltungswille und Offenheit gegenüber der Zukunft nehmen zu.

| | |
|---|---|
| **Es gibt nur noch vorletzte Lösungen:** Es genügt nicht, gestern der Beste gewesen zu sein - am Update für übermorgen muss heute schon gefeilt werden. | • Updateability gefragt: Innovationsbereitschaft, fortwährendes Navigieren und Neupositionieren wird für Individuen wie für Organisationen oder Marken unverzichtbar.<br><br>• Schlüssel-Kompetenzen, souveräne Handhabung von neuester Technologie, ,Future Tools' gewinnen an Bedeutung. Aber auch flexible Finanzvorsorge. |
| **Zukunft hat ein positives Image:** No future" ist Vergangenheit, Zuversicht wird bewusst gepflegt. | • Aufbruchstimmung und Morgenluft: Start-ups, neue Pioniere, E-Commerce, Berlin, Hip Hop-Bewegung „am Start".<br><br>• Leistungsbereitschaft und Schaffensfreude unter jungen Menschen wachsen. |

*Abb. 1: Neue Werte, neue Wünsche. Future Value (Barz/Kampik/Singer/Teuber)*

Wie wir spätestens seit Wittgenstein wissen, transportieren wir mit unseren Sprach-spielen mehr als nur Wörter, wir konstruieren immer auch Weltbilder, also Bilder un-serer Welt. Und ich bin mir relativ sicher, dass es mir zwar um Zukunftskompetenz geht, aber nicht nur in der Reproduktion des „Trendigen", sondern auch in der Ent-wicklung von Widerständigkeit und Eigensinnigkeit. Für den Erwerb von Zukunfts-fähigkeit ist die Analyse von gesellschaftlichen Trends zwar wichtig, aber nicht um an ihrer kräuselnden Oberfläche zu besonders fitten Schnäppchenjägern zu werden, son-dern vielleicht sogar, um genau bei ihnen nicht mitzumachen oder sie listig umzuge-stalten. Um dieser Differenz willen, muss unsere Suche nach Utopia fortgesetzt wer-den. Ist die Idee der „Zivilgesellschaft" eine inspirierende Vision? Diese Frage möchte ich gerne beantworten, aber dazu muss erst einmal ein Blick auf die gesellschaftlichen Entwicklungen geworfen werden, um dann fragen und antworten zu können, ob die Idee der Zivilgesellschaft hier eine zukunftsfähige Gestaltungsidee sein könnte.

## 1. Spätmoderne gesellschaftliche Verhältnisse

An den aktuellen Gesellschaftsdiagnosen hätte Heraklit seine Freude, der ja alles im Fließen sah. Heute wird uns ein „fluide Gesellschaft" oder die „liquid modernity" (Bauman 2003) zur Kenntnis gebracht, in der alles Statische und Stabile zu verabschieden ist.

# Reflexive Modernisierung: FLUIDE GESELLSCHAFT

| | **Grenzen geraten in Fluss, Konstanten werden zu Variablen.** |
|---|---|
| Individualisierung | |

**Wesentliche Grundmuster der FLUIDEN GESELLSCHAFT:**

| **Entgrenzung** | **Fusion** |
|---|---|
| • Entgrenzte Normalbiographien | • Arbeit~Freizeit (mobiles Büro) |
| • Wertepluralismus | • Hochkultur~Popularkultur |
| • Grenzenloser virtueller Raum | (Reich-Ranicki bei Gottschalk) |
| • Kultur/Natur: z.B. durch | • Crossover, Hybrid-Formate |
| Gentechnik, Schönheitschirurgie | • Medientechnologien konvergieren |
| • „Echtes"/„Konstruiertes" | |

| **Durchlässigkeit** | **Wechselnde Konfigurationen** |
|---|---|
| • Größere Unmittelbarkeit: | • Flexible Arbeitsorganisationen |
| Interaktivität, E-Commerce | • Patchwork-Familien, befristete |
| • Fernwirkungen, Realtime | Communities (z.B. Szenen) |
| • Öffentlich/Privat (z.B. WebCams) | • Modulare Konzepte (z.B. Technik) |
| • Lebensphasen (z.B. „Junge Alte") | • Sampling-Kultur (Musik, Mode) |

Individualisierung
Pluralisierung
Dekunstruktion von Geschlechtsrollen
Wertewandel
Disembedding
Globalisierung
Digitalisierung

**Neue Meta-Herausforderung BOUNDARY-MANAGEMENT**

*Abb. 2: Neue Werte, neue Wünsche. Future Values (überarbeitet) (Barz/ Kampik/ Singer/ Teuber)*

In Berlin hat Jürgen Habermas am 5. Juni 1998 dem Kanzlerkandidaten der SPD im Kulturforum von dessen Partei eine großartige Gegenwartsdiagnose geliefert. Aus ihr will ich nur seine Diagnose eines „Formenwandels sozialer Integration" aufgreifen, der in Folge einer „postnationalen Konstellation" entsteht: „Die Ausweitung von Netzwerken des Waren-, Geld-, Personen- und Nachrichtenverkehrs fördert eine Mobilität, von der eine sprengende Kraft ausgeht" (1998, S. 126). Diese Entwicklung fördert eine „zweideutige Erfahrung": „Die Desintegration haltgebender, im Rückblick autoritärer Abhängigkeiten, die Freisetzung aus gleichermaßen orientierenden und schützenden wie präjudizierenden und gefangen nehmenden Verhältnissen. Kurzum, die Entbindung aus einer stärker integrierten Lebenswelt entlässt die Einzelnen in die Ambivalenz wachsender Optionsspielräume. Sie öffnet ihnen die Augen und erhöht zugleich das Risiko, Fehler zu machen. Aber es sind dann wenigstens die eigenen Fehler, aus denen sie etwas lernen können" (ebd., S. 126f.).

Der mächtige neue Kapitalismus, der die Containergestalt des Nationalstaates demontiert hat, greift unmittelbar auch in die Lebensgestaltung der Subjekte ein. Auch die biographischen Ordnungsmuster erfahren eine reale Dekonstruktion. Am deutlichsten wird das in Erfahrungen der Arbeitswelt.

Einer von drei Beschäftigten in den USA hat mit seiner gegenwärtigen Beschäftigung weniger als ein Jahr in seiner aktuellen Firma verbracht. Zwei von drei Beschäftigten sind in ihren aktuellen Jobs weniger als fünf Jahre. Vor 20 Jahren waren in Großbritannien 80 % der beruflichen Tätigkeiten vom Typus der 40 zu 40 (eine 40-Stunden-Woche über 40 Berufsjahre hinweg). Heute gehören gerade noch einmal 30 % zu diesem Typus und ihr Anteil geht weiter zurück.

Kenneth J. Gergen sieht ohne erkennbare Trauer durch die neue Arbeitswelt den „Tod des Selbst", jedenfalls jenes Selbst, das sich der heute allüberall geforderten „Plastizität" nicht zu fügen vermag. Er sagt: „Es gibt wenig Bedarf für das innengeleitete, ‚one-style-for-all' Individuum. Solch eine Person ist beschränkt, engstirnig, unflexibel. (...) Wie feiern jetzt das proteische Sein (...) Man muss in Bewegung sein, das Netzwerk ist riesig, die Verpflichtungen sind viele, Erwartungen sind endlos, Optionen allüberall und die Zeit ist eine knappe Ware" (2000, S. 104).

In seinem viel beachteten Buch „Der flexible Mensch" liefert Richard Sennett (1998) eine weniger positiv gestimmte Analyse der gegenwärtigen Veränderungen in der Arbeitswelt. Der „Neue Kapitalismus" überschreitet alle Grenzen, demontiert institutionelle Strukturen, in denen sich für die Beschäftigten Berechenbarkeit, Arbeitsplatzsicherheit und Berufserfahrung sedimentieren konnten. An ihre Stelle tritt ist die Erfahrung einer (1) *„Drift"* getreten: Von einer „langfristigen Ordnung" zu einem „neuen Regime kurzfristiger Zeit" (S. 26). Und die Frage stellt sich in diesem Zusammenhang, wie sich dann überhaupt noch Identifikationen, Loyalitäten und Verpflichtungen auf bestimmte Ziele entstehen sollen. Die fortschreitende (2) *Deregulierung.* Anstelle fester institutioneller Muster treten netzwerkartige Strukturen. Der flexible Kapitalismus baut Strukturen ab, die auf Langfristigkeit und Dauer angelegt sind. „Netzwerkartige Strukturen sind weniger schwerfällig". An Bedeutung gewinnt die „Stärke schwacher Bindungen", womit gemeint ist zum einen, „dass flüchtige Formen von Gemeinsamkeit den Menschen nützlicher seien als langfristige Verbindungen, zum anderen, dass starke soziale Bindungen wie Loyalität ihre Bedeutung verloren hätten" (S. 28). Die permanent geforderte Flexibilität entzieht (3) *„festen Charaktereigenschaften"* den Boden und erfordert von den Subjekten die Bereitschaft zum „Vermeiden langfristiger Bindungen" und zur „Hinnahme von Fragmentierung". Diesem Prozess geht nach Sennett immer mehr ein begreifbarer Zusammenhang verloren. Die Subjekte erfahren das als (4) *Deutungsverlust:* „Im flexiblen Regime ist das, was zu tun ist, unlesbar geworden" (S. 81). So entsteht der Menschentyp des (5) *flexiblen Menschen*, der sich permanent fit hält für die Anpassung an neue Marktentwicklungen, der sich zu sehr an Ort und Zeit bindet, um immer neue Gelegenheiten nutzen zu können. Lebenskohärenz ist auf dieser Basis kaum mehr zu gewinnen. Sennett hat erhebliche Zweifel, ob der flexible Mensch menschenmöglich ist. Zumindest kann er sich nicht verorten und binden. Die (6) wachsende *Gemeinschaftssehnsucht* interpretiert er als regressive Bewegung, eine „Mauer gegen eine feindliche Wirtschaftsordnung" hochzuziehen (S. 190). „Eine der unbeabsichtigten Folgen des modernen Kapitalismus ist die Stärkung des Ortes, die Sehnsucht der Menschen nach Verwurzelung in einer Gemeinde. All die emotionalen Bedingungen modernen Arbeitens beleben und verstärken diese Sehnsucht: die Ungewissheiten der Flexibilität; das Fehlen von Vertrauen und Verpflichtung; die Oberflächlichkeit des Teamworks; und vor allem die allgegenwärtige Drohung, ins Nichts zu fallen, nichts ‚aus sich machen zu können', das Scheitern daran, durch Arbeit eine Identität zu erlangen. All diese Bedingungen treiben die Menschen dazu, woanders nach Bindung und Tiefe zu suchen" (S. 189 f.).

Im Rahmen dieses Deutungsrahmens räumt Sennett dem „Scheitern" oder der mangelnden kommunikativen Bearbeitung des Scheiterns eine zentrale Bedeutung ein: „Das *Scheitern* ist das große Tabu (...) Das Scheitern ist nicht länger nur eine Aussicht der sehr Armen und Unterprivilegierten; es ist zu einem häufigen Phänomen im Leben auch der Mittelschicht geworden" (S. 159). Dieses Scheitern wird oft nicht verstanden und mit Opfermythen oder mit Feindbildkonstruktionen beantwortet. Aus der Sicht von Sennett kann es nur bewältigt werden, wenn es den Subjekten gelingt, das Gefühl ziellosen inneren Dahintreibens, also die „drift" zu überwinden. Für wenig geeignet hält er die postmodernen Erzählungen. Er zitiert Salman Rushdie als Patchworkpropheten, für den das moderne Ich „ein schwankendes Bauwerk ist, das wir aus Fetzen, Dogmen, Kindheitsverletzungen, Zeitungsartikeln, Zufallsbemerkungen, alten Filmen, kleinen Siegen, Menschen, die wir hassen, und Menschen, die wir lieben, zusammensetzen" (S. 181). Solche Narrationen stellen ideologische Reflexe und kein kritisches Begreifen dar, sie spiegeln „die Erfahrung der Zeit in der modernen Politökonomie": „Ein nachgiebiges Ich, eine Collage aus Fragmenten, die sich ständig wandelt, sich immer neuen Erfahrungen öffnet – das sind die psychologischen Bedingungen, die der kurzfristigen, ungesicherten Arbeitserfahrung, flexiblen Institutionen, ständigen Risiken entsprechen" (S. 182). Für Sennett befindet sich eine so bestimmte „Psyche in einem Zustand endlosen Werdens – ein Selbst, das sich nie vollendet" und für ihn folgt daraus, dass es „unter diesen Umständen keine zusammenhängende Lebensgeschichte geben (kann), keinen klärenden Moment, der das ganze erleuchtet" (ebd.). Daraus folgt dann auch eine heftige Kritik an postmodernen Narrationen: „Aber wenn man glaubt, dass die ganze Lebensgeschichte nur aus einer willkürlichen Sammlung von Fragmenten besteht, lässt das wenig Möglichkeiten, das plötzliche Scheitern einer Karriere zu verstehen. Und es bleibt kein Spielraum dafür, die Schwere und den Schmerz des Scheiterns zu ermessen, wenn Scheitern nur ein weiterer Zufall ist" (ebd.).

Wie wir sehen, ist der flexible Netzwerkkapitalismus kein strukturelles Arrangement, das sich lediglich auf der ökonomischen und makrogesellschaftlichen Ebene auswirkt. Einer der wichtigsten Globalisierungstheoretiker, Anthony Giddens (2001), hat in seinem Buch „Entfesselte Welt. Wie die Globalisierung unser Leben verändert" geschrieben: „Die wichtigste der gegenwärtigen globalen Veränderungen betrifft unser Privatleben – Sexualität, Beziehungen, Ehe und Familie. Unsere Einstellungen zu uns selbst und zu der Art und Weise, wie wir Bindungen und Beziehungen mit anderen gestalten, unterliegt überall auf der Welt einer revolutionären Umwälzung. (...) In mancher Hinsicht sind die Veränderungen in diesem Bereich komplizierter und beunruhigender als auf allen anderen Gebieten. (...) Doch dem Strudel der Veränderungen, die unser innerstes Gefühlsleben betreffen, können wir uns nicht entziehen" (S. 69).

Sie werden sich fragen, wie jetzt der Sozialpsychologie aus seiner vertrauten Domäne, den subjektiven Erlebnislagen, den Bogen zur Zivilgesellschaft hinbekommen will. Da hilft mir ein großer französischer Soziologe. In seinem ZEIT-Artikel „Loblied auf die Zivilgesellschaft" zeigt Alain Touraine (1999), dass ein richtig verstandenes Konzept von Zivilgesellschaft eine hohe Relevanz für die Subjekte haben kann. Er stellt sich die Frage, wie Subjekte sich heute selbstbestimmt definieren sollen: „Wie aber kann es in dieser Situation gelingen, die Einheit der Vernunft und die Integration der Welt mit der Verschiedenartigkeit der Kulturen zu versöhnen? Auf ein transzendentes Prinzip können wir jedenfalls nicht mehr zurückgreifen. Nur dem Einzelnen kann eine solche Neugestaltung gelingen. Er muss der Zersplitterung seiner Persönlichkeit ebenso widerstehen wie der Fragmentierung der Gesellschaft; er muss seinem Leben einen Sinn geben, ein life narrative, um sich so einen Lebensentwurf zu schaffen, in dem er sich als Subjekt seiner eigenen Erfahrungen erkennt." Genau darin sieht er die Aufgabe einer demokratischen Zivilgesellschaft. Sie soll „das Recht des Einzelnen institutionell zu garantieren, sich als Subjekt, mit einer eigenen Lebenserzählung, zu begründen und anerkannt zu werden." Diese zivilgesellschaftliche Idee „orientiert am Subjekt und seiner Lebenserfahrung, wendet sich grundsätzlich ‚nach unten'". Hier klingt eine visionäre Botschaft an, allerdings noch nicht so klar, dass wir hier schon die Analyse abschließen könnten.

## 2. Was ist eine Zivilgesellschaft? Erste Annäherungen

Der Begriff der Zivilgesellschaft ist in aller Munde, ohne dadurch an Präzision zu gewinnen. Was wollen wir darunter verstehen? Keine präzise wissenschaftliche Definition, aber doch eine wichtige Sammlung von Bestimmungsmerkmalen einer Bürgergesellschaft hat Timothy Garton Ash in seinem Buch „Ein Jahrhundert wird abgewählt" (1990) vorgelegt. Er hat sie aus den Wünschen der Ostmitteleuropäer herausdestilliert, die sich vor 10 Jahren anschickten, ihre eigene Bürgergesellschaft zu schaffen: „Es soll Formen der Assoziation geben, nationale, regionale, lokale, berufliche, die freiwillig, authentisch, demokratisch und, zuerst und zuletzt, nicht kontrolliert oder manipuliert sind von der Partei oder ihrem Staat. Menschen sollen ‚bürgerlich' sein in ihrem Verhalten; das heißt höflich, tolerant und vor allem gewaltlos. Bürgerlich und zivil. Die Idee der Bürgerrechte ist ernst zu nehmen" (zit. nach Dahrendorf 1992, S. 68f.).

Das Wort Bürgergesellschaft „klingt wie ein Versprechen: Engagement statt Apathie, Gemeinwohl statt Eigennutz, Solidarität statt Macht. Überhaupt ein Zugang zur Politik, der sich eher an Werten als an Interessen, an Menschen statt an Strukturen orientiert. In diesem Sinne ist ‚Bürgergesellschaft' ein Sympathiebegriff geworden" (Tilman Evers 1999).

Als Grundprinzipien demokratischer Zivilgesellschaften formuliert Taylor (1993) die drei folgenden:

1.  *Solidarität* ist unteilbar und insofern ein einheitsstiftender Wert. Die Gesellschaftsmitglieder definieren sich als „Beteiligte am gemeinsamen Unternehmen der Wahrung ihrer Bürgerrechte". Der Antrieb dafür „kann nur aus einem Gefühl von Solidarität kommen, das die allgemeine Verpflichtung zur Demokratie übersteigt und mich mit jenen anderen, meinen Mitbürgern, verbindet" (Taylor 1993, S. 14).

2.  *Partizipation* ist die zweite Grundbedingung für Demokratie. Wichtig sind hier soziale „Bewegungen, in den sich Bürger selbst organisieren, um auf den politischen Prozeß einzuwirken. (...) Diese Bewegungen erzeugen einen Sinn für zivile Macht, ein Gemeinschaftsgefühl bei der Verfolgung von Zielen" (a.a.O., S. 16). Taylor plädiert für eine „weitgespannte Vielfalt von Formen direkter Partizipation" und für die Schaffung dezentraler politischer Einheiten, die „eine Beziehung zu lebendigen Identifikationsgemeinschaften haben (müssen)" (a.a.O., S. 17).

3.  *Sinn für gegenseitigen Respekt* ist die dritte zentrale Bedingung. „Ohne diesen Respekt bliebe es unverständlich, warum das Gemeinwesen die Bürgerrechte gemeinschaftlich verteidigt. Wenn auch nur eine regional, ethnisch, sprachlich oder wie immer bestimmte Gruppe von Bürgern Anlaß zu der Annahme hat, dass ihre Interessen übergangen werden oder dass sie diskriminiert wird, ist die Demokratie in Frage gestellt." Besonders die Erfahrungen sozialer Ungleichheit bedrohen die demokratischen Grundwerte und deshalb kommt den „Einrichtungen des Wohlfahrtsstaates" eine so zentrale Bedeutung zu: „Er hat entscheidend dazu beigetragen, dass die Bürger sich gegenseitig eine gewisse Achtung bezeugen" (S. 18).

Für mich ist das ein zentraler Bezugspunkt für eine zivilgesellschaftliche Vision, aber er muss eingebettet werden in eine vielstimmige Diskursarena, die den Bedeutungshof des Konzepts Zivilgesellschaft nicht gerade präzise erscheinen lassen.

### 3. Zivilgesellschaft als Zentralbegriff der Enquete „Zukunft des bürgerschaftlichen Engagements"

Es gibt wahrscheinlich keine Quelle, die so ergiebig zum Stichwort Zivilgesellschaft Auskunft gibt wie der Bericht der Enquetekommission (2002) „Zukunft des Bürgerschaftlichen Engagements. Auf dem Weg in eine zukunftsfähige Bürgergesellschaft". Genau 308 Belegstellen kann man dort finden. Und darunter auch einige sehr brauchbare Begriffsbestimmungen: „Bürgerschaftliches Engagement orientiert sich daher auch am Begriff der Bürgergesellschaft bzw. Zivilgesellschaft. Die Bürgergesellschaft ist das Leitbild des bürgerschaftlichen Engagements. Bürgergesellschaft beschreibt ein Gemeinwesen, in dem die Bürgerinnen und Bürger auf der Basis gesicherter Grundrechte und im Rahmen einer politisch verfassten Demokratie durch das Engagement in selbstorganisierten Vereinigungen und durch die Nutzung von Beteiligungsmöglichkeiten die Geschicke des Gemeinwesens wesentlich prägen können. Bürgergesellschaft ist damit zugleich Zustandsbeschreibung und Programm" (S. 24). „Eine Gesellschaft, die der Leitidee der Zivilgesellschaft verpflichtet ist, stützt sich auf bürgerschaftliches Engagement und eröffnet Bürgerinnen und Bürgern Möglichkeiten für selbst organisierte Mitgestaltung und Beteiligung" (S. 38).

„Die Zivilgesellschaft ist der Nährboden der Demokratie. Sie lebt von bürgerschaftlichem Engagement, vom freiwilligen, gemeinwohlorientierten und unentgeltlichen Einsatz, den die Bürgerinnen und Bürger tagaus, tagein leisten: in Vereinen, Verbänden und Gewerkschaften, im politischen Engagement in Parteien, Bürgerinitiativen, sozialen Bewegungen und Nichtregierungsorganisationen, aber auch in Nachbarschaftsinitiativen, bei der Freiwilligen Feuerwehr oder den Rettungsdiensten, bei Umweltinitiativen oder Naturschutzprojekten, bei der Betreuung von Alten und Kranken, in der Hospizbewegung, in Selbsthilfegruppen oder Kulturprojekten. Mit diesen vielfältigen Aktivitäten in allen Bereichen des gesellschaftlichen Lebens erneuern die Bürgerinnen und Bürger Tag für Tag die Bindekräfte unserer Gesellschaft. Sie sind der soziale Kitt, der unsere Gesellschaft zusammenhält. Sie schaffen eine Atmosphäre der Solidarität, der Zugehörigkeit und des gegenseitigen Vertrauens. Die Zivilgesellschaft stärkt die Vertrauensbeziehungen und die demokratischen Werte – Freiheit, Gerechtigkeit, Solidarität –, ohne die eine demokratische Gesellschaft verkümmern würde" (S. 59).

Aber in der Enquete kommt auch eine kritische Perspektive zu Wort, eingebracht durch die SPD-VertreterInnen in der Kommission: „Wenn man von der Stärkung der Zivilgesellschaft, einer höheren Eigenverantwortung der Bürgerinnen und Bürger oder von der Umgestaltung des Sozialstaats spricht, liegt oft als der Verdacht nahe, hier wolle sich der Staat aus seiner sozialen Verantwortung stehlen. Bürgerengagement, so die Kritik, ist dann nur eine hübsche Verpackung, die den hässlichen Inhalt kaschieren soll: Einsparungen, Privatisierung, soziale Leistungen nur noch für diejenigen, die es sich leisten können. Aber Eigeninitiative aus Not kann keine soziale Gerechtigkeit für alle schaffen. Das neoliberale Programm, die Zivilgesellschaft dort zum Ausfallbürgen zu machen, wo staatliche Aufgaben nicht an private Anbieter delegiert werden können, geht nicht auf: Bürgerengagement braucht Förderung und Infrastruktur, die nur der Staat leisten kann; und Bürgerinnen und Bürger setzen sich engagierter für das Gemeinwesen ein, wenn sie sich auf ein funktionierendes soziales Netz verlassen können" (S. 60).

## 4. Ein vielstimmiger Chor in der Diskursarena Zivilgesellschaft

Nach diesen vielfältigen begrifflichen Annäherungsversuchen an den mehrdeutigen Begriff Zivil- oder Bürgergesellschaft ist es Zeit für einen Ordnungsversuch:

1. *Zivilgesellschaft als die Suche nach der idealen Polis.* Bei Aristoteles bildete die Idee der Zivilgesellschaft das Herzstück eines „aristokratischen Republikanismus, der auf tugendhafte, männliche und freie Bürger setzt, die über genügend Eigentum verfügen, um sich um die politischen, also öffentlichen Belange zu kümmern" (Adloff 2005, S. 18). Die Polis, die Bürgergemeinde, wird verstanden als „eine Gemeinschaft von Bürgern, die sich zum Zwecke des ‚guten', das heißt des tugendhaften und glücklichen Lebens zusammenschließen" (ebd., S. 18).

2. *Zivilgesellschaft als Emanzipationsprojekt des aufgeklärten Bürgertums.* Die entstehende kapitalistische Gesellschaft rüttelte an den Fesseln einer aristokratischen Herrschaftsform und hat die Emanzipation des Bürgers gebracht. Er befreit sich von einer Ordnung, die nicht mehr vernünftig begründbar war und Vernunft wurde zur Schlüsselkategorie der Aufklärung. Vor allem Frankreich hat die wichtige Unterscheidung von citoyen und bourgeois gebracht, die die deutsche Sprache nicht erlaubt

3. *Zivilgesellschaft als entfaltete kapitalistische Gesellschaft.* In dem Maße wie der Bürger sich als Wirtschaftssubjekt verstand, bekam der Begriff der Bürgergesellschaft den Bedeutungshof „bürgerliche Gesellschaft", der sich für die marxistisch inspirierte Gesellschaftskritik zunehmend als das erwies, was es zu überwinden galt, eine Gesellschaft, die den Menschen Entfremdung aufzwingt und eine destruktive Dynamik entfaltet, die nur durch eine revolutionäre Umwälzung der kapitalistischen ökonomischen Ordnung aufgehoben werden können oder zumindest – so die eher sozialdemokratische Perspektive – durch einen den Markt regulierenden und Wohlfahrtsleistungen für die Mehrheit der Bevölkerungen garantierenden Staat. Zivilgesellschaft in diesem Sinne galt als zu bezähmende gesellschaftliche Zerstörungskraft.

4. *Zivilgesellschaft als dritte Kraft neben Staat und Markt.* In der entfalteten kapitalistischen und staatlich regulierten Gesellschaft gibt es die Sphäre von Bürgerinnen und Bürgern selbst gestalteter sozialer Figurationen, die über den engen privaten Bereich hinaus reichen und vor allem auf den Prinzipien

der Freiwilligkeit und Selbstorganisation beruhen. Sie erfahren eine mehr-
dimensionale Funktionsbeschreibung: Sie werden als „Seele der Demokratie" und als Ressource der Wohlfahrtsproduktion betrachtet.

5. *Zivilgesellschaft als „Wurzelwerk" von sozialer Verortung.* Je stärker die gesellschaftlichen Veränderungsdynamiken der Globalisierung und Digitalisierung traditionelle Lebensformen auflösen, desto mehr wird über das soziale „Unterfutter" nachgedacht, das Gemeinschaft, Zugehörigkeit und Beheimatung ermöglicht. Die Zivilgesellschaft wird als „Produktionsort"
posttraditionaler Ligaturen betrachtet, der „soziales Kapital" erzeugt. An
dieser Frage setzt der Kommunitarismus an.

6. *Zivilgesellschaft als normatives Regulativ.* Die freie Assoziation von Bürgerinnen
und Bürgern jenseits der Marktgesetze und staatlicher Verhaltenskontrol-
len bedarf der Einhaltung der Menschen- und Bürgerrechte und ebenso
des Schutzes der Meinungs-, Presse- und Vereinigungsfreiheit. Hinzu
kommt die Betonung *ziviler* Umgangsformen wie Zivilcourage, Toleranz,
Gewaltfreiheit und eine Idee von Gemeinsinn.

7. *Zivilgesellschaft als utopisches Projekt.* Nicht zuletzt die sozialen Bewegungen
der letzten Jahrzehnte des vergangenen Jahrhunderts haben sich als Motor
einer umfassenden Demokratisierung und als Experimentierbaustellen für
zukunftsfähige gesellschaftliche Lösungen betrachtet, die weder dem Staat
noch dem Markt zugetraut wurden. Die demokratische Selbstregierung soll
durch immer mehr Bürgerbeteiligung und -verantwortung gestärkt und
darüber die realen Machtüberhänge von Kapital und Staat gebändigt werden.

8. *Zivilgesellschaft als instrumentalisierbare Ressource.* In dem Maße wie sich die
Handlungsmächtigkeit zivilgesellschaftlicher Strukturen erwies, wurden sie
auch den unterschiedlichsten Zwecksetzungen zugeordnet. Vor allem sozi-
alstaatliche Systeme werden in einer Koalition von Wirtschaft und Politik
unter Verweis auf die Imperative des globalen Netzwerkkapitalismus demontiert und zunehmend auf die Ebene zivilgesellschaftlicher Ressourcen
verschoben.

Es dürfte kaum möglich sein, über Zivilgesellschaft ohne die Ober- und Untertöne
dieser immer mitschwingenden pluralen Diskurse zu reden. Diese Vielstimmigkeit
mag für den Definitionsfanatiker ärgerlich sein. Ich sehe darin eher eine prismatische
Verdichtung all jener Fragen, die der gesellschaftliche Strukturwandel auf die Tages-
ordnung gesetzt hat:

1. Der *Gemeinwohldiskurs*: Die besorgte Debatte um das Gemeinwohl um Gemeinsinn in einer individualisierten Gesellschaft. Geht uns das „soziale
Kapital" verloren, jener Bereich sozialer Beziehungen und Kontexte, in
denen sich Menschen beheimaten und identifizieren können.

2. Der *Demokratiediskurs*: Die Zivilgesellschaft wird entdeckt und als das „Herz" oder die „Seele" der demokratischen Gesellschaft betrachtet. Sie besteht aus dem Engagement der BürgerInnen. Sie mischen sich ein und machen sich öffentliche Anliegen zu ihren eigenen.

3. Der *Diskurs sozialer Sicherung*: Wie stellen Gesellschaften die Absicherung vor der Folgen existentieller Risiken und Bedrohungen sicher, ohne dass Menschen zu Objekten „fürsorglicher Belagerung" gemacht werden oder zu passiven DienstleistungsempfängerInnen?

4. Der *Tätigkeitsdiskurs*: Tätigkeit im Sinne von Erwerbsarbeit ist das zentrale Medium der Identitätsentwicklung der Moderne gewesen. Wenn aber die Erwerbsarbeit nicht für alle Menschen eine Verankerungsmöglichkeit schafft, wie soll dann im positiven Sinne Identität geschaffen werden? Die Idee der Tätigkeitsgesellschaft, zeigt so viele sinnvolle gesellschaftliche Aktivitätsfelder auf, die sich nicht auf Erwerbsarbeit reduzieren lassen.

5. Der *Identitätsdiskurs*: In einer globalisierten Welt verlieren die traditionell vorgegebenen Schnittmuster der Identitätsbildung ihre Tragfähigkeit. Im Zentrum der Anforderungen für eine gelingende Lebensbewältigung stehen jetzt die Fähigkeiten zur Selbstorganisation, zur Verknüpfung von Ansprüchen auf ein gutes und authentisches Leben mit den gegebenen Ressourcen und letztlich die innere Selbstschöpfung von Lebenssinn. Bürgerschaftliches Engagement schafft Möglichkeiten der Erfahrung von Selbstwirksamkeit und Mitgestaltung.

## 5. Meine Sicht von Zivilgesellschaft

Für mich ist Bürgerengagement ein gesellschaftliches Handlungsfeld, das sich gezielt als unabhängig von dem Kreislauf der Geldströme des globalisierten Kapitalismus versteht, das sich den Kriterien der Verbetriebswirtschaftlichung und Monetarisierung entzieht. Ich habe erst spät einen wichtigen Unterschied gelernt, den die deutsche Sprache nicht sehr gut auszudrücken vermag, den Unterschied zwischen dem „bourgeois" und dem „citoyen". Es geht also um die Differenz von dem Menschen, der sich am kapitalistischen Wirtschaftsgeschehen mit der Aneignung einer spezifischen Charaktermaske stromlinienförmig beteiligt und den Profit als seine Haupttriebfeder betrachtet und jenem Menschen, der den Anspruch hat, im Sinne der Aufklärung und unter Wahrung elementarer Menschenrechte sich an der Gestaltung der eigenen Lebensverhältnisse zu beteiligen. Diese selbstbewussten BürgerInnen, die sich einmischen, unbequem sein können, die Macht kontrollieren, sich für Bürgerrechte engagieren und den staatlichen Instanzen nicht als Untertan gegenüberstehen, die sich die Wahrung und Weiterentwicklung demokratischer Lebensformen zu ihrem Anliegen gemacht haben, galt es erst zu entdecken. Und ich habe sie entdeckt. Sie repräsentieren einen anderen Diskurs, als jenen, der mit dem Begriff des Ehrenamtes aktiviert wird. Es geht nicht um „Ehre" und auch nicht um ein „Amt", dem man allerdings auch als Citoyen in Deutschland oft nicht entgehen kann.

Der gesellschaftliche Modernisierungsschub, der vor allem seit den 70er Jahren den gesellschaftlichen Grundriss der Bundesrepublik nachhaltig verändert hat, hat in Form neuer sozialer Bewegungen und Initiativen auch eine selbstaktive Gestaltungskraft hervorgebracht. Für viele neue Probleme des Alltags gab es in den traditionellen Strukturen alltäglicher Lebenswelten keinen Lösungsvorrat, auf den man einfach hätte zurückgreifen können. Für eine Reihe von neuen biographischen Konstellationen (wie z.B. die weibliche Doppeloption Familie und Beruf oder Erfahrungen von Vorruhestand) gab es keine institutionell abgesicherten Lösungsmöglichkeiten und in vielen Bereichen war das Vertrauen auf „das Bewährte" erschüttert und gerade die neuen sozialen Bewegungen verstanden sich als kollektive Zukunftswerkstätten, in denen – im Sinne des „demokratischen Experimentalismus" – neue Lösungsentwürfe erprobt wurden. In einer Vielzahl konkreter Projekte wurden neue Wege erprobt. Diese Projekte lassen sich verstehen als „,soziale Experimentierbaustellen', als ,emanzipatorische Antworten auf Risiken der aktuellen Modernisierungsprozesse'" (Helbrecht-Jordan 1996, S. 107). Für die Gestaltung des gesellschaftlichen Umbruchs und die Entwicklung zukunftsfähiger Lösungen setze ich vor allem auf diesen „demokratischen Experimentalismus".

## 6.  Prüfstein der Vision von Zivilgesellschaft: Die Datenlage

Als Integrationsprüfstein sozialer Integration möchte ich eine polemische Bemerkung von Ulrich Beck nutzen, der in der SZ vom 23./24. Juni 2001 seine Sorge darüber geäußert hatte, dass die inflationäre Rede vom „bürgerschaftlichen Engagement" „wie eine Petersiliengarnierung, die die politische Ratlosigkeit dekorativ verschönt," wirken könnte. „Zivilgesellschaft light" ist die Gefahr, die er sieht, nämlich eine sich immer wiederholende „Mittelschichtveranstaltung". Kann man auf der Basis des neuen Freiwilligensurveys dieser nicht unberechtigten Polemik den empirischen Boden entziehen? Dem „Häuptling fliegende Feder", so haben SoziologiestudentInnen in München ihren Professor Beck genannt, lässt sich eine international gewichtige Fachautorität zur Seite stellen. Robert D. Putnam hat im Auftrag der Bertelsmann Stiftung eine Gruppe von Fachleuten aus vielen wichtigen Ländern dieser Erde zusammengetrommelt, die jeweils über die Entwicklung des sozialen Kapitals in ihrem Land berichten. In dem Buch „Gesellschaft und Gemeinsinn. Sozialkapital im internationalen Vergleich" werden die Ergebnisse präsentiert. Von einem generellen Rückgang bürgerschaftlichen Engagements kann in keinem der Länder die Rede sein, aber es zeigt sich eine besorgniserregende Scherenentwicklung: Ist bei ökonomisch, bildungsmäßig und im allgemeinen psychosozialen Lebensgefühl gut situierten Menschen eher eine Zunahme des Engagements zu verzeichnen, bricht es bei den Bevölkerungsgruppen, die arm sind oder verarmen, die mit mehreren Jobs ihren Lebensunterhalt gerade so sichern können und die sich demoralisiert und von der gesellschaftlichen Entwicklung „abgehängt" sehen, deutlich ein. Wie kann es gelingen, diese Entwicklung aufzuhalten, die ja Spaltungstendenzen in unserer Gesellschaft weiter verschärft? Liegt hier nicht ein Prüfstein für eine kritische Qualitätsbeurteilung aller Fördermaßnahmen sozialen Kapitals?

Ein erster Blick auf die Befunde des Freiwilligensurveys zeigt, dass Deutschland seinen schon 1999 belegten Mittelplatz im europäischen Vergleich stabilisieren und vielleicht sogar noch etwas ausbauen konnte. Die jetzt ins Seniorenalter kommenden 68er erweisen sich in einem höheren Maße als engagementbereit, als ihre Vorläufergeneration. Wahrscheinlich steckt auch in diesem altersspezifischen Zuwachs ein Wirkfaktor, der gar nichts mit dem Alter zu tun hat, sondern das vorhandene Bildungskapital spiegelt. Die Exklusions- und Inklusionserfahrungen hängen offensichtlich in hohem Maße von dem Zugang zu symbolischem Kapital ab. Bildung wird immer mehr zum Integrationsmotor. Wenn wir sehen, dass bei den Arbeitslosen sowohl die Engagementquote als auch das Engagementpotenzial deutlich gestiegen sind, dann dürfte auch hier der Bildungsaspekt bedeutsam sein. Die zur Gruppe der Erwerbslosen statistisch agglomerierte Population bedarf einer genaueren Analyse. Da wächst der Anteil der bildungsmäßig gut ausgestatteten Personen (meist mit Hochschulabschluss), die ihren Weg in den Arbeitsmarkt nicht sofort finden, aber durchaus gute Chancen haben, sich ihren Arbeitsplatz zu sichern.

Die Engagementquote erwerbsloser Menschen lag 2004 bei 27 % (1999: 23 %). Ihr Engagementpotenzial erhöhte sich seit 1999 von 37 % auf 48 % und ist damit außerordentlich hoch. Arbeitslose erheben mit ihrem Engagement einen deutlichen Anspruch auf gesellschaftliche Beteiligung und wollen damit ihre Interessen vertreten. Arbeitslose suchen durch freiwilliges Engagement soziale Einbindung und Möglichkeiten, ihre Fähigkeiten und Kenntnisse zu erhalten und zu erweitern. Freiwilliges Engagement ist damit in dieser Gruppe auch eine Möglichkeit, die persönliche Motivation und Beschäftigungsfähigkeit zu erhalten. Arbeitslose verbinden mit ihrem freiwilligen Engagement jedoch nicht nur persönliche Motive, sondern erheben einen ausgeprägten Anspruch auf gesellschaftliche und politische Mitgestaltung. Im Vergleich zu 1999 sind den Arbeitslosen der berufliche Nutzen des Engagements und die Erweiterung ihrer Kenntnisse und Erfahrungen erheblich wichtiger geworden. Sie wünschten sich jedoch auch in gestiegenem Maße „Anerkennung" sowie die Möglichkeit zur Übernahme eigenständiger Verantwortung. Die Erwartungshaltung von Arbeitslosen an ihre freiwillige Tätigkeit ist somit zwischen 1999 und 2004 deutlich anspruchsvoller geworden. In der Gruppe der Arbeitslosen ist seit 1999 die Bereitschaft zum freiwilligen Engagement um 11 Prozentpunkte angestiegen. Inzwischen ist der Prozentsatz der Arbeitslosen, die weder freiwillig engagiert noch dazu bereit sind, von 40 % auf 25 % gefallen. Eine solche Veränderung ist in keiner der anderen untersuchten Bevölkerungsgruppen zu erkennen. Von ihrem Verhalten und ihrer Einstellung her ist somit die Gruppe der Arbeitslosen zwischen 1999 und 2004 deutlich engagementorientierter geworden. Sicher ist es richtig, daran zu erinnern, dass bei der Gruppe der Arbeitslosen dieser Schub aus einer Situation der ökonomischen, sozialen und psychischen Benachteiligung heraus erfolgt. Dennoch hätte die Reaktion innerhalb dieser Gruppe auf ihre Benachteiligung auch resignierend ausfallen können. Stattdessen zeigt die zunehmende Beteiligung von Arbeitslosen an Gemeinschaftsaktivitäten und am freiwilligen Engagement sowie ihre zunehmende Engagementbereitschaft ihre soziale Eigeninitiative und Verantwortungsbereitschaft.

Zukünftig sollte die soziale Differenzierung innerhalb der Zivilgesellschaft stärker berücksichtigt werden. Zwar sind die meisten engagierten Bürgerinnen und Bürger Vertreter einer von Bildung und Einkommen her gut ausgestatteten Mittelschicht. Zunehmend gibt es jedoch auch freiwillig Engagierte aus materiell schlechter gestellten Gruppen (z.B. Arbeitslose, Migranten), wo Formen der (geringfügigen) materiellen Anerkennung eine besondere und legitime Form der Unterstützung darstellen.

Noch einmal kurz zusammengefasst, zeigt der Freiwilligensurvey folgendes: Hohes Bildungsniveau, hohes Einkommen und gute persönliche wirtschaftliche Lage, hohe Kirchenbindung, ein großer Freundes- und Bekanntenkreis, erhöhte Haushaltsgröße gehen in Einzelanalysen mit erhöhtem freiwilligem Engagement einher. Aber der neue Freiwilligensurvey geht über Einzelanalysen hinaus. Sehr anregend ist er vor allem deshalb, weil er komplexe Modelle konstruiert und durchgerechnet hat, die uns noch differenzierten Aufschluss geben über wichtige Bedingungskonstellationen für Engagementmotivation und -realisierung. Einige Punkte sind perspektivenreich und für die weitere Forschung und auch für die Praxis der Engagementförderung wichtig:

1.  *Zu strukturellen kommen mit noch größerem Gewicht soziokulturelle Merkmale hinzu*
    Die Autoren haben in ihrer Modellkonstruktion die folgende Frage zu beantworten versucht: „Ist es mehr das „Ideelle" (Werte, Bildung) oder das „Materielle" (Einkommen, persönliche Wirtschaftslage) bzw. sind es „Strukturmerkmale" (Haushalts- und Wohnortgröße, Einkommen) oder „Kulturmerkmale" (Kirchenbindung, Werte, Integration), die Engagement begünstigen? Unter den strukturell-schichtbezogenen Variablen ist der Bildungsstatus einer Person 2004 am wichtigsten zur Vorhersage des freiwilligen Engagements geworden. Diese Variable ist allerdings nicht nur eine „harte" sozialstrukturelle Größe, sondern hat auch eine kulturelle Bedeutung. Die Autoren geben eine ganz einfache und klare Antwort: „Das „Ideelle" (die Bildung) dominiert jetzt deutlich das „Materielle" (Einkommen)". „Das ausgewiesene Erklärungsmodell enthält sowohl strukturelle, großenteils schichtbezogene Faktoren sowie kulturell-sozialintegrative Faktoren. Zu letzteren zählen Wertorientierungen, aber auch die Bindung der Befragten an Kirchen bzw. Religionsgemeinschaften, die Größe des Freundes- und Bekanntenkreises sowie das politische Interesse. Im engeren Sinn strukturelle Variablen sind das Haushaltseinkommen, die Haus-

haltsgröße, Bildungsstatus, Lebensalter, Region, Staatsangehörigkeit und Erwerbstätigkeit".

2. *Die große Bedeutung von Netzwerken als Integrationsfaktor*
Schon im ersten Freiwilligensurvey wurde auf die enge Beziehung zwischen sozialer Integration und Engagement verwiesen. Sicherlich geht es hier um eine Wechselwirkung, denn es dürfte klar sein, dass Aktivität und freiwilliges Engagement ihrerseits zur sozialen Integration beitragen. Freiwillig Engagierte haben erheblich häufiger einen großen Freundes- und Bekanntenkreis als Nicht-Engagierte und vor allem Nicht-Aktive. Hier zeichnet sich ein ganz klarer Zusammenhang mit einer zirkulären Dynamik in der „Akkumulation sozialen Kapitals" auf: Ein gutes soziales „embedding" in soziale Netzwerke ist Bedingung für bürgerschaftliches Engagement und zugleich fördert das Engagement das Ressourcenpotential der Netzwerkbezüge. Hier stoßen wir wieder einmal auf das klassische Mathäusprinzip: „Wer hat dem wird gegeben!"
Hier möchte ich mit einem Punkt anschließen, der aus meiner Sicht die besondere psychologische Bedeutung des Freiwilligenengagements ausmacht:

3. *Identitätsrelevanz von freiwilligem Engagement*
Was hat Identität mit sozialer Integration zu tun? Sehr viel, denn Identität stellt die „Schnittstelle" zwischen der inneren und der äußeren Welt dar und im Engagement arbeiten Menschen an der Passung ihrer Vorstellungen von dem, was ihnen wichtig ist, mit dem, was sie in ihrer realen Welt vorfinden. Und diese aktive Passungs- oder Identitätsarbeit wird immer mehr zu einer Grundvoraussetzung der aktiven Lebensbewältigung. In einer individualisierten Gesellschaft, in der die Menschen ihre Biographien immer weniger in den gesicherten Identitätsgehäusen der Berufsarbeit einrichten können, in der die traditionellen Geschlechterrollen ihre Facon verloren haben und in der Lebenssinn zur Eigenleistung der Subjekte wird, sind vermehrt Fähigkeiten zur Selbstorganisation in den sozialen Mikrowelten gefordert. Fertige soziale Schnittmuster für die alltägliche Lebensführung verlieren ihren Gebrauchswert. Sowohl die individuelle Identitätsarbeit als auch die Herstellung von gemeinschaftlich tragfähigen Lebensmodellen unter Menschen, die in ihrer Lebenswelt aufeinander angewiesen sind, erfordert ein eigenständiges Verknüpfen von Fragmenten. Bewährte kulturelle Modelle gibt es dafür immer weniger. Die roten Fäden für die Stimmigkeit unserer inneren Welten zu spinnen, wird ebenso zur Eigenleistung der Subjekte wie die Herstellung lebbarer Alltagswelten. Menschen in der Gegenwart brauchen die dazu erforderlichen Lebenskompetenzen in einem sehr viel höheren Maße als die Generationen vor ihnen. Sie müssen in der Lage sein, ein Berufsleben ohne Zukunftsgarantien zu managen, ihren individuellen Lebenssinn ohne die Vorgabe von Meta-Er-

zählungen zu entwickeln und eine Komplexität von Weltverhältnissen auszuhalten, die nur noch in Sekten auf ein einfaches Maß reduziert werden
kann. Gefordert ist eine Perspektive der „Selbstsorge" (wie Michel Foucault es genannt hat) oder eine „Politik der Lebensführung" (so Anthony
Giddens).

„Bürgerschaftliches Engagement" wird aus dieser Quelle der vernünftigen
Selbstsorge gespeist. Menschen suchen in diesem Engagement Lebenssinn,
Lebensqualität und Lebensfreude und sie handeln aus einem Bewusstsein
heraus, dass keine, aber auch wirklich keine externe Autorität das Recht
für sich beanspruchen kann, die für das Subjekt stimmigen und befriedigenden Konzepte des richtigen und guten Lebens vorzugeben. Zugleich
ist gelingende Selbstsorge von dem Bewusstsein durchdrungen, dass für
die Schaffung autonomer Lebensprojekte soziale Anerkennung und Ermutigung gebraucht wird, sie steht also nicht im Widerspruch zu sozialer
Empfindsamkeit, sondern sie setzen sich wechselseitig voraus. Und
schließlich heißt eine „Politik der Lebensführung" auch: Ich kann mich
nicht darauf verlassen, dass meine Vorstellungen vom guten Leben im Delegationsverfahren zu verwirklichen sind. Ich muss mich einmischen. Eine
solche Perspektive der Selbstsorge ist deshalb mit keiner Version „vormundschaftlicher" Politik und Verwaltung vereinbar. Ins Zentrum rückt
mit Notwendigkeit die Idee der „Zivilgesellschaft". Die Konzepte Zivilgesellschaft und Identitätsarbeit verweisen aufeinander. Sie stellen auf der
makro- und mikrosozialen Ebene die Frage danach, wie Menschen heute
ihr Leben organisieren und ihre Identität finden sollen und welche gesellschaftlichen Rahmenbedingungen sie dafür benötigen. Bürgerschaftliches
Engagement vollzieht sich im Schnittbereich dieser beiden Fragen.

4.  *Inklusion – Exklusion*

„Freiwilliges Engagement kann mit wachsender Berechtigung selbst als
Indikator für gelingende soziale Integration gelten", heißt es im Freiwilligensurvey. „Ausgrenzung" und „Teilhabe" sind in der Debatte um soziale
Ungleichheit zu Schlüsselbegriffen geworden. Dabei geht es um veränderte
Formen sozialer Ungleichheit und um eine Zunahme von Risikogruppen.
Soziale Ausgrenzung, das heißt Deklassierung und Isolation. Hat sich die
Ungleichheitsforschung bisher wesentlich der Verteilung von materiellen
Ressourcen gewidmet, so verweist der Ausgrenzungsdiskurs auf mehr als
die Sicherung des Lebensstandards. Er bezieht sich umfassender auf eingeschränkte Teilhabechancen mit Blick auf soziale Rechte und etablierte
Gerechtigkeitsnormen. Die Folgen von Arbeitslosigkeit und Armut für
den gesellschaftlichen Zusammenhalt werden in den Mittelpunkt gerückt.
Theoretische Debatten um soziale Ungleichheit kreisen somit nicht mehr
nur um Verteilungsfragen, sondern widmen sich Aspekten der Zugehörigkeit und Integration (vgl. Böhnke 2005). Weitere Auswertungen

haben ergeben, dass nicht alle Bevölkerungsschichten gleichermaßen vom Risiko sozialer Ausgrenzung betroffen sind. Langzeitarbeitslosigkeit und Armut, insbesondere wenn sie von Dauer ist, gehen mit einer deutlichen Verschlechterung von Teilhabemöglichkeiten einher. Reichtum, Wohlstand und eine gesicherte berufliche Stellung führen zu einer überdurchschnittlichen Zufriedenheit mit der gesellschaftlichen Integration. Neben einem fehlenden Berufsabschluss und niedrigem Bildungsniveau sind auch unsichere Beschäftigung, Krankheit und hohes Alter Faktoren, die Erfahrungen von Marginalisierung mit sich bringen und verstärken. Die Einschätzung, außen vor zu sein, beruht auf Lebenssituationen, die neben starker materieller Benachteiligung Identitätsverlust und mangelnde Wertschätzung mit sich bringen. Nicht zu vergessen sind hier auch die Angehörigen derjenigen gesellschaftlichen Gruppen, die man früher „Reservearmee" genannt hat: Zunehmend wieder die Frauen und noch mehr die MigrantInnen. „Reserve hat Ruh" könnte man sagen und das bedeutet Ausschluss aus dem „Kern" unserer Gesellschaft.

In der schönen neuen Welt des flexibel und global agierenden Netzwerkkapitalismus ordnet sich die Welt nach ganz eigenen Kategorien der Zugehörigkeit und der Anerkennung des BürgerInnenstatus. Zygmunt Bauman (1992) hat es sehr eindrücklich beschrieben: „Die postmoderne Welt des fröhlichen Durcheinander wird an den Grenzen sorgfältig von Söldnertruppen bewacht, die nicht weniger grausam sind als die, die von den Verwaltern der jetzt aufgegebenen Globalordnung angeheuert waren. Lächelnde Banken strahlen nur ihre jetzigen und zukünftigen Kunden an (...) Höfliche Toleranz gilt nur für diejenigen, die hereingelassen werden" (S. 317). In seinem allerneusten Buch mit dem viel sagenden Titel „Verworfenes Leben. Die Ausgegrenzten der Moderne" (2005) zeigt Bauman, dass die modernen kapitalistischen Gesellschaften ständig menschlichen Abfall produziert, Menschen die niemand braucht und die übersehen werden, obwohl die Gruppen immer größer werden: Ortlose Migranten, Flüchtlinge und für „überflüssig" gehaltene Menschen. Sie leben unter uns, aber gehören nicht dazu. Dazu eine abschließende These: Es geht darum, Ungleichheit mehrdimensional zu begreifen und nicht allein auf Armut zu reduzieren. Es geht um die zivilgesellschaftliche Vorstellung von sozialer Zugehörigkeit, Anerkennung und sozialen Rechten. Der Ungleichheitsdiskurs fokussiert deshalb auf Dimensionen wie „Ausgrenzung" und „Teilhabe" („Exklusion" und „Inklusion"; vgl. Kronauer 2002; Bude & Willisch 2006). Wir sind mit der Tatsache konfrontiert, dass sich ein wachsender Teil der Bevölkerung als ausgeschlossen erlebt, „verworfenes Leben" nennt das Zygmunt Bauman.

5. *Die Relevanz des gesellschaftlichen Klimas für das bürgerschaftliche Engagement*

Wenn ich meinen Blick auf die empirischen Verhältnisse des bürgerschaftlichen Engagements zu einem Resümee verdichten soll, dann könnte man
sagen, dass sich die Freiwilligenkultur in Deutschland durchaus positiv
entwickelt. Aus einer ehrwürdigen Ehrenamtstradition hat sich eine moderne Auffassung von bürgerschaftlichem Engagement entwickelt und es
gibt vielfältige Anregungs- und Förderungsansätze, die die Entwicklung in
diese Richtung weiter vorantreiben werden. Hier zeigt sich ein durchaus
beeindruckendes zivilgesellschaftliches Potential der deutschen Bevölkerung. Im internationalen Vergleich holt Deutschland eindeutig auf. Und
was für das Freiwilligenengagement gilt, spiegelt sich auch in den Daten
zum politischen Engagement in Europa (vgl. Neller & van Deth 2006).
Auch hier liegen die skandinavischen Länder und die Niederlande klar an
der Spitze, Deutschland liegt im Mittelfeld und Südeuropa rangiert am
Ende der Skala. Trotzdem bleiben Probleme, die sich eher verstärken. Engagement lebt von der Hoffnung etwas bewegen und Einfluss nehmen zu
können. Dieser kollektive Handlungsoptimismus scheint sich in Deutschland zu verbrauchen. Die seit 2002 jährlich durchgeführte Studie „Deutsche Zustände" von Wilhelm Heitmeyer (2005) vom Bielefelder Institut
für interdisziplinäre Konflikt- und Gewaltforschung zeigt, dass in der
deutschen Bevölkerung das Gefühl, dass es keine sicherheitsverbürgende
Ordnung mehr gibt und man nicht wirklich weiß, was eigentlich los ist,
zunimmt. Von 2002 bis 2005 sind die Werte von 53 auf 64 % gestiegen.
Und noch höher liegt das Niveau für das Gefühl, politisch keinen Einfluss
nehmen zu können. Es hat sich von 57 auf 66 % erhöht. Das Ausmaß von
Gefühlen der Orientierungslosigkeit und Handlungsunsicherheit hat also
in den vergangenen drei Jahren stark zugenommen. Dabei ist es nicht länger nur die Angst vor Arbeitslosigkeit, die anomische Einstellungen auslösen, sondern zunehmend auch die Angst vor einem sozialen Abstieg.
Zugleich nimmt mit der subjektiven Wahrnehmung von Handlungsunsicherheit und Orientierungslosigkeit vor allem die Feindseligkeit gegenüber
Gruppen „von Außen", den Fremden, zu und bereitet damit den Nährboden für (rechts-)populistisches Potential. Das Festhalten an alten Orientie-
rungs- und Handlungsmustern bietet vor dem Hintergrund der Ungerich-
tetheit gesellschaftlicher Prozesse, der weitgehenden Unbeeinflussbarkeit
ökonomischer Entwicklungen und den Kontrollverlusten in der Politik allerdings keinen Ausweg. Daher sind gesellschaftliche Entscheidungsträger
mehr als zuvor gefordert, Wege aufzuzeigen, die eine Lösung von alten Si-
cherheiten ermöglichen und gleichzeitig eine Bereitstellung von Orientie-
rungshilfen und Verlässlichkeiten im Umgang mit gesellschaftlichen Krisen gewährleisten, ohne das dies auf Kosten schwacher Gruppen geht.

6.   *Zusammenfassung und Schlussfolgerungen*

Der neue Freiwilligensurvey spiegelt in eindrucksvoller Weise aktuelle Gesellschaftsdiagnosen. Er zeigt eine nachhaltige Integration kulturell und strukturell gut ausgestatteter Personen, deren Ressourcenkapital vor allem als Bildungskapital begriffen werden kann. Ulrich Beck hat mit seiner polemischen Formulierung von der „Mittelschichtveranstaltung" einen wichtigen Punkt benannt, der durch die Daten des Freiwilligensurveys durchaus bestätigt wird. Das allgemeine soziokulturelle Klima verschärft eher diese Entwicklung und bedroht letztlich auch das Potential, das auf der positiven Seite der empirischen Bilanz steht. Unter einer zivilgesellschaftlichen Perspektive besteht kein Grund zur Selbstzufriedenheit. Für die Engagementförderung bedeutet das, dass vor allem solche Projekte hohe Priorität erhalten sollten, über die vor allem im Sinne des Empowermentprinzips Personen und Gruppen erreicht werden können, die wenige materielle und soziale Ressourcen haben.

## 7. Zusammenfassende Thesen

*These 1*

Traditionellerweise werden Gesellschaften durch den gemeinsamen Überlebenskampf, durch Zwang und Gewalt, den „Feind", durch gemeinsame Ideologien, durch eine Verfassungsordnung, mit der sich Menschen identifizieren können, durch materielle Interessen oder durch Emotionen zusammengehalten. Was trägt davon heute noch in einer pluralen und komplexen Gesellschaft? Ist es nur noch das Medium Geld, das den „Laden zusammenhält"? Es ist vor allem die Erwerbsarbeit, die wie ein „Zivilreligion" bei der Mehrheit der Bürgerinnen und Bürger wirkt und vor deren Altar in periodischen Wahlritualen – wie in die diesen Tagen – von allen Parteien Schwüre und Bekenntnisse abgelegt werden. Es gibt gute Gründe, die industriegesellschaftliche Fixierung an die Erwerbsarbeit aufzubrechen, da diese Fixierung zu einer zynischen Ideologie verkommen ist. Sie ist dafür verantwortlich, dass ein immer größerer Anteil der Bevölkerung entwertet wird. Trotzdem halten viele Politiker an der Illusion einer Vollerwerbsgesellschaft fest. In Wahlkämpfen wird eine solche Illusionsproduktion in Wählerstimmen umgemünzt und sie rächt sich in Gestalt einer wachsenden Politikverdrossenheit. Die erlebte Erosion des Vertrauens in unsere politisch-gesellschaftliche Ordnung ist vor allem die Erosion der Vollerwerbsgesellschaft. Sie hat Jahrzehnte wie in einem Container die gesellschaftliche Integration abgesichert. Es ist aber nicht die Erwerbsarbeit selbst, die – sozialpsychologisch betrachtet – den gesellschaftlichen Zusammenhalt ermöglicht hat, sondern sie war eher ein dominantes Realisierungsmedium für die basalen Prozesse sozialer Verortung: Vertrauen, Zugehörigkeit, Anerkennung und Handlungsfähigkeit. Inwiefern kann eine zivilgesellschaftliche Perspektive hier alternative Impulse setzen?

*These 2*

Die Idee der aktiven Bürgergesellschaft hat zurzeit nicht gerade einen Spitzenplatz in der Hitparade politisch aktueller Themen, obwohl ihre Umsetzung gerade jetzt von größter Bedeutung wäre. Das war vor einiger Zeit deutlich anders. Der Bundestag hatte in der Legislaturperiode 1998-2002 eine Enquetekommission zur Zukunft des bürgerschaftlichen Engagements eingesetzt, die einen gewaltigen Ausstoß von papierenen Empfehlungen produzierte. Auch durch das Internationale Jahr der Freiwilligen 2001 ist dem Thema Freiwilligenengagement sehr viel Aufmerksamkeit geschenkt worden. Die politisch hochgehängten Diskurse zur Zivilgesellschaft sind seltener geworden. In der Regierungserklärung für die Legislaturperiode 2002-2006 kam das Thema kaum mehr vor. In den Wahlprogrammen der wichtigsten vier Parteiformationen bekommt das Thema auch keinen besonders prominenten Platz, auch wenn es überall inzwischen in der politischen „Gebetsmühle" gespeichert ist und auf Abruf bereit liegt. Das ist umso erstaunlicher, als die Politik immer mehr Verantwortung an die Bürger weiterreichen möchte, allerdings meist verkürzt auf die Perspektive, dass die Risikovorsorge vom Staat auf den einzelnen verschoben werden soll. Es ist keine Perspektive der aktiven Beteiligung von Bürgern an der Entwicklung des Gemeinwesens erkennbar, sondern eher eine Stimmung der Demoralisierung, die auf einer fatalen Koalition von Bürgerverdrossenheit der Politik und Politikerverdrossenheit der Bürger beruht.

*These 3*

Die aktuelle Politik lässt immer mehr zukunftsfähige Perspektiven vermissen. Sie ist oft auf ein „muddling through" reduziert. Sie reduziert sich auf eine Verwaltung des Mangels. Die oft diagnostizierte „Politikverdrossenheit" der Menschen ist mindestens ebenso eine „Bürgerverdrossenheit" der Politik. Bürgerinnen und Bürger erleben sich oft als „Reservearmee" oder als „Notstromaggregat", die von der Politik nur dann aktiviert werden, wenn sie in fiskalischen Nöten steckt. Wir brauchen einen Paradigmenwechsel von Politik, der dem Staat die Rolle eines ermöglichenden oder aktivierenden Teils von Politik zuweist und im Wesentlichen die „Selbstsorge" der Bürgerinnen und Bürger im Sinne des Empowermentprinzips ermöglichen soll. Das vermehrte Interesse an der Idee der Zivilgesellschaft hat mit dem wachsenden Bewusstsein zu tun, dass weder ein „fürsorglicher" noch ein „obrigkeitlicher Staat" die adäquaten Antworten auf den gesellschaftlichen Strukturwandel sein können. Auch die neoliberalen Konzepte des ultraflexiblen „Unternehmer des eigenen Selbst", die „Ichlinge", sind fragwürdige Angebote für eine souveräne Bewältigung der Anforderung im globalisierten Kapitalismus. Es kommt vielmehr auf die Förderung zivilgesellschaftlicher Kompetenzen an. Eine Zivilgesellschaft lebt von dem Vertrauen der Menschen in ihre Fähigkeiten, im wohlverstandenen Eigeninteresse gemeinsam mit anderen die Lebensbedingungen für alle zu verbessern. Zivilgesellschaftliche Kompetenz entsteht dadurch – und hier greife ich eine Formulierung der Ottawa Charta der Weltgesundheitsorganisation auf –, dass man sich um sich selbst und für andere sorgt, dass man in die Lage versetzt ist, selber Entscheidungen zu fällen und eine Kontrolle über die eigenen Lebensumstände auszuüben sowie dadurch, dass die Gesellschaft, in der man lebt, Bedingungen herstellt, die allen ihren Bürgerinnen und Bürgern dies ermöglichen" (Ottawa Charta 1986, zit. nach Trojan & Stumm 1992). Die Potentiale dafür sind durchaus vorhanden, bedürfen aber einer neuen Wahrnehmung und Förderung. In der Ottawa-Charta ist eine entsprechende Vision formuliert. Dort heißt es: Gesundheitsförderung „zielt auf einen Prozess, allen Menschen ein höheres Maß an Selbstbestimmung über ihre Lebensumstände und Umwelt zu ermöglichen und sie damit zur Stärkung ihrer Gesundheit zu befähigen". Und etwas später: „Gesundheit wird von Menschen in ihrer alltäglichen Umwelt geschaffen und gelebt: dort, wo sie spielen, lernen, arbeiten und lieben. Gesundheit entsteht dadurch, dass man sich um sich selbst und für andere sorgt, dass man in die Lage versetzt ist, selber Entscheidungen zu fällen und eine Kontrolle über die eigenen Lebensumstände auszuüben sowie dadurch, dass die Gesellschaft, in der man lebt, Bedingungen herstellt, die allen ihren Bürgern Gesundheit ermöglichen". In einer solchen Perspektive wird die allseitige und nachhaltige Förderung des bürgerschaftliche Engagements zum zentralen Anliegen von Politik.

*These 4*

Die Bundesrepublik befindet sich in einer Phase des dramatischen gesellschaftlichen Wandels, der mit Schlagworten wie Globalisierung, Pluralisierung und Individualisierung angedeutet ist. Dieser Wandel erfasst nicht nur den ökonomischen und politischen Bereich, sondern bedeutet – in den Worten von Manuel Castells (1991) einen „qualitativen Wandel in der menschlichen Erfahrung." Die Konsequenzen einer sich herausbildenden globalen Netzwerkgesellschaft „breiten sich über den gesamten Bereich der menschlichen Aktivität aus, und transformieren die Art, wie wir produzieren, konsumieren, managen, organisieren, leben und sterben" (Castells). Von diesem Wandel ist auch das bürgerschaftliche Engagement und die es tragende Motivlagen und Werthaltungen betroffen. Ein tief greifender Wertewandel hat die ganze Bevölkerung der Bundesrepublik erfasst. Selbstentfaltungswerte gewinnen und traditionelle Pflichtwerte verlieren an Bedeutung. Diese Entwicklung wird oft als Tendenz zum Egoismus missverstanden. Es ist vielmehr eine Tendenz zu mehr Eigeninitiative, Eigensinn und Selbstsorge, die eine wichtige Quelle bürgerschaftlichen Engagements darstellt. Es gibt in der Bundesrepublik also ein gutes motivationales Potential für bürgerschaftliches Engagement, aber dieses ist durch vorhandene institutionelle Felder nicht einfach abrufbar, sondern es bedarf neuer Gelegenheitsstrukturen. Die motivationale Basis für bürgerschaftliches Engagement hat sich verändert und sie findet in traditionellen Formen der Organisierung von ehrenamtlicher Tätigkeit kaum den er-

forderlichen Resonanzboden. Eine nachhaltige Aktivierung und Förderung bürgerschaftlichen Engagements bedarf neuer Rahmenbedingungen und Unterstützungs-
formen. Der aktuelle gesellschaftliche Wandel löst das Passungsverhältnis zwischen
individuellen Motiven und Bedürfnissen und politisch-gesellschaftlichen Arrangements der Nachkriegsordnung erkennbar auf. Das empirisch nachgewiesene Engagementpotential eignet sich nicht dazu, die Synchronisationslücken im traditionell angelegten staatlichen Handeln kompensatorisch zu füllen. Hier ist ein Paradigmenwechsel
von Politik erforderlich, der dem bürgerschaftlichen Engagement eine aktiv-
gestaltende Rolle einräumt.

*These 5*
Die verfügbaren Daten rechtfertigen die Aussagen, dass es in der Bundesrepublik ein
hohes Aktivitätsniveau von 30 bis 40 % freiwilligen sozialen Engagements gibt und
dass es ein noch brachliegendes Potential gibt. Rückgängen im Engagement vor allem
bei Kirchen, Verbänden, Gewerkschaften und Parteien stehen Zuwächse bei Vereinen, Selbsthilfegruppen, Freiwilligenagenturen, Tauschringe und vor allem im Alltags-
bereich gegenüber. Die vorhandenen Potentiale bürgerschaftlichen Engagement werden sich teils in autochthonen selbstaktiven Handlungsfeldern entfalten, sie können
aber auch durch die Schaffung neuer „Gelegenheitsstrukturen" in vielfältiger Form gefördert. So können zeitgerechte reflexive Passungen zwischen Engagementmotiven
und entsprechenden Handlungsangeboten entstehen. Gerade diese neuen Ansätze bedürfen eines öffentlichen Diskurses, in dem an Beispielen „guter Praxis" neue Pas-
sungsmöglichkeiten sichtbar gemacht werden.

*These 6*
Uns seien die „utopischen Energien" ausgegangen, hat Jürgen Habermas in den 80er
Jahren diagnostiziert und er hat ja sicher damit recht in bezug auf die großen gesellschaftlichen Visionen von einer besseren Welt. Vielleicht ist ja auch ganz gut, dass die
Konjunktur der umfassenden Gesamtentwürfe vorbei ist, denn sie haben zwar immer
Glücksverheißungen für die Menschen offeriert, ihnen selbst aber selten die Chance
eingeräumt, über Weg und Ziel mitzubestimmen. Als zentralen Prüfstein für alle realen Utopien sehe ich diesen an: Ohne die Anerkennung der aktiven Subjekte, ohne
ihre unhintergehbaren Ansprüche auf Selbstbestimmung und Partizipation kann es
keine zukunftsfähige Gesellschaft geben. Aber genau diese Ansprüche und Rechte ins
Zentrum gesellschaftlicher Umgestaltung zu rücken, ist sehr viel mehr als Realitäts-
prinzip. Wir sind noch sehr weit davon entfernt. Hier zeichnet sich die Vision einer
zukunftsfähigen Zivilgesellschaft ab, in deren Zentrum bürgerschaftliches Engagement steht und die durch bürgerschaftliches Engagement entsteht.

## These 7

Der neue Freiwilligensurvey spiegelt in eindrucksvoller Weise aktuelle Gesellschaftsdiagnosen. Er zeigt eine nachhaltige Integration kulturell und strukturell gut ausgestatteter Personen, deren Ressourcenkapital vor allem als Bildungskapital begriffen werden kann. Ulrich Beck hat mit seiner polemischen Formulierung von der „Mittelschichtveranstaltung" einen wichtigen Punkt benannt, der durch die Daten des Freiwilligensurveys durchaus bestätigt wird. Das allgemeine soziokulturelle Klima verschärft eher diese Entwicklung und bedroht letztlich auch das Potential, das auf der positiven Seite der empirischen Bilanz steht. Unter einer zivilgesellschaftlichen Perspektive besteht kein Grund zur Selbstzufriedenheit. Für die Engagementförderung bedeutet das, dass vor allem solche Projekte hohe Priorität erhalten sollten, über die vor allem im Sinne des Empowermentprinzips Personen und Gruppen erreicht werden können, die wenige materielle und soziale Ressourcen haben.

## Literatur

Adloff, Franz (2005): Zivilgesellschaft. Theorie und politische Praxis. Frankfurt: Campus.

Barz, Heinz et al. (2001): Neue Werte, neue Wünsche. Future Values. Düsseldorf/Berlin: Metropolitan.

Bauerkömper, Arnd (2003): Die Praxis der Zivilgesellschaft. Akteure, Handeln und Strukturen im internationalen Vergleich. Rankfurt: Campus.

Bauman, Zygmunt (1992): Moderne und Ambivalenz. Hamburg: Hamburger Edition.

Bauman, Zygmunt (2003): Flüchtige Moderne. Frankfurt: Suhrkamp.

Bauman, Zygmunt (2005): Verworfenes Leben. Die Ausgegrenzten der Moderne. Hamburger Edition.

Böhnke, Petra (2005): Am Rande der Gesellschaft. Risiken sozialer Ausgrenzung. Opladen: Barbara Budrich.

Bude, Heinz & Willisch, Andreas (Hg.) (2006): Das Problem der Exklusion. Ausgegrenzte, Entbehrliche, Überflüssige. Hamburg: Hamburger Edition.

Castells, Manuel (1991): Informatisierte Stadt und soziale Bewegungen. In: M. Wentz (Hg.), Die Zukunft des Städtischen (S. 137-147). Frankfurt: Campus.

Dahrendorf, Ralf (1992): Der moderne soziale Konflikt. Stuttgart: DVA.

Enquete-Kommission (2002): Abschlussbericht der Enquete-Kommission Zukunft des Bürgerschaftlichen Engagements. Auf dem Weg in eine zukunftsfähige Bürgergesellschaft. Wiesbaden: VS Verlag.

Evers, Tilman (1999): Bürgergesellschaft: Ein Markt der Möglichkeiten. Ideengeschichtliche Irritationen eines Sympathiebegriffs. Frankfurter Rundschau, Nr. 107, 10. Mai 1999.

Freiwilligen-Survey 2004. Gensicke, T., Picot, S. & Geiss, S. (2006): Freiwilliges Engagement in Deutschland 1999 - 2004. Wiesbaden: VS Verlag.

Gergen, Kenneth. J. (2000): The self: death by technology. In: D. Fee (Hg.): Pathology and the postmodern. Mental illness as discourse and experience (S. 100-115). London: Sage.

Giddens, Antony (2001): Entfesselte Welt. Wie die Globalisierung unser Leben verändert. Frankfurt: Suhrkamp.

Godel, Brigitta (2002): Auf dem Weg zur Zivilgesellschaft. Frankfurt: Campus.

Habermas, Jürgen (1985): Die Neue Unübersichtlichkeit. Frankfurt: Suhrkamp.

Habermas, Jürgen (1998): Die postnationale Konstellation. Frankfurt: Suhrkamp.

Heidbrink, Ludger & Hirsch, Alfred (2006): Verantwortung in der Zivilgesellschaft. Zur Konjunktur eines widersprüchlichen Prinzips. Frankfurt: Campus.

Heitmeyer, Wilhelm (2002 - 2010): Deutsche Zustände. Folge 1 - 8. Frankfurt: Suhrkamp.

Helbrecht-Jordan, Ingrid (1996): Familien zwischen Erosion und neuer sozialer Infrastruktur. Bielefeld: Kleine.

Keupp, Heiner (2007): Und die im Dunkeln sieht man nicht: Von der alten und der neuen Armut und ihren psychosozialen Konsequenzen. Verhaltenstherapie und psychosoziale Praxis, 39, 9-24.

Keupp, Heiner, Ahbe, Thomas, Gmür, Wolfgang, Höfer, Renate, Kraus, Wolfgang, Mitzscherlich, Beate & Straus, Florian (2006³): Identitätskonstruktionen. Das Patchwork der Identitäten in der Spätmoderne. Reinbek: Rowohlt.

Klein Ansgar, Kern Kristine, Geißel Brigitte, Berger Maria (Hg.) (2004): Zivilgesellschaft und Sozialkapital. Wiesbaden.

Klein, Ansgar (2001): Der Diskurs der Zivilgesellschaft. Wiesbaden: Leske + Budrich.

Kronauer, Martin (2002): Exklusion. Die Gefährdung des Sozialen im hoch entwickelten Kapitalismus. Frankfurt: Campus.

Kuhn, Berthold (2005): Entwicklungspolitik zwischen Markt und Staat. Möglichkeiten und Grenzen zivilgesellschaftlicher Organisationen, Frankfurt a.M.: Campus.

Rosenzweig Beate, Eith, Ulrich (Hg.) (2004): Bürgerschaftliches Engagement und Zivilgesellschaft. Ein Gesellschaftsmodell der Zukunft?, Schwalbach/Ts.

Sennett, Richard (1998): Der flexible Mensch. Die Kultur des neuen Kapitalismus. Berlin: Berlin Verlag.

Taylor, Charles (1993): Wieviel Gemeinschaft braucht die Demokratie? Transit, 5, 5-20.

Touraine, Alain (1999): Loblied der Zivilgesellschaft. DIE ZEIT Nr. 49.

Trojan, Alf & Stumm, Brigitte (Hg.) (1992): Gesundheit fördern statt zu kontrollieren. Frankfurt: Fischer.

Vogt, Ludgera (2005): Das Kapital der Bürger. Theorie und Praxis zivilgesellschaftlichen Engagements. Frankfurt: Campus.

Melanie Krug/Michael Corsten

# Sind Nicht-Engagierte nicht eigensinnig?

## 1. Wie der Aktivierungsdiskurs Engagement instrumentalisiert

Bürgerschaftliches Engagement ist ein prominentes Thema der öffentlichen Diskussion. Politiker aller Flügel versuchen, Engagement durch Maßnahmen, wie eine verbesserte soziale Absicherung oder die Einrichtung von Freiwilligenagenturen zu fördern und initiieren. Die öffentlich-rechtlichen Sendeanstalten widmeten sich 2009 sogar eine Woche lang dem Thema des Bürgerengagements. Einig sind sich alle: Die Gesellschaft braucht mehr Menschen, die sich freiwillig sozial engagieren.

Es ist nicht verwunderlich, dass diese Diskussion auf fruchtbaren Boden fällt – fügt sie sich doch ein in die gesamtgesellschaftliche Debatte über die Krise und Zukunft des Sozialstaats. Wie Stefan Lessenich (2008) nachzeichnet, hat sich der einstige Versorgungsstaat, der seine Bürger gegen (immer mehr) Risiken abzusichern suchte, im Zuge des flexiblen Kapitalismus zu einem Sozialstaat entwickelt, der die Einzelnen als „selbsttätig[e] und [zugleich] sozial verantwortlich[e] Subjekte" (ebd., S. 17) konstruiert:

Vokabular dieses neuen Sozialstaats-Verständnisses (ebd., S. 85-128) sind Stichworte wie ‚Fördern und Fordern‘, mit dem die Erwerbsfähigen des Landes aufgerufen sind, für den Arbeitsmarkt bereitzustehen oder durch Weiterbildungsmaßnahmen beruflich attraktiv zu bleiben – und damit das Risiko der Arbeitslosigkeit schon vorab möglichst gering zu halten. Die ‚Jungen Alten‘ unter den Erwerbsfähigen sind aufgefordert, länger beruflich aktiv zu sein und damit selbst zu einer gerechten Erfüllung des ‚Generationenvertrags‘ beizutragen. Es heißt, ‚lebenslang zu lernen‘, möglichst schon von früher Kindheit an und bis ins Alter, und ‚Vorsorge‘ für die eigene Gesundheit zu betreiben, um eine dauerhafte Arbeitsmarktbeteiligung erwerbsfähiger Personen und damit die internationale Wettbewerbsfähigkeit der (deutschen) Wissensgesellschaft zu sichern. Erwerbsfähige, aber (noch) nicht berufstätige Frauen werden ermutigt, sich auch beruflich zu verwirklichen. Ihre Kompetenzen sollen durch gezielte Investitionen gefördert und eine ‚Vereinbarkeit von Familie und Beruf‘ etwa durch den Ausbau von Kinderbetreuungsangeboten und Bildungseinrichtungen gewährleistet werden. Diskurse über Emanzipation, Erhöhung der Geburtenrate und die Einebnung von Bildungsungleichheiten, die hier mitschwingen, stehen dabei erneut im Dienste der Ökonomie mit dem Ziel, nicht erwerbstätige Frauen und Kinder als Erwerbstätige der Zukunft dauerhaft in Arbeit zu bringen. Schließlich sind alle Gesellschaftsmitglieder auch als ‚Bürger‘ aufgerufen, in Form eines freiwilligen Engagements einen Beitrag zur Zivilgesellschaft zu leisten.

Wie sich an dieser kurzen Skizzierung zeigt, fußt der veränderte Sozialstaat auf den Strategien der Aktivierung, Investition und Prävention. Die vom Bürger eingeforderte Eigenverantwortung wird gleichsam gerahmt als Verantwortung für die Gesellschaft. Das Soziale wird damit ‚neu erfunden': „‚Sozial' ist der bzw. die Einzelne, wenn, soweit und solange er/sie Eigenverantwortlichkeit, Selbstsorge und pro-aktives Verhalten zeigt – im Sinne und Dienste der ‚Gesellschaft'" (ebd., S. 17). Dabei zwingt der ‚aktivierende Sozialstaat' nicht zu diesem Handeln, sondern betont vielmehr die Autonomiepotentiale seiner Bürger, ihre Freiheit, entsprechend der neuen Programmatik zu handeln (ebd., S. 83). Lessenich spricht von einer „aktivgesellschaftliche[n] Umschulung" (ebd., S. 122), die im Idealfall eine „Regierung *durch* Selbstführung" (ebd., S. 83, Hervorhebung im Original) ermöglicht.

Im Anschluss an Foucault lässt sich der aktivierende Sozialstaat damit als Gouvernementalität begreifen, die das Engagement der Bürger an sich bindet und zur Sicherung des Gemeinwohls *instrumentalisiert*.

Personenkreise, die einst als „rechtschaffende Nutznießer öffentlicher Daseinsvorsorge galten" (ebd., S. 120), wie nicht erwerbstätige Frauen und Kinder oder Rentner, werden nun dazu angehalten, „ihre je spezifischen Ressourcen in produktiver Weise zu nutzen, um der Allgemeinheit keine unnötigen Risiken aufzuerlegen" (ebd.) – und geraten damit in den Verdacht, die Solidarität der Gemeinschaft ausnutzen zu können. Oder anders ausgedrückt: Nur, wer selbst aktiv ist, darf im Bedarfsfall (Arbeitslosigkeit, Armut, Krankheit etc.) eine solidarisch finanzierte Grundsicherung in Anspruch nehmen.

Der Aktivierungsdiskurs konstruiert damit einerseits „eine beinahe grenzenlose Aktivierungsfähigkeit und Aktivierungsbereitschaft", stellt andererseits aber eine „strukturelle Passivitäts-, zumindest jedoch Aktivitätsdefizitdiagnose" (ebd., S. 108). Damit zeichnet er jene, die sich der Aktivierung gegenüber als unwillig, resistent oder unfähig erweisen, als „Bedrohung des Sozialen – ökonomisch, als Investitionsruinen, wie politisch und moralisch, als Normabweichler und Solidaritätsgewinnler" (ebd., S. 95).

Aktivität wird zum Endziel aller individuellen Anstrengungen – und das in allen gesellschaftlichen Bereichen. „In Zeiten der Aktivierung […] gibt es keine solidarisch finanzierten Ruhezonen mehr – und zwar tendenziell […] nirgendwo und für niemanden" (ebd., S. 94).

Der Blick auf den Aktivierungsdiskurs macht nun verständlich, dass die Förderung und Aktivierung auch von bürgerschaftlichem Engagement Humankapital für die Gesellschaft bereitstellen kann. Mithin können sogar Aufgaben bewältigt werden, deren Erfüllung ohne freiwilliges Engagement nicht möglich wäre.

Gleichzeitig macht der Diskurs bürgerschaftliches Engagement gewissermaßen zur Pflicht eines ‚guten' und d.h. sich aktiv für die Belange der Gesellschaft einsetzenden Bürgers. Menschen, die sich nicht freiwillig engagieren erscheinen aus dieser Sicht als unsozial und egoistisch und damit therapierungsbedürftig.

## 2. Eigensinn – Wir-Sinn – (Nicht-) Engagement[1]

Wer sich bürgerschaftlich engagiert, setzt sich freiwillig und öffentlich sichtbar für eine soziale Praxis ein, ohne Gegenleistungen dafür zu erhalten oder zu erwarten, dass sich sein Engagement positiv auf die eigene Lebenssituation auswirken wird. Da Engagierte dieser Diskrepanz trotzen, müssen sie, so unsere These, über ein *Selbstverständnis* verfügen, das eng mit dem bürgerschaftlichen Engagement verbunden ist.

Denkbar wäre, dass es sich bei diesem Selbstverständnis um einen *Eigensinn* handelt, der dem Engagement vorausgeht oder sich aus diesem entwickelt. Man könnte jedoch auch jene als eigensinnig bezeichnen, die gerade *kein* bürgerschaftliches Engagement aufgreifen. An dieser Überlegung zeigt sich die Ungenauigkeit der begrifflichen Bestimmung von ‚Eigensinn'.

In seine Teile zerlegt verweist der Begriff darauf, ‚Sinn für das Eigene' zu haben. Unklar bleibt jedoch, was das ‚Eigene' ist: Ist es das Selbst, das Ich, die Individualität, der wahre Kern einer personalen Identität, die Selbstbestimmtheit oder das Hören auf die eigene innere Stimme?

In sehr allgemeiner Weise lässt sich Eigensinn als Selbst*bezüglichkeit* denken, wenn man ihn als den Sinn eines Akteurs für das eigene Handeln und Erleben begreift. Daran anknüpfend kann man Eigensinn etwas spezifischer als Selbst*bestimmung* fassen: Der Eigensinn verleiht dem Inneren des Akteurs gleichsam eine Stimme, auf den Sinn des eigenen Erlebens und Handelns zu hören und zu versuchen, sich darüber in seiner Eigenart zu bestimmen.

In der gegenwärtigen Philosophie findet sich prominente Skepsis gegenüber dem Selbst. Michel Foucault (1976) etwa hat die moderne Tendenz des Subjekts, sich selbst zu bestimmen, nach den inneren Antrieben zu suchen und diese von Unterdrückung zu befreien, als heimliche Quelle der sozialen Kontrolle verdächtigt. Je mehr sich das Selbst zu bestimmen vermag, umso mehr Sphären des Inneren bringt es unter Kontrolle, umso mehr Disziplin bringt es für sich auf. Damit erweist es sich für sein gesellschaftliches Umfeld als kontrollierbarer als das unentdeckte und unbestimmte Selbst.

Foucault hat jedoch die Frage, ob moderne Subjekte dem inneren Drang nach Selbstsuche und Selbstbestimmung zu entgehen vermögen, nur unklar beantwortet. Er hat dem sich selbst bestimmenden Subjekt lediglich die kontrastierende diätetische Lebensführung des antiken Selbst in seiner Sorge um sich (souci de soi) als Fall gegenübergestellt. Die Entstehung dieses anderen Selbst bleibt aber Resultat einer geheimnisvollen Kraft, die Foucault als „historisches Apriori" bezeichnet und die in der Diskontinuität und Differenz der je vorliegenden Bedingungen besteht.

Wir folgen in unserer Analyse bürgerschaftlichen Engagements einer tendenziell dialektischen Auffassung von Selbstbestimmung, die auf Martin Seel (2003) zurückgeht. Für ihn bedeutet Selbstbestimmung immer zugleich, *sich zu bestimmen* und *sich bestimmen zu lassen*. Im Anschluss an Seel kann Selbstbestimmung als gesamtbiographisches Konzept gedacht werden, da sich Akteure stets vor dem Hintergrund ihrer gesamten Lebensspanne für einen Modus der Lebensführung entscheiden müssen. Selbstfestlegungen eines Akteurs besitzen damit immer biographische Reichweite. Diese Entscheidungen sind zwar häufig zukunftsorientiert (im Sinne, sich zu bestimmen). Seel zeigt jedoch auch, dass Entscheidungen von Bedingungen beeinflusst werden, die bereits in der Vergangenheit oder der konkreten Situation angelegt sind (im Sinne, sich bestimmen zu lassen/bestimmt zu werden). Angesprochen sind hier z.B. der Einfluss der eigenen oder der Bildungsgeschichte der Eltern oder das „Geschick (und manchmal auch Glück), sich in Situationen zu finden, von denen man bestimmt sein möchte" (Seel 2003, S. 289).

Aufbauend auf Seels Argumentation möchten wir zeigen, dass *Selbstbestimmungsprozesse auf verschiedenen Ebenen* stattfinden und in ihrem Zusammenspiel Aufschluss über die Aufnahme oder das Unterlassen eines bürgerschaftlichen Engagements geben können.

Akteure können sich im Prozess der Selbstfestlegung sowohl von einem Sinn für soziale Belange als auch von einem Sinn für sich selbst bestimmen lassen: Subjekte machen im Rahmen ihrer biographischen Handlungsspielräume (Gelegenheiten/Restriktionen) spezifische Erfahrungen, die sie für ganz bestimmte Formen sozialer Praxis sensibilisieren. Wir bezeichnen diese Sensibilität als *Wir-Sinn*. Zugleich entwickeln sie Selbstfestlegungen, die das eigene Leben interpretierbar machen und seine Entwicklungsrichtung aufzeigen. Es geht dabei um Fragen wie: Wer möchte ich sein? Wie will ich leben? Wir bezeichnen diese Form der Fokussierung der eigenen Lebenspraxis, die mal mehr, mal weniger, in der Regel aber erst im Vollzug bewusst wahrgenommen wird, als *fokussiertes Motiv*.

Diese Formen der Selbstbestimmung konsolidieren sich in spezifischen *Lebensarrangements*, die wir im Anschluss an Brose et al. (1993, S. 261-292) und Wohlrab-Sahr (1993) als Art und Weise begreifen, wie sich Akteure das eigene Leben einrichten, d.h. wie sie ihr Leben praktisch und damit unter Inkaufnahme möglicher Bindungsfolgen vollziehen. Das Lebensarrangement ist dabei systematisch von den *Lebenskonstruktionen* zu unterscheiden, die sensu Bude (1984) als Rahmungen des Lebensvollzugs zu begreifen sind. Auch sie bilden sich biographisch heraus und strukturieren als „das nicht-thematische Ganze eines Lebens" (Bude 1990, S. 223) Empfinden, Denken und Handeln. Lebenskonstruktionen müssen sich nicht faktisch im Lebensarrangement niederschlagen: In Form idealisierter Vorstellungen über das eigene Leben können sie zwar zentral für das Lebensarrangement sein, ohne aber zu praktischen Handlungen oder konkreten Plänen zu führen.

Wir-Sinn, fokussiertes Motiv, Lebenskonstruktion und Lebensarrangement stehen in einem engen Verweisungszusammenhang. Unter der folgenden Konstellation ist die *Aufnahme eines bürgerschaftlichen Engagements* wahrscheinlich:

Freiwilliges soziales Engagement wird dann im Lebensarrangement verankert, wenn eine *Lebenskonstruktion* vorliegt, die folgendes Bewusstsein schafft: Der Akteur muss wahrnehmen können, dass das fokussierte Motiv durch *die* soziale Praxis befriedigt wird, für die sein Wir-Sinn ihn bereits sensibilisiert hat. Fokussiertes Motiv und Wir-Sinn müssen sich also *sinnadäquat* verhalten: Dies ist bspw. gegeben, wenn jemand nach einer Anerkennung als ganze Person strebt (fokussiertes Motiv) und zugleich einen Sinn für soziale Kontexte verspürt, die dem Selbst eines Menschen Geborgenheit bieten können (Wir-Sinn). Nimmt der Akteur die relevante soziale Praxis im Umfeld zugleich als *bedroht* wahr, kann er sich schließlich als einen *local player* begreifen, also zurechnen, durch sein Handeln einen Unterschied in der anvisierten sozialen Praxis bewirken zu können.[2]

In diesem Fall verknüpft der Akteur das jeweilige bürgerschaftliche Engagement mit seinem Selbstkonzept, was zur Aufnahme einer ehrenamtlichen Tätigkeit führt. Das freiwillige Engagement wird damit zu einem Teil der Selbstbestimmung.

Umgekehrt *unterbleibt Engagement,* wenn ein Akteur eine *Lebenskonstruktion* aufweist, die zu einem Bewusstsein führt, sich von den Belangen des Wir, für das man einen Wir-Sinn entwickelt hat, *abhängig machen zu können.* Dann treten Motive der Abwehr, Vermeidung und Zurückhaltung auf, die eine Sorge um sich hervorrufen, d.h. einen Prozess, unabhängige, weil noch unbestimmte Zonen des Selbst aufrecht zu erhalten. Diese Selbstsorge kann als spezifische Form von Eigensinn aufgefasst werden, die schließlich zur Vermeidung bürgerschaftlichen Engagements tendiert. Ehrenamt wird damit nicht in das eigene Lebensarrangement integriert.

Anhand paradigmatischer Fälle von Engagierten und Nicht-Engagierten, die im Sinne der Grounded Theory (Glaser/Strauss 2005) nur minimal in ihren soziodemographischen Merkmalen kontrastieren, zeigen wir im folgenden Abschnitt, wie sich trotz ähnlicher Ressourcenlage unterschiedliche Lebenskonstruktionen entwickeln, die in differente Lebensarrangements (Engagement vs. Nicht-Engagement) münden. Der direkte Kontrast der engagierten und disengagierten Fälle verdeutlicht dabei, in welcher Weise sich die Lebenskonstruktionen gegenüber einer Engagementaufnahme sperren.

## 3. Engagement hemmende Lebenskonstruktionen und ihre biographische Ausbildung

Die Rekonstruktion biographischer Lebensarrangements bei Nicht-Engagierten ergab drei Haupttypen von Lebenskonstruktionen:

a) Wir fanden eine defensive Konsolidierung des bestehenden Lebensarrangements, die sich in den Formen einer (1) defensiv-absichernden oder (2) moralisch-resignierten Haltung bis hin zu (3) einer isolierten Lebensweise zeigen.

b) Daneben fanden wir einen Typus, der Sozialität als Selbstzweck verfolgt, in den Modi (1) der auf Geselligkeit ausgerichteten Kontaktpflege oder (2) in dem an Verfeinerung in gehobener Gesellschaft orientierten Lebensstil.

c)   Manche Nicht-Engagierte rahmen ihr Leben schließlich im Sinne einer Zielorientierung bzw. eines schlanken Aktivismus.

Im Folgenden wollen wir die Lebensarrangements der Nicht-Engagierten mit denen von bürgerschaftlich engagierten Befragten vergleichen und auf ihre zugrunde liegenden Lebenskonstruktionen zurückführen. Dazu haben wir uns aus Darstellungsgründen auf eine Variante jedes Typus von Lebenskonstruktion beschränkt, (a) auf den *defensiv–absichernden Modus* beim Typus der defensiven Konsolidierung, (b) auf den *Geselligkeitsmodus* für den Typus der Sozialität als Selbstzweck und (c) auf das Muster der *Zielorientierung* als Rahmung einer aktiven, aber effizienzorientierten Lebensführung.

*a)   Defensive Absicherung – Bewahrung eines allmählich gefestigten Lebensarrangements*

### Der Fall Rainer Schick

Rainer Schick wird 1960 in einer norddeutschen Kleinstadt geboren. Er hat einen älteren Bruder und eine ältere Schwester sowie einen weiteren, jüngeren Bruder. Die Eltern, beide berufstätig, gehören als Betriebstechniker und mobiler Vertreter dem technischen bzw. als Krankenschwester dem sozialen Dienstleistungsmilieu an. Der Vater, 1920 geboren, ist 11 Jahre älter als die Mutter.

Das Klima in Schicks Elternhaus sei von der Dominanz des Vaters geprägt gewesen. Die Mutter und die Kinder hätten sehr darunter gelitten. Erst vor einigen Jahren hätten sich die Eltern getrennt – wie Schick meint: ,*viel zu spät.*'

> S: „*Die Eltern sind getrennt. Also meine Mutter hat sich irgendwann von meinem Vater getrennt. An äh es war so, dass mein Vater in der Nähe von B-Stadt in einer Zuckerfabrik gearbeitet hat. Da war er also zwei Monate im Jahr also am Stück, da gibt's so Kampagnen. Also die zwei Monate war er am Stück kaum zu Hause (I: hm) und hat sich also so um die Erziehung irgendwie kaum gekümmert. Das hat alles meine Mutter gemacht. Und es gab unheimlich Stress zwischen den beiden. (I: hm) Äh also ich erlebte so Geschichten, ja, es musste halt gespart werden. (I: hm) Und mein Vater war en bisschen penibel. Und äh na ja, also 's gab halt Konflikte. Meine Mutter hat sich ja damals nicht getrennt. Sie hat sich viel zu spät getrennt. (I: hm) Also weil sie halt Angst hatte, äh ja was sagen die Nachbarn. (I: hm) Und irgendwann als dann alles zu spät war, als das mit meinem Bruder auch passiert war, da hat se sich dann halt von ihm getrennt. Meine Mutter ist jetzt äh im Vorort von B-Stadt. Mein Vater is äh in Hessen. Lebt da alleine. Leben, also sind nicht geschieden, sind getrennt.*"

Schick spricht im zitierten Passus nicht genau aus, was zwischen Vater und Mutter abgelaufen ist, welche „Geschichten" er konkret zwischen seinen Eltern erlebt hat. Es ist allgemein davon die Rede, dass der Vater die Familie mit seiner Pedanterie mehr oder weniger terrorisiert hat („*unheimlich Stress*"). Schick unterstellt außerdem, dass die Mutter allen Grund gehabt hätte sich vom Vater zu trennen (auch, dass sie es eigentlich gewollt habe), aber aus äußeren Motiven („*was sagen die Nachbarn"*) beim Vater geblieben wäre.

Entscheidend an der Passage ist jedoch, dass in ihr die Katastrophe thematisiert wird, ohne explizit ausgesprochen zu werden. Unterhalb des Konflikts der Eltern schwelt ein Brandherd und „*irgendwann (war) dann alles zu spät"*, war „*das mit meinem Bruder auch passiert"*, die Katastrophe also eingetreten. Erst später im Interview benennt Schick sie: Der zwei Jahre jüngere Bruder ist heroinsüchtig und hat mindestens einen Selbstmordversuch unternommen.

Schick schreibt seiner Familie damit eine Sinnstruktur zu, die in einer Doppelung besteht: Es handelt sich um die stets (latent) vorhandene Anwesenheit eines Konflikts, der zugleich vermieden wird. Insofern gewinnt der Konflikt den Charakter von etwas Schicksalhaftem und Auferlegtem.

Auch das Verhältnis zu den Geschwistern beschreibt Schick ambivalent: Seine zwei Jahre ältere Schwester erkennt er in der Jugendzeit als Unterstützerin an. Sie steht auf der richtigen Seite, sowohl in der Familie als Verbündete der Mutter als auch in ihrer politischen Aktivität, wo sie sich bspw. für den Abtreibungsparagraph 218 einsetzt. Später habe sich die Schwester „*merkwürdig entwickelt"*, z.B. wieder Kontakt zum ‚verhassten' Vater gesucht:

> „*Okay, und dann kamen irgendwann die Sannyasins, (lacht kurz) dann war sie Sannyasin. Und dann klack, (I: hm) ist es genau ins Gegenteil umgedreht. Also was ihr Verhältnis zu meinem Vater angeht. (I: hm) Jetzt ist meine Mutter, dann war meine Mutter die böse, mein Vater der gute. Und seitdem ist es ganz vorbei."*

Rainer Schick legt dieses Verhalten als Charakterlosigkeit der Schwester aus. Er verstößt sie gewissermaßen aus seiner Welt. Sie wohnt zwar in seiner direkten Umgebung, aber das „*interessiert"* ihn nicht. Lediglich der ‚Schwache' in der Familie, der kleine Bruder, ist „*der einzige, der mich interessiert"* und damit derjenige, den Schick als seiner Aufmerksamkeit Wert erachtet. Er teilt somit die Mitglieder seiner Familie in zwei Kategorien ein: in diejenigen, die es wert sind, sich mit ihnen zu befassen, und in jene, die er mit Desinteresse straft.

Im Umgang mit seiner sozialen Umgebung verallgemeinert Schick schließlich dieses Sinnmuster, wie sich in seiner Rekapitulation der eigenen Schulzeit zeigt: Ähnlich wie beim Vater sucht er auch bei den Lehrern Vergleiche zum Dritten Reich. In beiden Fällen erwähnt er die „*alten Geschichten ... aus der Nazizeit"*, denen der Vater und „*mehrere"* seiner Lehrer „*nachhängen"*. Schick verurteilt hier eine bestimmte Art der subjektiven Betroffenheit von einer Welt, die in der Formulierung „*alte Geschichten"* als überholt ausgewiesen wird. Die Konfrontation mit dieser Betroffenheit empfindet Schick folgerichtig als lästig oder wie er es ausdrückt als „*nervig"*. Er distanziert sich von seinem Vater und den Lehrern, indem er keinen inneren Anteil an den Geschichten nimmt. Er habe es „*halt durchgezogen"*. Damit entzieht er sich zugleich einer Auseinandersetzung. Dem Vater gegenüber deutet er zwar Bedauern an, indem er ihn als „armes Schwein" bezeichnet. Dieses bleibt aber von tiefer Verständnislosigkeit geprägt.

Ähnliche Rückzugstendenzen zeigen sich auch im weiteren Lebensverlauf Schicks: Mit dem Abschluss der Mittleren Reife reproduziert er zunächst den Status der Eltern. Statt jedoch eine sichere und fachlich anspruchsvolle Tätigkeit im (elterlichen) technischen oder sozialen Dienstleistungsbereich zu erlernen, ergreift er eine Ausbildung zum Gärtner, einem schlecht bezahlten und wenig abwechslungsreichen Beruf. Er schöpft die Möglichkeiten seiner schulischen Vorbildung damit nicht nur suboptimal aus, sondern weicht zugleich den Anforderungen oder Zumutungen aus, die in den Berufskulturen der Eltern angelegt sind: etwa das Vermögen, komplexe technische Funktionszusammenhänge zuverlässig zu steuern oder kontrollieren, oder die Belastung und (soziale) Verantwortung für die Entwicklung oder das Wohl anderer zu übernehmen. Deutlich wird der Charakter der Verlegenheits- oder Ausweichlösung auch darin, dass Schick nach der Beendigung der 3-jährigen Gärtnerlehre nur kurz diesen Beruf ausübt und nach einer Phase der Arbeitslosigkeit (etwa ein Jahr) über den zweiten Bildungsweg das Abitur nachholt (1981-1983).

Direkt im Anschluss ergreift er 1983 Studien der Sinologie und Kunstgeschichte. Er unternimmt ebenfalls einige Asienreisen (Indien, China 1985). Im Interview äußert er zwar sein Interesse an fernöstlicher Religion und Philosophie, bezeichnet sich selbst aber als skeptischen Atheisten. Im Studium, so erläutert er, habe er „die Sprache ziemlich intensiv gelernt". Bei seinem Aufenthalt in Peking bleibt ihm die gegenwärtige Kultur dieser Gesellschaft zwar „irgendwie faszinierend", aber letztlich doch fremd: „war ich erstmal erstaunt, was das eigentlich für'n komisches Land ist." Es zeigt sich wiederum die Haltung eines inneren Abstands, den Schick seiner Umwelt gegenüber beibehält.

1985 unterbricht er das Studium, um den Zivildienst in Form einer individuellen Betreuung einer schwerstkörperbehinderten Frau abzuleisten. Neben der Beziehung zu seinem jüngeren Bruder stellen diese Erfahrungen eine Umwelt dar, die Schick als positiv bewertet. Dabei betont er insbesondere die Leichtigkeit und Unkompliziertheit im zwischenmenschlichen Umgang.

Bemerkenswert ist daran nun, dass sich Schick Personen (Bruder, körperbehinderten Menschen) zuwendet, mit denen man in ‚unangenehme' Situationen geraten kann, die nach gängigen Auffassungen tendenziell mit Ekel verbunden werden würden (wie hilfebedürftigen Menschen den Hintern abzuwischen oder Heroinsüchtige beim Setzen einer Spritze anzutreffen). Sofern er interpersonales Vertrauen als gegeben ansieht, kann er sich in einer Weise engagieren, die wir im Normalfall nicht unbedingt erwarten würden. Wir finden hier ein fokussiertes Motiv zur Unterstützung (scheinbar) Schwacher.

Von diesem lässt sich Schick auch bei der Partnerwahl bestimmen: Im Kontext seines Zivildienstes lernt er seine spätere Ehefrau[3] kennen. Es handelt sich um eine Freundin der von ihm betreuten Person und um eine ebenfalls schwerstbehinderte

Frau (Kinderlähmung, die im Alter von fünf Jahren auftrat). Sie arbeitet als Sonderschullehrerin und ist elf Jahre älter als Schick. Er lernt sie 1988 (sie ist zu diesem Zeitpunkt 39, er 28) kennen, beide wohnen vier Jahre zusammen und heiraten dann 1992.

Die Eheschließung ist jedoch erklärungsbedürftig, da sie in dreifacher Hinsicht das Prinzip der Statushomogamie in Partnerschaften verletzt: Erstens ist die Wahl einer behinderten Frau durch einen nicht-behinderten Mann ungewöhnlich. Hinsichtlich der Behinderung erweist sich Schicks Frau als statusniedriger. Zweitens fällt das deutlich höhere Alter der Frau auf. Hier erweist sie sich als statushöher. Drittens nimmt die behinderte Frau die Rolle der Haupterwerbsperson im Haushalt ein. Sie ist in einem hoch qualifizierten Beruf vollzeittätig, er (zum Zeitpunkt der Heirat) Student und als Hilfskraft im Bibliotheksdienst tätig. Auch in Bezug auf die Erwerbsposition besitzt Schicks Frau damit einen höheren Status.

Schick konsolidiert die gefundene Balance im Partnerschaftsverhältnis, als er das im Verlauf der Ehe wieder aufgenommene Studium der Sinologie (im Jahr 2001 nach ca. 18 Jahren Studium) beendet und seine langjährige Hilfskrafttätigkeit in einer Bibliothek in eine unbefristete Teilzeittätigkeit überführt.

Verständlich werden Heirat und Konsolidierung vor folgendem Hintergrund: Das gewählte Lebensarrangement verdeutlicht wie Schick aus Angst vor den Kosten ein aktives Eingreifen in die Welt meidet und dass er misstrauisch ist, ob sich der Aufwand bezahlt machen würde. Schicks Frau stützt diesen Rückzug nun, indem sie als Haupternährerin die (materielle) Lebensgrundlage des Paares absichert. Sie ermöglicht Schick also eine distanzierte Haltung zur Welt auf sicherer Basis.

Diese Distanzierung wird auch im Freizeitverhalten des Paares sichtbar: Schick verdeutlicht: *„Wir sind also Zweierteam irgendwie. Wir gehen wenig unter Leute.“* Alle Aktivitäten (Kochen, Lesen, Fernsehen, Kino) weisen einen eher passiven, konsumtiven und rezeptiven Handlungsstil auf. Zwar wird der Eindruck eines reinen ‚Konsumismus‘ durch die Betonung intellektueller Inhalte (Bücher kaufen und phasenweise lesen; wissenschaftliche Sendungen gucken) abgewehrt, allerdings weisen alle Tätigkeiten zwei Zurückhaltungen auf: erstens wird nicht offensiv der Kontakt zu einem weiteren sozialen Kreis gesucht; die Aktivitäten bleiben auf das Innere der Beziehung gerichtet; zweitens werden keine Aktivitäten genannt, in denen selbst etwas hergestellt wird, das auf ein Hervortreten der Person verweisen könnte. Auch das Aquarellmalen, das Schick zudem noch erwähnt, vermittelt eine eher selbstbezügliche Kreativität (*„probier halt Sachen aus“*).

Für Schick hat die gemeinsame Zeit in der Partnerbeziehung Priorität. Er spart Zeit im Alltag auf, um ad hoc (*„auf Kommando“*) auf die Bedürfnisse reagieren zu können, die sich im Rahmen des *„Zweierteams“* ergeben. Diese Zeit muss ungebunden bleiben. Ein freiwilliges Engagement würde sie dagegen einer möglichen Verfügung innerhalb der Partnerschaft entziehen. Vorrang hat somit die defensive Sicherung des konsolidierten Lebensarrangements, das Schick in der Beziehung zu seiner Frau gefunden hat. Wir bezeichnen diese rahmende *Lebenskonstruktion* als *defensive Absicherung*.

*Der Vergleichsfall: Die Engagierte Monika Teufel*
Monika Teufel wird 1941 in einer ostdeutschen Verwaltungsstadt als jüngstes von vier Geschwistern geboren. Sie engagiert sich im Bereich der soziokulturellen Arbeit mit Kindern. Auch in ihrer Biographie ist eine Ausgangslage sichtbar, die sich als familiäre Zerrüttung beschreiben lässt: Die Eltern betreiben in zweiter Generation eine Gastwirtschaft, die Teufels Mutter während der Kriegsgefangenschaft ihres Mannes alleine fortführt. Als Teufels Vater zurückkehrt, muss die Mutter ihre autonome Position aufgeben und dem „cholerischen" Vater gegenüber zurückstecken, was Teufel als Unterordnung empfindet. Die Kinder erzieht der Vater streng („unbedingter Gehorsam") und drängt sie zur Ausbildung im eigenen Gaststättenbetrieb. In Reaktion auf diese Zerrüttungen wendet sich Teufel konfrontativ von der Familie (insbesondere dem Vater) ab, indem sie Konflikte aufsucht und nicht vermeidet: Durch die Wahl des Berufs der Chemiefacharbeiterin rebelliert sie gegen Vater und Familie. Im Wildwasserkanu und in oppositionellen Gruppen der DDR sucht sie die Auseinandersetzung mit natürlichen Gewalten und institutionellen Autoritäten.

Gemeinsam ist Schick und Teufel, dass sie einen *Wir-Sinn für beschädigtes Leben* ausbilden: Aus den eigenen Missachtungserfahrungen durch das Elternhaus entwickelt Teufel ein Gespür für die Problematik von Außenseitern. Schick zeigt eine Sensibilität für die Schwächen der Mutter und des Bruders und empfindet seinen Vater trotz seiner unangenehmen Eigenschaften als *„ein armes Schwein"*. Er ist aber nur sehr bedingt dazu bereit, diesem Wir-Sinn ein Engagement folgen zu lassen: Schick verspürt, dass ein aktives Eintreten für beschädigtes Leben *außerhalb* des Nahfelds vertrauter Personen dazu führen könnte, sein bestehendes *Lebensarrangement zu gefährden*. Seine Erfahrungen von Zerrüttungen und Identitätsverletzungen durch die Dynamik in der Herkunftsfamilie machen ihn sensibel für weitere potentielle Beschädigungen und bringen ihn dazu, sein allmählich konsolidiertes Lebensarrangement in besonderer Weise zu schützen. Er begrenzt seinen Wir-Sinn und sein Engagement daher auf seine Ehefrau, den jüngeren Bruder sowie seine Mutter. Schicks fokussiertes Motiv der Unterstützung Schwacher wird somit blockiert und kann sich nur im privaten Bereich entfalten.

Teufels konfrontative Art, mit Widrigkeiten umzugehen, mündet schließlich in ein Lebensarrangement, mit dem sie sich offen und offensiv gegenüber ihrer Umwelt positioniert. Gerahmt wird es durch eine *Lebenskonstruktion*, die nicht darauf abzielen muss, sein Selbst vor möglichen Beschädigungen zu schützen (Schick), sondern sich im Gegenteil durch die aktive Selbstkonfrontation *für Beschädigungen sensibilisieren* zu können. Diese Rahmung ermöglicht Teufel so auch die Wahrnehmung, bürgerschaftliches Engagement als ein weiteres Handlungsfeld besetzen zu können, für das ihr Wir-Sinn sie bereits sensibilisiert hatte.

*b) Bezugnahmen auf selbstgenügsame Sozialität – der Geselligkeitstypus*

*Der Fall Maik Rothändel*

Maik Rothändel wird 1971 in einer ostdeutschen Universitätsstadt geboren. Seine Eltern sind beide noch sehr jung, zum Zeitpunkt seiner Geburt gerade 18 Jahre alt. Der Vater ist Kfz-Mechaniker, die Mutter ungelernt. 1976 lassen sich die Eltern scheiden. Während für die Scheidung die frühe Familienbildung als Grund vermutet werden kann, bleibt unklar, welche Motive bei den Eltern für die frühe Eheschließung bestanden.

Etwa 1977 heiratet Maik Rothändels Mutter erneut, diesmal einen Videotechniker. Nach der Geburt einer Schwester wird Rothändel zu den Großeltern gegeben. Als Grund nennt er zum einen die enge Raumsituation, zum anderen ein Spannungsverhältnis zum Stiefvater. Bedenkt man, dass Maik Rothändel zu diesem Zeitpunkt ungefähr sechs Jahre alt war, ist die Annahme plausibler, dass der Vater ihn nicht akzeptiert haben dürfte. Allerdings wird er im Alter von 13 Jahren von seinen Eltern in eine dann größere Wohnung wieder aufgenommen. Er kehrt aber an den Wochenenden zu den Großeltern zurück.

Rothändel beschreibt die Zeit bei den Großeltern als idyllisch, *„wie in den Heidifilmen"*. Insgesamt deutet Rothändel seine Kindheit positiv. Auch das gespannte Verhältnis zum Stiefvater sei zumindest heute verbessert.

In seiner Positionierung zur Heimatstadt räumt er sich eine gewisse Sonderstellung ein, indem er das idyllische, großelterliche Umfeld in der Mittelgebirgswelt stark von der industriellen Welt des Kombinats abgrenzt, das die Stadt ebenfalls prägt. In seinem Quartier fühlt er sich gut integriert in eine Gruppe *„von zwölf Jungs in meinem Alter"*. Den Schulweg schließt er mit der 10. Klasse ab und erlernt – wie der leibliche Vater – den Beruf des Kfz-Mechanikers. Seine Erwerbslaufbahn beginnt erst nach der Wende. Da *„fängt es an"* wie er sich ausdrückt, *„dass es dann nicht mehr so glatt läuft alles"*. 1990 fährt er ein halbes Jahr bei der Post Telegramme. Ein Unfall unter Alkoholeinfluss führt zum vorübergehenden Entzug der Fahrerlaubnis und zum Verlust des Arbeitsplatzes. Aber er findet bald darauf einen *„Job"* in der Küche einer Kneipe. 1992 wird er zur Bundeswehr eingezogen. Er stellt einen Zivildienstantrag, nach vier Monaten Bundeswehr wird er anerkannt. Daran anschließend ist er kurz in einem privaten Kurierdienst beschäftigt. 1993 wird er Taxifahrer.

Als eine entscheidende Wende in seinem Leben betrachtet er seine Partnerschaft mit einer Kinderkrankenschwester, die er 1995 heiratet. Im selben Jahr wird das erste Kind geboren, eine Tochter. 1996 absolviert er die restliche Zeit des Zivildienstes. Danach gründet er mit seinem leiblichen Vater, den er während seines ganzen Lebens als *„einen Kumpel"* betrachtet, ein Taxiunternehmen.

Seit der Heirat erscheint seine Biographie konsolidiert. Rothändel ist zufrieden mit Beruf und Familie. Das Ehepaar verfügt über einen breiten Bekanntenkreis und ist in der Freizeit deutlich außenorientiert. Rothändel treibt selbst Fußball als Hobbysport, geht auch gerne zu Spielen des heimatlichen Fußballvereins und trifft sich häufig mit Freunden, teilweise mit Frau, teilweise allein. Er betont, dass er sich in seiner Region sehr wohl fühlt.

Dass seinem positiven Weltverständnis und seiner gewachsenen sozialen Integration kein bürgerschaftliches Engagement folgt, liegt einerseits in Rothändels Reserviertheit begründet, die schon in seiner Herkunftsfamilie angelegt ist: Generell rechnet er seine Familienangehörigen einer Personengruppe zu, die sich die Vorteile im DDR-System genommen hat. Der im Fernmeldedienst beschäftigte Großvater hatte immer Telefon, der als Videotechniker arbeitende Stiefvater immer die neuesten Farbfernseher und Videogeräte aus dem Westen. Die Vorteilsnahmen der Verwandten hätten aber nicht mit einer übermäßigen Loyalität zum System in Zusammenhang gestanden:

> *„ja so'n bisschen so alles so Cleverle, (lacht kurz) die so'n eignen Vorteil irgendwo sehen, Beziehungen ja un soweit es zum eigenen Vorteil gereicht, ist das alles okay, aber wir tun da bitte schön kein Parteibuch deswegen unterschreiben.“*

„Cleveres Mitlaufen" allein erklärt jedoch Rothändels Tendenz zum Disengagement nur teilweise, insbesondere auch deshalb, weil die DDR als Systemumfeld nicht mehr existiert. Maßgebend für Rothändels Lebensarrangement ist eine Lebenskonstruktion, die sich auf Zufriedenheit in Beruf und Familie sowie auf gesellige Unternehmungen konzentriert. Wir bezeichnen diese Rahmung als *Lebenskonstruktion der Geselligkeit*. Geselligkeit ist dabei eine Form von Sozialität, die in sich selbst aufgeht und sich daher selbst genügt. Kollektivbezüge, die ein darüber hinausgehendes, ‚größeres' Wir in Anschlag bringen, stimmen skeptisch und rufen Zurückhaltung hervor.

Im Fall Rothändel ist diese Abgrenzungsstrategie deutlich auf vergangene DDR-Kontexte bezogen, in denen stets eine Vermischung ökonomischer und moralischer Kriterien virulent war.[5] Der Gesellige ist jedoch schon um der Geselligkeit willen allein reserviert gegenüber dem Politischen oder dem Beruflichen, da es das soziale Miteinander nicht in seinem Selbstzweck beurteilt, sondern es für darüber hinausgehende Zwecke instrumentalisiert. Rothändels ‚cleveres Mitlaufen' ist somit weniger auf individuelle Vorteilsnahme ausgerichtet, sondern sucht in der Selbstzweckregel des bloßen Miteinanders Schutz gegenüber kollektiver Instrumentalisierung.

*Der Vergleichsfall: Der Engagierte Nino Thomas*
Nino Thomas wird 1971 geboren und ist damit gleich alt wie Maik Rothändel. Sein Vater ist Vorsitzender der örtlichen LPG. Thomas arbeitet heute im Bereich der Jugendarbeit in einer ostdeutschen Verwaltungsstadt und engagiert sich als Jugendschöffe. Wie Rothändel ist er mit einer Krankenschwester verheiratet, Vater einer Tochter und gut in informelle Bekanntschaftsnetze am Ort integriert.

Auch für Thomas, der kurz vor der Wende eine Lehre als Landmaschinen-Mechaniker absolviert hat, gestaltet sich der *Erwerbseintritt nach 1989* als *problematisch*. Sein erlernter Beruf wird nicht mehr benötigt, so dass er sich erst als Vertreter, dann als Lagerverwalter einer Sicherheitsfirma versucht. Über Kontakte aus seinem Ehrenamt beim Roten Kreuz erhält er Zugang zum Bereich der Jugendarbeit, wo er seitdem kontinuierlich (wenngleich in verschiedenen Positionen) tätig ist.

Anders als Rothändel ist Thomas nicht nur stets gut integriert, sondern auch gewillt, dynamischer Mittelpunkt seiner Beziehungsnetze zu sein. Während beide damit einen *Wir-Sinn für die Einbindung in Gemeinschaften* entwickeln, unterscheiden sie sich im Vorhandensein vs. Fehlen einer Grenze des Sich-Beteiligens.

Die Geselligkeitsorientierung hält Rothändel demgegenüber eher zum Maßhalten an, auch im Freizeitbereich: *„immer en begeisterter Fußballfan, aber ich war nie so, dass ich irgendwie ja was total übertrieben hab als Hobby".*

Der übertriebene Einsatz in sozialen Zusammenhängen schreckt Rothändel ab. Er nimmt wahr, dass soziale Beteiligung, die nicht mehr nur in sich aufgeht, sondern mit weiteren Zwecken verknüpft wird, eine Dynamik entfalten und damit sein bestehendes Lebensarrangement gefährden kann. Rothändel lässt sein Leben stattdessen allein vom (zweckfreien) Wir-Sinn für soziale Einbindung tragen. Er orientiert sich im Geselligen nicht am Extremen, sondern allenfalls am mittleren Guten oder mittleren Schlechten und wappnet sich so quasi automatisch gegen Selbstgefährdungen.

Bei Nino Thomas finden wir umgekehrt früh eine Affinität für die Dynamik sozialer Beteiligung, die aus seiner Wahrnehmung immer auch die Möglichkeit bietet, mitbestimmen zu können: Als Mitglied der Jugendgruppe der Freiwilligen Feuerwehr nimmt er schon in jungen Jahren eine zentrale Stellung im Dorf ein. In seinem Engagement als Jugendschöffe begreift Thomas das Prinzip der Mitbestimmung dann sogar ziemlich radikal, tendenziell verabsolutierend. Verhandlungen drohen zu eskalieren, weil er – auf seine Stellung als Laienrichter im Verfahren pochend – neue Zeugen lädt und die Beweisführung zum Kippen bringt. Sich für eine Sache mit voller Kraft und Emotionalität einzusetzen, ist für ihn durchweg positiv konnotiert. Sein Leben rahmt er als Arrangement, das ihm ein *Eintreten für die Jugend* ermöglicht und ihn schließlich darauf aufmerksam macht, dies auch in Form eines bürgerschaftlichen Engagements zu tun. Im Vergleich zu Rothändel ist Thomas' Wir-Sinn unmittelbar zweckgebunden.

### c)　Zielorientierung

#### Der Fall Frauke Otto

Frauke Otto wird 1976 in Hamburg geboren. Einen Teil ihres Medizinstudiums absolviert sie in einer norddeutschen Universitätsstadt. Heute arbeitet sie als Assistenzärztin in der Schweiz. Bereits auf den ersten Blick weist ihre Biographie eine auffällige regionale Mobilitätsdynamik auf: Es zeigen sich im objektiven Verlauf wiederkehrende, etwa zeitlich ähnlich lang andauernde (zwischen 3 und 12 Monaten) Auslandsaufenthalte, und zwar während der Schulzeit, im Übergang von Schule zu Studium, während des Studiums und des praktischen Jahrs. Auch ihr Studium absolviert sie nicht an einem Ort. Die räumlichen Umfelder, die Otto seit Beendigung ihrer allgemeinen Schulausbildung aufsucht, bleiben jeweils strikt befristet. Nach dem Abitur wohnt sie nie länger als zweieinhalb Jahre am selben Ort.

In ihrer Eingangserzählung streift sie nur kurz die Zeit des Aufwachsens, um dann auf ihre räumliche Mobilität zu sprechen zu kommen: *„bin dann nach'm Abitur gleich in die USA gegangen"* und: *„also 's war halt immer sehr wichtig, [...] einfach diese Auslandsaufenthalte"*.

Die Formulierung ‚gleich' im Anschluss an eine Vorphase ‚etwas getan zu haben' ist aufschlussreich, da wir sie nur in bestimmten Kontexten verwenden, nämlich dann, wenn die Nahtlosigkeit der aufeinander folgenden Episoden betont werden soll. Ihrer regionalen Mobilität spricht Otto mit der Äußerung *„wichtig ... einfach diese Auslandsaufenthalte"* zudem eine fortwährende Relevanz zu. Wir sehen hier also ein inneres Drängen, das Otto antreibt.

Ein Blick in die Herkunftsfamilie zeigt, dass dieses Drängen bereits in der familiären Ausgangssituation angelegt ist: Otto berichtet, dass in ihrer Familie *„Selbständigkeit"* immer *„sehr groß geschrieben"* wurde und *„unsere Eltern haben sich, haben uns immer sehr zur Selbständigkeit angehalten."* Zurückblickend bilanziert sie: *„Aber insgesamt, wenn ich so zurückblicke, fand ich's schon sehr gut."*

In der idiomatischen Formulierung *„zur Selbständigkeit anhalten"* scheint ein bemerkenswertes Bild auf. Um selbst – auf eigenen Füßen – stehen zu können, muss man – in der Bewegung, im Gehen – „angehalten werden". Wie passt ein „Angehaltenwerden" zur hohen Mobilität in der Biographie Frauke Ottos und zum Erziehungswert der Selbständigkeit? Die Wendung ‚jemanden zu etwas anhalten' impliziert zum einen eine imperative Struktur (im Sinne von auffordern). Zum anderen unterstellt sie eine Normunterschreitung. ‚Jemanden zu etwas anhalten' ließe sich sprachpragmatisch ersetzen durch ‚jemanden gemahnen' oder ‚jemanden an etwas erinnern'. Mit allen Wendungen wird um Einhalt gebeten, weil etwas nicht von selbst geschehen ist.

Als faktisches Szenario wird also der Horizont einer Familie sichtbar, in der sich die Kinder zunächst nicht von sich aus selbständig verhalten, also möglicherweise Unsicherheiten, Unselbständigkeit und Abhängigkeit von den Eltern zeigen. Die Eltern fordern sie deshalb zu mehr Selbständigkeit auf. Selbständigkeit ist in diesem Kontext dann ein Selbstdisziplinierungsprogramm der folgenden Art: Halte ein, wenn du zu sehr nach der Stützung durch andere suchst oder wenn du dich zu sehr abhängig zu machen drohst.

Bemerkenswert ist dann auch noch der Versprecher am Anfang dieser Äußerung (*„unsere Eltern haben sich"*), der zu der Formulierung geführt hätte, dass die Eltern sich selbst zur Selbständigkeit angehalten hätten. Deutlich wird hier, dass Selbständigkeit im familiären Kontext insgesamt eine dominante Selbstdisziplinierungsstrategie gewesen ist.

Selbstdisziplinierung finden wir bei Otto schließlich in der Zielorientiertheit ihrer regionalen Mobilität wieder: Die von Otto immer wieder aufgesuchten fremden Orte dokumentieren eine definitive zeitliche Befristung, eben die beschränkte Dauer des Aufenthalts im Fremden. Diese Terminierung zwingt von vornherein dazu, sich nicht abhängig zu machen von örtlichen Bindungen, die unbefristeter Art sein könnten und damit diffuse Verpflichtungen (also moralische Abhängigkeiten) nach sich ziehen könnten. Auf die Frage, ob sie sich vorstellen könnte, etwa im Sportbereich, in dem sie selbst viel unternimmt, ehrenamtlich tätig zu werden, antwortet sie sinnverwandt: *„also auch so im Moment nicht, einfach dadurch, dass ich hier nicht mehr so lange bin."*

Die zeitliche Terminierung ihrer Aufenthalte hält sie somit davon ab, diffusere Bindungen, wie ein bürgerschaftliches Engagement, einzugehen, da diese weniger eindeutige Bindungsgrenzen aufweisen und so ein Ringen um Distanzierung/Bindung nach sich ziehen könnten. Ein solches Ringen wird aber von ihr vermutlich als unangenehm besetzt sein, da es für sie im Kontext ihrer Herkunftsfamilie als Verlustgeschichte erfahren worden ist.

Bemerkenswert ist zudem, dass sie sich irgendwann einmal sogar ein bürgerschaftliches Engagement vorstellen könnte, nämlich dann, wenn sie sich als Rentnerin zur Ruhe gesetzt hat – also in einer Lebensphase, die noch in ihrer fernen Zukunft liegt. Auch gegenüber einem möglichen politischen Engagement reagiert Frau Otto reserviert. Zwar macht sie deutlich, dass sie von ihrer grundsätzlichen Wertorientierung Politik für bedeutsam hält, allerdings nicht als eine Sphäre, die sie selbst aktiv besetzt hätte. So konstatiert sie, dass sie es sich eigentlich wünschen würde, sich stärker zu informieren, ihr aber auch dazu die Zeit fehle.

Otto tendiert grundsätzlich hin zu Eigeninitiative und Aktivismus – dies impliziert die tendenzielle Leistungsethik des elterlichen Autonomiemodells. Sie entwickelt also durchaus einen *Wir-Sinn für soziale Spiel- und Bewegungsräume. Ihr fokussiertes Motiv ist dabei Selbständigkeit in Form einer selbstdisziplinierten Lebensführung.* Ihr Autonomieverständnis ist durch eine Vermeidung von Abhängigkeiten und zeitlichen Bindungen gekennzeichnet, Otto macht ihre Biographie daher nicht von den möglichen Folgen ihres Wir-Sinn für Spiel- und Bewegungsräume abhängig, sondern diszipliniert ihre Lebensführung durch zeitliche Befristung und strikt auf die eigene Berufskarriere fokussierte Zielorientiertheit. Aktiv wird sie letztlich nur im Rahmen dieser zeitlich terminierten und zielorientierten Selbstdisziplinierung. Damit kann Ottos *Lebenskonstruktion* als *Zielorientierung* bzw. *schlanker Aktivismus* bezeichnet werden.

*Der Vergleichsfall: Die Engagierte Tina Cramer*

Die Studentin Tina Cramer wird 1978 in Göttingen geboren und wächst in einem sozialschwachen Milieu auf: Der Vater verlässt die Familie als Cramer wenige Jahre alt ist, die alleinstehende und von Sozialhilfe abhängige Mutter hat nur begrenzt finanzielle Mittel zur Verfügung. Die Großeltern bemühen sich, ihre Enkelin zu fördern (Ballett- und Klavierunterricht). Cramers Mutter spricht ihr aber immer wieder Kompetenz und Selbständigkeit ab und versucht, sie zu bevormunden. Mit Hilfe einer kaum älteren Nachbarin schafft Cramer es jedoch, sich von der Mutter abzulösen. In den Absetzungsbewegungen von der Mutter finden wir, ähnlich wie bei Frauke Otto, auch bei Tina Cramer eine starke Betonung persönlicher Autonomie und vice versa das Problem der Bindungsverpflichtung.

Otto und Cramer sind zudem gemeinsam, dass sie einen *Wir-Sinn für soziale Spiel- und Bewegungsräume* ausbilden, die der persönlichen Entwicklung dienlich sein können. Beide sind außerdem im Übergang vom Status des Jugendlichen zum Erwachsenen, d.h. im Übergang vom Studium zum Beruf mit einer prekärer gewordenen Arbeitsmarktlage für Hochschulabsolventinnen konfrontiert, die sie unter Druck setzt, ihre Arbeitskraft und -zeit umsichtig einzusetzen.

Im Unterschied zu Otto rahmt Cramer ihr Leben jedoch durch ein *Gespür für Synergie-Effekte*, die sich *durch eine Beteiligung* und die Bindung an die gefundenen Spielräume für die eigene Laufbahn ergeben können. Damit entwickelt sie eine Wahrnehmung, die ihr Aufmerksamkeit und Offenheit gegenüber ,fremden' Handlungsfeldern verschafft, da sie dort ihre Selbstbestimmung vorantreiben kann. Sie ergreift daraufhin ein Engagement im Bereich der Soziokultur, das sich produktiv auf ihre künstlerischen und journalistischen Ambitionen auswirkt.

Bindungen muss Cramer daher nicht strikt zeitlich begrenzen, weil sie aus ihrer Perspektive als Opportunitäten erscheinen. Ottos Lebenskonstruktion der Zielorientierung und ihre darauf strikt abgestimmte, selbstdisziplinierte Lebensführung führt dagegen zu einer Wahrnehmung, dass soziale Bindungen, bspw. durch bürgerschaftliches Engagement, diffuse Abhängigkeiten erzeugen könnten, die vom gesteckten Ziel wegführen.

Da auch Cramer nach Autonomie strebt, organisiert sie ihr Engagement im Modus der provisorischen Beteiligung bis auf weiteres.[6] Ihr Ehrenamt begreift sie als Egagement mit Rücktrittsversicherung. Sie lässt sich zwar auf Reziprozitätsverpflichtungen ein, erachtet einen Rücktritt von diesen Verbindlichkeiten aber dann als legitim, wenn sich wesentliche Randbedingungen der Biographie ändern.[7]

Während Cramers Lebenskonstruktion (Gespür für Synergie-Effekte) den Wir-Sinn für soziale Spiel- und Bewegungsräume auch thematisch für ihre Biographie werden lässt und in ein bürgerschaftliches Engagement führt, bewirkt Ottos Lebenskonstruktion (Zielorientierung), dass er zwar wahrgenommen wird, aber nicht handlungsleitend wirkt. In Bezug auf ein bürgerschaftliches Engagement verweilt Otto damit in einer Haltung des „*Eigentlich müsste ich, aber…*".

## 4. Kontrastierung der Lebensarrangements von Engagierten und Nicht-Engagierten

Was haben nun die Nicht-Engagierten in unserem Sample gemein, was sie von den bürgerschaftlich Engagierten abgesehen vom fehlenden Engagement unterscheidet? Die Parallelen, die in den biographischen Vergleichsfällen zwischen Engagierten und Nicht-Engagierten gefunden wurden, scheinen doch beachtlich.

So weisen Rainer Schick und Monika Teufel beide eine hohe Sensibilität für beschädigtes Leben in ihrem Handlungsumfeld auf – aber Schick bearbeitet es defensiv, im Rückzug auf sichere Felder, Monika Teufel dagegen sucht die Selbstkonfration mit dem Wilden und Destruktiven. Maik Rothändel und Nino Thomas sind Akteure, die über einen Sinn für informell gestaltete Kontakte und Beziehungen verfügen, aber Rothändel ist damit zufrieden, im geselligen Treiben aufzugehen und allenfalls gelegentlich im Rahmen der eigenen Karriere davon zu profitieren, während Thomas sich mit den Belangen des Umfelds so identifiziert, dass er für sie zum „Streithammel" werden kann. Frauke Otto und Tina Cramer, die von uns kontrastierten jungen Frauen um die Dreißig mit akademischen Ausbildungen und einer prekärer gewordenen Arbeitsmarktlage für Hochschulabsolventinnen, stehen beide unter dem Druck, ihre Arbeitskraft und Arbeitszeit umsichtig einzusetzen. Doch während Otto stets im Vorhinein darauf achtet, Bindungen zu vermeiden, die über das von ihr fokussierte Lebensziel hinausweisen, kann Cramer zumindest vorübergehend Bindungen an soziales Engagement als Option und Gelegenheit nutzen.

Allerdings unterscheiden sich die kontrastierten Personen doch in einer Hinsicht systematisch: Sie lassen sich im Anschluss an Norbert Elias (Elias/Scotson 1995) tendenziell in Etablierte und Außenseiter einteilen: Monika Teufel als Tochter eines in der dörflichen Gemeinschaft verankerten Gastwirts, Nino Thomas als Sohn eines LPG-Vorsitzenden und Frauke Otto als Tochter eines leitenden Verwaltungsbeamten wachsen in Familien auf, die im sozialen Umfeld als Etablierte angesehen werden können. Dagegen gehören der Vater von Rainer Schick als mobiler Vertreter, die Großeltern und Eltern von Maik Rothändel als innerlich emigrierte Systemkonforme und die alleinerziehende und teilweise auf Sozialhilfe angewiesene Mutter von Tina Cramer trotz ihrer bildungsbürgerlichen Herkunft eher zu Außenseitern in ihrem jeweiligen Milieu.

Außenseiter nehmen zu ihrem gesellschaftlichen Umfeld eine Stellung ein, die ihnen neben einer prekären Inklusion zugleich eine Perspektive von außen ermöglicht. Von daher ist ihr Handeln nicht selbstverständlich auf das Mitmachen ausgerichtet.

Aus dieser Außenperspektive entwickeln die beiden Nicht-Engagierten Schick und Rothändel Lebenskonstruktionen (Schick: defensive Absicherung, Rothändel: Geselligkeit), die sie sensibel machen für Gefährdungen des eigenen Lebensarrangements oder allgemeiner: für eine Instrumentalisierbarkeit der eigenen Handlungen für fremde Zwecke. Im Unterschied zum Fall Teufel, deren cholerischer Vater zumindest als Gastwirt eine anerkannte Stellung im dörflichen Milieu und darüber zusätzlichen Respekt innerhalb der Familie besaß, kann Rainer Schick die autoritäre Persönlichkeitsstruktur des Vaters nicht als wertvoll empfinden, da für ihn nicht erkennbar war, ob und wodurch der Vater in seinen Außenbeziehungen als Vertreter Respekt erfuhr. In seiner Herkunftsfamilie herrschte somit bereits ein Motiv der Abkapselung gegenüber der Außenwelt vor, das Schick auf seine Paarkonstruktion überträgt. Aus ihrer reservierten Stellung zum DDR-System vermittelt Rothändels Herkunftsfamilie ihm, dass soziale Beteiligung politisch instrumentalisiert werden kann und gemäßigte Bindungen in Gestalt einer Geselligkeitsorientierung daher zugleich eine Form des Selbstschutzes darstellt.

Für Monika Teufel und Nino Thomas hingegen ist die soziale Zielrichtung ihrer Beiträge in Form bürgerschaftlichen Engagements aufgrund der hohen Sozialintegration der Väter in dörfliche Milieus selbstverständlich. Beide besaßen dort als Gastwirt bzw. LPG-Vorsitzender eine herausgehobene Stellung im sozialen Netzwerk.

Das Verhältnis von Etablierten und Außenseitern kehrt sich bei den beiden jungen westdeutschen Akademikerinnen Frauke Otto und Tina Cramer um: Hier ist es gerade die strikte Selbstdisziplinierung, mit der die Lebenskonstruktion (Zielorientierung) der Etablierten Otto einhergeht, die sie von einem Engagement abhält. Denn dieses könnte in schwer absehbare Bindungsfolgen verstricken. Aus der Außenseiterposition Cramers ist dagegen eine Lebenskonstruktion möglich (Gespür für Synergieeffekte), die Bindungsfolgen auch immer wieder als biographische Gelegenheiten erscheinen lässt. Hier ist es gerade der Vorteil der Außenseiterin über die Verstrickung in soziale Beziehungen in das Zentrum eines sozialen Umfelds hineingezogen werden zu können. Die Etablierte erfährt einen solchen Bindungssog dagegen eher als Dynamik, die sie vom erstrebten Karrierestatus wegzieht.[8]

Es zeigt sich damit, dass sich die unterschiedlichen Lebenskonstruktionen der Engagierten und Nicht-Engagierten in Abhängigkeit von der Platzierung als Etablierte oder Außenseiter entwickeln. Über diese Bedingungen vermittelt führen sie schließlich zu prosozialen oder sozial-defensiven Formen der Partizipation.

Außerdem wird deutlich, dass die Lebenskonstruktionen der Nicht-Engagierten zum Gewahrwerden einer Grenze des Selbst beitragen. Nicht-Engagierte verspüren, dass ein uneingeschränktes Einlassen auf das Wir, für das sie einen Sinn besitzen, eine Selbstfestlegung bedeutet, die sie in die Belange dieses Wir hineinziehen kann und damit ihre noch unbestimmten Zonen des Selbst gefährdet. Sie besitzen ein Bewusstsein der Instrumentalisierbarkeit und vollziehen den Prozess der Selbstbestimmung daher in reduzierender Weise.

Engagierte dagegen besitzen Lebenskonstruktionen, die zur Wahrnehmung führen, ihre Selbstbestimmung auch in weiteren sozialen Handlungskontexten vorantreiben zu können. Ihre Selbstfestlegungen sind daher expansiv.

## 5. Wie sich die Lebenskonstruktionen von Nicht-Engagierten dem Aktivierungsdiskurs entziehen

Der Aktivierungsdiskurs ruft die Bürger auf, sich eigenverantwortlich um sich selbst zu sorgen, aktiv zu sein für die eigene Zukunft und damit gleichzeitig Verantwortung für die Gesellschaft zu übernehmen und deren Wohlfahrt zu sichern. Im Sinne des bürgerschaftlichen Engagements heißt es dann, sich freiwillig aktiv für die Belange der Gesellschaft einzusetzen. Nicht-Engagierte gelten aus dieser Perspektive im Umkehrschluss als passiv und unsozial.

Unsere Analysen zeichnen ein anderes Bild als der Aktivierungsdiskurs: Nicht-Engagierte sind *erstens* keineswegs so unsozial, wie sie dargestellt werden. Auch sie bilden einen Wir-Sinn und damit ein *Bewusstsein für gesellschaftliche Belange* aus. Ihre Lebenskonstruktionen verhindern jedoch, dass dieser Wir-Sinn auch zum Zielpunkt eigener Handlungen wird.

Unsere Analysen zeigen *zweitens*, dass Nicht-Engagierte durchaus *aktiv* sind. Am deutlichsten wird dies bei den Zielorientierten, die hoch mobil sind und ihr Leben äußerst aktiv gestalten. Auch Nicht-Engagierte, die ein geselliges Leben führen, sind keineswegs passiv. Sie treffen sich mit Freunden und Vereinsmitgliedern oder besuchen Veranstaltungen. Schließlich finden wir auch bei den Defensiv Absichernden aktives Verhalten. Dieses beschränkt sich jedoch auf das vertrauensvolle Umfeld im Nahbereich. Sie vermeiden damit gezielt ungeschützte Aktivitäten, mit denen sie sich in Gefahr bringen könnten.

Der Aktivierungsdiskurs kann daher nicht ohne weiteres auf bürgerschaftliches Engagement übertragen werden. Wer aktiv ist, muss dies nicht in Form eines bürgerschaftlichen Engagements sein. Wer sich nicht freiwillig engagiert, ist nicht zugleich auch passiv.

Ein Blick auf die Aktivitäten, die wir bei Nicht-Engagierten finden, zeigt *drittens*, dass es sich hier um Tätigkeiten handelt, die sich *nicht instrumentalisieren lassen*. Zielorientierte unterscheiden sehr genau, wovon sie sich bestimmen lassen, insbesondere dann, um sich vor diffusen Bindungsfolgen zu schützen. Freiwilliges soziales Engagement kann dabei den Verdacht erwecken, für Zwecke eingespannt zu werden, die sie von der Realisierung eigener Ziele, z.B. beruflich voranzukommen, ablenken könnten. Dadurch entziehen sich die Nichtengagierten den Aktivierungsversuchen ihrer Umfelder und damit auch Formen einer expansiven Selbstbestimmung. Für eine zweite Gruppe Nicht-Engagierter besitzt Geselligkeit einen Wert in sich. Ziele und soziale Einbindungen, die über selbstgenügsame und dadurch maßvoll betriebene Sozialität hinausweisen, werden auf Distanz gehalten. Defensiv Absichernde und Gesellige verhalten sich somit reserviert gegenüber öffentlichen Formen des freiwilligen Engagements, um ein aus ihrer Sicht in sich ruhendes, konsolidiertes Lebensarrangement nicht unnötig zu gefährden. Diese Reaktionsweise entspricht Foucaults Vorstellung von einer Sorge um sich, mit dem das Subjekt gegenüber Formen der Überidentifikation Abstand zu wahren vermag.

Mit dieser Form einer Selbstdistanzierung verfügen Nicht-Engagierte über ein Gespür für die Instrumentalisierbarkeit ihrer Handlungen. Sie nehmen damit die Gefahr wahr, dass ein zusätzliches Engagement sie zu (in ihrer Wahrnehmung) übertriebenen Formen der sozialen Involvierung verleiten könnte. Diese Sensibilität bringt die Nicht-Engagierten dazu, sich verstärkt um das Eigene zu sorgen, das aus ihrer Sicht potenziell bedroht ist und verloren gehen könnte. Ihre Empfindsamkeit für die Gefahr einer Instrumentalisierung stellt insofern eine spezifische Form von Eigensinn mit zurückhaltendem Wir-Sinn dar.

## Endnoten

1　Die dieser Arbeit zugrunde liegenden Fälle entstammen einem Sample aus 80 Engagierten und 35 Nicht-Engagierten, die im Projekt C4 des Sonderforschungsbereichs 580 biographisch interviewt wurden. Systematische Vergleiche nach dem Prinzip der maximalen und minimalen Kontrastierung der Grounded Theory (Glaser/Strauss 2005) sollten Aufschluss darüber geben, wie sich Motive für bürgerschaftliches Engagement biographisch herausbilden und zeitlich verändern. Die Langzeitstudie wurde daher als Paneldesign konzipiert (1. Welle: 2000, 2. Welle: 2005, 3. Welle: 2009). Vgl. Corsten/Kauppert/Gudulas/Giegel 2002.

2　Für eine ausführliche Erläuterung dieses Modells sowie der biographischen Genese der Motivstrukturen anhand empirischer Fälle vgl. Corsten/Kauppert/Rosa 2008. Dort wird zudem deutlich aufgezeigt, dass die Motive spezifisch auf das jeweilige Engagement-Feld ausgerichtet sind. Man kann daher nicht von ,dem' bürgerschaftlichen Engagement sprechen, sondern ist mit einer Handlungspraxis konfrontiert, die sich als äußerst vielfältig in Form und Motivierung erweist.

3　Schick erwähnt im Interview noch eine zweite Partnerschaft, die auf den Zeitraum der Ausbildung und des zweiten Bildungswegs datiert wird. Sie scheitert, nachdem seine Freundin nach einer ungewollten Schwangerschaft das Kind abgetrieben hatte.

4　Interessant ist hier freilich die Parallele, dass auch Heidi beim Großvater untergebracht wird, damit die alleinstehende Mutter in der Stadt arbeiten kann.

5　Wir finden solche Abgrenzungsstrategien auch in westdeutschen Biographien. Dort sind sie jedoch meist auf ländliche, gemeinschaftsorientierte Kontexte bezogen.

6　Fälle dieses Engagement-Typs finden wir bei jungen Erwachsenen, die in der Soziokultur, im Jugendbereich oder beim fairen Welthandel/Flüchtlingshilfe aktiv sind. Freiwilliges soziales Engagement produziert hier vor allem mittelfristige und indirekte Nutzeneffekte für die Akteure – in Form von weak ties, Reputation, feldspezifischem Informationsvorsprung oder Humankapital.

7　Tatsächlich beendet Cramer ihr Engagement, als sie am Ende ihres Studiums die Examensvorbereitungen aufnimmt.

8    Daran zeigt sich übrigens auch, dass der von Lessenich diagnostizierte Aktivie-
     rungsdiskurs nicht auf die arrivierte gesellschaftliche Mitte und nicht auf die ambitionier-
     ten Etablierten zielt. Diese fokussieren nämlich ihren durchaus hohen Aktivitätsdrang auf
     die eigene selbstbezogene Ambition und verzichten auf diffuse Bindungen an soziale
     Projekte, weil diese eher das Risiko wenig zielgerichteten Aufwands bergen, ohne ihnen
     neue Gelegenheiten zu offerieren.

## Literatur

Brose, Hanns–Georg/Wohlrab-Sahr, Monika/Corsten, Michael (1993): Soziale Zeit und Biographie.
    Opladen. Westdeutscher Verlag.
Bude, Heinz (1990): Was sagt der Anfang eines offenen Interviews über die Lebenskonstruktion einer
    Rheumakranken? In: Jüttemann, Gerd (Hg.): Komparative Kasuistik. Heidelberg: Asanger, S.
    218-226.
Bude, Heinz (1984): Rekonstruktion von Lebenskonstruktionen – eine Antwort auf die Frage, was die
    Biographieforschung bringt. In: Kohli, Martin/Robert, Günther (Hg.): Biographie und soziale
    Wirklichkeit. Stuttgart: Metzler, S. 7-28.
Corsten, Michael/Kauppert, Michael/Rosa, Hartmut (2008): Quellen bürgerschaftlichen Engage-
    ments. Die biographische Entwicklung von Wir-Sinn und fokussierten Motiven. Wiesbaden: VS
    Verlag für Sozialwissenschaften.
Corsten, Michael/Kauppert, Michael/Gudulas, Niki/Giegel, Hans-Joachim (2002): Wege ins Bürger-
    schaftliche Engagement. In: SFB-Mitteilungen, Heft 5.
Elias, Norbert/Scotson, John L. (1995): Etablierte und Außenseiter. Suhrkamp, Frankfurt/M.
Foucault, Michel (1976): Der Wille zum Wissen. Sexualität und Wahrheit. Band 1. Frankfurt/M.
Glaser, Barney G./ Strauss, Anselm (2005): Grounded Theory: Strategien qualitativer Forschung. 2.,
    korr. Aufl., Huber.
Lessenich, Stephan (2008): Die Neuerfindung des Sozialen. Der Sozialstaat im flexiblen Kapitalismus,
    Bielefeld: transcript.
Seel, Martin (2003): Sich bestimmen lassen. Frankfurt/M.: Suhrkamp.
Wohlrab-Sahr, Monika (1993): Biographische Unsicherheit. Opladen. Leske & Budrich.

Rudolf Egger

# „The wider benefits of negotiations"
# Zur Entstehung von sozialer Wertschöpfung in gewerkschaftlichen Bezügen

*„Das Selbst ist zu kontextabhängig, als daß es sich als Ganzes identifizieren ließe. Die Frage ‚Wer bin ich?' läßt sich konkret nur beantworten, indem man erzählt; alles Begreifen und Etikettieren weist zurück auf diesen Erzählungszusammenhang und seine offene Horizonte, und selbst das Erzählen ist noch ein selektives Denken. Das Ich positiv auszumachen, stößt auf eine Leerstelle"*
(Waldenfels 1980, S. 259).

## Die Vernutzung des Gemeinsamen

Betrachten wir die Reaktionen von Gesellschaften, Institutionen und Subjekten auf die Folgen der Klima- oder der Finanzkrise, so bemerken wir bald, dass neben den zahllosen guten Ratschlägen und Lehren daraus der Wille zur volonté generale dadurch kaum gestärkt wurde. Die Fähigkeit und auch die Überzeugung eines politischen Gemeinwesens, dass es ein gemeinsam getragenes Notwendiges in der Zivilgesellschaft gibt, dass auch gegen die Interessen mächtiger Einzelner oder der hedonistischen Vielen durchgesetzt werden könnte, scheint kaum angewachsen zu sein. So sieht es weiterhin nicht danach aus, als würden die hier anstehenden großen Lernprozesse und Veränderungen von sozialpolitischer Vernunft, von einem Anspruch, das Wohl in unserem Gemeinwesen solidarisch zu organisieren, getragen werden. Im Gegenteil. Gerade in Zeiten schrumpfenden Wirtschaftswachstums immunisieren sich weite Kreise unserer Gesellschaft immer stärker gegen die Folgen ihres Handelns. Individuell wird mit Klauen und Zähnen der nach wie vor ausschweifende konsumistische Lebensstil verteidigt, wenn wir aber nach den Kosten dafür gefragt werden, geht uns das plötzlich alles nichts mehr an, sind wir ahnungslos oder über „die Politik" verärgert. Unser aller Problembewusstsein ist hierbei sehr kurzatmig auf die jeweilige individuelle Problemlage ausgerichtet. So treibt die Gesellschaft weiter auseinander, denn das Gesellschaftliche kann ohne Formen des Gemeinsamen, des Engagements nicht existieren. Überaus deutlich wird diese kapitalistische Interpretationsvariante des Gemeinwesens in den sogenannten „Banken-Rettungsversuchen" der Regierungen sichtbar, die davon ausgehen, dass allein die Finanzmärkte eine Gesellschaft zusammenhalten können, obgleich deutlich zu sehen ist, dass die sich hier zeigende fortwährende „Wachstumssteigerung" immer neue Krisen auslösen wird. Die hierbei vorherrschende Logik von Wachstum und Profit versucht dabei die sozialen (und auch die ökologischen) Kostendimensionen immer weiter zu verschleiern, oder sie den Individuen und deren sozialen Zusammenhängen aufzubürden. Davon ganz besonders betroffen sind Menschen (vor allem Frauen), die meist am unteren Ende der Wertschöpfungsketten unentgeltlich Sorgearbeit verrichten. Die in den Familien, den Paarbeziehungen und in der Nachbarschaft entstehenden sozialen Leistungen, werden auch kaum durch die derzeit überall geforderten Transparenzrichtlinien der Finanzmärkte aufgewertet werden. Im Gegenteil, werden doch die hier zu kompensierenden Verluste und Risiken recht bald schon zu einem gewaltigen Sozialabbau führen.

All diese Vorgänge werden in unseren liberalen, repräsentativen Demokratien von einem Großteils entpolitisierten BürgerInnentum weitestgehend diskussionslos hingenommen. Wenn nicht der „gesunde Menschenverstand" durch Neidkampagnen angestachelt wird, bleiben die hier geschilderten Vorgänge nahezu ohne Widerspruch. Diese politische Abstinenz hat massive Auswirkungen auf das Funktionieren unseres politischen Systems, indem kollektiv verbindliche Entscheidungen längst nicht mehr in demokratischen Verfahren entschieden werden, sondern in „übergeordneten" Vorgängen (der Rettung der Wirtschaft, des Standorts etc.) zurechtverwaltet werden. Diesen Zustand bezeichnet der englische Soziologe C. Crouch (2008) als „Postdemokratie". Damit bezeichnet er eine äußerliche, halbe Demokratie, in der die BürgerInnen öffentliche Angelegenheiten nicht mehr als ihre Sache ansehen, da andere Akteure dieses Vakuum ausfüllen. Ein Heer von ExpertInnen, Kommissionen und BeraterInnen erledigt dabei die anfallenden Agenden. Internationale Zusammenschlüsse, innerhalb derer es nur begrenzte gemeinsame öffentliche Diskussionen und keine abgesicherten Strukturen zur demokratischen Absicherung von Interessenkonflikten gibt, ergänzen dieses Szenario. Die BürgerInnen machen am Wahltag ihr Kreuzchen und wenden sich vier Jahre lang desinteressiert oder angeekelt vom politischen Geschehen ab. In dem sich hier präsentierenden Privatismus, gepaart mit Politikverdrossenheit und Entideologisierung, sind Menschen beinahe ausschließlich nur mehr dann wahrnehmbar, wenn sie als KonsumentInnen auftreten. Alles was nicht in das Schema der Gütermärkte passt, bleibt unwichtig und belanglos. Dadurch werden ökonomisierte Beziehungen zwischen Individuen zum vorrangigen Zugehörigkeitsmerkmal im gesamten Sozialleben und diese greifen bis auf die lebensweltlichen Netzwerke durch, denn diese Haltung des Konsumismus entscheidet letztlich über die Kriterien der Zugehörigkeit oder der Ausgrenzung (vgl. Bauman 2009, 2010). Nur wer konsumiert, besitzt für die Gesellschaft demnach einen Wert, wer sich dem Konsum entzieht, wird marginalisiert und ausgegrenzt.

Das ist eine der Zwangslagen, in der wir heute stecken. Die Frage wird sein, wie sich ein solidarischer Individualismus daraus entwickeln kann, der genügend Kraft für eine gemeinschaftliche Vorstellung vom guten Leben besitzt, und der die Hoffnung auf teilnehmende Gestaltbarkeit unserer Welt nicht aufgibt. Dazu müssen Modelle und Möglichkeiten geschaffen werden, innerhalb derer ein weit gespannter sozialer Zusammenhang besteht, der eine immer wieder fragile, aber letztlich doch bejahende und in den greifbaren Lebenswelten abgesicherte solidarische Praxis, oder zumindest eine Kooperationsgemeinschaft im Sinne von John Rawls (vgl. 1999, 2001) ermöglicht. Wenn sich der/die Einzelne nur noch als Gegenüber einer abwehrenden Gesellschaft, als KonkurrentIn der Anderen, als Rivale bzw. Rivalin erlebt, dann überwiegen eben die Strategien des reinen Beutedenkens, wo jede/r versucht, sich einen möglichst großen Teil vom Kuchen oder Klientelnieschen zu sichern. Solche Marktstrategien waren bisher schon durchaus üblich, werden aber heute noch durch die sogenannte Globalisierung, und die darauf aufbauenden neoliberalen Gesellschaftssysteme, verstärkt. Das heutige Wirtschaftswachstum basiert deshalb auch zum großen Teil auf einer Enteignung des Öffentlichen. Das, was uns allen qua BürgerIn gehören sollte, die „Global Public Goods" (wie die Artenvielfalt, der Genpool, die Atmosphäre oder die Ozonschicht), werden ebenfalls immer stärker der kapitalistischen Profitlogik unterworfen. Gemeinressourcen werden beinahe beliebig als privates Eigentum vernutzt, scheinen sie doch grenzenlos zu sein. Gleichzeitig, und das ist die andere Seite dieser Entwicklung, werden auch immer mehr primär öffentliche Aufgaben zunehmend von privaten Unternehmen übernommen (vgl. Bollier 2009). Gerade das neoliberale Denken, das einerseits die oben erwähnten globalen öffentlichen Güter grenzenlos und ohne Bedenken strategisch verbraucht, berechnet auf der anderen Seite alle (auch die immateriellen) Güter und Dienste in ihrem spezifischen Geldwert, und entzieht dem alltäglichen Leben dadurch vielfach den gemeinschaftlich geteilten Boden, der jenseits von monetären Kalkülen existiert. Darüber scheinen sich die „big player" des Marktes, aber auch die Individuen mit ihren vielen kleinen alltäglichen Partikularinteressen, keine großen Gedanken zu machen. Genutzt wird, was zu Verfügung steht, was dem eigenen Vorteil dient, werden doch die Kosten dafür ohnehin auf alle aufgeteilt.

Ein gewichtiger Grund für diese subjektive aber auch die kollektive grenzenlose Vernutzung von Gemeinressourcen ist deren (zumindest temporäre) individuelle Rationalität. Solange es keinen spürbaren Unterschied macht, ob ich mein Auto heute stehen lasse, ob ich zehn Flugreisen in einem Jahr mache, mich um meine Nachbarn nicht kümmere oder mich nur auf mein persönliches Fortkommen konzentriere, solange ich nicht tatsächlich unmittelbar an meinem Tun oder Unterlassen merke, welche sozialen, politischen oder auch finanziellen Folgen daran geknüpft sind, bleiben die Konsequenzen aus dem Handeln einzig an die persönlichen Moralvorstellungen geknüpft. Diese wiederum orientieren sich im Bereich der Allgemeingüter grundlegend an einem grenzenlosen Vernutzungsrechtparadigma von Ressourcen. Was den Umgang mit unseren natürlichen Lebensgrundlagen betrifft, so scheinen sich auch hier die tragfähigen sozialen Grundsätze immer weiter zu entleeren. Dieser Umstand hat den Biologen G. Hardin (1970) veranlasst, von der „Tragödie der Allmende" zu sprechen. Er beschreibt darin, wie die „unweigerliche" Übernutzung eines gemeinsam genutzten Stück Landes aus dem jeweils individuell rationalen Verhalten entspringt und wie dies eine Zerstörung dieses „Niemandslandes" nach sich zieht. Was uns allen gehört, wird demnach restlos geplündert, weil es in kein soziales System oder Normengeflecht eingliedert ist, und dadurch die notwendigen Formen der Kooperation fehlen. Die Allmende, unser aller Vermögen, hat dabei den Charakter eines Schlaraffenlandes, das leergefressen wird, weil sich hier jede/r kompromisslos für seine Zwecke bedient. In vielen ökonomischen Modellen (vor allem den mikroökonomischen Untersuchungen der individuellen Entscheidungsfindung) oder auch in den zahlreichen Konzepten der Spieltheorie zeigt sich immer wieder der fatale Hang, dass Menschen gerade jene Ressourcen am leichtfertigsten zerstören, von denen sie zwar fundamental abhängen, deren Fehlen aber erst in einiger zeitlicher Entfernung schmerzhaft werden wird. Bei genauerer Betrachtung dieser Prozesse zeigt sich allerdings, dass dies kein unabänderlicher Zustand ist, sondern dass es darauf ankommt, welche Rahmenbedingungen ein derartiges Handeln bestimmen (vgl. u.a. McCay/Svein 1996, Ostrom 1999). Die Politikwissenschafterin und Wirtschaftsnobelpreisträgerin E. Ostrom stellt diesbezüglich die These auf, dass es beim Erlernen der Reziprozität von sozialen Regeln vor allem um den Zusammenhang zwischen dem Vertrauen, das die Individuen in die anderen haben, dem Aufwand, den die anderen in glaubwürdige Reputationen investieren, und der Wahrscheinlichkeit, dass die Akteure Normen reziproken Handelns verwenden, geht (vgl. dazu Ostrom 1999, 2009). Menschen neigen demnach dazu, Gemeingüter zu übernutzen, wenn sie nicht wissen, wer sie umgibt, wenn sie die Menschen, die ebenfalls Anspruch auf etwas konstatieren, nicht kennen. Einheiten aber, die regelmäßig miteinander kommunizieren, können sich ihre Nutzungsregeln besser aushandeln und verfallen auch nicht dem Motto des „nach mir die Sintflut". Die dabei eingebrachten und in den Prozessen des Aufeinanderbeziehens vernetzten individuellen Wertmaßstäbe sind es die dabei helfen, den durchaus stets realen Versuchungen des Raffens zu widerstehen. Dazu bedarf es des Vertrauens, dass die eigene Beherrschung auch vom Gegenüber honoriert wird. Evident wird dabei, dass sowohl die Nutzung von Gemeingütern, als auch die Entwicklung von Engagement und Zusammengehörigkeit ein fundamentaler sozialer Prozess ist, der weitaus differenziertere Ansprüche an das Individuum stellt, als das bloße Käufer-Verkäufer-Verhältnis nach dem kapitalistischen Konzept der Gewinnmaximierung um jeden Preis.

Gewissermaßen auf dem anderen Ende der Skala der Fokussierung auf den Output von Entscheidungen und Handlungen, und deren Fixierung auf die Effizienz von Steuerungsinstrumenten, liegt der Phänomenbereich der sozialen Wertschöpfung, dessen Wesen und Wert in der Qualität der Prozesse des Mit- und Füreinander besteht. Soziale Wert-Schöpfung setzt den Akzent darauf, dass Menschen sich nicht nur im Modus der Konkurrenz und des Wettbewerbs sehen, innerhalb dessen ein Vorteil oder ein Gewinn im Sinne eines Nullsummenspiels gleichzeitig den Misserfolg oder den Verlust für andere bedingen. Der Erfolg ist im Konkurrenzmodus des Warencharakters einzig daran gebunden, dass der Gewinn hierarchisch im Sinne der Durchsetzungsfähigkeit verteilt wird, also nicht dem einen Konkurrenten zufallen kann, wenn er dem anderen zufällt. Dabei wird der ungleiche Erfolg der KonkurrentInnen einmal als eine Folge von individueller Einsatzbereitschaft, Anstrengung und Leistung gesehen, während in einem zweiten weitergehenden Modell der Kampf um knappe Güter quasi ein natürliches oder gesellschaftliches Ordnungs- und Selektionskriterium par excellence ist, aus dem es kein Entkommen gibt (vgl. dazu u.a. Hahn 1987, Rammstedt 1976). Beide Sichtweisen sind in ihrer Unterschiedlichkeit in der Betonung der Handlungsoptionen und Wahlmöglichkeiten innerhalb gesellschaftlicher Prämissen doch sehr auf den reinen Erwerb des umkämpften Gegenstandes, den unmittelbaren Gewinn, den zu erobernden Output, fixiert. Soziale Wertschöpfung hingegen strebt über diese Fixierung auf die Erlangung „der Sache" eine spezifische Bindungsqualität in der Hervorbringung und Bewahrung einer sozialen Welt an. Der Zielsinn bleibt stets gebunden an eine Sozialdimension, die die Vergesellschaftungsmöglichkeiten für alle Beteiligten erweitert. Jegliches Handeln wird dementsprechend in seinen prozessoralen Netzwerkerscheinungen als Möglichkeit der gesellschaftlich institutionalisierten Wertsteigerung gesehen. Hier tritt auch eine Grundidee unseres politisch-gesellschaftlichen Lebens zutage, indem z. B. demokratisches Handeln nicht nur auf ein Kreuz auf einem Stimmzettel, auf die Beschaffung von Mehrheiten oder Gütern reduziert wird. Jenseits des „Funktionierens" einer Gütergemeinschaft oder Demokratie durch eine bloße Output-Legitimierung, wird hier die Beziehungs- und die Beteiligungsdimension wesentlich. Gerade diese Beteiligungsmomente und - möglichkeiten formen erst jene sozialen Räume von BürgerInnen, die nicht nur einem vorgefertigten Ziel dienen, sondern die dieses Ziel auch selbst zum Gegenstand der Auseinandersetzung machen können. Dazu bedarf es einer Sphäre, in der Begegnungen in und zwischen gesellschaftlichen AkteurInnen, den Bürgern und Bürgerinnen, jenseits ökonomischer Bezüge stattfinden können (vgl. dazu u.a. Thiery 1992). Im Begriff der Bürgerschaft lässt sich diesbezüglich rein etymologisch schon eine interessante Zweiteilung finden. So leitet sich die Bezeichnung für den Bürger im Griechischen (polites) von jener für die politische Gemeinschaft (polis) ab, während sich das lateinische civitas gerade umgekehrt von civis herrührt. Hier werden die BürgerInnen nicht als Privatpersonen gesehen, sondern zugleich als AdressatInnen und VermittlerInnen der Zivilgesellschaft, „... in der der Zusammenhang der Gesellschaft nicht durch die hinter dem Rücken der Akteure wirkenden Marktgesetze und auch nicht durch staatliche Zwangsvereinnahmungen hergestellt wird, sondern im Handeln jedes einzelnen *intentional* präsent sein muss, wenn denn das Gemeinwesen als eine Verbindung von Freien Bestand haben soll" (Münkler 1994, S. 7). Dieser Hinweis darauf, dass sich die politische Gemeinschaft grundlegend auf das Handeln der BürgerInnen stützt, geht in diesem Sinne weit über einen kategorischen, einen zugeschriebenen oder einfach überlieferten, ererbten Status hinaus, und richtet sich prinzipiell auf einen immer wieder von Neuem zu erkämpfenden Ertrag gemeinsamen gesellschaftlichen Handelns. Ohne eine derartige Form der sozialen Rückbindung ist in diesem Sinne kein gerechter Interessensausgleich möglich, sind doch gerade die ökonomisch ungebundenen Grundlagen unseres Lebens wichtige Fundamente produktiver und schöpferischer Prozesse (z. B. in der Familie, in Vereinen, Initiativen, NGOs, etc.). Genauso wie es ohne Licht kein Wachstum oder ohne Töne keine Musik geben kann, ist eine Gesellschaft und deren Form des Wirtschaftens, das nicht aus der Fruchtbarkeit der Gemeinressourcen schöpfen kann, im sozialen Sinn unfruchtbar. Soziale Bezugnahme als Quelle der Wertschöpfung ist aus diesen Gründen weniger ein Substrat als vielmehr die Idee ihrer endlosen Herstellung und Erneuerung, und als solche sichtbar gemachte Gesellschaftlichkeit. Weit hinausreichend über den materiellen Ertrag sind ihre Gewinne immer auch die Geschichte einer Bewegung, einer Hinwendung, eines Gestaltungswillens, die die Verbindungsmöglichkeiten zwischen dem tatsächlichen und dem gewünschten Leben sichtbar macht.

Wie aber können wir unser Leben im Sinne solcher Commons, von tatsächlichen Gemeingütern, die uns allen nur geliehen sind, zu denen wir alle beitragen und die uns nur in Maßen zur Verfügung stehen, begreifen lernen? Ist eine solche Denkweise nicht zum Scheitern verurteilt, wenn das Paradigma des Marktes jegliche Form des Lebens als Maximierung der Marktposition bestimmt? Die gesellschaftlichen Erzählungen über „The winner takes it all" sind verlockender denn je. Dies ist auch deshalb der Fall, weil sie eine Semantik der Übersichtlichkeit, des linearen Ja oder Nein repräsentieren, während die vielen Formen sozialer Bezugnahme in der Spätmoderne oft als zu chaotisch und auch zu widersprüchlich erlebt werden. So präsentieren sich die hier wirkenden Ansprüche an das Individuum in einer Vielzahl von Sub-Sinnwelten, die das eigene Leben nur noch schwer konsequent an einer einzigen sozialen Meta-Erzählung ausrichten können (vgl. Lange 2008). Die „Narrative" des Lebens werden dadurch fragiler und führen letztlich zum Verlust der Selbsterzählung und zugleich zur Unmöglichkeit, sich selbst in der Einheit von ErzählerIn und erzählter Figur als stabile Person zu erkennen, wie dies der amerikanische Soziologe R. Sennett (vgl. 1998, 2002) seit Jahren beschreibt. Er befürchtet, dass die Globalisierung und die Erosion nationaler Wohlfahrtsstaaten zu einem gefährlichen Paradoxon führen: Bindungslosigkeit bei gleichzeitig wachsender Kontrolle und Gängelung. Bindungslos werden die modernen ArbeiterInnen, weil sie den Firmen kaum Loyalität entgegen bringen (können), leicht entlassen werden und ohne Kontakt zu all den anderen „UnternehmerInnn der eigenen Person" aneinander vorbei leben. Zugleich sind diese Freigesetzten verschärfter Kontrolle ausgesetzt, weil sie stets antizipieren müssen, was der Markt Neues von ihnen verlangen könnte. Sie brauchen dabei gar keine Befehle mehr, sondern erfüllen vielmehr alle Imperative von sich aus, da sie die Kontrollmechanismen des Kapitalismus perfekt internalisiert haben.

Wie kann nun solchen Prozessen der Diskontinuität, der Fragmentarisierung und des Zielverlusts, jenseits des rein ökonomischen Ertragmaximierens und des Ausbeutens von sozialen Bezügen widerstanden werden und welche Gegenentwürfe dazu sind möglich, tauglich und zielführend? Ein Weg, sich in der „Produktion von sozialem Kapital" zu engagieren, ohne dass der hier angesammelte Reichtum gleich wieder abgezogen wird, soll hier an einem Ausschnitt aus einem Projekt über die Lebenswelten von BetriebsrätInnen aufgezeigt werden.

## „The wider benefits of negotiations"

Wenn es um die weitreichenden Konsequenzen von lokalen und globalen Entwicklungen für Arbeitsplätze und Arbeitsbedingungen geht, ist die „Organisationsform Betriebsrat" stets auf mehreren Ebenen davon betroffen. Die hier tätigen AkteurInnen agieren dabei auf der Grundlage verschiedener Aufträge, Ausgangslagen und Akteurskonstellationen. Sind die Einflussmöglichkeiten von BetriebsrätInnen auf betriebliche Entscheidungen primär durch formale Beziehungsregeln bestimmt (z. B. über die Rechtsform des Unternehmens, durch das Arbeitsverfassungsgesetz oder die betrieblichen Vereinbarungen), so ist die Ausgestaltung dieser Anforderungen organisatorisch durch die Semantiken von Kommunikation, Kooperation und Konflikt bestimmt. Die Absicherung der hierbei getätigten Handlungen findet recht unterschiedlich statt, und auch die dafür notwendige Herausbildung eines spezifischen Habitus im eigenen Handeln oder im Rahmen des Handelns von Unternehmen, sowie dessen Reflexion, findet ebenfalls auf mehreren unterschiedlichen sozialen Ebenen statt (vgl. Minssen/Riese 2007). Dabei spielen für die BetriebsrätInnen die generelle Sozialordnung innerhalb der Betriebe, aber auch die Netzwerkstrukturen innerhalb der KollegInnenschaft der Interessensvertretungen eine überaus große (und oft auch widersprüchliche) Rolle. Die sich in den Betrieben verschiedenartig etablierten Beziehungen der beteiligten AkteurInnen (ArbeitgeberInnen, ArbeitehmerInnen) prägen zwar grundsätzlich die Formen der sozialen und symbolischen Kapitalsorten mit denen hier gearbeitet wird, aber die Reichweite der betriebsrätlichen Mitbestimmungsmöglichkeiten gehen noch darüber hinaus. So wird viel an Kraft und Sinn daraus gewonnen, dass hier auch über den konkreten Arbeitsplatz hinaus allgemeine Weichenstellungen für „die Arbeiterschaft" vorgenommen werden. Der Kernpunkt dieser Bezugnahmen liegt für die BetriebsrätInnen dabei in der Überzeugung, dass diese Formen der (Dienst-)Leistung zu einem Mehrwert im Betrieb und in der Work-Life-Balance der davon Betroffenen führen. Insofern basiert die Mehrzahl der hier geschilderten Tätigkeiten auf der Überzeugung, innerhalb einer Semantik der sozialen Wertschöpfung zu agieren.

Eine solche Perspektive ist heute indem für diese Untersuchung zugrundeliegenden Samples von BetriebsrätInnen umso wichtiger, als Güter und Dienstleistungen immer stärker aus ihren räumlich und sozial erfahrbaren Rahmen herausgelöst werden. So präsentieren sich ihrer Meinung nach die Wertschöpfungsketten immer unübersichtlicher und die soziale Ordnung dieser Prozesse muss von ihnen deshalb erst im Zusammenspiel von betrieblichen, räumlichen, sozialen und gesamtgesellschaftlichen Entwicklungen wieder „lesbar" gemacht werden. Ein wesentlicher Gesichtspunkt ist dabei das Sichtbarmachen der Prozesse der Auflösung und Restrukturierung von betrieblicher Ordnung im Prozess der Globalisierung, wobei soziale, kulturelle, wirtschaftliche und politische Aspekte mit einbezogen werden müssen. Diese Versuche der sozialen Ordnung (im Sinne von sozialer Wertschöpfung) geraten für die Befragten in das Spannungsfeld zwischen der herkömmlichen Schutzfunktion und einer tiefgreifenden Legitimierungskrise betriebsrätlichen Handelns. Dabei werden die Aufgaben sowohl funktionslogisch als auch sozialräumlich immer drängender. Funktionslogisch stehen die Aktionsräume der BetriebsrätInnen im Vordergrund, deren Agenden (wie vorne erwähnt) in der Regel klar definiert sind. Sozialräumlich wird aber die Restrukturierung oder gar die Auflösung klassischer Betriebsratsaufgaben sichtbar. Diese Veränderungen sind grundlegend mit der Umgestaltung des Gewerkschafts-Narrativs in unserer Gesellschaft verknüpft. Der sich hier präsentierende umkämpfte soziale Raum ist getragen von ökonomischen, gesellschaftlichen und kulturellen Divergenzen und Konvergenzen, sowie dem Verhältnis zwischen kleinräumlichen und globalen Ordnungsprozessen. Wie sich die klassische Schutzfunktion der Gewerkschaft heute präsentiert und welche Möglichkeiten es gibt, der Legitimationskrise entgegenzuwirken, lässt sich in den Interviews auf mehreren Analyseebene nachvollziehen.

Auf der Ebene der Schutzperspektive werden die betrieblichen Abläufe einmal einer rechtlichen Absicherung unterzogen und auf eine „gerechte" (d. h. auf eine gesetzeskonforme und sozial verträgliche) Basis gestellt. Hierbei steht die Prüfung der betrieblichen Prozesse durch die Interessenvertretung im Mittelpunkt, wobei der Modus der Aktivitäten aber durch kollektivvertragliche und gesetzliche Normen gegeben ist. Diese Schutzfunktion wird als wesentliches gesellschaftliches Element der Herstellung von „sozialem Frieden" bezeichnet, wenngleich für viele der befragten BetriebsrätInnen heute, unter schwierigeren ökonomischen Bedingungen als z. B. noch vor 30 Jahren, auch hier ein vielfacher Perspektivenwechsel von der sozialen Effektivität zur ökonomischen Effizienz gewerkschaftlichen Handelns stattgefunden hat. Grundsätzlich ist diese Schutzfunktion der Gewerkschaften zwar immer das Fundament der Tätigkeiten, sie verliert aber durch die Fragmentierung gesellschaftlicher Bezüge immer stärker ihre Leuchtkraft. Die BetriebsrätInnen klagen hier über „Mitnahme-Effekte" ihrer KollegInnen in den Betrieben (Kollektivverträge etc.), die sehr wohl positive Auswirkungen entfalten, die aber bei den NutznießerInnen keinerlei Verbindlichkeiten oder verstärkte solidarische Bezüge entstehen lassen.

Hinter diesen offenen Vertretungsformen verbirgt sich insgesamt für alle befragten BetriebsrätInnen ein spürbares Verhandlungs- und Legitimationsproblem auf unterschiedlichen Bühnen. Eines davon ist die unübersichtliche betriebliche Seite. Da betriebsspezifische Lösungen in vielen Fällen in recht diffusen Veränderungsprozessen (die wiederum jenseits der erlernten Strategien und legalistischen Verhandlungsräume stattfinden) generiert werden müssen, wird einerseits der Schutz der Belegschaft vor negativen Folgen manageriellen Handelns komplexer, andererseits werden aber auch die Möglichkeiten und Wege der VerhandlungteilnehmerInnen komplizierter. Gerade dann, wenn durch schwer durchschaubare Betriebsstrukturen oder durch die Ausdünnung des Managements die traditionellen Haltungen und Instrumentarien des Eingreifens im Sinne einer echten Stellvertretung für die Belegschaft schwieriger werden, „entgleitet" den BetriebsrätInnen auf betrieblicher Ebene zusehends der kompetente Verhandlungspartner (vgl. dazu auch Schmierl 2000). Ein immer wiederkehrender Klageruf der GewerkschafterInnen ist hier auch die tagtäglich erlebte Zunahme der Komplexität gesellschaftlicher und betrieblicher Sachverhalte und eine damit einhergehende Überforderung von BetriebsrätInnen bei der Problemlösung. Die Arbeitswelt ist auch in dem Sinne komplizierter geworden, als all die verschiedenen Partikularinteressen und deren Positionen sich oft überschneiden (wenn z. B. die betrieblichen Rentensysteme an der Börse angelegt werden und die ArbeiterInnen gleichzeitig Ausgebeutete und AusbeuterInnen in einem sind). Parallel dazu gibt es derart viel an ExpertInnenwissen und an expertokratischen Allmachtsphantasien (auch in den Gewerkschaften), dass „einem kleinen Betriebsrat" hier oft der entsprechende Sachverstand in zuweilen beängstigender Form abgeht. Nicht nur dass die ArbeitgeberInnen einen koryphäenhaften Wissenszauber um sich verbreiten, auch die zu vertretenden ArbeitnehmerInnen suchen vielfach die Hilfe von Autoritäten in anderen Hilfeorganisationen, die jenseits gewerkschaftlicher Maßnahmen an Einzellösungen interessiert sind. So erleben BetriebsrätInnen es immer wieder, wie sie in dramatischen Krisen oder bei weitreichenden Entscheidungen in eine Statistenrolle gedrängt werden.

In dieser Legitimierungsperspektive zeigt sich darüber hinaus ein weitaus grundlegenderes Problem dergestalt, dass für viele BetriebsrätInnen die großen Gesellschaftsentwürfe heute nicht mehr genug Anziehungskraft für die ArbeiterInnenschaft auszuüben vermögen. Die Eindringlichkeit, mit der auf gesellschaftliche Zusammenhänge hingewiesen wird und die Zeit, die dafür verwendet werden müsste, ist kaum mehr vorhanden. Dabei wird auch erkennbar, dass zwar die internen Diskussionen um gesellschaftliche Positionen hart geführt werden, dass die FunktionärInnen „vor Ort" aber die Sprache der konkreten Umsetzung zu sprechen haben. Der Alltag, in dem sie bestehen müssen, ist der tägliche Kleinkrieg gegen unerträgliche Situationen, der mit politischen Diskussionen kaum zu bestehen ist. So zeigt sich, dass die großen Themen wie „Arbeitskraft und Kapital" durchaus diskutiert werden, dass aber die konkreten Umsetzungsschritte (der oben erwähnte Schutzauftrag) wesentlich zum Erfolg der Gewerkschaft (oder zumindest zur Begründung der eigenen Daseinsberechtigung) beitragen. Es wird für sie auch immer schwerer zu vermitteln, dass der Kampf gegen unwürdige Arbeitsverhältnisse als ein Kampf für Freiheit und Selbstverwirklichung aller zu verstehen ist, und damit auch als ein Kampf für die politische Freiheit von morgen. Gerade weil die ArbeitnehmerInnen aber oft nur noch ihre Partikularinteressen sehen, wird die „Lösung" von Krisen viel zu selten im demokratischen System gesucht. Es wird dort Druck erzeugt, wo er ihrer Meinung nach entstanden ist, wenngleich die tatsächlichen Entscheidungen, die zur „Krise" geführt haben, kaum gesehen werden wollen. Gerade dieser Verfall der großen „Gewerkschaftserzählung" im sozialen Gewebe des Betriebes, ist an vielen Stellen dramatisch. Die ArbeitnehmerInnen wollen die schnelle Lösung, wobei es für sie oft egal ist, wer Ihnen diese anbieten kann. Dies birgt für organisiertes gewerkschaftliches Handeln die Gefahr, dass ein solcher „Primat der Praxis" den aktuellen Mangel an erkennbaren Grundsätzen und Orientierungen die zur Wahl stehen beinahe unsichtbar macht. Die gewerkschaftliche Kultur als solche scheint (zumindest auf der Ebene der BetriebsrätInnen) seit geraumer Zeit ganz und gar in der Praxis (und in einigen beklagten Fällen auch in der populistischen Parteipolitik) aufzugehen. Das Leitbild vieler BetriebsrätInnen ist deshalb der undogmatische, pragmatisch unbefangene Problemlöser Marke „Co-Manager". Für die notwendige öffentliche Debatte bleibt hier kaum noch Zeit, Kraft und Gelegenheit. Sollte sich dies weiter beschleunigen, verlieren die Gewerkschaften in ihrer Funktion als Transmissionsriemen zwischen Gesellschaft und Arbeitswelt eine wichtige Funktion in der Erklärung und Gestaltung dieser Welt.

In den Schilderungen der Handlungsfelder und -optionen der BetriebsrätInnen zeigt sich, dass der Großteil der hier Befragten sich aber dennoch weiterhin in der spezifischen Rolle einer Sozialisationsagentur sieht, in der sie daran mitwirken, dass das Arbeitssystem mit den Lebensläufen der Belegschaft „human" verknüpft wird. Diese Sichtweise bleibt für den Großteil der Befragten an die klassische Krisenfeuerwehrfunktion gebunden, geht für eine kleine Gruppe aber über arbeitsplatzspezifische und berufspolitische Maßnahmen hinaus. Gerade weil das Fehlen der Eindeutigkeit und der linearen Planbarkeit der Arbeitswelt immer deutlicher zu spüren ist, muss aus ihrer Sicht betriebsrätliches Handeln dieser epochalen Entwicklung der modernen Gesellschaft Rechnung tragen, und einen über das Berufssystem hinausreichenden Auftrag entwickeln. In der hier untersuchten Gruppe von BetriebsrätInnen lassen sich diesbezüglich immer wieder über die herkömmlichen Begegnungsfelder von verschiedenen Interessensvertretungen hinausgehende Interpretationen des Mitgestaltungsauftrages finden. Die dabei fokussierten Tätigkeiten werden z. B. auf betriebsrätlicher Ebene als grundsätzliche soziale Prozesse jenseits der reinen Sachzwangrelationen angesiedelt, verhandelt und auch (im besten Sinne des Wortes) politisiert. Dieses Handeln wird dabei als eine Rückkehr zu alten gewerkschaftlichen Grundsätzen verstanden. Solche Perspektiven bleiben in den Diskussionen in den Betrieben und auch in den Gewerkschaftsbasen nicht unwidersprochen (vgl. dazu auch Schmierl 2007), wobei aber in beiden Fällen die Legitimierungs- und Absicherungsaktivitäten stets auch als soziale Wertschöpfungsprozesse gesehen werden. Deutlich wird dies in den Aussagen aller Befragten, wenn sie innerhalb ihrer Möglichkeiten vermehrt auf ihre Verantwortung für das Zustandekommen einer Lösung, eines Ergebnisses im Lebenskontext der Betroffenen, hinweisen. Dabei geht die Gruppe der BefürworterInnen einer prozessualen Form der lebensweiten Herstellungspraxis von Schutzmaßnahmen über eine arbeitsplatzspezifische Gewinn- oder Verlustrechnung hinaus. Vielmehr sind sie daran interessiert, das gesamte „soziale Gewebe Leben" in seinen mannigfaltigen Gestaltungsprozessen sichtbar zu machen. Diese Gestaltungsorientierung baut auf betriebliche Rechtspositionen, die aber wiederum erst innerhalb einer lebenspraktischen Verhandlungskultur ihre volle Bedeutung erlangen. Sie betonen gerade diese Verbindung von mikro- und makropolitischen Arenen, die tragfähige Schutzmaßnahmen erst lebensnah absichern helfen die ihre Arbeit als sinnvoll etikettiert.

Hier gilt es für sie, den sozialen Resonanzboden für einen durchaus kontroversen und fluiden betriebsrätlichen Lernbedarf zu definieren und sich dadurch auf Handlungs- und Lernanlässe einzustellen, die in sich noch ungeklärt, und daher für gewerkschaftlich kanonisierte Wissensbestände oder für Funktionalisierungen noch unerreichbar sind. Weit mehr als in betrieblichen und beruflichen Vertretungssektoren, die überwiegend mit rechtlich-betrieblichen Vorgaben zu arbeiten haben, betonen sie hier die konstitutiven Voraussetzungen für den Systemcharakter von betrieblichen Interessensvertretungen, indem die Bedingungen der eigenen Möglichkeiten ständig aus sich selbst heraus entstehen müssten. Das System der Betriebsratsvertretungen müsste dazu gesellschaftliche Bruchstellen und Divergenzen als Handlungs- und Lernanlässe definieren und an innovative gewerkschaftliche Reflexionsleistungen anschließen. Erst dadurch könnte eine organisierte betriebliche Vertretung von ArbeitnehmerInneninteressen (außerhalb der auch weiterhin wichtigen extern vorgegebenen Handlungsbedarfe) eine grundsätzlich neue Dimension in der Klärung von gesellschaftlich sensiblen Fragen erreichen. In seinem weltweit beachteten Buch „Der flexible Mensch" (im Original treffender als „The corrosion of character" betitelt) beschreibt der amerikanische Soziologe Richard Sennett (1998) solche Bruchlinien anhand der gesteigerten Unübersichtlichkeit und Unberechenbarkeit in der Arbeitswelt. Langfristige Ordnungen weichen dabei einem „Driften" in unsicheren kurzfristigen, durch schwache soziale Bindungen gekennzeichneten Übergangsgemeinschaften, in denen ein begreifbarer Zusammenhang verloren gegangen ist. In solchen flexiblen Regimes ist das, was zu tun ist, „unlesbar" geworden (Sennett 1998, S. 81). Hier kann und soll sich in der Collage aus Lebens- und Arbeitsfragmenten ein gewerkschaftliches Narrativ als Gegenbewegung dazu aufbauen. Gerade die Einbindung in eine Geschichte, in ein Narrativ, schafft (P. Ricoeur, 1996 oder R. Sennett, 1998 folgend) die Möglichkeit, Menschen zu verantwortungsvollen ProtagonistInnen ihres Lebens zu machen. Das „Heilende des Narrativen" beruht demnach auf der Auseinandersetzung mit dem Schwierigen, begrenzt diese Arbeit aber nicht darauf, dass sie am Ende „gut" ausgeht. Vielmehr wird hier der Wirklichkeitsgehalt der Erzählung erkannt und geprüft. Durch die betriebsrätlichen Aktivitäten kann ein solches Konfigurationsverfahren erfahr- und gestaltbar gemacht werden, indem hier die unterschiedlichen betrieblichen und lebensweltlichen Ebenen im Sinne einer Großerzählung aufeinander bezogen werden. Dies geschieht nicht nur durch die konkreten Maßnahmen und Verhandlungen, sondern in wachsendem Maße durch die vielfältigen Formen der alltäglichen Auseinandersetzung über die spezifischen Nutzungsregeln zur Interpretation des Vorgefundenen vor Ort. Dabei werden Alltagserfahrungen zu Ausgangspunkten für Identitätsfragen herangezogen, die Subjekte in den Netzen ihrer Lebenswelt sichtbar machen. Die mannigfaltigen Kontakte, die Gespräche, Informationen oder auch die über den Arbeitsplatz hinausgehenden Begegnungen wirken hierbei wie eine Form von sozialem Kitt, der die fragmentierten Arbeitserfahrungen auf ein größeres Gemeinsames beziehen. Dies gelingt (wie vorne beschrieben) in vielen Fällen nur schwer bis gar nicht, kann aber dort, wo es durch den permanenten Versuch der BetriebsrätInnen möglich wird, die Verknüpfung von Ansprüchen auf ein gutes und authentisches Leben mit den gegebenen Ressourcen forcieren. Gewerkschaftliche Arbeit hat dabei als Bedingung und als Ziel die Schaffung von Lebenskohärenz. Aus einer solchen Perspektive heraus werden effiziente Betriebe als Ergebnis einer effizienten sozialen Struktur interpretiert. Betriebliche Interessensvertretungen helfen hier, sozialen Beziehungen in der Produktion und Verteilung von Wissen, von Vertrauen, von Erfahrungen und Kommunikation als Ressourcen zu nutzen, um sie in die soziale Struktur der Firmen einzubetten. Dieses soziale Kapital, das hier aufgebaut wird, und das sich quer über alle Beteiligten legt, ließe sich als „*the wider benefits of negotiations*" bezeichnen.

Durch das Hereinbringen von über den Arbeitsplatz hinausgehenden Zusammenhängen in den gesellschaftlich erweiterten Diskurs möchte die hier untersuchte Gruppe von BetriebsrätInnen das öffentliche Bewusstsein z. B. für Gemeinwesenzusammenhänge oder für den prekären Zusammenhalt verschiedenster gesellschaftlicher Gruppen schärfen. Konkret lässt sich das für sie an Themen wie Umgang mit AusländerInnenintegration, Kinderbetreuung, Frauenförderung oder auch der Ökologie zeigen. Diese Aufgaben gehören ohne Zweifel zum anfänglichen Gewerkschaftsgedanken, der eine solidarische Kooperation, im Sinne einer Hilfe für diejenigen, die sich nicht helfen können, zum Inhalt hatte. Derartige (über-)betriebsrätliche Tätigkeiten als Formen sozialer Wertschöpfung berücksichtigen vermehrt, dass Arbeitende in einen sozialen Kontext eingebettet und mit anderen Kontexten untrennbar verknüpft sind. Von den BetriebsrätInnen erfordert dies auch, die eigenen Zielsetzungen und Annahmen innerhalb übergeordneter Aspekte verstehen zu lernen. In diesem Sinne muss ihrer Meinung nach das Betriebsratsverhalten viel mehr als ein kritisches Co-Management in der betrieblichen Praxis sein, denn durch eine Reduktion auf eine solche Managementfunktion wird der grundlegende Gegensatz zwischen Kapital und Arbeit, zwischen Arbeits- und Sozialwelt, gewiss nicht aufgehoben. Im Verknüpfen der sozialen und personellen Angelegenheiten wird hingegen eine Form sozialer Wertschöpfung erbracht, die über Erlässe oder Kollektivverträge hinaus die Politik des Managements und die Bedingungen unserer Gesellschaft begleitet, hinterfragt, kritisiert und notwendigerweise auch durch Gegenmodelle und -aktivitäten erweitert. Die herkömmliche Schutzaufgabe wird durch eine solche Bezugnahme auf eine würdige und sinnvolle Gesamt-Gesellschaft ausgeweitet. Eine solche Betrachtungsweise hat (wie oben schon erwähnt) auch große Auswirkungen auf die einzelnen Aus- und Weiterbildungswege von BetriebsrätInnen. Welche Kompetenzen und welches Wissen BetriebsrätInnen brauchen, um derartigen Anforderungen entsprechen zu können, soll hier zum Abschluss kurz beschrieben werden.

### Betriebsrätliches Lernen zwischen Reproduktions- und Reflexionsanspruch

Um das Vorhaben sozialer Wertschöpfung in gewerkschaftlichen Bezügen gehaltvoll umsetzen zu können, ist es auch wesentlich, Wissen über die personalen Bindung- und Gestaltungskräfte von BetriebrätInnen zu generieren. In der hier am Ende dieses Buches geschilderten Einzelfallbeschreibung der Herausbildung von professioneller Handlungsmacht einer Betriebsrätin zeigt sich dabei (wie in vielen anderen Studien auch, vgl. dazu u.a. Heinrich-Böll-Stiftung/Helfrich 2009), dass es vor allem die direkte Kommunikation und die Einbindung in ein Paradigma der sozialen Anerkennung sind, die das eigene Engagement innerhalb dieser Repräsentationen unterstützen. Dabei wird in den untersuchten Fällen sichtbar, wie unterschiedlich die Bedingungen für erfolgreiches Handeln sein können. Es ist einmal die Fähigkeit zur Selbst-Bezugnahme und Selbst-Artikulation von entscheidender Bedeutung, indem hier, ausgehend von den eigenen Erfahrungen, die institutionalisierte Zuwendung zu anderen als Grundlegung eines soliden Selbstvertrauens und letztlich damit auch die Basis für eine selbstbestimmte Teilhabe am öffentlichen Leben gesehen wird. Gerade wenn es um Werte wie soziale Bezugnahme oder Solidarität geht, beruhen diese auf dem Erlebnis von Anerkennung, Achtung und sozialer Wertschätzung. Daneben betonen die Befragten aber stets die organisationalen und gesellschaftlichen Kontextbedingungen. Dabei geht es um die Interpretation und Verhandlung der normativen Standards, also um die Grundlagen, wie soziale und finanzielle Anerkennung ganz konkret geschieht. Wird nach den subjektiven Bedingungen und Möglichkeiten der Herausbildung von sozialer Einsatzbereitschaft gefragt so zeigt sich, dass der geschöpfte soziale Wert das Ergebnis von Werthaltungen ist, die eine spürbare Selbstwirksamkeitsdimension enthalten müssen (vgl. dazu Honneth 2003, 2005). Dabei spielt der Glaube an Gerechtigkeit und Chancengleichheit, in Verbindung mit der eigenen biographischen Absicherung von Sinn, eine entscheidende Rolle. Die wichtigsten personalen Ressourcen in ihrem Alltag und im Berufsleben stellen dabei die jeweiligen Selbstwirksamkeitserwartungen dar. Diese bestimmen gleichsam die persönliche Einschätzung der eigenen Kompetenzen, und rahmen den Umgang mit den alltäglichen Umweltanforderungen (vgl. Bandura 1977, Schwarzer/Jerusalem 2002). Die hier als wesentlich zu nennende Ressource beziehen sich dabei sowohl auf die Gewissheiten der eigenen Fähigkeiten um bestimmte Ziele zu erreichen, als auch auf die Möglichkeiten der Anbindung individuellen Sinns an gesellschaftliche Sinnreservoirs. In der „Produktion" sozialer Wertschöpfung sind diese Selbstwirksamkeitserfahrungen nicht nur die Vorbedingungen, quasi der Rahmen und der Input, um Handlungen zu beginnen, sondern sie sind gleichsam auch das Ergebnis, die Rahmungen von Handlungen, die über bestimmte Verhaltensweisen (im Sinne eines weiten Netzes der Selbstkonzeption) hinausführen. Auf der Ebene biographischer Erfahrungen sind solche Verbindungslinien zwischen Handeln und sozialem Kontext im Sinne der lebensgeschichtlichen Erfahrungsaufschichtung wesentlich. Es sind vorrangig diese durch biographische Konstruktionslogiken gesättigten eigensinnigen subjektiven Aneignungsformen von Handlungsanlässen, die für die Befragten als Basis zur Herstellung von Solidarität fungieren. Für die gewerkschaftliche Erwachsenenbildung bedeutet dies (praktisch aber auch und konzeptionell), dass diese unterschiedlichen Lernwelten der FunktionärInnen, die hier eingelagerten Lebens- und Lernnarrative, in ihrem Ringen um Selbstwirksamkeit stärker berücksichtigen sollte.

Es ist für einen Teil der Befragten hier sehr deutlich, dass die eigene Entwicklung dieser Ressourcen mit Prozessen des Lebenslangen Lernens verknüpft ist bzw. verknüpft sein sollte. Gleichzeitig stellt sich für die BetriebsrätInnen die Frage, wie diese besondere Qualität dieser Prozesse adäquat erlernt und ausgeweitet werden kann. Vor allem dann, wenn es um soziale Wertschöpfung geht, wenn die Qualität menschlicher Beziehungen in Arbeitskontexten „angemessen" erfasst werden soll, müssen die sozialen Bindungskräfte in den Betrieben „systematischer" erfasst und ausgebaut werden.

In einem ersten Schritt verlangt eine derartige Perspektive den Einbau reflexiver Lernebenen in der Aus- und Weiterbildung von BetriebsrätInnen, sind doch die Konstitutionsbedingungen gewerkschaftlichen Handelns stets zwischen gesellschaftlichen Diskontinuitäten und Existenzbrüchen in individuellen Lebensläufen angesiedelt. Der hier durch gewerkschaftliches Handeln angestrebte Orientierungs- und Reflexionsbedarf muss auch in den Lernprozessen über die bloße Reproduktion tradierter Strukturen hinausgehen. Solche Forderungen lassen sich in den Interviews mit den BetriebsrätInnen finden, wenn sie in ihrer Weiterbildung nicht nur die Vermittlung konventionell legitimierter Wissensbestände und Kompetenzprofile einfordern. In der Analyse der betreffenden Interviewpassagen zeigen sich dabei Forderungen nach offenen Lernanlässen, die über die festgelegten betrieblich-gewerkschaftlichen Ansprüche hinausgehen. Wie bereits angeführt, sehen sie sich in der Praxis (und in ihrem Selbstverständnis) mit einer wachsenden gesellschaftlichen Differenzierung konfrontiert, die die bislang universell gehaltenen Gewerkschaftsvorstellungen in viele kontextgebundene Perspektiven aufsplittern lässt. Diese erlebbare Fragmentarisierung des Sozialen und die daraus entstehende Mehrdeutigkeit lassen in den realen Arbeitsplatzkonfrontationen, in den vielen Gesprächen und Kontakten, viele Aufgaben entstehen, die letztlich auch miteinander konkurrieren. Exemplarisch wird dies deutlich, wenn es z. B. um folgende Fragen in der Vertretungsposition geht: Wer wird hier warum wie lange mit welchem Recht vertreten? Ist der gekündigte Mitarbeiter bereits raus aus dem Spiel? Sind die strukturellen sozialen Zwänge einer Wiedereinsteigerin „systemkonform" zu lösen oder lohnt sich ein erweiterter gesellschaftlicher Kampf? Sind ethnische Zwistigkeiten am Arbeitsplatz (und auch gesellschaftlich) Anlassfälle für Interventionen oder nicht doch „normale" Reaktionen auf allgemeine Konkurrenzsituationen? Ist die steigende ökologische Belastung zumutbar, wenn nur das Geld stimmt? Für welche Fragen (und Antworten) bin ich über meinen „gesetzlichen Auftrag" hinaus zuständig und wie gehe ich hier persönlich damit um?

Das sind nur einige wenige Problembereiche, die in den Interviews aufgetaucht sind. Zur Klärung dieser „Zuständigkeiten" sind einige BetriebsrätInnen auch dafür, dass es (zumindest in ihren organisierten Lernprozessen) neben der Klärung von Übereinstimmungen auch einen „differenztheoretischen" Zugang geben sollte, innerhalb dessen das Herausarbeiten und Verarbeiten von bedeutsamen Unterschieden der Menschen in den Interessensvertretungen von Bedeutung ist. Dabei sollte betriebsrätliches Handeln in der Aus- und Weiterbildung situativ so zu inszenieren sein, dass diese Vermehrung von Komplexität als Lernanlass auch tatsächlich erfahrbar gemacht werden kann. Dadurch würde sich der Verständniszusammenhang gewerkschaftlicher Arbeit von der Reproduktionsfunktion des Arbeitsmarktes durch eine Reflexionsfunktion erweitern. Gerade jene Gruppe von BetriebsrätInnen, denen die Verbindung des tagtäglichen Arbeitsprozesses mit ihrer eigenen Lebenswelt und der Welt der Interessensvertretung ein Anliegen ist, weist auf diese wichtige „reflexive Aneignungsseite" hin. Abseits der extern vorgegebenen und zu lernenden Wissensbestände (Recht, Organisationswissen, Kommunikation, etc.) ist in der Ausbildung eines tätigkeitsfeldspezifischen Qualifikationsprofils auch die prozessuale, äußerst komplexe Verbindung von gesellschaftlichen Entwicklungen, betrieblichen Herausforderungen und lebensweltlichen Anforderungen und Heterogenitäten zu fördern. Durch die Entwicklung einer solchen Mehrperspektivität in organisierten Lernsituationen könnten sich die Befragten vorstellen, dem eingangs beschriebenen institutionellen Zerfaserungsprozess als zu gestaltenden Strukturwandel der Gewerkschaften begreifen zu lernen, und sich nicht nur in einem Abwehrkampf dagegen zu verausgaben. Im Kampf der BetriebsrätInnen mit ihren „GegenspielerInnen" können zwar Welten aufeinanderstoßen, aber die befragten Frauen und Männer vertrauen darauf, dass sie in der Regel eine gemeinsame Schnittmenge finden können. Sie vertrauen darauf, dass ihren Situationsdeutungen ein gesellschaftliches, intersubjektiv verbindendes Moment innewohnt, das zwischen dem Gewerkschaftswissen, den Strukturen der Arbeitswelt und dem Lebenswelten von ArbeitgeberInnen und -nehmerInnen zwar eine graduelle Distanz, aber keine strukturelle besteht. Wie innerhalb dieser graduellen Spannung der konkrete Bauplan einer sozialen Wertschöpfungskette aussehen kann, muss immer wieder neu ausgehandelt werden.

## Literatur

Bandura, Albert (1997). Self-Efficacy. The Exercise of Control. New York.

Bauman, Zygmunt (2009): Leben als Konsum. Hamburg.

Bauman, Zygmunt (2010): Wir Lebenskünstler. Frankfurt am Main.

Bollier, David (2009): Gemeingüter – eine vernachlässigte Quelle des Wohlstandes. In: Heinrich-Böll-Stiftung/Helfrich, Silke (Hg.): Wem gehört die Welt? Zur Wiederentdeckung der Gemeingüter. München, S. 28-38.

Crouch, Colin (2008): Postdemokratie. Frankfurt.

Deiß, Manfred/Heidling, Eckhard (2001): Interessenvertretung und Expertenwissen. Düsseldorf.

Deutscher Gewerkschaftsbund (Hg.) (2005): Gut beraten für die Zukunft. Projektdokumentation/Zwischenbericht des Beratungs- und Qualifizierungsprojekts Leben und Arbeiten (LeA) des DGB. Berlin. In: http://www.dgb-lea.de/pdf-Dateien/Projektzwischenbericht.pdf [31.01.2009].

Hahn, Alois (1987): Soziologische Aspekte der Knappheit. In: Heinemann, Klaus (Hg.): Soziologie wirtschaftlichen Handelns. Opladen, S. 119-132.

Hardin, Garrett (1970): Die Tragik der Allmende. In: Lohmann, Michael (Hg.): Gefährdete Zukunft: Prognose amerikanischer Wissenschaftler. München. Hanser, S. 30-48.

Heinrich-Böll-Stiftung/Helfrich, Silke (Hg.) (2009): Wem gehört die Welt? Zur Wiederentdeckung der Gemeingüter. München.

Honneth, Axel (2003): Kampf um Anerkennung. Frankfurt am Main.

Honneth, Axel (2005): Verdinglichung. Eine anerkennungstheoretische Studie. Frankfurt am Main.

KomNetz (2005): „Kompetenzentwicklung in vernetzten Lernstrukturen – Gestaltung arbeitnehmerorientierter Arbeits-, Beratungs- und Weiterbildungskonzepte" (Hg.): Kompetenzreflektor. Handreichung. In: http://www.komnetz.de [31.01.2009].

Lange, Hellmuth (Hg.) (2008): Nachhaltigkeit als radikaler Wandel. Die Quadratur des Kreises? Wiesbaden.

McCay, Bonnie/Svein, Jentoft (1996): Unvertrautes Gelände. Gemeineigentum unter der sozialwissenschaftlichen Lupe. In: Diekmann, Andreas/Jaeger Carlo C. (Hg.): Umweltsoziologie (Kölner Zeitschrift für Soziologie und Sozialpsychologie, Sonderheft 36). Opladen, S. 272-291.

Minssen, Heiner/Riese, Christian (2007): Professionalität der Interessenvertretung. Berlin.

Münkler, Herfried (1994): Zivilgesellschaft und Bürgertugend. Bedürfen demokratisch verfasste Gemeinwesen einer sozio-moralischen Fundierung? Öffentliche Vorlesungen Bd. 23, Berlin.

Ostrom, Elinor (1999): Die Verfassung der Allmende. Jenseits von Staat und Markt. Tübingen.

Ostrom, Elinor (2009): Gemeingütermanagement – Eine Perspektive für bürgerschaftliches Engagement. In: Heinrich-Böll-Stiftung/Helfrich, Silke (Hg.): „Wem gehört die Welt. Zur Wiederentdeckung der Gemeingüter. München, S. 218-228.

Rammstedt, Otthein (1976): „Konkurrenz" In: Historisches Wörterbuch der Philosophie, hg. v. Joachim Ritter u. Karlfried Gründer. Basel, Bd.4, Sp. 970-974.

Rawls, John (1999): Eine Theorie der Gerechtigkeit. Frankfurt am Main.

Rawls, John (2001): Gerechtigkeit als Fairness: politisch und nicht metaphysisch. In: Rawls, John: Die Idee des politischen Liberalismus. Aufsätze 1978-1989. Frankfurt am Main, S. 255-292.

Ricoeur, Paul (1996): Das Selbst als ein Anderer. München.

Rowe, Jonathan (2008): Die Parallelökonomie der Commons. In: Bericht zur Lage der Welt. WWI, hbs, Germanwatch. Berlin.

Schmierl, Klaus (2000): Interessenvertretung ohne kollektive Akteure? Grenzen industrieller Beziehungen bei entgrenzter Produktion. In: Funder, Maria (Hg.): Entwicklungstrends der Unternehmensreorganisation – Internationalisierung, Dezentralisierung, Flexibilisierung. Linz, S. 73-107.

Schmierl, Klaus (2007): Arbeitskulturen und Interessenregulierung in internationalisierten KMU. In: Doleschal, Reinhard/Nolte, Benedikt/Pläster, Ingo (Hg.): Innovationen systematisch gestalten. Lemgo, S. 69-74.

Schwarzer, Ralf/Jerusalem, Matthias (2002): Das Konzept der Selbstwirksamkeit. In: Jerusalem, Matthias/Hopf, Diether (Hg.): Selbstwirksamkeit und Motivationsprozesse in Bildungsinstitutionen. Weinheim, S. 28-53.

Sennett, Richard (1998): Der flexible Mensch: Die Kultur des neuen Kapitalismus. Berlin

Sennett, Richard (2002): Respekt im Zeitalter der Ungleichheit. Berlin.

Simmel, Georg (1995): Soziologie der Konkurrenz. In: Georg-Simmel-Gesamtausgabe. Bd. 7, Frankfurt am Main, S. 221-246.

Thiery, Peter (1992): Zivilgesellschaft – ein liberales Konzept? In: Lauth, Hans-Joachim/ Mols, Manfred/Weidenfeld, Werner (Hg.): Zur Relevanz theoretischer Diskurse: Überlegungen zu Zivilgesellschaft, Toleranz, Grundbedürfnissen, Normanwendung und sozialen Gerechtigkeitsutopien (Politikwissenschaftliche Standpunkte Bd. 1). Mainz, S. 69-89.

Waldenfels, Bernhard (1980): Der Spielraum des Verhaltens. Frankfurt am Main.

Angela Pilch Ortega

# Biographisierte Wir-Bezüge und ihre Relevanz für soziales Engagement. Eine kritische Momentaufnahme

Die vielfach diskutierte Desintegration und Entsolidarisierung von Gesellschaften rückt die Frage der sozialen Kohäsion schon länger in das Zentrum sozialwissenschaftlicher Betrachtungen. Angesichts der zunehmenden gesellschaftlichen Ausdifferenzierung, der Fragmentierung und Partikularisierung sozialer Strukturen kommt der Generierung überindividueller Strukturen wie auch sozialer Verbindlichkeit eine entscheidende Bedeutung zu. Vertrauen kann dabei als konstitutiver Bestandteil von Austausch- und Kooperationsmodellen sowohl auf individueller als auch auf überindividueller Ebene betrachtet werden. Die Verletzlichkeit sozialen Vertrauens und die Auswirkungen, die eine sich ausweitenden Krise des Vertrauens mit sich bringt, wurde uns erst unlängst anhand der Finanzmärkte anschaulich vor Augen geführt.

Das vermehrte Interesse an der Herausbildung von sozialen Netzwerken, an Formen zivilgesellschaftlichen oder bürgerschaftlichen Engagements und nicht zuletzt die Befassung mit dem mittlerweile prominent gewordenen Konzept des Sozialkapitals können als Hinweis betrachtet werden, danach zu trachten eine gesellschaftliche Ressource identifizieren zu können, welche sozialen Desintegrationsprozessen entgegenwirkt. Die Frage, die sich hier in einem ersten Blick eröffnet, richtet sich zum einen auf die sozialintegrative Wirksamkeit überindividueller Strukturen und engagementbedingter Sozialbeziehungen – sind diese tatsächlich in der Lage soziale Bindekraft nachhaltig zu leisten – zum anderen auf die Trägerschaft sozialer Verantwortung selbst. Inwieweit werden hier sowohl der Staat als auch die Wirtschaftssysteme ihrer sozialen Verantwortung entbunden, inwiefern läuft der den Einzelnen an das Gemeinwohl bindende Diskurs Gefahr dafür instrumentalisiert zu werden, den reibungslosen Ablauf neoliberaler Bestrebungen unter Minimierung sozialer Kosten zu garantieren. In einem „neoliberalen" Gesellschaftsmodell müssen die „neu" entstandenen sozialen Risiken freigesetzter Subjekte von Einzelnen getragen und kompensiert werden. Die Senkung sozialer Kosten bringt zudem mit sich, dass gemeinschaftsorientierte Güter und Leistungen privatisiert werden und verstärkt von den Gesellschaftsmitgliedern getragen werden sollen bzw. müssen.

Betrachten wir die Felder sozialen Engagements näher so zeigt sich, dass diese höchst unterschiedlich konfiguriert sind. Sie reichen von traditionelleren Formen der Freiwilligen Arbeit, des Ehrenamtes bis hin zu weit weniger institutionalisierten Formen projektbezogener Engagementfelder und über nationale Grenzen hinweg organisierten Partizipationsfeldern sozialen Engagements. Die Felder sind dabei ebenso von sozialen Veränderungsprozessen geprägt – es entstehen neue Formen mit loseren, oder aber auch global übergreifenden Strukturen. Eröffnet werden partizipative Gestaltungsoptionen überindividueller Strukturen, wobei sowohl die Motive der Teilhabe und des Engagements als heterogen zu betrachten sind als auch deren Zielsetzungen und Ausrichtungen. Die Generierung von Handlungsmacht kann dabei auf die Transformation sozialer ungleicher Verhältnisse gerichtet sein, und/oder auf die Stabilisierung von Herrschaftsinteressen und Absicherung von Privilegien abzielen. Heterogenen Gruppen mit ihren überlappenden Interessen wird eine weit stärkere sozialintegrative Kraft zugesprochen als jenen Gruppen, welche primär darauf ausgerichtet sind soziale Interessen im Verteilungskampf zu sichern. Soziale Zugehörigkeit wird hier zur machtvollen Ressource, individuelle Eigeninteressen werden über Gruppenzugehörigkeit gebündelt und durch Prozesse sozialer Verortung, oft auf Kosten anderer Gruppen, durchgesetzt.

Vor diesem Hintergrund soll in diesem Beitrag den im Titel genannten biographisierten Wir-Bezügen und deren Relevanz für Formen des sozialen Engagements nachgegangen werden. Der Terminus Biographisierung verweist dabei auf Prozesse der Herstellung und Stabilisierung von Sinn- und Bedeutungszusammenhängen, in dem gewählten Bezugspunkt, von Wir-Bezügen. Die Ausweitung und Vervielfältigung möglicher Wir-Zugehörigkeiten müssen permanent biographisch bearbeitet werden. Die Verwaltung von Inklusionschancen als auch von Exklusionsgefahren wirft dabei nicht nur Fragen der Verlässlichkeit sozialer Zugehörigkeiten auf, sondern der Aufbau und die Pflege sozialer Beziehungen bedarf entsprechender sozialer Kompetenzen, die angeeignet, reflektiert und weiterentwickelt werden müssen. Der Zugang zu sozialem Kapital (im Sinne von Bourdieu) wird dabei selbst zu einer entscheidenden biographischen Ressource.

In dieser Hinsicht werden in dem Beitrag die Konstruktion von Wir-Bezügen in modernisierten Gesellschaften und die damit einhergehenden Prozesse sozialer Verortung näher beleuchtet. Die breit diskutierte Transformation und Hybridisierung der Wir-Bezüge in individualisierten und globalisierten Gesellschaften, die Herausbildung von Mehrfachzugehörigkeiten, die situativ hergestellt und verwaltet werden erscheinen hier ebenso relevant als auch die sozialen Rahmenbedingungen, innerhalb der sie hervorgebracht werden.

Sogenannte kollektive Bezüge und Orientierungen müssen jedoch auf verschiedenen Ebenen und mit Rückgriff auf unterschiedliche Bezugspunkte verhandelt werden. Zum einen geraten in der Biographie verankerte Wir-Habitusformen in den Blick, welche typische Muster der Konstruktion und Organisation von Wir-Bezügen sichtbar machen. Als übergeordnete Ebene könnten hier Mentalitätsfigurationen kollektiver Orientierungen angedacht werden, wie sie etwa Alheit et al. (u. a. 2004) im Rahmen einer internationalen Vergleichsstudie zur Mentalitätsentwicklung als eine Art mentalitäre „Großlagen" von „biographischen Dispositionen" (Alheit 2005, S. 40) dargelegt haben. Hier wäre zu klären, inwiefern diese Muster sozialer Bezugnahme, wenn auch fragmentiert, (nach wie vor) eine hohe Persistenz aufweisen, oder aber diese selbst von massiven Transformationsprozessen betroffen sind. Soziales Engagement und darin enthaltene soziale Bezüge stellen zudem ein umfangreiches Lernfeld dar. Inwieweit werden hier generiertes Erfahrungswissen über kollektive Bezüge, deren Verwaltung sowie Kernkompetenzen zivilgesellschaftlichen Engagements in die soziale Grammatik eingespeist und/oder an andere weiter gegeben.

Ein weiterer Bezugspunkt stellt die Annahme des Vorhandenseins eines Wir-Sinns dar, wie sie Corsten, Kauppert und Rosa (2008) in ihrer Studie über Quellen Bürgerschaftlichen Engagements vorgestellt haben. Der Wir-Sinn wird dabei von den Autoren in Abgrenzung zum Gemeinsinn als „handlungspraktisches Orientierungsmuster" (ebd., S. 32) verstanden, der mögliche Affinitäten zu bestimmten sozialen Praxen erzeugt, ohne jedoch diese politisch zu reflektieren (vgl. ebd., S. 32ff.). Abschließend sollen Überlegungen zu Wir-Bezügen und sozialem Kapital angestellt werden. Dabei wird im Speziellen die sozialintegrative Wirksamkeit von Sozialkapital einer kritischen Prüfung unterzogen.

Mit einbezogen in die Betrachtung von Wir-Bezügen werden auch jene Formen sozialen Engagements, die nicht primär als zivilgesellschaftliches Engagement verstanden werden. Gemeint sind hier Praxen sozialen Handelns, dessen Engagement sich auf Personen im familiären oder weiteren Umfeld beziehen, wie etwa Hilfestellungen im Rahmen sozialer Netzwerke oder etwa klassische Formen der Nachbarschaftshilfe, da die Autorin davon ausgeht, dass biographisierte Wir-Bezüge dabei eine wichtige Stellung einnehmen. Wesentlich erscheint jedoch, dass Wir-Bezüge nicht zwangsläufig für soziales Engagement als relevant erachtet werden können. Hier wird der Frage nachgegangen, inwieweit die veränderten sozialen wie gesellschaftlichen Rahmenbedingungen individualisiertere Formen der Solidarität erzeugen, innerhalb der Wir-Bezüge in einem überwiegenden Ausmaß eine untergeordnete Rolle spielen.

### Konstruktion von Wir-Bezügen und Prozesse sozialer Verortung

Zunächst werden jene Aspekte in den Blick genommen, die gemeinhin als Entgrenzung oder Verflüssigung von Wir-Bezügen im gesellschaftlichen Gefüge thematisiert werden. Hier sollen zuerst einmal zwei Befunde genannt werden, über die in der aktuellen Diskussion über Zugehörigkeitskonstruktionen weitgehend Einigkeit besteht.

Zum einen wird davon ausgegangen, dass mit der Individualisierung der Lebensentwürfe eine Transformation der Wir-Bezüge einher geht. Gesprochen wird beispielsweise von einer Hybridisierung subjektiver Wir-Bezüge (vgl. Robbins 1998), von der Entstehung von Mehrfachzugehörigkeiten (Mecheril 2003) und von einer Konstruktion multipler Wir-Bezüge (Keupp et al. 2005). Binäre Zugehörigkeitskonstruktionen – so die Diagnose – werden zunehmend in vielschichtige Zugehörigkeitsverhältnisse aufgelöst. Mecheril sprich in dieser Hinsicht von einer Irritation dominanter Zugehörigkeitsordnungen (vgl. Mecheril 2003, S. 329) aufgrund der Nicht-Zuordenbarkeit von hybriden Zugehörigkeitsverhältnissen. Stuart Hall (2002) thematisiert die Zunahme der Hybridisierung von Wir-Bezügen innerhalb nationalstaatlicher Räume, die er als „innere Globalisierung" von Individuen bezeichnet. Betrachten wir die Auflösung oder Bedrohung binärer Ordnungsprinzipien in Bezug auf Zugehörigkeit näher, so verweist Mecheril darauf, dass „sich Hybridität dem universellen Anspruch binär unterscheidender Schemata" (Mecheril 2006, S. 136) widersetzt. „Hybride relativieren die als selbstverständlich erachtete präskriptive Realität des natio-ethno-kulturell Einwertigen und stellen diese in Frage (Mecheril 2003, S. 330). Hybridität als Form des Überschreitens und Widersetzens von binären Ordnungskategorien wird in dieser Hinsicht von Bhabha folgendermaßen beschrieben:

> *„Strategies of hybridization reveal an estranging movement in the ‚authoritative', even authoritarian inscription of the cultural sign. At the point at which the precept attempts to objectify itself as a generalized knowledge or a normalizing, hegemonic practice, the hybrid strategy or discourse opens up a space of negotiation where power is unequal but its articulation may be equivocal. Such negotiation is neither assimilation nor collaboration. It makes possible the emergence of an 'interstitial' agency that refuses the binary representation of social antagonism. Hybrid agencies find their voice in a dialectic that does not seek cultural supremacy or sovereignty. They deploy the partial culture from which they emerge to construct visions of community, and versions of historic memory, that give narrative form to the minority positions they occupy; the outside of the inside: the part in the whole"*
(Bhabha 1996, S. 58 zit. n. Mecheril 2006, S. 135f.).

Das destabilisierende verändernde Moment vollzieht sich in zweierlei Hinsicht: zum einen entzieht sich Hybridität der binären Unterscheidung, zum anderen unterwandert sie das herrschende System, indem die im Dominanzsystem angelegten Symbole und Diskurse nachhaltig verfremdet werden, wobei nicht die Individuen selbst aktiv sind, sondern das transformierende Moment aus einer im dominanten postkolonialen Diskurs angelegten Ambivalenz erzeugt wird (vgl. Mecheril 2006, S. 136f.). Die Vervielfältigung von Lebenswirklichkeiten sowie die gleichzeitige Bezugnahme auf unterschiedliche kulturelle Orientierungsfolien und Handlungspraxen erzeugen vielschichtige Semantiken, die binäre Zugehörigkeiten zunehmend in Frage stellen und dabei auch hybride Formen von Wir-Bezügen erzeugen.

Der zweite Aspekt des Wandels von konstruierten Wir-Bezügen bezieht sich auf deren zunehmende Labilisierung[1] (vgl. Kraus 2006, S. 150f.). Die uneindeutiger gewordenen und sich vervielfältigenden Wir-Bezüge werden nicht nur aufgrund der Auflösung binärer Differenzlinien instabiler, sondern die sich wandelnde (subjektive) Wahrnehmung von Zeithorizonten erzeugt veränderte Rahmenbedingungen der Organisation sozialer Beziehungen und deren Verbindlichkeiten. Die „Verkürzung der Zeiträume", die zunehmende „Gegenwartsschrumpfung" (Lübbe 2000, S. 1) hat Ein-

fluss auf die Bedingungen sozialer Interaktion und daraus resultierenden situations-
übergreifenden Verbindlichkeiten, auch in Bezug auf Anerkennung und Vertrauen.
Ebenso verweisen Corsten et. al. (2008) in ihrer Analyse der Dynamik sozialer Be-
schleunigung auf das Schrumpfen von soziale Situationen: „Die aufgrund der Be-
schleunigungspotenziale zunehmenden Tendenzen zur Befristung von Prozessen lässt
den Gegenwartshorizont sozialer Situationen schrumpfen" (ebd., S. 18). Hergestellte
Wir-Bezüge müssen demnach von sozialen AkteurInnen stärker situativ aktiviert und
verwaltet werden (vgl. Kraus 2006, S. 156), wobei ihre Geltungsdauer zeitlich be-
grenzter in Erscheinung tritt.

Richtet sich der Blick auf Formen „traditioneller" Wir-Bezüge, wie sie etwa anhand der Kategorien class, race und gender sichtbar werden, zeigt sich zwar ebenso
eine Entgrenzung oder Verflüssigung, dennoch weisen diese weiterhin eine hohe Sta-
bilität und Attraktivität auf. Die Herstellung sogenannter kollektiver Wir-Bezüge[2]
muss dabei im Kontext von Prozessen sozialer Verortung und damit verbundenen
Positionierungspolitiken, die mit Ein- und Ausgrenzungsmechanismen korrespondieren, betrachtet werden. Mecheril stellt in dieser Hinsicht fest, dass „der natio-ethno-
kulturelle Raum (...) ein – in Hinblick etwa auf den prinzipiellen Zugang zu ihm oder
den Zugang zu seinen Subbereichen sowie ihrer Gestalt – umkämpfter und sich wan-
delnder Raum" (Mecheril 2003, S. 25) ist. Die Attraktivität der Zugehörigkeit kann
dabei in einem direkten Zusammenhang mit dem daraus resultierenden Nutzungswert
gesehen werden: „Aus identitätspolitischer Perspektive begründet sich die Attraktivität
kollektiver Zugehörigkeiten für Individuen aus dem Nutzen, der sich in einem System
gesellschaftlicher Macht- und Ungleichheitsverteilung durch Selbst- und Fremdpositi-
onierung erlangen lässt" (Harré/Moghaddam 2003 zit. n. Kraus 2006, S. 155). Angesprochen sind hier vor allem gesellschaftliche Verteilungskämpfe zwischen unterschiedlichen AkteurInnengruppen, wobei die Zugehörigkeit zu einer bestimmten sozialen Gruppe den Zugang zu Ressourcen sowie zu gesellschaftlicher Teilhabe sichern
soll. Interessen bestimmter Wir-Gruppen werden dabei nicht selten auf Kosten einer
anderen Wir-Gruppe verfolgt und durchgesetzt. Nationalstaatliche Zugehörigkeit und
damit verbundene arbeitsmarktpolitische Maßnahmen und Regelungen können hier
als Beispiel genannt werden. Vor diesem Hintergrund stellt sich die Frage, inwieweit
soziales Engagement an bestimmte Zugehörigkeitskonstruktionen gekoppelt ist und
welche (impliziten und expliziten) Nutzungsinteressen dabei verfolgt werden. Der
Fokus könnte dabei u. a. auf die Generierung von Handlungsmacht bei der Verteilung
von Ressourcen im sozialen Raum gelegt werden.

Ein weiterer Bereich, welcher hier in Bezug auf Zugehörigkeitsversicherungen in
den Blick geraten könnte sind Engagementfelder der „Heimatpflege". Die Stärkung
eines imaginierten Wir-Gefühls über Zugehörigkeit zu einer suggerierten kulturellen
Homogenität wäre in diesem Beispiel sowohl nach innen als auch nach außen wirksam. Der Nationalstaat als „imagined communities" (Anderson 1998), als imaginierter

„natio-ethno-kultureller Raum" (Mecheril 2003) erlaube es nach Anderson ein Gefühl
der Verbundenheit trotz des Nicht-Kennens aller seiner Mitglieder herzustellen.
Mecheril (2003) führt hierzu weiter aus, dass „die Einbezogenheit in ein natio-ethno-
kulturelles Wir (...) von einem Ganz-oder-gar-nicht-Prinzip [gekennzeichnet ist], das
als Zwang des Entweder-Oder auf der einen Seite, andererseits als Versprechen wirkt,
hier einen Ort umfassender Ansprache zu finden" (ebd., S. 25).

Das Konzept kollektiver Identität stellt in diesem Zusammenhang nicht nur eine
„crowded category" (Dahrler-Larsen 1997 zit. n. Kraus 2006, S. 149) dar, sondern
muss in dem Modus der Zuschreibung imaginierter sozio-kultureller Homogenitäten
dekonstruiert werden. Das Konstrukt der Kollektiven Identität und dessen Konjunktur wurde u. a. von Niethammer (2000) aus sozialgeschichtlicher Perspektive einer
radikalen Kritik unterzogen. So verweist er etwa in Bezugnahme auf den projektiven
und manipulativen Charakter von „identity politics" darauf, dass „die Suche nach kollektiver Identität mit der Abwertung ganzer anderer Kollektive dialektisch verbunden
[ist], indem sie diese forciert und sich aus ihr nährt" (ebd., S. 11). Die „Strukturlosig-
keit des Begriffs" und die „Vagheit des Inhalts" kollektiver Identität sei dabei einzig
auf „die Abgrenzung des Nicht-Identischen" gerichtet (ebd., S. 625). Kollektive Identität, so Niethammer, habe eine „ambivalente Affinität (...) zu Kultur und Gewalt"
(ebd., S. 626) und berge dabei ein wachsendes konfliktives Potenzial kollektiver Iden-
titätspolitiken (vgl. ebd.).

Ein weiterer nicht unwesentlicher Aspekt in diesem Zusammenhang bezieht sich
auf die wechselseitige Wirksamkeit von Selbst- und Fremdzuschreibungen bei der
Bildung von Gruppenzugehörigkeiten. Mecheril (2003) verweist in dieser Hinsicht
darauf, dass das Sprechen für oder über andere als Prozess der Fremdzuschreibung
wirksam werden kann, der in Form eines „objektivierenden Einschreibens" (Mecheril
1999) das Subjekt unterwirft: „Beschreibungen anderer in Bildern, Symbolen und wissenschaftlichen Aussagen sind Weiterführungen einer machtvollen epistemisch-sozia-
len Praxis, welche Selbstverständnisse, Handlungsweisen und Erfahrungen formiert"
(Mecheril 2003, S. 33). Medial, sozialpolitisch, aber auch wissenschaftlich propagierte
Diskurse schreiben sich in die Selbstbetrachtungen und die Bedeutungskonstitutionen
individueller Erfahrungen ein (vgl. ebd., S. 33).

Wenn auch Mecheril diese Überlegungen im Kontext der Thematisierung „Anderer" (u. a. in der Migrationsforschung) entwickelte, sind diese Prozesse des Domesti-
zierens und Unterwerfens von Subjekten über diskursiv organisierte Fremdbeschrei-
bungen durchaus auf Felder sozialen Engagements übertragbar. Die Zielgruppen sozialpolitischen, aber auch bürgerschaftlichen Engagements werden nicht selten über
die Perspektive des Benachteiligt-Seins, des Defizitären oder schlichtweg der Hilfebe-
dürftigkeit konstruiert. Markierungen und Grenzziehungen solcher Art lassen die dabei beschriebenen Subjekte nicht unberührt. So wird beispielsweise der „Sozialhilfeempfänger" bei jedem erneuten Gang zum Sozialamt wieder als Sozialhilfeempfänger

in doppelter Hinsicht konstruiert. Zum einen in der äußeren (amtlichen) Zuschreibung, zum anderen in Form des Einschreibens in die subjektive Selbstbetrachtung. Auch der „benachteiligte" Jugendliche wird in vielerlei Hinsicht auf den Diskurs der Benachteiligungen insofern festgelegt, als engagementbedingte soziale Interventionen im Besonderen auf die Benachteiligung sowie dessen Kompensation, fokussiert sind.

Das Festschreiben bestimmter sozialer Positionen wird dabei innerhalb von Engagementfeldern nicht nur verstärkt, sondern das Fortwirken sozialer Zuschreibungen nachhaltig zementiert. Als ein weiteres Beispiel der Zuschreibung und „Zementierung" sozialer Zugehörigkeit sollen an dieser Stelle auch Spielarten von Charity Events[3] genannt werden. Die hier praktizierten, meist auch medial inszenierten Formen sozialen Engagements finden unter Bedingungen klarer Grenzziehungspolitiken statt. Unter dem Banner der Wohltätigkeit (und dessen Imagepflege) finden sich hier ausgewählte und finanzkräftige AkteurInnengruppen zusammen, die z. B. im Rahmen eines exklusiven Galadinners der gesanglichen Performance einer Anna Netrebko lauschen, um Geld „für die gute Sache" zu sammeln. Die „Diva mit Herz" (news networld 2008) erscheint hier ebenso im Rampenlicht als auch die Angehörigen einer als exklusiv stilisierten Personengruppe, die sogenannten „high society". Dem Aspekt des Unter-sich-Seins kommt dabei ebenso eine bedeutungsvolle Rolle zu als auch der Rahmung der Wohltätigkeit, wobei die Markierung und Grenzziehung zwischen den Gebenden und den Nehmenden sozial eindeutig erfolgt. Die Zugehörigkeit zu exklusiven Positionen im sozialen Raum wird hier gleichermaßen sozial gerahmt wie die „Mitgliedschaft" zur Personengruppe der Hilfebedürftigen. Der an diesem Beispiel skizzierte Diskurs sozialen Engagements steht dabei im Dienste der Herrschaftsabsicherung, der Elitenbildung sowie der Bedienung bestimmter Lobbygruppen.

Demgegenüber stehen jedoch auch Praktiken des sozialen Engagements, die verstärkt die Überwindung sozial bedingter Grenzziehungen, oder sogar die Transformation ungleicher sozialer Verhältnisse verfolgen. Die hier, vielfach aus einem politischen Auftrag einer „gerechteren Welt" gespeisten Sinnentwürfe verweisen dabei auf die Konstruktion von Wir-Bezügen, die m. E. weit weniger mit einem exkludierenden Moment korrespondieren.

Betrachten wir die Formen sozialen Engagements in Hinblick auf ihre gesellschaftliche Anerkennung so zeigt sich, dass sich diese höchst unterschiedlich gestaltet. Verweisen karitativ-christliche Formen des sozialen Engagements auf eine lange und institutionalisierte Tradition, die sich zuweilen auch in einer Monopolisierung bestimmter sozialer Angebote widerspiegelt und vor allem die Anerkennung christlich-konservativ orientierter Bevölkerungsgruppen genießen, so verfügen „neuere" Formen global agierender sozialer Bewegungen über weit weniger historisch gewachsene Strukturen, wobei diese einen regen Zulauf durch jüngere AkteurInnengruppen aufweisen. Die Unterschiedlichkeit der gesellschaftlichen Anerkennung sozialer Engagementfelder zeigt sich auch in der Diskussion der erst unlängst in Österreich erfolgten rechtlichen Anerkennung der steuerlichen Absetzbarkeit von Spendengeldern. Bei der Klassifikation der Zugehörigkeit zum begünstigten Empfängerkreis sogenannter „mildtätiger" Spenden und deren steuerliche Absetzbarkeit wurden zunächst Menschenrechtsorganisationen, wie etwa „Ärzte ohne Grenzen" oder „Amnesty international" ausgenommen.

Der Blick auf Wir-Bezüge, deren Entgrenzung und Hybridisierung in modernisierten und globalisierten Gesellschaften und deren Relevanz für Formen sozialen Engagements richtete sich in der bisher getätigten Betrachtung vor allem auf darin verwobene Inklusions- und Exklusionsmechanismen, welche m. E. besonders in Bezug auf die Frage der gesellschaftlichen Bindekraft sozial engagierten Handelns stärker in den Fokus genommen werden müssen. Dabei zeigt sich, dass hergestellte Wir-Bezüge und damit einhergehende Zugehörigkeitspolitiken sowohl eine sozial-integrative als auch sozial des-integrative Wirksamkeit aufweisen, die stets in die Dynamik des vermachteten sozialen Raumes verwoben ist. Gesellschaftlich vorhandene Differenzlinien werden verstärkt und verfestigt, aber auch dekonstruiert, fragmentiert und transformiert. In der weiteren Betrachtung soll nun unter Bezugnahme unterschiedlicher Perspektiven jenen Strukturen kollektiver Bezüge oder Orientierungen nachgegangen werden, die auf biographische Dispositionen von Wir-Konstruktionen und deren Ausrichtung auf Formen sozialen Engagements verweisen bzw. diese zu klären suchen.

## Mentalitätsfigurationen, kollektive Orientierung und Wir-Sinn

In der Verhandlung kollektiver Bezugspunkte, deren Generierung und Wandlung sowie deren biographische Verortung, erscheint die Beschäftigung mit soziohistorisch und sozio-kulturell hervorgebrachten Orientierungsfolien unerlässlich. Wir-Bezüge entstehen nicht von heute auf morgen und trotz des diagnostizierten massiven Wandels gesellschaftlicher Verhältnisse weisen insbesondere klassische Formen sogenannter „Wir-Koordinaten" (Kraus 2006, S. 155) eine hohe Beständigkeit auf.

Alheit hat in Bezug auf kollektive Erfahrungsmuster ein theoretisches Konzept der Erfassung von sogenannten Mentalitätsstrukturen vorgelegt, welches erlaube anhand „biographischer Erfahrungslandschaften" jene „Hintergrundorientierungen" [zu] identifizieren, die über Einzelschicksale hinausweisen und ein spezifisches (...) Profil erkennbar machen (Alheit 2005, S. 22). Die von Alheit angestellten Überlegungen zum Konzept der Mentalitätsfiguration wurden im Rahmen einer internationalen Vergleichsstudie entwickelt, welche drei postsozialistische (Teil-) Gesellschaften in Zentraleuropa untersuchte (vgl. ebd.).

Biographien verweisen in ihrer Dialektik zwischen Subjekt und Gesellschaft immer auf einen vielschichtigen und umfassenden Prozess der Verarbeitung sozialer Wirklichkeit. Sinn- und Wissensstrukturen vorangegangener Generationen, milieuspezifische Habitusformen und soziale Orientierungsfolien des unmittelbaren und weiteren Umfeldes können dabei ebenso als relevant erachtet werden wie individuell erzeugte Erfahrungscodes. Kollektive Orientierung, so Alheit, verweise auf ein hochkomplexes Zusammenspiel dieser unterschiedlichen Einflüsse und sei daher zum einen wandelbar, zum anderen jedoch von „eigenwilligen Trägheitseffekten" (ebd., S. 23) gekennzeichnet.

Bei der Herausbildung von Mentalitätsmustern als „komplexe Haltung zur sozialen Welt" (ebd., S. 23) hebt Alheit im Besonderen drei Dimensionen hervor. Zum einen die sozialhistorische Ebene, die er in Anlehnung an Norbert Elias sozialtheoretisches Konzept der Figuration beschreibt. Aus figurationssoziologischer Perspektive wird das Individuum als unauflösbar in soziale Beziehungen verwoben und letztlich als „Produkt eines langen Zivilisationsprozesses" (Klein 2006, S. 187) verstanden. Das historische Gewordensein des Individuums ist daher zentral, wobei Figurationsordnungen nicht als statisch oder abgeschlossen zu betrachten sind, sondern stets wandelbar sind. Als interaktive Dimension nennt Alheit Aushandlungsprozesse zwischen verschiedenen sozialen Gruppen und damit verbundene interaktive Konstruktionsprozesse der Selbst- und Fremdbeschreibung. Letztlich spielt für ihn die biographische Dimension eine zentrale Rolle bei der Herausbildung von Mentalitätsmustern.

Wesentlich erscheint, dass Alheit „Mentalität" als eine Art kollektiven Habitus versteht, der „wie ein Klassen- oder Geschlechterhabitus in sozialisatorischen Prozessen erworben" (Alheit 2005, S. 25) wird, der jedoch nicht die Positionierung sozialer AkteurInnen im sozialen Raum als Grundlage hat, sondern vielmehr in der tiefer liegenden sozio-historischen und sozio-kulturellen Schicht der Figuration verankert ist (vgl. ebd.). „Mentalität" könne dabei, in Anlehnung an das Bourdieusche Habituskonzept, als „ein inkorporiertes generatives Prinzip [verstanden werden], das Strukturen von langer Dauer reproduziert und zugleich durch ihre Träger auch sukzessive verändert" (ebd., S. 40) wird.

Das Konzept der Mentalitätsfigurationen, wie es Alheit dargelegt hat, erscheint für die Fragestellung der Relevanz von Wir-Bezügen für Formen sozialen Engagements in zweierlei Hinsicht besonders wesentlich. Zum einen sind Habitusformen von Wir-Bezügen Ausdruck von tiefer in der Gesellschaft verankerten Mentalitätsstrukturen, zum anderen verweisen diese auf milieuspezifische Orientierungen. Die Persistenz oder Beharrlichkeit bestimmter Wir-Bezüge, wie sie etwa anhand der Differenzlinien class, race, gender deutlich wird, könnte aus dieser Perspektive empirisch rekonstruiert werden. Darüber hinaus geraten auch typische Muster sozialer Bezugnahme in den Blick, wie sie anhand von Biographien sozial oder politisch engagierter AkteurInnen gefunden werden. Traditionen sozialen Engagements sowie damit verbundener Eigensinn werden hier an nächste Generationen „weitergegeben". Die vor diesem Hintergrund konstruierten Sinnfiguren sozialen Engagements werden jedoch stets aus der aktuellen Perspektive rekonfiguriert. Typische Muster sozialer Bezugnahme können dabei Formen sozialen Engagements sowie Formen des Nicht-Engagements prädisponieren. Die Affinitätsstrukturen zu Vereinsmitgliedschaften, Nachbarschaftshilfe oder Engagementformen global agierender sozialer Bewegungen können demnach auch in ihrem inkorporierten Modus sozialer Bezugnahme beleuchtet werden.

Bei der Analyse von Akteursmotiven als lebenspraktische Quellen bürgerschaftlichen Engagements diskutieren Corsten, Kauppert und Rosa (2008) das Vorhandensein eines Wir-Sinns, welcher als „handlungspraktisches Orientierungsmuster" (ebd., S. 32) Möglichkeiten sozialer Praxis sondiert. Wesentlich erscheint den Autoren zwischen dem Wir-Sinn, als eine Art Affinität eines Akteurs sich in bestimmte soziale Zusammenhänge einzubringen, und dem Gemeinsinn, als ein Vermögen „politisch zu reflektieren, in welchem Ausmaß ein Beitrag für eine bestimmte Sache auch insgesamt für das Gemeinwohl zuträglich ist" (ebd., S. 33), zu unterscheiden. Die Überführung der sozialen Intentionalität des Wir-Sinns in eine Reflexion des Sozialen wird von den Autoren an zwei Grundbedingungen geknüpft: Zum einen müssen überindividuelle Zusammenhänge als Wir interpretierbar sein, zum anderen muss der Fortbestand dieses Wir's als gefährdet betrachtet werden (vgl. ebd., S. 34f.).

In der Differenzierung des Wir-Sinns vom Gemeinsinn verweisen Corsten et. al. auf die Problematik der theoretischen Koppelung von sozialer Praxis mit (konkreten) Repräsentationsformen des Wir's. Wir-Bezüge gestalten sich nicht nur sehr vielschichtig, sondern beinhalten ebenso anonymisierte Formen der sozialen Bezugnahme, wie sie beispielsweise durch ein „man" zum Ausdruck kommen können. Auch in den Distanznahmen zu konkreten Wir-Repräsentationen finden sich Formen sozialer Bezugnahme, die eine sozialintegrative Wirksamkeit aufweisen. Die begriffliche Kategorie des Wir-Sinns wird demnach als „vorprädikative Sensibilität" (ebd., S. 34) für bestimmte Formen sozialen Zusammenseins verstanden, die soziale Bezugnahme kann jedoch höchst unterschiedlich gestaltet sein. Die Autoren halten in dieser Hinsicht fest: „Wer sich etwa intuitiv als ein ‚Familienmensch' begreift, wird von Formen des Zusammenseins affiziert sein, die ihr ‚Wir' auf die Grundlage von ‚Intimität' und ‚Vertrauen' stellen – und nicht auf ‚Anonymität' und ‚Vorteilsnahme'. Wer sich für einen ‚Vereinsmeier' hält, sieht sich von sozialen Beziehungen angezogen, die über Ritualisierung gleichsinniger Handlungen ein ‚Wir-Gefühl' generieren – und nicht über Spontaneitätsaktionen" (ebd., S. 34).

Die von den Autoren angeführten Beispiele verweisen auf die Vielfalt an möglichen Bedeutungskonstellationen von Wir-Bezügen, die mit je unterschiedlichem Eigensinn ausgestattet sind, die jedoch m. E. ohne Bezugnahme auf sozio-historisch „gewachsne Orientierungsmuster" nicht hinreichend beleuchtet werden können. Die Überbetonung sogenannter kollektiver Bezüge wie auch der Modus pauschalisierender Zuweisung, hier stimme ich den Autoren zu, leistet nicht nur homogenisierenden Konzepten Vorschub, sondern vernachlässigt (in ihrer Koppelung an konkrete Wir-Präsentationen) anonymisierte sowie individualisierte Formen sozialer Bezugnahme und deren Relevanz für soziale Kohäsion.

## Soziales Kapital – eine kollektive oder individuelle Ressource?

In der Diskussion um die Bedeutung der sozialen Eingebundenheit von AkteurInnen hat sich spätestens seit den 1990er Jahren, vor allem durch die Arbeiten von Bourdieu, Coleman und Putnam, das Konzept des Sozialkapitals in den Sozialwissenschaften durchgesetzt (vgl. Franzen/Freitag 2007, S. 10), wobei die Konzeption sehr unterschiedlich gestaltet ist. An dieser Stelle soll nun, sehr verkürzt, auf verschiedene Konzepte des sozialen Kapitels unter besonderer Bezugnahme möglicher Exklusions- und Inklusionsmechanismen eingegangen werden.

In Bourdieus Konzeption des sozialen Kapitals steht der Aspekt der Reproduktion sozialer Ungleichheit im Vordergrund. Soziales Kapital wird dabei als individuelle Ressource verstanden, die vordergründig durch Zugehörigkeit wirksam wird. „Das Sozialkapital ist die Gesamtheit der aktuellen und potentiellen Ressourcen, die mit dem Besitz eines dauerhaften Netzes von mehr oder weniger institutionalisierten Beziehungen gegenseitigen Kennens und Anerkennens verbunden sind; oder anders ausgedrückt, es handelt sich dabei um Ressourcen, die auf Zugehörigkeit zu einer Gruppe beruhen (Bourdieu 1983, S. 190f.). In der von Bourdieu vorgenommenen Definition ist der Nutzungswert des Einzelnen durch den Zugang oder Besitz dauerhafter Netzwerke zum einen zentral, zum anderen steht ungleiche Verteilung von sozialem Kapital im Vordergrund.

Ähnlich versteht Coleman soziales Kapital in seinem funktionalen Charakter als sozialstrukturelle Ressource, die er, wie Bourdieu, in den Beziehungsstrukturen zwischen den AkteurInnen verankert sieht und welche sowohl von Einzelnen als auch von Gruppen für die Umsetzung von Interessen genutzt werden kann. „Social Capital inheres in the structure of relations between persons and among persons" (Coleman 1990, S. 302). Coleman betont jedoch auch die Bedeutung von Sozialkapital für die Allgemeinheit. Sozialkapital stellt demnach nicht nur ein privates, sondern auch ein „öffentliches Gut" (Coleman 1990, S. 315) dar. „Die sozialen Beziehungsstrukturen, welche Sozialkapital produzieren, ermöglichen es oft auch Dritten, die nicht direkt am Austausch von Ressourcen beteiligt sind, davon zu profitieren. Als Eigenschaft einer sozialen Struktur, in welche eine Person eingebettet ist, bildet Sozialkapital typischerweise nicht das ausschließliche Eigentum der Personen, die es produzieren" (Kriesi 2007, S. 25). Da der ausschließliche Eigennutzen nicht garantiert sei, sieht Putnam beispielsweise wenig Interesse des Einzelnen an dem Hervorbringen von sozialem Kapital. Dieses stelle mehr ein „Nebenprodukt" sozialer Aktivitäten dar (vgl. Putnam 1993, S. 169). Zentral hingegen erscheinen in der Konzeption von Coleman die Aspekte soziale Kontrolle und gegenseitige Erwartungen und Verpflichtungen. Durch wechselseitige implizite wie ausstehende Erwartungen und Verpflichtungen zwischen AkteurInnen entstehen sogenannte „soziale Kredite", wobei sozialem Vertrauen wie der Reziprozität von moralischen Normen eine entscheidende Funktion zukommt (vgl. Egger 2006, S. 29).

Putnam versteht, im Unterschied zu Bourdieu und Coleman, soziales Kapital ausschließlich als Ressource auf gesellschaftlicher Ebene. „Social Capital refers to connections among individuals, social networks and the norms of reciprocity and trustworthiness that arise from them" (Putnam 2000, S. 19). In der Betrachtungsweise von Putnam setzt sich soziales Kapital aus drei für ihn grundlegenden Aspekten zusammen: aus sozialen Beziehungen und Netzwerke, aus reziproken Normen und Werten und letztlich aus Vertrauenswürdigkeit, welche durch ihren kooperationsfördernden Charakter die Effizienz von Gesellschaften begünstigen (vgl. Putnam 1993, S. 167). Gemeinsinn und die Fähigkeit zur Gemeinschaftsbildung werden von ihm als grundlegend für die soziale Bindekraft einer Gesellschaft erachtet (vgl. Putnam 2001, S. 11). Seine, in Anlehnung an Tocqueville vorgenommene, einengende Fokussierung von Sozialkapital auf Vereinsstrukturen und soziales Vertrauen brachte Putnam jedoch auch Kritik ein (vgl. Kriesi 2007, S. 27). So wird etwa bezweifelt, ob die den Vereinen zugesprochene Funktion überhaupt von diesen geleistet werden könne – auch der von Putnam diagnostizierte Niedergang des sozialen Kapitals wurde vielfach kritisiert (vgl. ebd., S. 29f.).

Die Unterschiedlichkeit der Konzeption von sozialem Kapital bei Bourdieu, Coleman und Putnam kann an dieser Stelle nicht hinreichend diskutiert werden. In der Beleuchtung von Exklusions- und Inklusionsmechanismen von sozialem Kapital soll jedoch eine weitere Perspektive hinzugezogen werden, und zwar die der Differenzierung zwischen „positiv externalities" und „negative externalities", wie sie etwa Glaeser/Laibson/Sacerdote (2002) in ihrem Entwurf einer ökonomischen Theorie des Sozialkapitals vorgenommen haben. Wird „relationalen Gütern" das Potenzial der Generierung von Synergieeffekten zugesprochen, wirken Statusgüter aus Sicht der Autoren verstärkt exkludierend, indem andere, durch die ungleiche Verteilung der Statuspositionen, von deren Gewinn ausgeschlossen werden (vgl. Priddat 2006, S. 20f.). Soziales Kapital begünstig demnach sowohl inkludierende Sozialressourcen, als auch exkludierende – soziales Kapital bedient demnach aus der Perspektive sozial bindender Kräfte einer Gesellschaft sowohl negative als auch positive Effekte.

Vor allem die Konzeption von Bourdieu und die darin enthaltene konsequente Gebundenheit an gesellschaftliche Verhältnisse betonen die asymmetrischen Bedingungen in der Erlangung von sozialem Kapital. Die an die Zugehörigkeit gekoppelte individuelle Nutzungsmöglichkeit bleibt dabei an die Position im sozialen Raum gebunden. Die Generierung sozialen Kapitals wird zudem von Bourdieu in einem engen Verhältnis zu symbolischen Kapital und damit einhergehender Prestigegewinn konzipiert.

Angesprochen sind hier m. E. auch die „Schattenseiten"[4] sozialen Kapitals, wie sie in diesem Beitrag bezüglich Wir-Bezüge und Formen sozialen Engagements bereits diskutiert wurden. In der Nutzung sozialer Netzwerke, dabei hergestellten Wir-Bezügen geraten jene Zugehörigkeitspolitiken in den Blick, bei denen Interessen auf Kosten anderer Gruppen durchsetzt werden. Auch der Gewinn an symbolischem Kapital, an sozialem Prestige sollte in Bezug auf soziales Engagement, im Besonderen im Rahmen von Charity Events, nicht unterschätzt werden. Die sozialen Grenzziehungen und die Markierung anderer als „sozial Bedürftige" sind in dieser Hinsicht sozial eindeutig und bedienen das Bestreben nach statusbedingten Selbstinszenierungen und verfestigen dabei Herrschaftsverhältnisse.

Die Wirkung von sozialem Kapital kann demnach nicht eindeutig identifiziert werden. So verweist auch Putnam (2000) auf negative Effekte von Gruppenloyalitäten, indem „bindende Beziehungen nicht nur starke In-Group-Loyalitäten [schaffen], sondern sie können auch auf Kosten von Außenseitern gehen" (ebd., S. 23). Darüber hinaus werden individuelle Freiheiten durch Gruppenzwänge und Konformitätsforderungen eingeengt.

Das Verständnis von sozialem Kapital als Gemeingut eröffnet jedoch den Blick auf nicht nur mögliche, sondern auch vorhandene positive Effekte der Gemeinschaftsbildung, wenn auch diese in einem breitere Blick und nicht einschränkend auf Vereinsmitgliedschaften untersucht werden sollten. Der Umstand, dass durch soziale Beziehungen und gegenseitigen Verpflichtungen auch dritte profitieren verdeutlicht hierbei, dass die Eigentumsrechte von sozialem Kapital weder nur individuell noch ausschließlich gemeinschaftlich oder kollektiv gedacht werden können. Die dabei entstehenden Strukturen und Ressourcen stehen potenziell anderen AkteurInnen offen.

Ferner entstehen in modernisierten Gesellschaften verstärkt individuelle Formen von Solidarität. Traditionelle Modelle des Engagements werden über einen Professionalisierungsschub zunehmend von Non-Profit Organisationen übernommen. Die veränderten gesellschaftlichen Rahmenbedingungen ziehen zudem flexiblere, wenig dauerhaftere und punktuellere Beteiligungsmuster von sozialem Engagement nach sich. Soziale Netzwerke sind ferner nicht mehr territorial gebunden, sondern ein virtuell angebotenes Sortiment eröffnet vielfältige Partizipationsmöglichkeiten. Rothstein (2001) spricht mit Bezug auf Schweden von einem „Solidarischen Individualismus", von informelleren und persönlicheren Formen sozialer Beziehungen, wobei Putnam (2001) diesen „neueren" Bauarten sozialer Bezugnahme eine weit weniger brückenbildende Funktion zuspricht (ebd., S. 780f.). Die sozialintegrative Wirksamkeit der sogenannten „neuen sozialen Bewegungen" erscheint m. E. bei weitem noch nicht hinreichend geklärt. Wesentlich erscheint jedoch für die Frage der Relevanz von Wir-Bezügen für soziales Engagement, dass Modelle individualisierter Solidarität auf Formen sozialen Engagements verweisen, innerhalb welcher der Konstruktion ganz konkreter Wir-Bezüge zunehmend weniger Bedeutung zukommt und sich soziale Beziehungen sowie damit einhergehende Verbindlichkeiten ohne fester Rahmung von Gruppenzugehörigkeit vollziehen.

## Abschließende Bemerkungen

Betrachten wir rekapitulierend noch einmal die Frage der Relevanz von bio-graphisierten Wir-Bezügen für Formen sozialen Engagements, so sollen zunächst folgende Aspekte zusammenfassend festgehalten werden: Ausgegangen werden kann von einer Vielschichtigkeit von subjektiv konstruierten Wir-Bezügen, die in ihrem Wechselverhältnis nicht nur hochgradig ambivalent in Erscheinung treten können, sondern auch auf Prozesse permanenter sozialer Verortung verweisen und dabei von einer unterschiedlichen Dichte sozialer Interaktion gekennzeichnet sind. Die solcher-maßen erzeugten Zugehörigkeitsmuster bleiben hier, wenn auch mit Eigensinn ausge-stattet, einem stetigen Wandel unterworfen und müssen permanent intra- wie inter-subjektiv hergestellt und bearbeitet werden. Richtet sich der Blick auf den Aspekt der Biographisierung, so verweist dieser auf Prozesse der kontinuierlichen biographischen Bearbeitung von Wir-Bezügen. Die darin angelegten Lern- und Bildungsprozesse sind dabei vielfältig und vielschichtig. Konstruktionen der Zugehörigkeit, sei es in Form individueller oder kollektiver Bezugnahme werden in Auseinandersetzung mit aktuel-len Veränderungsprozessen reflektiert, modifiziert und überarbeitet.

Wie anhand der Darstellung von sogenannten „Mentalitätsfigurationen" (Alheit et al. 2004) verdeutlicht werden sollte, geraten hier nicht nur jene Wir-Bezüge in den Blick, die beispielsweise in autobiographischen Stehgreiferzählungen als konkrete Wir-Konstruktionen sichtbar werden und als solcher Auskunft über die soziale Einbin-dung von BiographieträgerInnen geben, sondern angesprochen sind hier ebenso jene impliziten kollektiven Orientierungsmuster, die auf „typische Muster" der Organisa-tion von sozialer Bezugnahme verweisen. Die hier auftauchenden Rahmungen sozia-ler Einbindung und sozialer Zugehörigkeit sind aufgrund ihres inkorporierten, gene-rierenden Modus zum einen von „Trägheitseffekten" gekennzeichnet, zum anderen findet, wie auch Alheit (2005) anmerkt (vgl. ebd., 26), in modernisierten Gesellschaf-ten durchaus auch eine Hybridisierung statt, die m. E. gerade durch die wechselseitige Bezugnahme auf unterschiedliche Mentalitätsfigurationen und deren Persistenz vo-rangetrieben wird. Wir-Bezüge, auch in ihrem Modus der habituellen Orientierung des sozialen Umfeldes können jedoch keineswegs als homogen betrachtet werden. In ih-rer Vielfältigkeit machen diese Bedeutungskonstellationen sichtbar, die mit je unter-schiedlichem Eigensinn ausgestattet sind. Soziale Bezugnahme sozial engagierten Handelns kann hier sowohl in individueller Form, in Distanznahme zu vereinnah-menden Wir-Strukturen in Erscheinung treten, als auch mit unterschiedlichen sozial konnotierten Formen der Zugehörigkeit verbunden sein, wobei die dabei etablierten Strukturen offener oder geschlossener, in ihrer Interaktion dichter oder weniger dicht, kontinuierlicher oder spontaner gestaltet sein können.

Wir-Bezüge, sei es in ihrem sozio-historischen Modus oder als ganz konkrete Orientierungskoordinaten sozialen Engagements erscheinen jedoch in Bezug auf ihre des-integrative Funktionsweise besonders relevant. Wie anhand der diskutierten Zugehörigkeitspolitiken veranschaulicht werden sollte müssen diese als stets in die Dynamiken des sozialen Raumes verwoben betrachtet werden. Bei dem Kampf um Anerkennung und Ressourcen kommt dem Zugang zu sozialem Kapital eine entscheidende Rolle zu. „Brückenbildende" heterogene Interessen finden sich ebenso in Feldern sozialen Engagements als auch polarisierende, am Eigennutz orientierte Motive mit ihrer, andere Gruppen ausschließenden, Wirkungsweise.

So wesentlich es erachtet werden muss nachhaltig sozialintegrativ wirkende und solidaritätsfördernde Mechanismen in einer Gesellschaft identifizieren zu können, sollten dennoch die „Schattenseiten" von sozialem Kapital nicht vernachlässigt werden. Erst in der Reflexion Akteursgebundener gesellschaftlich des-integrativ wirkender Kräfte liegt m. E. das Potenzial für die Schaffung von sozialer Kohäsion, die trotz der massiven Erosion von Solidarität und der zunehmenden marktwirtschaftlichen Ausrichtung in der Lage ist, diesen vielfältig entgegen zu wirken. Die über sozial engagiertes Handeln erzeugten Strukturen sollte jedoch dabei weder überschätzt werden noch darf die Fokussierung auf diese dazu führen, dass der Staat und die Wirtschaft aus ihrer sozialen Verantwortung entlassen werden.

## Endnoten

1   Kraus (2006) erörtert in seinem Beitrag über alltägliche Identitätsarbeit und Kollektivbezug die Labilisierung der Wir-Bezüge in Bezug auf kollektive Identitäten. In diesem Beitrag wird jedoch weder auf das Konzept Identität eingegangen noch dessen Implikationen diskutiert.

2   Zur Kritik am Begriff der „Kollektiven Identität" siehe u. a. Niethammer (2001).

3   Mit dem Blick auf die Reduktion sozialer Kosten werden in sozialen Engagementfeldern tätige NGOs seitens staatlicher Behörden indirekt zu einer Forcierung solcher Charity Aktivitäten gedrängt, indem dazu aufgefordert wird, doch neue Wege der Finanzierung zu suchen.

4   Vor dem Hintergrund meiner Untersuchungen im Bundesstaat Chiapas in Mexiko (2002, 2005, 2008, 2010) musste ich beispielsweise feststellen, dass selbst ein Schulbesuch wesentlich vom Zugang zu sozialen Netzwerken und damit verbundenen sozialem Kapital abhängig ist. Die gemeinhin von den im Land lebenden AkteurInnen als Teil der Korruption verstandenen Ausschlussmechanismen verweisen dabei in ihrer Systemlogik auf negative Effekte von sozialem Kapital in Auseinandersetzung mit dem Verteilungskampf um Ressourcen und soziale Anerkennung.

## Literatur

Alheit, Peter (2005): Biographie und Mentalität: Spuren des Kollektiven im Individuellen. In: Völter, Bettina/Dausien, Bettina/Lutz, Helma/Rosenthal, Gabriele (Hg.): Biographieforschung im Diskurs. Wiesbaen: VS Verlag für Sozialwissenschaften, S. 21-45.

Alheit, Peter/Bast-Haider, Kerstin/Drauschke, Petra (2004): Die zögernde Ankunft im Westen. Biographien und Mentalitäten in Ostdeutschland. Frankfurt a.M./New York: Campus.

Anderson, Benedict (1998): Die Erfindung der Nation. Zur Karriere eines folgenreichen Konzeptes. Berlin: Ullstein.

Bourdieu, Pierre (1983): Ökonomisches Kapital, kulturelles Kapital, soziales Kapital. In: Kreckel, Reinhard (Hg.): Soziale Ungleichheiten. Soziale Welt, Sonderband 2. Göttingen, S. 183-198.

Coleman, James S. (1990): Foundation of Social Theory. Cambridge: Mass Belknap Press.

Corsten, Michael/Kauppert, Michael/Rosa, Hartmut (2008): Quellen Bürgerschaftlichen Engagements. Die biographische Entwicklung von Wir-Sinn und fokussierten Motiven. Wiesbaden: VS Verlag für Sozialwissenschaften.

Egger, Rudolf (2006): Gesellschaft mit beschränkter Bildung: eine empirische Studie zur sozialen Erreichbarkeit und zum individuellen Nutzen von Lernprozessen. Graz: Leykam.

Hall, Stuart (2002): Political belonging in a world of multiple identities. In: Vertovec, Steven. /Cohen, Robin (Hg.): Conceiving cosmopolitanism. Theory, context, and pactice. Oxford: Oxford University Press, S. 25-31.

Harré, Rom/Moghaddam, Fathali M. (Hg.) (2003): The self and others. Positioning individuals and groups in personal, political, and cultural contexts. London: Praeger.

Franzen, Axel/Freitag, Markus (2007): Aktuelle Themen und Diskussionen der Sozialkapitalforschung. In: Franzen, Axel/Freitag, Markus (Hg): Sozialkapital. Grundlagen und Anwendungen. Kölner Zeitschrift für Soziologie und Sozialpsychologie. Sonderheft 47/2007. Wiesbaden: VS Verlag, S. 7-22.

Keupp, Heiner/Höfer, Renate/John, René/Knothe, Holger/Kraus, Wolfgang/Straus, Florian (2005): Individualisierung und posttraditionale Ligaturen – die sozialen Figurationen der reflexiven Moderne. Fortsetzungsantrag 2005-2009. In: http://www.ipp-muenchen.de/texte/b2_2005.pdf [02.04.2007].

Klein, Gabriele (2006): Zugerichtet, kontrolliert und abhängig. Das Subjekt in der Figurationssoziologie. In: Keupp, Heiner/Hohl, Joachim (Hg.): Subjektdiskurse im gesellschaftlichen Wandel. Zur Theorie des Subjekts in der Spätmoderne. Bielefeld: transcript Verlag, S. 187-204.

Kraus, Wolfgang (2006): Alltägliche Identitätsarbeit und Kollektivbezug. Das wiederentdeckte Wir in einer individualisierten Gesellschaft. In: Keupp, Heiner/Hohl, Joachim (Hg.): Subjektdiskurse im gesellschaftlichen Wandel. Zur Theorie des Subjekts in der Spätmoderne. Bielefeld: transcript Verlag, S. 143-164.

Kriesi, Hanspeter (2007): Sozialkapital. Eine Einführung. In: Franzen, Axel/Freitag, Markus (Hg): Sozialkapital. Grundlagen und Anwendungen. Kölner Zeitschrift für Soziologie und Sozialpsychologie. Sonderheft 47/2007. Wiesbaden: VS Verlag, S. 23-46.

Lübbe, Hermann (2000): Die Zukunft der Vergangenheit. Kommunikationsnetzverdichtung und das Archivwesen. In: http://www.vda.archiv.net/texte/luebbe.htm [01.07.2005].

Mecheril, Paul (1999): Wer spricht für wen? Gedanken zu einer Methodologie des (re-)konstruktiven Umgangs mit dem Anderen des Anderen. In: Bukow, Wolf-Dietrich/Ottersbach, Markus (Hg.): Der Faschismusverdacht. Plädoyer für eine Neuorientierung der Forschung im Umgang mit allochthonen Jugendlichen. Leske + Budrich: Opladen, S. 231-266.

Mecheril, Paul (2003): Prekäre Verhältnisse. Über natio-ethno-kulturelle (Merfach-)Zugehörigkeiten. Münster: Waxmann.

Mecheril, Paul (2006): Das un-mögliche Subjekt. Ein Blick durch die erkenntnispolitische Brille der Cultural Studies. In: Keupp, Heiner/Hohl, Joachim (Hg.): Subjektdiskurse im gesellschaftlichen Wandel. Zur Theorie des Subjekts in der Spätmoderne. Bielefeld: transcript Verlag, S. 119-141.

Niethammer, Lutz (2001): Kollektive Identität. Reinbek: Rowohlt.

Priddat, Birger P. (2006): Gemeinwohlmodernisierung. Social capital, Moral, Governance. 13 Essays. Marburg: Metropolis-Verlag.

Putnam, Robert D. (Hg.) (2001): Gesellschaft und Gemeinsinn. Gütersloh: Verlag Bertelsmann Stiftung.

Putnam, Robert D. (2000): Bowling alone. The Collapse and Revival of American Community. New York: Simon & Schuster.

Putnam, Robert D. (1993): Making Democracy Work: Civic Traditions in Modern Italy. Princeton: Princeton University Press.

Robbins, Bruce (1998): Comparative cosmopolitans. In: Cheah, Pheng/Robbins, Bruce (Hg.) Cosmopolitics. Thinking and feeling beyond the nation. Minneapols: University of Minneapolis Press, S. 246-264.

Rothstein, Bo (2001): Social Capital in the Social Democratic Welfare State. In: Politics and Society 29, S. 207-41.

News netword internet service GmbH (2008): In: http://www.news.at/nw1/gen/slideshows/slide/show;magazine/first/netrebko_gala/;kid;910?flags=nopop;1 [04.02.2008].

Regina Mikula

# Sozial-Kapital als Bedingungsfeld und studentisches Engagement als Möglichkeitsraum für individuelle und kollektive Veränderungsprozesse

## 1. Ausgangspunkt: Verhältnisbestimmung zum Sozial-Kapital

Der Grundgedanke einer verhältnismäßigen Positionierung der verschiedenen Kapitalsorten ist mit der Grundidee der Wirkungsweisen von sozialen Netzwerken verbunden. Ausgangspunkt der Überlegungen ist die individuelle Person – mit Meueler (2002) gesprochen die funktionale Subjekthaftigkeit – die im Dienst der Selbsterhaltung steht. Gleichzeitig gesellt sich aber zur anthropologischen Grundvoraussetzung in der Identitätsbildung, der Lernfähigkeit, dem Eigensinn, der Selbstsorge in der Lebensbewältigung auch der Wunsch nach Partizipation, nach sozialer Anerkennung, nach der Bildung von sozialen Netzen verschiedenster Art und damit verbunden nach den Erfahrungen von Selbstverwirklichung im Sozialen dazu. Die individuelle Entwicklungsgeschichte beginnt vom *kleinen Ich zum großen Ich* und wird in diesem Rahmen sowohl als individuelles als auch als soziales Phänomen angesehen: „Plötzlich wird mir klar, dass ich, um überleben zu können, des hilfreichen anderen bedarf, wie andere meiner bedürfen" (Meueler 2002, S. 60). Bezogen auf die Perspektive der sich sozial engagierenden Menschen in der Gesellschaft wird hier versucht zu zeigen, worin die Bedeutung individueller Lern- und Bildungsprozesse für die Subjektentwicklung einerseits liegt und was dies für soziale Handlungen und die dabei entstehende Herausbildung von sozialem Kapital in einer Gesellschaft andererseits bedeutet. Die verschiedenen Kapitalsorten – das wird zuerst kurz skizziert – bilden ein Netzwerk in dem Sinne, als Lernbeziehungen zwischen den Kapitalsorten auf sehr unterschiedliche Art und Weise in einer differenten Strukturlogik erkennbar sind. Als ein zentrales Kennzeichen gegenwärtiger Gesellschaften gilt ja, dass sie netzartige Strukturen mit je unterschiedlichen Funktionen und Wechselbeziehungen herausbilden, an und mit denen sich die Kapitalsysteme verändern bzw. weiter entwickeln können.

Das Kapital ist aber je nach Lesart und Interpretationsweise unterschiedlich zu verstehen. Während ein Individuum über psychisches Kapital etwa in Form der Kohärenz bzw. der physischen Gesundheit verfügt, ist das Sozialkapital etwa an soziale Beziehungsstrukturen bzw. Arten von Sozietäten gebunden; und es wird mithin durch diese aufgebaut und gleichsam selbstreferenziell am Leben erhalten. Auch wenn im

Modus der Aneignung von Welt Individuen in eine für sie wahrnehmbare Wechsel-
beziehung mit der jeweiligen Umwelt treten, dann unterscheidet sich dieses In-Bezie-
hung-Treten von einer sozialen diskursiven Beziehungsgestaltung, welche das soziale
Kapital formiert, und zwar dergestalt, als beispielsweise die Erfahrung von Verbundenheit oder auch das Gefühl von Vertrauen andere Erlebnisqualitäten ermöglichen.
Erfahrung als verstandenes Erlebnis in sozialen Bezügen und Netzwerken bzw. durch
soziales Engagement hinterlässt so betrachtet andere Spuren des Lernens in der Person als etwa Lernleistungen durch abstrakte Wissensvermittlung oder als der Kompe-
tenz- bzw. Qualifikationsaufbau, etwa in der Arbeitswelt. In all diesen Tätigkeitsfeldern zeigt sich allerdings die Handlungsfähigkeit in einem hohen Anteil als soziales
und kommunikatives Handeln, welches sich auch als Verbundenheit mit und in einer
sozialen Gemeinschaft ausdrückt.

In Bezug zur sozialen Dimension ist hier die Rede vom sozialen Kapital, das für
den Einzelnen bzw. die Einzelne oder aber auch für ein Kollektiv entsprechende Ressourcen zur Verfügung stellt, die wiederum bestimmte Handlungen erleichtern bzw.
erst ermöglichen. Der Begriff soziales Kapital hat in den letzten Jahren an Bedeutung
zugenommen, zum einen durch die älteren Forschungsarbeiten von Bourdieu (1983)
und Colemann (1988) und zum anderen durch Veröffentlichungen von Putnam
(1995) und auch Fukuyama (1995). Unter sozialem Kapital versteht man allgemein
einen grundlegenden Aspekt einer Sozialstruktur, der sowohl den Individuen als auch
einzelnen Kollektiven breitere Handlungsmöglichkeiten eröffnet. In der modernen
soziologischen Diskussion bezieht man sich häufig auf den Begriff des sozialen Kapitals bei Bourdieu (1983), der sich allerdings in der Betrachtung der verschiedenen Ka-
pitalien (soziales Kapital, ökonomisches Kapital, kulturelles Kapital, symbolisches
Kapital) hauptsächlich – zum Beispiel in Bezug zur Reproduktion sozialer Ungleichheit – auf das Verhältnis zwischen dem Sozialkapital und dem kulturellen Kapital bezieht. Das Sozialkapital ist für Bourdieu „die Gesamtheit der aktuellen und potentiellen Ressourcen, die mit dem Besitz eines dauerhaften Netzes von mehr oder weniger
institutionalisierten Beziehungen gegenseitigen Kennens und Anerkennens verbunden
sind" (Bourdieu 1983, S. 190). Das bedeutet, dass soziales Kapital als eine Fähigkeit
definiert wird, Ressourcen durch die zeitweilige Mitgliedschaft in einem sozialen
Netzwerk (z.B. Gruppe von protestierenden Studierenden) zu bekommen bzw. zu
sichern. In zum Teil ähnlicher Weise definiert auch Putnam (2001) soziales Kapital als
Eigenschaft einer sozialen Organisation (z.B. ein Netzwerk mit Normen und Werten,
einer gewissen Vertrauensbasis und Formen der Informationsweitergabe), die durch

Kooperation und Koordination wechselseitigen Nutzen generieren, wobei der Nutzen hauptsächlich als Ressource auf gesellschaftlicher Ebene in Form der Bildung von Gemeinschaft und Gemeinsinn gesehen wird. Dass dieser Nutzen sich zum einen auf einzelne Individuen bezieht (Eigennutzen) und zum anderen auch die Durch- und Umsetzung von Interessen sozialer Gruppen (Sozialnutzen) mit berücksichtigt, wird etwa bei Coleman (1990) noch deutlicher: „Social capital inheres in the structure of relations between persons and among persons" (Coleman 1990, S. 302). Soziales Kapital wird damit zu einem Kapital eines sozialen Netzwerkes bzw. zu einer Bindemasse von Beziehungen zu anderen Beziehungen; mithin zum sozialen Kitt in einer Gesellschaft.

Das Konzept des sozialen Kapitals wird in diesem Artikel am Beispiel der Studierendenproteste[1] in mehrfacher Art und Weise untersucht: Erstens dient das Konzept als ein mögliches Erklärungs- und Aufklärungsmuster für die Entstehung und Funktionsweise von Studierendenprotesten. Zweitens können damit die horizontalen Beziehungsnetzwerke und damit verbundenen solidarischen Bindungen – welche Studierende zum gemeinsamen Handeln motivieren – skizziert werden. Drittens kann der individuelle Lernnutzen vom kollektiven Lernnutzen unterschieden werden. Viertens kann die Auswirkung der lokalen Partizipationsbewegung zu einer über die lokalen Grenzen hinaus wahrnehmbaren europäischen und internationalen Solidarität und den damit verbundenen gesamtgesellschaftlichen Dynamiken auch im Politiksystem in den Blick kommen. Und fünftens sind – wenn soziales Kapital positiv gesehen wird – auch die wechselseitigen Bezüge zwischen Individuum und Gesellschaft zu betrachten. Schließlich wird in all diesen Aspekten in Hinblick auf Veränderungseffekte und Wirkungen von politischem Engagement die Frage virulent, wem der Erfolg in der Sozialkapitalbildung zugute kommt, wenn die Auswirkungen zurückgebunden werden an die Aktionsräume der Engagierten und Protestbeteiligten.

## 2. Vermessung verschiedener Kapitalsorten im Netzwerk

Die Kategorie soziales Kapital signalisiert hier zum einen eine Art Verbindungselement zwischen einzelnen Akteuren und der Sozialstruktur und zum anderen wird deutlich, dass die Handlungsmöglichkeiten in einem engen Zusammenhang mit dem kulturellen Kapital stehen und dabei gleichzeitig von der Qualität sozialer Beziehungen abhängen. Soziales Kapital erfüllt demgemäß in einer analytischen Mehrebenenbetrachtung (siehe nachstehende Abbildung 1) eine Scharnierfunktion – eine gewisse Art von Bindung – zwischen der Mikro-, Meso- und der Makroebene.

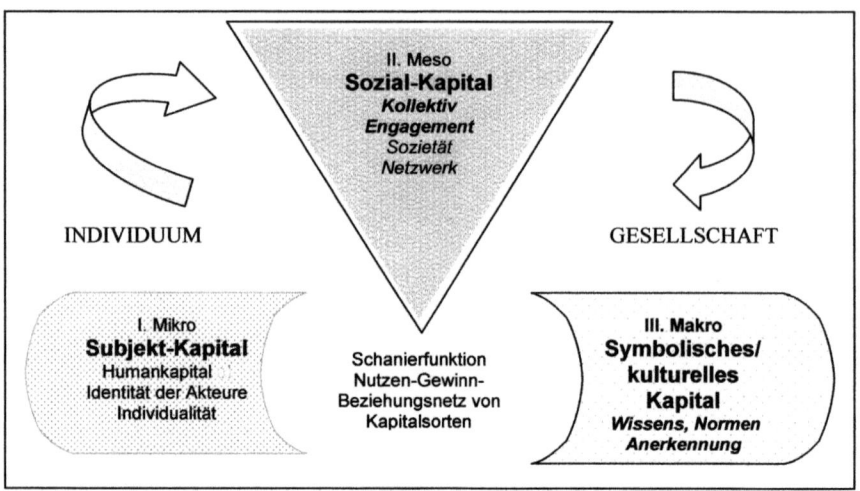

*Abb. 1: Kapitalsorten im Netz zwischen Individuum und Gesellschaft*

Die verschiedenen Kapitalsorten stehen in einem Netzwerk von unterschiedlichen Beziehungen zueinander und die sich im fortschreitenden Wandel befindliche Gesellschaft wird im sozialwissenschaftlichen Diskurs gegenwärtig häufig mit Fragen zur Ausbildung sozialen Kapitals konfrontiert. Die Qualität der Wechselbeziehungen zwischen Individuum und Gesellschaft – d.h. auch zwischen den damit benannten Kapitalsorten – bedingen, ausgehend vom biografischen Lebenshintergrund und den individuellen Aufwachsbedingungen auch die Ausbildung von Sozialkapital mit. Wie nun Kapital als Mikro-, Meso- oder Makrophänomen skizziert werden kann und wie sozusagen die Sorte des Kapitals auf der Grundlage von Lernfeldern und Lernthemen – im Sinne von konkreten Lernerfahrungen – beschreibbar gemacht werden kann, wird nun in zweierlei Hinsicht untersucht. Zum ersten wird Kapital als eine Art Lern-Kapital auf unterschiedlichen Systemebenen beschrieben. Und zum zweiten wird das Zusammenspiel zwischen Humankapital und Sozialkapital als summarischer Indikator für das Wachstumspotenzial einer Gesellschaft skizziert.

## 2.1 Kapitalsorten als Lern-Kapital auf unterschiedlichen Systemebenen

In Hinblick auf das Subjektkapital (Mikroebene) spielen die persönlichen Beziehungen von Nähe, Kontakt, Freundschaft u.Ä., welche durch das Vertrauen in der eigenen Lebenswelt zurechtzukommen und befriedende Beziehungen außerhalb der Verwandtschaft – im Sinne einer Wahlverwandtschaft – führen zu können charakterisiert wird, eine bedeutende Rolle. Vertrauen – hier im Sinne des persönlichen Zutrauens und nicht des Systemvertrauens – bildet eine Grundlage der Lernmöglichkeiten im sozialen Handeln. Ist Misstrauen im Spiel, werden auch die Möglichkeiten Lernerfahrungen mit Nachhaltigkeitswert zu machen u.U. eingeschränkt. Auf der Mesoebene – dem Sozialkapital – sind es soziale Strukturen und Beziehungen, Mitgliedschaften, Werte, Normen, Solidarität und Wir-Gemeinschaften durch die Menschen Sozialkompetenz erlernen. Mit anderen Worten, es handelt sich um die soziale Verortung eines Individuums in einer Gemeinschaft und den damit verbundenen Interaktionsanforderungen und persönlichen Sozialentwicklungen. Dabei liegt es auf der Hand, dass eine soziale Verortung von interaktiven Bezügen zwischen dem Individuum und der Gemeinschaft – welche den Ort rahmt – existiert und damit die sozialen Lernmöglichkeiten und -notwendigkeiten gleichermaßen strukturiert. Zwischen den Akteuren auf den beiden Systemebenen – der Mikro- und der Mesoebene – besteht eine Lernbeziehung, welche durch die Erwartungen, Aufgaben und damit verbundenen Funktionen inhaltlich vorstrukturiert wird und von Zugehörigkeit, Anerkennung und einer Form von Sicherheit in den Bestand der Interaktionsbeziehungen lebt. Die dritte Systemebene – die Mesoebene – sind die ‚realen' Orte sozialen Kapitals, sozusagen die konkreten sozialen Beziehungen und Netzwerke aber auch die verschiedensten Gemeinschaften (z.B. Protestgemeinschaft, Widerstandsgemeinschaft) von irgendwie Gleichgesinnten. Die Quellen von Sozial-Kapital sind geteilte Erfahrungen, kooperative Konfliktlösungen, Bewältigung von Gemeinschaftserlebnissen, der Einsatz für ein Ziel u.a.m. Während auf der Mesoebene die aktive Beteiligung (z.B. Verein) das kollektive Sozialkapital prägt, spielt auf der Makroebene der Gesellschaft die Identifikation oder Disidentifikation mit den Symbolgemeinschaften eines gesellschaftlichen Funktionssystems bei der Ausgestaltung symbolischen Kapitals eine zentrale Rolle. In diesem Zusammenhang ist es lohnend darüber nachzudenken, wie sich das soziale Kapital (Protestbewegung auf der Mesoebene) als eine die Lern- und Bildungsprozesse der Individuen beeinflussende Größe auch auf der Makroebene darstellt. Und zum anderen ist es interessant, Aufschluss darüber zu gewinnen, mit welchen Merkmalen sich die Qualität des Engagements und der Partizipation an den Studierendenprotesten skizzieren lässt. Wie ist also der Zusammenhang von lokaler Partizipation und gesellschaftlicher Kohärenz? Im Bereich des symbolischen Kapitals gerät die Frage in den Fokus der Aufmerksamkeit, inwiefern die Gesellschaft implizit oder explizit auch Ressourcen zur Verfügung stellt, damit soziales Kapital sich etablieren kann. Die Universität als gesellschaftliches Teilsystem präsentiert sich in jedem Fall als Gestaltungsraum; die Gesellschaft insgesamt stellt ungelöste Probleme und Missstände, Erfahrungen der Ausgrenzung, der Abwertung – etwa einer bestimmten Gruppe (z.B. Studierende) – der Ungerechtigkeit, des sozialen Ausschlusses, der Nicht-Integration zur Verfügung. All dies führt resümierend zur folgenden Frage. Gewinnt die Gesellschaft durch die gegenwärtigen Veränderungs- und Wandlungsprozesse ihr soziales Kapital, mithin ihre Solidaritätsressourcen zurück?

*2.2 Humankapital + Sozialkapital = Wachstumspotenzial einer Gesellschaft*

Was vor einigen Jahren unter dem Terminus der Bürgergesellschaft (zivilgesellschaftliches Engagement) thematisiert wurde, wird heute von den Ansätzen des Begriffes Sozialkapital als Referenzpunkt mit unterschiedlichen Perspektiven konzipiert. Thematisiert werden Interdependenzen auf den unterschiedlichen Systemebenen einer Gesellschaft, indem u.a. makroökonomische Zusammenhänge zwischen Sozialkapital und Wirtschaftswachstum thematisiert werden. Neben der Arbeit, dem physischen Kapital, dem Humankapital und dem technischen Fortschritt wird, den verschiedenen Wachstumsmodellen entsprechend, der Beitrag des Sozialkapitals als ein wichtiger beeinflussender Faktor immer mehr berücksichtigt. Obwohl zwischen den Kapitalsorten zum einen ähnliche und zum anderen heterogene Austauschbeziehungen existieren, ist gerade der Sozialkapitaleinfluss eine komplexe Angelegenheit. Das zeigen beispielsweise Studien, die versuchen den interessanten Zusammenhang zwischen der Arbeitslosigkeit in einer Gesellschaft und dem Maß an Sozialkapital zu analysieren (vgl. Freitag 2000). Freitag hat etwa in einer empirischen Studie über alle 26 Kantone der Schweiz eine statistisch hohe Signifikanz zwischen der Arbeitslosigkeit und dem Einfluss von Sozialkapital herausgefunden. Das bedeutet: Diejenigen Kantone, die über einen hohen Anteil an Sozialkapital verfügen, weisen im Allgemeinen eine geringere Arbeitslosigkeit auf als Kantone, bei denen dies nicht der Fall ist. Auch wenn ein Staat demgemäß wirtschaftspolitisch zwar nicht direkt Maßnahmen zur Bekämpfung der Arbeitslosigkeit setzen kann, so ist doch über indirekte Maßnahmen zur Förderung von Bildungsinvestitionen eine positive Wechselwirkung zwischen Human- und Sozialkapital erreichbar. Zudem kann über die Förderung und Unterstützung von lokalen Verbänden, Netzwerken, Stiftungen auch eine Möglichkeit in einer bewussten Beeinflussung und Gestaltung des Arbeitsmarktes gesehen werden.

Obwohl Humankapital – in Differenz zum Sozialkapital, welches erst durch Kooperationen verschiedener Personen miteinander entsteht – durch eine Person in Form von Bildung geschaffen werden kann, sind Human- und Sozialkapital gleichzeitig als komplementäre Größen anzusehen (vgl. Wolter 2001, S. 14). Dies zeigt sich beispielsweise darin, dass ein gewisses Ausmaß an Humankapital nötig ist, damit überhaupt Sozialkapital entstehen kann; umgekehrt wirkt sich auch ein höheres Niveau an Sozialkapital – gekennzeichnet durch ein entsprechendes ziviles Engagement – positiv etwa auf ein Bildungssystem in einer Gesellschaft und auf die Erweiterung von Humankapital aus (vgl. Freitag 2000; Kunz 2000). Nimmt man das Humankapital und das Sozialkapital einer Gesellschaft zusammen, so gibt eine additive Sicht im intermediären Bezugsverhältnis Auskunft über das Wachstumspotenzial einer Gesellschaft. Und gleichzeitig kann das Sozialkapital als Waagschalenträger die Balance und das Ungleichgewicht aus der Perspektive einer sich verändernden Gesellschaft insofern beeinflussen, als das Individuum in einer Art Scheindemokratie gehalten wird bei gleichzeitiger Hochkonjunktur der Thematik des sozialen Kapitals. Damit ist jenes

Phänomen angedeutet, welches von Crouch als „Postdemokratie" (Crouch 2008, S. 10) bezeichnet wird.

Insgesamt bedeutet dies, dass nur im gelungen Zusammenspiel der Kapitalsorten möglicherweise jene sozialen Rahmungen gegeben sind, die zu einer unterstützenden Lebensbewältigung der Subjekte sowie zu einem befriedigenden sozialen Engagement mit entsprechendem Lernpotenzial als symbolisches Kapital führt. Lernen wird insgesamt als lebensbegleitende Prozesskultur erkennbar, die sich in „sozialen Praktiken ausdifferenziert und in je unterschiedlichen Kontexten erwartbar verfestigt" (Schäffter 2009, S. 21). Protestbewegungen stellen nun ein interessantes Feld zur Analyse von derartigen Lernverhältnissen dar. Dabei ist grundsätzlich zu unterscheiden, ob es sich um das Lernfeld Subjekt und deren Identitätsbildung handelt, oder ob es sich um Kollektive handelt, welche in dieser Lesart von Sozial-Kapital ebenfalls Träger von sozialem Engagement sind. Sozialkapital ist Beziehungskapital, und wenn ein Austausch passiert, dann kann der Austausch von Ressourcen zu Wachstumsprozessen und/oder Transformationen führen. Transformation bezeichnet aber mehr als eine Kette von aneinander gereihten Veränderungsprozessen. Transformation ist in Bezug zur Gesamtgesellschaft auch mit einem grundlegenden Strukturwandel des sich verändernden Systems verbunden. Inwiefern ein Strukturwandel auch nutz- und gewinnbringend für das jeweilige Bezugssystem ist, hängt von den beteiligten Interpreten und Interpretinnen ab. Auch soziale Beziehungen stiften selbstverständlich Nutzen und sind im Kern unter Umständen Ausdruck von Machtbeziehungen. So verstanden stellt dann soziales Kapital insofern eine Machtressource dar, als sie von der Struktur der Netzwerkbeziehungen und der damit verbundenen Qualität der kommunikativen Austauschbeziehungen abhängt. Soziales Kapital ist in diesem Verständnis auch eine kollektive Ressource mit integrativen Effekten, das heißt, dass daraus Zugehörigkeit, Kohäsion, geteilte Werte, Solidarität und mehr oder weniger dauerhafte Beziehungen entstehen können. So gesehen liefert das soziale Engagement auch einen systemischen Mehrwert, indem es über die Gewinnung der individuellen Lernerfahrungen hinausgeht, Gemeinnutzen stiftet und die Gesellschaft zugleich in ihrer Verantwortung schwächt oder stärkt und/oder damit gleichzeitig auf eine Belastungsprobe stellt, wie der Umgang mit den protestierenden Studenten und Studentinnen gezeigt hat.

So gesehen ist die Verhältnisbestimmung von Eigennutzen und Sozialnutzen (Verantwortung für das Bildungswohl) aus der jeweiligen Perspektive – einer Studentin oder dem Rektorat einer Universität – bezüglich der Funktion von sozialem Kapital als Entwicklungskapital für die Gesamtgesellschaft unterschiedlich zu bewerten und zu diskutieren.

Wenn die Verhältnisbestimmung der Kapitalsorten und deren ausgewählte Austauschbeziehungen in den Blick kommen stellt sich auch die Frage, was ausgetauscht bzw. transferiert wird. Die Gewinne sind sowohl materielle Güter als auch immaterielle Güter. Sicher ist, dass auf jeder Systemebene Unterschiedliches getauscht und als

Gewinn verbucht wird. Die *benefits* – die Gewinne – bilden jene Bindungskräfte in diesem multiperspektivischen Konstrukt, die schließlich das Wachstumspotenzial ausmachen. Was sind aber inhaltlich genau die Gewinne? Der Gewinn seitens des Individuums (Mikroebene) liegt in der Kompetenzentwicklung in Gestaltbarkeit, Strukturierung, Selbsterschließung von Welt, Gewinnung von Lebenszufriedenheit, Vertrauen in das soziale Feld, in der Zugehörigkeit, in der Anerkennung, in der sozialen Verortung, in der Partizipation mit den Ziel der Entfremdung zu entkommen, in der Abwehr von Isolation und Ausgrenzung, in der Norm- und Sinnfindung, in der Solidarität und der Freude Demokratie erfahrbar und sozusagen hautnah mit zu gestalten und mit zu erleben. Der Gewinn auf der sozialen Seite (Mesoebene) liegt in der Netzwerkbildung, der Kooperation, der Inklusion als soziale Zugehörigkeit, der aktiven Teilnahme als Teilhabe. Und der Gewinn auf der Ebene der Funktionssysteme der Gesellschaft (Makroebene) liegt in der Etablierung von Bildungsdiskursen, in der Thematisierung der globalen Zielausrichtung von universitärer Bildung und in der Solidaritätsbekundung über die Systemebenen hinweg und aber auch in andere gesellschaftliche Funktionssysteme hinein. Die Solidarität reicht von hohen Gremien der Universität (Senat), über einzelne Subeinheiten (Institute, Zentren), zu einzelnen Lehrenden und darüber hinaus in die Kunst- und Kulturszene, politische Gruppierungen bis hin zu Solidaritätsbekundungen aus anderen gesellschaftlichen Bereichen (Politik) und Gruppierungen aus anderen Ländern. Die zeitweilige Ausblendung von konkreten Macht- und Interessensfragen darf aber nicht darüber hinwegtäuschen, dass wir es hier mit einer unideologischen Auseinandersetzung im Sozialkapitalfeld zu tun haben. In Wirklichkeit steckt in der Erschaffung des sozialen Kitts, der die studentische Teilkultur unserer Gesellschaft in einer speziellen Weise dort aktiv werden lässt, wo unter Umständen der Staat in seinem Subsidiaritätsprinzip versagt, ein enormes Veränderungspotenzial der Gesellschaft.

Auf Basis dieser Vorannahmen sollen nun das Sozialkapital am Beispiel der vergangenen und gegenwärtig stattfindenden Studierendenproteste etwas differenzierter in den Blick genommen und anhand ausgewählter Theoriemerkmale (1. Akademisches Netzwerk im Widerstand, 2. Studierende zwischen bonding und bridging, 3. Vertrauen und Identitätsbildung im konkreten Hörsaal oder Die Uni gehört uns!) des Sozialkapitalbegriffes näher skizziert und klarer konturiert werden. Aufmerksamkeit geschenkt wird dabei hauptsächlich den Einzelakteuren und -akteuerinnen, die durch die Zugehörigkeit zur strukturell abgrenzbaren Gruppe der Besetzer und Besetzerinnen erkennbar sind. Mit Blick auf die Protestbewegung und ihre veranstalteten Demonstrationsakte wird untersucht, wie soziales Kapital im Wesentlichen als individuell anzueignende Ressource und damit subjektive Leistung interpretiert werden kann und wie soziales Kapital vorrangig auch als Kollektivgut mit Auswirkungen für gesellschaftliche Institutionen verstanden werden kann.

## 3. Bildungsproteste als Lern- und Möglichkeitsraum

Die Gesellschaft bietet durch soziales Engagement Möglichkeitsräume bzw. Strukturen von Lerngelegenheiten, in denen das wechselseitige Spiel von Angebot und Nachfrage sich realisiert. Diese reflexiven Passungen – hier die gegenwärtig stattfindenden Bildungsproteste und dort der Mangel an Bildungschancengleichheit – lassen Gefühle nach sozialer solidarischer Zugehörigkeit und der damit verbundenen Wir-Identität entstehen und führen schließlich zu vielfältigen Lernerfahrungen. Die generelle Infragestellung herrschender Normen und Werte sowie die Forderungen nach Bildung statt zweckorientierter Ausbildung, nach Bildungschancengleichheit, nach Aufstockung des universitären Budgets, wie auch die Motivation nach generellen Mitbestimmungsmöglichkeiten bilden einen Teil des Potenzials an Ressourcen. Dieses kann als Veränderungs- bzw. Lernkapital einer studierenden Teilgesellschaft interpretiert werden, wobei die sozialen Bindungskräfte sowie die Potenziale des Widerstandes als auch die herrschaftlichen Strukturen und wechselseitigen Abhängigkeitsverhältnisse in diesem akademischen Netzwerk eine zentrale Rolle spielen.

### 3.1 Akademisches Netzwerk im Widerstand

Wenn nun diskutiert wird, wie die verschiedenen als Kapital bezeichneten Ressourcen wechselseitig voneinander abhängen – und das bedeutet auch zusammenwirken – dann geschieht dies aus der Perspektive sozialer Praxis. Die soziale Praxis hat ja bekanntlich drei verschiedene Eigenschaften: Zeitlichkeit, Verschwommenheit und Paradoxie (vgl. Bourdieu 1997, S. 141). Das bedeutet, dass soziale Praxen als zeitlich begrenzte spezifische Handlungen gesehen werden können, die durch die Anforderungen in der Praxis eine praktische Logik ausbilden und von vorerst eher unbewussten Handlungen zu bewusst gesetzten Aktionen voranschreiten. In Bezug zu den Protesten ist hier die Rede von sozialer Unterstützung, die Studierende aus ihren selbst kreierten Netzwerken generieren. Gezeigt hat sich dabei, wie soziales Kapital sich sowohl als Voraussetzung einer funktionierenden Widerstandsgemeinschaft als auch einer basisdemokratischen Vorgehensweise etabliert. Die Funktion der Netzwerkbildungen, wie sie im Rahmen der Studierendenproteste entstanden sind, beinhaltet, diese sowohl als integrative Wirkung zur inneren Kohäsionsbildung zu sehen und gleichzeitig ihre die Ungleichheit verstärkende Wirkung anzuerkennen. Vor allem am Beginn der Protestbewegung sind Positionierungseffekte virulent geworden, die in der Perspektive der Netzwerkanalyse von Sozialstrukturen als emergente Eigenschaften interpretiert werden können. Systemtheoretisch ist damit gemeint, dass das Ganze Eigenschaften besitzt, die die einzelnen am Netzwerk beteiligten Individuen gar nicht haben können. Die studentischen Netzwerke sind so gesehen nicht bloß als organisatorischer Zusammenschluss einzelner Personen zu sehen, sondern – dies hat sich deutlich gezeigt – sie sind durch soziale Beziehungen in einem sozialen Feld entstanden, welches sich bald nach der Entstehung in unterschiedliche Zuständigkeiten und Teilsegmente weiter ausdifferenziert und immer wieder neu konstituiert hat. Diese binnen kurzer Zeit sich demokratisch strukturierten Teilsegmente (z.B. Zuständig für Aktivierung, Plenum, Öffentlichkeitsarbeit, Kommunikation nach Innen und Außen, Versorgung und Hygiene, Medien) haben im Gesamtnetzwerk jeweils unterschiedliche Stellungen, Verantwortungsbereiche und formieren insgesamt ein soziales Kräftefeld mit gruppenübergreifender interaktiver Wirkung. An dieser Stelle zeigt sich jene Facette des sozialen Kapitals, welches sozusagen Auskunft gibt über das Kapitalvolumen. In diesem Beispiel gefasst als potenzielles Machtmittel der beteiligten Akteure, als soziale Verfügungsmacht in Bezug zur Mitbeteiligung von anderen Studierenden, aber auch als Steuerungsmittel für die Kooperationen im Netzwerk. Zudem zeigt sich durch die unterschiedlichen horizontalen als auch vertikalen Beziehungen die Art und Weise der Kooperation zwischen den einzelnen Akteuren, nämlich in der Frage, wie sich Vertrauen in vorerst losen Beziehungsstrukturen aufbaut und wie sich dieses durch gemeinsame Aktionen immer mehr verfestigt und im zeitlichen Verlauf zunehmend mehr stabilisiert.

Das Verhältnis zwischen Individuum und Gesellschaft bzw. die damit verbundene Frage, warum ein Student bzw. eine Studentin sich bei der Herausbildung einer sozialprotestierenden Bewegung beteiligt, kann zunächst einmal beschränkt werden auf Antworten aus der individuellen Perspektive. Das würde dann unter Umständen erklären, warum bestimmte Studierende sich Protestbewegungen und Demonstrationen anschließen und andere eben nicht. Aus der kollektiven Perspektive liegen mögliche Antworten vielleicht in der Entstehung sozialer Bewegungen aufgrund struktureller Erfordernisse oder genereller Infragestellung herrschender Normen, etwa stellen sie sich gegen den Verwertungszwang von Wissen. Beide, die subjektiven Beweggründe und daraus resultierenden konkreten Handlungsweisen Einzelner wie auch die strukturellen Gegebenheiten und Bildungsmissstände in der Gesellschaft bilden hier eine Kombination von ausschlaggebenden Variablen, die die Bildung von kollektiven Bewegungen und damit die Ausbildung von sozialem Kapital bedingen. Festzuhalten ist: Soziales Kapital entsteht durch die Zugehörigkeit zu einem Netzwerk. Die Entstehungsbedingungen sozialer studentischer Netzwerke sind meiner Einschätzung nach mehr mit Blick auf die strukturelle gesamtgesellschaftlichen Unzulänglichkeiten auf verschiedenen Ebenen des Bildungssystems zu interpretieren als vorrangig durch intrinsische Motivation und internalisierte Zwänge. Allerdings sind die im Verlauf der Proteste entstandenen engen und interaktionsreichen vielfältigen Beziehungen (z.B. Arbeitsbeziehungen, Freundschaften, Finden von Verbündeten, Abgrenzung von Nicht-Beteiligten, grundlegendes Widerstands- und Non-Normenkonformitätsverhalten) nach Einschätzung der Beteiligten ein großer Anreiz und Motivationsgrund für das Weitermachen zugleich. Weniger zentral erscheinen persönliche Merkmale als ausschlaggebend für das Protestverhalten und die aktive Beteiligung der Akteure. Fragen könnte man an dieser Stelle, ob die Auslöser für die Unzufriedenheit im Studium vielleicht im Mangel an sozialer Kohäsion und Einbettung in einen aktuellen sozialen Kontext liegen könnten? Oder: Könnte man vielleicht sogar von einem sozialen Defizit sprechen? Warum? Die Umstrukturierungen im mittlerweile 10-jährigen Bolognaprozess haben neben der Einführung der Gliederung in Bachelor-, Master- und PhD-Studien auch zu einer Modularisierung der Curricula und damit zu einer gewissen Verschulung universitärer Bildung geführt. Insgesamt sind – bei kritischer Einschätzung – das Bildungssystem im Allgemeinen und die Universitäten im Besonderen zu einem kapitalistischen Unternehmensmodell mit hochgradiger zentralisierter Autorität avanciert. Diese Sachlage aufgrund von strukturellen Veränderungen in Teilen unserer Gesellschaft folgen auch Veränderungen im Sozialen insofern, als die Frage nach dem freiwilligen Engagement der Menschen für soziale und private Organisationen gegenwärtig viel diskutiert wird. Auch Putnam hat bereits vor ungefähr 10 Jahren festgestellt, dass zwar grundsätzlich die Bereitschaft zum sozialen Engagement gesellschaftlich gegeben ist (vgl. Putnam 2001), aber interessant ist dabei die Frage des Ausmaßes und der Dichte im Engagement für Netzwerke. Mit Blick auf die Protestbewegung der Studierenden generieren auch sie Netzwerke im Zuge des Prozesses der Protestmobilisierung und es entsteht nach und nach ein dichterer sozialer Zusammenhalt. Und, auffallend ist auch, dass sie den Konflikt mit den Institutionen nicht scheuen, die Verantwortungsträger zur Rede stellen und sich als oppositionelle Bewegung auch ihrer Macht und ihres Engagements insofern bewusst sind, als auf aktive Beteiligung und die Artikulationsfähigkeit der Teilnehmenden gesetzt wird. Der Fokus liegt zudem auf dem Einbringen der individuellen Potenziale und Ressourcen, mit dem Ziel demokratischer Effekte. Das, was sich für die Beobachterin von außen ebenso wie für die Beteiligten im Inneren im Zuge der Etablierung des Protestdiskurses abspielt, kann als Aktivierung von Selbstorganisation, Stärkung von Kooperationen auf lokaler ebenso wie auf nationaler und internationaler Ebene bei gleichzeitiger Etablierung demokratischer Entscheidungsstrukturen skizziert werden. Immer und immer wieder ist beispielsweise im demokratischen Dialog entschieden worden, wie eine Verantwortungsteilung zur Zielerreichung aussieht, die zur Durchführung und Erledigung von Aufgaben notwendig ist. Man könnte fast von einem Handlungsgrundsatz der Teilung von Verantwortung sprechen, der sich im Verlauf der Aktivierung herausgebildet hat. Kennzeichnend für die in der Protestbewegung zur Anwendung kommende Strategie der Mobilisierung (auch anderer betroffener Gruppen) ist die programmatisch formulierte Forderung nach *Bildung für alle*. Damit wird einerseits von den Interessen einzelner abstrahiert und gleichzeitig auf die Solidarität anderer Bezugsgruppen gesetzt. Hierin liegt auch eine nicht zu unterschätzende Kraft, die gleichzeitig als Ausgangspunkt für weitere Aktivierungsstrategien und als Motor für weitere Aktionen gesehen werden kann. Die Mitgliedschaft und der Kontakt zu den Mitprotestierenden im Sinne einer interaktiven Erfahrung innerhalb der Gruppe bewirkt, dass die Investition in die Gruppe als individuelle Bestärkung empfunden wird. Die Studierenden nehmen sich durch solche Gruppenerfahrungen als Teil eines größeren gesellschaftlichen Ganzen wahr. Damit ist auch gemeint, dass die Wirksamkeit ihrer Protestaktivitäten sich nicht nur auf persönliche Lernerfahrungen und Weiterentwicklungen bezieht, sondern dass sich damit auch konkrete Maßnahmen und gesellschaftliche Veränderungsprozesse realisieren lassen.

### 3.2 Studierende zwischen bonding und bridging

Die Koordinationsfähigkeit verschiedener Teilgruppen (z.B. Ressourcen, Öffentlichkeitsarbeit, Vernetzung) in einem größeren Netzwerk zeigt sich in zweierlei Form. Die bindende Form – *bonding* – des Sozial-Kapitals ist stärker nach innen gerichtet und eignet sich zur Mobilisierung von Solidarität. Dies wird als eine „Art soziologischer Klebstoff" (Putnam 2000, S. 22f.) bezeichnet. Genau dieser Klebstoff, der die horizontalen Bindungen und Beziehungen in den Kleingruppen von engagierten Studierenden bildet ist es, der diese zu kollektivem Handeln bewegt. Die lokale Partizipation ist schließlich entscheidend, ob und wie die innerdynamischen Kräfte als Motor für Aktivitäten außerhalb des Systems genutzt werden. Im Gegensatz dazu ist die brückenbildende Form des Sozialkapitals – das *bridging* – mehr nach außen gerichtet und so gut geeignet Kontakt zu externen Stellen bzw. Zugang zu anderen Ressourcen (z.B. Rektorat als universitärer Verantwortungsbereich) herzustellen. Beide Formen wachsen mit dem aktiven Gebrauch, d.h. je mehr es genutzt und aktiv am Leben erhalten wird, desto stärker vermehren sich die Kontakte; d.h. das Netzwerk wird dichter, fester in der Konsistenz und beständiger in der Kohäsion. Dazu kommt, dass beide Formen unterschiedliche Funktionen erfüllen. Indem die bindende Form auf die Stärke der Gemeinschaft abzielt, kann das *bridging* – wie die Beobachtung der Studierendenproteste zeigt – auch als politisches Instrument zur Durchsetzung von Interessen genutzt werden. Dabei ist für die Studierenden vor allem die Einbettung in eine spezifische, man könnte mit Lave/Wenger (1991) sogar von einer *community of practice* sprechen, relevant. Betont werden die dialektische Kommunikationsbeziehung und die kooperative und intersubjektive Verarbeitung der gemachten Erfahrungen. D.h., die Beteiligten erkennen selbst durch den kommunikativen Austausch mit anderen in der Gemeinschaft oder im sozialen Feld, dass Ereignisse für sie identitätsbildenden Charakter haben; d.h. auch von ihnen selbst als bedeutsam eingestuft werden. Auslöser für individuelle Aktivitäten ist aber nicht nur die Einstufung von Bedeutsamkeit, sondern auch Erwartungen an die Loyalität. „Loyalität ist eine Partizipationsbeziehung" (Sennett 2007, S. 53). Bei diesen Protestaktivitäten konnte zuerst vor allem die Gruppe der Lehrenden erfahren, welche praktischen Folgen mangelnde oder geringe Loyalität hat. Die Studierenden, welche sehr schnell und effizient gelernt hatten das Internetmedium und die Struktur Facebook und Twitter u.a. zu nutzen, verfügten in relativ kurzer Zeit über ein funktionierendes Kommunikationsnetzwerk wechselseitiger Loyalität. Die Intensivierung dieser Kommunikationsstrukturen hat sowohl zu einer Breitenwirkung (von Information für alle Studierenden lokal, regional und international) als auch zu einer enormen Dichte an Sozialkapital vor Ort, d.h. in den besetzten Hörsälen geführt, das in Form von Vertrauensbildung erkennbar wird. Vertrauen ist hier in zweierlei Hinsicht zu bewerten: Zum einen das formelle Vertrauen zwischen den Akteuren der Protestbewegung und den Verantwortlichen der Universität, gegen die sich sozusagen der Widerstand im Lauf der Zeit formiert hat. Die beiden Parteien – Universität in Vertretung konkreter Personen und Studierende in Vertretung demokratischer Beschlüsse (ohne Ansprechperson) – vertrauen sozusagen darauf, dass die Regeln des Kontaktes, die sich im Verlauf der Netzwerkbildung etabliert haben, eingehalten werden. Informelles Vertrauen bezieht sich darauf, ob man sich auf die anderen Studierenden, die man aber nicht oder nur zum Teil kennt, verlassen kann oder aber auch, ob unter stressigen Bedingungen die soziale Kohäsion dem Druck der Institution standhält. Ein Knackpunkt im Engagement und in der Vertrauensfrage stellt auch hier der Faktor Zeit dar. Das ist auch jene Variable, auf die das Management der universitären Organisation in seiner Umgangsweise setzt, um derartige informell entstandene und zeitweilig funktionierende *communities of practice* zu steuern. Durch die verschiedenen Arbeitsgruppen – als vertrauensbildendes Handlungs-Netzwerk – entsteht jeweils die Notwendigkeit verteilter Problemlöseaktivitäten die als Lernerfahrungen zur Entwicklung einer individuellen und kollektiven Expertise führen. Einer Protest-Community anzugehören und an ihren unterschiedlichen Aktivitäten je nach subjektiver Kompetenzlage, Zeitverfügung, Interesse und Bedürfnis teilzunehmen, bietet wichtige Ressourcen für das Lernen und für die intellektuelle Entwicklung (vgl. Wenger 1998, S. 34ff.). Indem die kognitiven Ressourcen in den einzelnen Arbeitsgruppen der Protestbewegung durch soziale Interaktionen in den zum Teil täglichen stattfindenden Plenarsitzungen mit dem Ziel des gemeinsamen Problemlösens aktiviert werden, entstehen für alle gewissermaßen gemeinsam geteilte Informationen, die die Wissensbildung aller Beteiligten fördern. Das bedeutet, dass zum Beispiel Probleme, die individuell von einzelnen nicht gelöst werden können, durch soziales Engagement und durch die Verknüpfung von Kompetenzen und Fertigkeiten bzw. Fähigkeiten mehrerer Akteure Lernprozesse in Gang setzen, die zu einer Kompetenzerweiterung einzelner Teilgruppen führen. Gezeigt hat sich in relativ kurzer Zeit, dass die Gruppe der Protestbewegten über vielfältige Kompetenzen verfügen, die im wechselseitigen Verständnis darüber einerseits sozialen Zusammenhalt bewirken und andererseits mittels Informationsaustausch zu einem Metawissen und zu einer starken demokratischen Expertise auf hohem Niveau werden. Was sich hier abspielt, wird mit Wenger (1986) als Determinante effektiven Problemlösens bezeichnet. Es ist sozusagen ein Wissen über lokale Wissensressourcen vorhanden, welches situiert und angebunden an die jeweiligen Bedingungen ist, zugleich besitzt es außerhalb der Institution einen konkreten Bildungswert.

Aus den Gesprächsprotokollen und Diskussionsforen wird ersichtlich, dass sowohl subjektive Lernprozesse als auch kollektives Lernen im Rahmen der sozialen Netzwerke bedeutsam sind. In dialogischen Gesprächen und demokratischen Verhandlungen (z.B. jede Entscheidung wird in Plena gemeinsam diskutiert und getroffen) hat sich im Sinne des Sozialkapitals ein kollektives Repertoire an Verhaltensroutinen und Handlungsentscheidungen herausgebildet. Einer der Studenten beschrieb in einem Brief seinen Lernprozess wie folgt: „Ich bin nun schon seit fünf Wochen Aktivist und die Anstrengungen, die mich die Arbeitsgruppengespräche, die stundenlangen Diskussionen und die Überzeugungsarbeit bei meinen Kollegen kostet, ist eine unglaubliche Erfahrung. Ich habe gelernt zu argumentieren, meine Emotionen im Zaum zu halten, dann zu sprechen, wenn ich an der Reihe bin und (...) ich habe gelernt mit Entscheidungen des Kollektivs zu leben, auch wenn ich anderer Meinung bin (...) und, ich [habe] erlebt, was Demokratie wirklich bedeutet. Besonders wird mir aber auch klar, dass ich Teil von Geschichte bin und sozusagen Geschichte mit schreibe" (Markus, Z. 17-24).

### 3.3 Vertrauen und Identitätsbildung im besetzten Hörsaal oder Die Uni gehört uns!

Interessant aus der Außenperspektive ist, dass sich die verschiedenen Arbeitsgruppen systemisch gesprochen aus einem Basisinteresse aller Beteiligten als Selbststeuerungsphänomen etabliert haben. Kriterium für die Zugehörigkeit ist die Freiwilligkeit, die Einhaltung von Regeln, die physische oder virtuelle Anwesenheit. Dies alles getragen von einer Identifikation mit den grundlegenden Forderungen, die als Konsens für alle Beteiligten eine Verbindlichkeit darstellen. Der Zusammenschluss ist von gegenseitiger Anerkennung und Vertrauen geprägt, sodass die Studierenden auf dieser Kohäsionsbasis auch problematische Phasen und heikle Fragen im Verlauf der gesamten Besetzungszeit meistern. Dieses kollektive Engagement schafft auch jenen Gemeinschaftssinn, der sich in Form eines geteilten Werte- und Symbolsystem zum Ausdruck bringt. Das Motto DIE UNI GEHÖRT UNS! sowie die Identitätsstiftung über Stickers, auf denen ein Bürosessel, samt Megaphon und einer Botschaft mit der Aufschrift WIR SIND UNI zu sehen sind, zeugt von den Bemühungen der Aufrechterhaltung dieser sozialen Kohäsion verbunden mit der Zielorientierung und der Intention ein Gemeinschaftsgefühl zu erzeugen. Das sind genau jene Merkmale, die in der Sozialtheorie zur Charakterisierung von Gemeinschaften herangezogen werden: Bindungen als Netz von Beziehungen, Normen als Formen des Miteinander-Aktiv-Seins und gegenseitiges Vertrauen in die sozialen Denk- und Handlungsmuster (vgl. Lehner 2004, S. 237; Heid 2004, S. 13ff.).

Insgesamt zeigt sich mit Blick auf diese Sozietät, dass die teilnehmenden Personen sich freiwillig, aufgrund eines bestimmten Interesses oder zur Erreichung eines gemeinschaftlichen Ziels zusammengeschlossen haben und so als sichtbare Gemeinschaft zu einer Produktionsstätte von Sozialkapital geworden sind. Die Motivation zeigt sich in der Art des Zusammenhalts und im Grad der Verantwortung in der Aufgabenverteilung und der Formalität. Unausweichliche Begleiterscheinungen jeglichen sozialen Engagements sind Ermüdung und Energieverlust, oder aber auch die Erschöpfung von Ressourcen und Reserven. Die Akteure und Akteurinnen der Protestbewegung an der Universität Graz haben dem entgegenwirkend parallel zu ihren politischen Aktivitäten versucht, ein für die Bevölkerung attraktives Angebot an unterschiedlichsten kulturellen, politischen und künstlerischen Veranstaltungen zu initiieren. Im Vergleich zu den Protestbewegungen in den 1990er Jahren enthält diese insofern sozialkapitalträchtige Innovationen, als die Unterstützungsbekundungen über die Institution Universität hinausgingen. Der Support, der vor allem in den ersten Wochen der Proteste aus der Kunst-, Kultur und Politikszene kam und zudem von namhaften und etablierten Persönlichkeiten getragen wurde, hat nicht zuletzt die breite Öffentlichkeit mit Fragen der Bildung sowie zu den Ausbildungs- und Studierbedingungen in unserer Gesellschaft konfrontiert. Zudem haben unterschiedlichste Aktionen im innerstädtischen Raum zu einer Solidarität von externer Organisation (z.B. Grazer Verkehrsverbund) mit organisierter Bürgerbeteiligung geführt.

Die Sozialkapitalmetapher wird – wie viele Beispiele zeigen – grundsätzlich positiv konnotiert (z.B. gelebte Solidarität, das Teilen eigener emotionaler und materieller Ressourcen mit anderen, Gefühl der Zugehörigkeit und Integration zu einem lokalen Netzwerk, gruppenbezogenen Aktivitäten). Aber die Metapher beinhaltet auch destruktive Formen wie etwa Nicht-Integration, Bruch von Freundschaften sowie den Verlust von Verbindlichkeiten und den Ausstieg aus dem Kollektiv. Diese Ambivalenz zwischen der Kooperation mit den so genannten Befreier und Befreierinnen und die Konkurrenz mit jenen so genannten *Abweichlern*, die in den besetzten Hörsälen ihr Studium ungehindert fortsetzen wollen, führen zu einer partikularistischen Solidarität, die immer wieder auszubalancieren ist. Schließlich ist die Dauerhaftigkeit und die Dichte der Beziehungen – die sich im Verlauf des Protestes verändert – ein entscheidendes Merkmal des Erfolges dieser Protestbewegung. Dies fördert einerseits die Verantwortung und das grundlegende Vertrauen zueinander und gleichzeitig „herrscht das Gesetz des Wiedersehens" (Luhmann 1973, S. 39), welches in solch etwas länger andauernden sozialen Beziehungen eine gute Grundlage für die Beständigkeit und das Durchhaltevermögen bereitet. Nicht zu vergessen ist allerdings, dass die Stärke des Sozial-Kapitals, wie bereits kurz erwähnt, nicht unabhängig vom Faktor Zeit gesehen werden kann. Zeit spielt auch hier eine große Rolle, denn Kapital benötigt einerseits Zeit um sich zu vergrößern und andererseits ist der Zeitfaktor eine wesentliche Bedingung für Beständigkeit. D.h. das vorhandene Kapital weist eine Rendite bzw. Verzinsung auf, die je nach gesellschaftlicher Lage akkumuliert oder erodiert. Zudem erfahren Studierende im Rahmen ihrer Aktionen das, was zusammengenommen üblicherweise als Ausdruck von Solidarität gilt: nämlich wechselseitige Verbundenheit, Zusammengehörigkeit sowie gegenseitige Hilfeleistungen. Das sind u.a. auch Erfahrungen, die Kraft verleihen und die die Beteiligten auch als Machtfaktor zur Veränderung ansehen. Nur durch derartigen inneren Zusammenhalt, durch den Einsatz individueller Ressourcen und spontaner Hilfsaktionen auf der Basis gelebter – in stundenlangen Plenarsitzungen ausverhandelnder Demokratie – ist ihnen eine organisierte Solidarität gelungen, die – gemessen an vergangenen Studierendenprotesten – ihres gleichen sucht. An dieser Stelle wird ersichtlich, was Putnam (1993, S. 185) meint, dass nämlich die Entwicklung von sozialem Kapital „der Schlüssel zu einer funktionierenden Demokratie" darstellt. Die Innovationskraft der Bewegung liegt von Außen betrachtet quer zu traditionellen, hierarchischen und bürokratischen Strukturen. Sie sind zum Ersten aktionsorientiert, zum Zweiten themenspezifisch und zum Dritten personenorientiert. Die Entstehung ist als eine selbst organisierte Antwort auf Versagen des Staates bzw. als Unzufriedenheit mit dem Bildungssystem zu verstehen. Insgesamt pflegt der harte Kern der Protestgruppe eine dezentralisierte Organisation mit lokaler und globaler Ausrichtung, was sich seitens der Verantwortungsträger der Universität immer wieder als große Schwierigkeit herausstellt. Nämlich, nicht eine einzelne Person ist sozusagen Ansprechpartner bzw. Ansprechpartnerin, sondern das Kollektiv. Das bedeutet: Verantwortung wird nicht zentral verwaltet, sondern im Kollektiv verteilt. Die Überwindung bereits bestehender Organisations- und Strukturformen (z.B. Hochschülerschaft) hat einerseits zu einer neuen Form informeller Machtstrukturen geführt und andererseits dadurch auch die direkte Kontaktaufnahme mit den verantwortlichen Entscheidungsträgern erschwert.

Die aktive Art der Kooperation und die Form der Sozialität im Zusammenleben und Zusammenarbeiten rund um die Uhr ist Spezifikum, das mit dem Begriff der „kreativen Demokratie" skizziert werden kann (vgl. Meyer 1994, S. 49). Zweierlei Aspekte sind dabei zentral: Zum Ersten handelt es sich um die Transparenz verdrängter Themen in der Gesellschaft. Und zum Zweiten steht *kreative Demokratie* auch für die Motivation, für die Ermunterung und Mobilisierung politisch interessierter Menschen, „denen die Zukunft ihrer Gesellschaft nicht gleichgültig ist und die sie deshalb nicht den großen Parteien" (Meyer 1994, S. 49) oder Funktionsträgern allein überantworten wollen. Damit dies passiert, braucht es so etwas wie eine „gemeinsame Basisintention", ein „Beziehungspotenzial" und einen „aktuellen Anlass" (Boos et al. 1992, S. 57). Als Basisintention kann das Motto Bildung für alle bzw. die Verbesserung der Studienbedingungen angesehen werden. Mit dieser Intention müssen sozusagen alle einverstanden sein, d.h. alle verfolgen diese Zielrichtung. Als Beziehungspotenzial dient der Austausch von Kontakt, Anerkennung, gleichberechtigte Kommunikation, Begegnungsmöglichkeiten und verbindliche Arbeitsformen. An dieser Stelle werden auch das Eigeninteresse und der Eigennutzen deutlich. Das zeigt sich daran, dass als Argument für die Nicht-Beteiligung die Nicht-Betroffenheit zum Ausdruck gebracht wird. Ein Student formuliert das so: „Dass wir gemeinsam an einem Ziel arbeiten und sich so unterschiedliche Studierende aus ganz verschiedenen Studienrichtungen beteiligen ist faszinierend. Wir lernen soviel voneinander und jeder bringt das ein, was er gerade kann und hat und weiß" (Benjamin, Z. 58-63). Der Austausch zwischen Gleichgesinnten und die Arbeit, die auf allen Schultern sozusagen verteilt wird sowie das emotionale Klima führen zu einer Art Empowerment. Gelernt wird dabei im sozialen Feld und dies führt darüber hinaus zu einer erweiterten Solidaritätserfahrung. Die aktive Gruppe der Studierenden, die über die vielen Wochen des Protestes unglaublich intensiv und auch erfolgreich gemeinsam ihre Ziele verfolgt haben, blicken auf identitätsbildende und lernintensive Erfahrungen in mehrerlei Hinsicht. Nicht immer funktioniert die Zusammenarbeit reibungslos, sind doch die Einstellungen und Werthaltungen unterschiedlich, wenn es um das Finden von Konsensentscheidungen oder Kompromisslösungen geht. Gefragt ist die Bereitschaft Differenzen zu Akzeptieren – vor allem das Hinterfragen von Meinungsäußerungen wird nach stundenlangen Plenarsitzungen zu einer Geduldsprobe. Vernetzung mit Solidaritätsansprüchen ist also „kein Prozeß der automatisch abläuft oder ohne Reibungen funktioniert, er bedarf vielmehr eines sensiblen Agierens. Dieser Kommunikations- und Aushandlungsprozess kann sehr zeitaufwendig sein, belohnt aber häufig damit, daß verlässliche Arbeitsbeziehungen entstehen. Eine latente Dialogbereitschaft, eine sporadische Kontaktaufnahme zwischen verschiedenen Institutionen und Initiativen (…) können eine Basis bilden für anspruchsvollere, zeit-, arbeits- und verständigungsintensivere Prozesse der Zusammenarbeit. Denn Vernetzung heißt mehr als in einem einmaligen Kraftakt Zusammenarbeit zu proben, um dann wieder in die alten Arbeitsstrukturen zurückzufallen. Vielmehr sollten Fäden und Knoten entstanden sein, die nicht immer nach außen sichtbar, für alle Beteiligten aber spürbar als Informations-, Interessens- und Kommunikationsbeziehungen vorhanden sein müssen" (Jungk 1994, S. 72f.).

## 4. Soziales Kapital als Sozialkraft mit individueller und politischer Wirkung

Das Konzept des Sozialkapitals erfüllt, wie hier am Beispiel der Studierendenproteste zu zeigen versucht wurde, mehrerlei Funktionen. Auf der Makroebene reduziert das Sozialkapital die für den Staat anfallenden Kosten zur Bekämpfung von Arbeitslosigkeit. Auf der Mesoebene führt ein ausgeprägtes Sozialkapital in Form erlebter Solidarität und sozialer Integration zu mehr individueller Gesundheit und Lebensqualität. Und auf der Mikroebene – damit ist die Bandbreite der sozial-emotionalen Bindungen gemeint – stiftet das Sozialkapital Anerkennung, Geborgenheit und Zugehörigkeit und unterstützt indirekt das kollektive Wohl einer Gruppe. Aus einer ideologischen Sicht steht die Sozialkapitalmetapher auch eine soziale Kraft mit politischer Wirkung dar, als eine Art Fundament für einen gesellschaftspolitischen Umbau oder zumindest für bildungspolitische Umdenkprozesse. Die gegenwärtige Interessenslage mit Blick auf die Studierendenproteste lässt vermuten, dass auch in Zukunft die Ansprüche jener Akteure ihren Ausdruck finden werden, die sozusagen die Zielgruppe des Bildungssystems darstellen und damit die personale Zukunft unserer Gesellschaft bilden.

Allerdings ist dabei zwischen Systemzielen und Akteurszielen (vgl. Bogumil 2001, S.
30) zu unterscheiden, und dies führt nun auch in der Folge zu Vorgehensweisen, die
das Sozialkapital im Nahraum der Universität weiter nähren und entwickeln. Sozialkapital im universitären Raum ist gleichbedeutend mit Gemeinschaft – eine Gruppe von
Studierenden, die direkt, häufig und in vielgestaltiger Weise miteinander interagieren
um ein Ziel zu erreichen. Dabei geht es auch um die Ermöglichung sozialer Subjekti-
vität, die eben nicht nur auf Selbstbewusstsein und Selbstbestimmung der einzelnen
Individuen ausgerichtet ist, sondern grundsätzlich auf Kommunikation, Kooperation,
Netzwerkbildung, Partizipation und Solidarität. Soziales Kapital ist in dieser Lesart
nicht nur – wie andere Kapitalsorten – produktiv für das Individuum, wenn es um die
Verwirklichung von Zielen geht, die ohne es nicht zu verwirklichen sind. Soziales Kapital ist – und das ist auch im symbolischen Interaktionismus verankert – vom sozialen Einfluss des Selbstkonzepts und der sozialen Identität durch soziale Interaktionen
abhängig. Das heißt, das Individuum erfährt sich durch Kontakt, Beziehung, innerhalb eines Netzwerkes und erlebt so im Sozialen Identitätsbildung.

Die Möglichkeit das soziale Kapital als Sinnressource zur Gewinnung von individueller Anerkennung zu nutzen (als anthropologische Bedürfnisbefriedigung) bedeutet mit anderen Worten, dass es eine Interferenzbeziehung zwischen sozialem Kapital
als Entwicklungspotenzial für das Individuum und die Ausgestaltung von Gemeinschaft und sozial funktionierender Gesellschaft gibt. An der Stelle der Partizipation
entsteht die Vermittlungsmöglichkeit als Aneignungsform zwischen Welt und Selbst.
Durch Aneignung von Welt baut das lernende Subjekt sozusagen an einer erweiterten
Gestaltungsmacht auch im Sozialen. Zweierlei ist dabei bedeutsam, dies sollte deutlich
geworden sein: Erstens entwickelt sich das Subjekt im Zuge dieses selbst organisie-
renden Aneignungsvorganges von Welt durch die konkreten Erfahrungen des Gelin-
gens und Scheiterns bzw. durch die Erfahrungen dessen was möglich und umsetzbar
ist. Und zweitens wird der Lerngegenstand – das Gelernte könnte hier Partizipation,
Eingebundensein in Netzwerke, Vertrauen in die Anderen sein – in umfassende Be-
deutungszusammenhänge eingegliedert. Das bedeutet, das Subjekt erfährt sich als ein
gestaltendes Wesen, welches in der Lage ist, an diesen Lerngegenständen sich mit
Meuler (2002) – wie eingangs erwähnt – vom *kleinen Ich zum großen Ich* zu entwickeln
und in diesen Entwicklungskontexten *etwas zu bewirken*. So gesehen macht das Subjekt
die Erfahrung von Selbstwirksamkeit und Gestaltbarkeit von Welt. Widerstände, welcher Art und Form auch immer, können vom Subjekt als individuelle Lernanlässe und
Lerngelegenheiten auch im Sozialen genutzt werden. Die systemische Betrachtung der
Sozialkapitalmetapher zeigt, dass das Subjekt und die Gesellschaft auch bei universitären Protesten und Demonstrationen nur vermeintliche Gegenpole darstellen, vielmehr
stellen sie auch den gesamtgesellschaftlichen Bedeutungsraum für die Schaffung von
Sozial-Wert und den Nährboden für Sozialkraft im lokalen Lebensraum dar.

## Endnoten

1   Im Oktober 2009 haben Studierende an vielen österreichischen, europäischen und internationalen Universitäten und Hochschulen zu Bildungsprotesten aufgerufen, um auf die gegenwärtigen Probleme und Missstände im Bildungssystem aufmerksam zu machen. Die Proteste und Demonstrationen sowie die Besetzung von Hörsälen haben eine Bildungsdiskussion auf breiter Basis in Gang gesetzt. Die Diskussion gestaltet sich als offener, dialogischer und gesellschaftspolitischer Prozess, der durch Partizipation – Grad der Mitsprache und Mitentscheidung – im sozial organisierten und auf Verantwortungsteilung basierenden Diskursen entstand.

## Literatur

Alheit, Peter (1994): Was die Erwachsenenbildung von der Biographie- und Lebenslaufforschung lernen kann. In: Lenz, Werner (Hg.): Modernisierung der Erwachsenenbildung. Wien/Köln/Weimar, S. 28-56.

Alheit, Peter/Dausien, Bettina (2002): Bildungsprozesse über die Lebensspanne und lebenslanges lernen. In: Tippelt, Rudolf (Hg.): Handbuch Bildungsforschung. Opladen, S. 565-585.

Bogumil, Jörg (2001): Modernisierung lokaler Politik. Kommunale Entscheidungsprozesse im Spannungsfeld zwischen Parteienwettbewerb, Verhandlungszwängen und Ökonomisierung. Baden-Baden.

Boos, Frank/Exner, Alexander/Heitger, Barbara (1992): Soziale Netzwerke sind anders. In: Organisationsentwicklung, Heft 1, S. 55-61.

Bourdieu, Pierre (1983): Ökonomisches Kapital, kulturelles Kapital, soziales Kapital. In: Kreckel, Reinhard (Hg.): Soziale Ungleichheiten. Soziale Welt, Sonderband 2. Göttingen, S. 183-198.

Bourdieu, Pierre (1997): Das literarische Feld. In: Bourdieu, Pierre/Pinto, Luis (Hg.): Streifzüge durch das literarische Feld. Konstanz, S. 33-147.

Coleman, James S. (1990): Foundation of Social Theory. Cambridge.

Crouch, Colin (2008): Postdemokratie. Frankfurt am Main.

Freitag, Markus (2000): Soziales Kapital und Arbeitslosigkeit – Eine empirische Analyse zu den Schweizer Kantonen. In: Zeitschrift für Soziologie. Heft 29, S. 186-201.

Gruber, Hans/Harteis, Christian/Heid, Helmut/Meier, Bettina (Hg.)(2004): Kapital und Kompetenz. Wiesbaden.

Haus, Michael (Hg.)(2002): Bürgergesellschaft, soziales Kapital und lokale Politik. Opladen.

Heid, Helmut (2004): Kapital und Kompetenz. In: Gruber, Hans/Harteis, Christian/Heid, Helmut/Meier, Bettina (Hg.): Kapital und Kompetenz. Wiesbaden 2004, S. 13-24.

Jungk, Sabine (1994): Kooperation und Vernetzung. Strukturwandel als Kompetenzanforderung. In: Hagedorn, Friedrich/Jungk, Sabine/Lohmann, Mechthild/Meyer, Heinz H. (Hg.): Anders Arbeiten in Bildung und Kultur. Kooperation und Vernetzung als soziales Kapital. Weinheim, S. 61-76.

Kessl, Fabian/Otto, Hans-Uwe (Hg.)(2004): Soziale Arbeit und Soziales Kapital. Wiesbaden.

Kriesi, Hanspeter (2007): Sozialkapital. Eine Einführung. In: Franzen, Axel/Freitag, Markus (Hg): Sozialkapital. Grundlagen und Anwendungen. Kölner Zeitschrift für Soziologie und Sozialpsychologie. Sonderheft 47/2007. Wiesbaden, S. 23-46.

Kunz, Volker (2000): Kulturelle Variablen, organisatorische Netzwerke und demokratische Staatsstrukturen als Determinanten der wirtschaftlichen Entwicklung im internationalen Vergleich. In: Kölner Zeitschrift für Soziologie und Sozialpsychologie. Heft 2.

Lehner, Franz (2004): Die Bedeutung der Virtuellen Gemeinschaften und Communities of Practice für Unternehmen. In: Gruber, Hans/Harteis, Christian/Heid, Helmut/Meier, Bettina (Hg.): Kapital und Kompetenz. Wiesbaden, S. 225-252.

Luhmann, Niklas (1973): Vertrauen – Ein Mechanismus der Reduktion sozialer Komplexität. Stuttgart.

Meueler, Erhard (1993): Die Türen des Käfigs. Wege zum Subjekt in der Erwachsenenbildung. Stuttgart.

Meueler, Erhard (2002): Fortbildung und Subjektentwicklung. In: Nuissl, Ekkehard/Schiersmann, Christiane/Siebert, Horst (Hg.): Literatur- und Forschungsreport. Weiterbildung. Nr. 49, S. 59-68.

Meyer, Heinz H. (1994): Kommunale Entwicklung und Partizipation. Politik als kultureller Lernprozess. In: Hagedorn, Friedrich/Jungk, Sabine/Lohmann, Mechthild/Meyer, Heinz H. (Hg.): Anders Arbeiten in Bildung und Kultur. Kooperation und Vernetzung als soziales Kapital. Weinheim, S. 45-57.

Mikula, Regina (2008): Die Mehrperspektivität des Lernens in der Verortung und Rekonstruktion biografischer Veränderungsprozesse. In: Egger, Rudolf/Mikula, Regina/Haring, Sol/Felbinger, Andrea/Pilch-Ortega, Angela: Orte des Lernens. Wiesbaden, S. 59-72.

Putnam, Robert (2000): Bowling Alone. The Collapse and Revival of American Community. New York.

Putnam, Robert D. (1993): Making Democracy Work: Civic Traditions in Modern Italy. Princeton.

Putnam, Robert D. (2001): Gesellschaft und Gemeinsinn. Sozialkapital im internationalen Vergleich. Gütersloh.

Von Felden, Heide (2008): Zum Lernbegriff in biografietheoretischer Perspektive. In: Egger, Rudolf/Mikula, Regina/Haring, Sol/Felbinger, Andrea/Pilch-Ortega, Angela (Hg.): Orte des Lernens. Wiesbaden, S. 47-58.

Wenger, Etienne (1998): Communities of practice: Learning, meaning and identity. Cambridge.

Wolter, Stefan C. (2001): Bildungsfinanzierung zwischen Markt und Staat. Chur/Zürich.

# Perspektiven, Ressourcen, Fälle

Peter Alheit

# Lernwelt „Nachbarschaft": Zur Wiederentdeckung einer wichtigen Dimension[1]

## Einleitung

Die Suggestivkraft, aber auch die extreme intellektuelle Schlichtheit des Titels täuschen. Der folgende Beitrag beschäftigt sich durchaus mit „Nachbarschaft", und ich halte dieses Phänomen nachdrücklich für ein pädagogisches Projekt. Aber die Legitimation, dieses Projekt zum Gegenstand wissenschaftlicher Überlegungen zu machen, weicht von fast allen Assoziationen ab, die der Titel auf den ersten Blick nahe legt.

Es geht nicht um eine neue Spielart des *„Seid nett zueinander!"*, neudeutsch: um in Mode gekommene Varianten des „Vernetzens" (selbst wenn solche Prozesse bei meinem Thema eine Rolle spielen). Es geht auch nicht um die Wiederauflage der faszinierenden Praxis des politisch orientierten *Community Organizing*, wie sie Saul D. Alinsky – der „Vater der Gemeinwesenarbeit" – im Chicago der 1930er Jahre erfolgreich realisiert hat (vgl. Alinsky 1974) und wie sie in den 1970er und 1980er Jahren in Deutschland irgendwie kopiert, aber nie wirklich erreicht wurde (vgl. kritisch bereits Alheit 1980). Selbst der längst über alle Parteigrenzen hinweg akzeptierte Aufbau einer „Zivil"- oder zumeist schlichter: „Bürgergesellschaft" ist hier nicht gemeint (vgl. dazu Alheit 1999).

Hinter dem Titel „Lernwelt Nachbarschaft" steht ein Krisenszenario, eine sensible Prognose, mit der sich vorgeblich alle befassen und deren Analyse doch kaum sichtbare politische, soziologische, ja, auch pädagogische Konsequenzen zeitigt. Ich meine den sogenannten „demographischen Wandel".[2]

Und in diesem Kontext möchte ich über „Nachbarschaft" nachdenken: analytisch, empirisch und – sagen wir – ein wenig „utopisch". D.h. konkret: Ich will knapp ein Krisenszenario zum demographischen Wandel entwerfen. Ich stelle im zweiten Teil meiner Überlegungen ausgewählte Ergebnisse einer aktivierenden Befragung in einem Göttinger Problemstadtteil vor, der eines der 45 regierungsgeförderten (so heißt es wirklich!) *„Leuchtturmprojekte"* zur Nachbarschaftsentwicklung beherbergt, und ich schließe mit einem nicht gerade euphorischen, aber doch irgendwie hoffnungsvollen *„Antikrisenszenario"*.

## 1. Das Krisenszenario: „Demographischer Wandel"

Das philosophierende Nachdenken darüber, dass wir nicht wissen können, was uns auf jeder neuen Stufe des Alterns erwarten wird, weil wir, wenn diese Stufe erreicht ist, Andere sein werden, als wir heute sind (vgl. von Wendorff 1992, S. 14), ist eine passende Metapher für die Art, wie eine zivile Gesellschaft mit dem Phänomen umgehen sollte, dass ihre Bevölkerung in den kommenden Dekaden zunehmend „altert" (vgl.

stellvertretend Mader (Hg.) 1995), d.h. dass der Anteil der Hochaltrigen und – statistisch absurd – besonders der Höchstaltrigen an der Gesamtbevölkerung drastisch ansteigt.

Wir wissen nicht wirklich, was das für unsere Gesellschaft bedeuten wird, ob es notwendigerweise zu Pflegekatastrophen führt, ob es den Bestand künftiger Sozial- und Gesundheitspolitiken gefährdet, ob es gar zu einem „Clash der Generationen" kommt; oder ob unser Gemeinwesen in einem noch nicht zu bestimmenden, aber ganz überraschenden Sinne weiser, gelassener und solidarischer sein könnte, weil die Gesellschaft dann eine ganz andere sein wird als unsere heutige.

Was wir indessen wissen, ist, dass wir uns darauf vorbereiten müssen, dass zentrale Bedingungen, die bis in die zweite Hälfte des 20. Jahrhunderts hinein scheinbar unhinterfragt gegolten haben, infrage gestellt sind: z.B. die Tatsache, dass die Pflege der Alten eine Aufgabe der Familie sei. Gewiss wird auch in Zukunft der familiäre Sozialraum einen wesentlichen Teil der Verantwortung für die älteren Mitglieder und ihr Wohlergehen übernehmen, allerdings unterscheidet er sich in mindestens drei Aspekten von den konventionellen Erwartungen an das Familiensystem der „Moderne":

– Familien sind seit langem kein stabiler Sozialraum mehr, der über Generationen seinen Bestand garantieren und die Aufgabe der Betreuung und Pflege der älteren Mitglieder selbstverständlich und unproblematisch übernehmen könnte. Ein gutes Drittel der heute geschlossenen Ehen (in großstädtischen Bereichen fast die Hälfte) wird geschieden und macht neuen Familiensequenzen oder alternativen Formen des Zusammenlebens der Generationen, der Geschlechter oder gleichgeschlechtlicher Partnerschaften Platz (vgl. dazu stellvertretend Maihofer/Böhnisch/Wolf 2001). Das führt zu Beziehungsmustern, die zwar gelegentlich aktiv und fürsorglich Familiengrenzen überschreiten, zugleich aber die traditionelle Verantwortung zwischen den Generationen innerhalb einer Familie schwächen. Hinzu kommt: Familienzyklen werden nicht nur komplizierter (etwa in „Patchworkfamilien"), sie werden durch die drastisch gesunkenen Geburtenraten auch „ausgedünnt". D.h. für eine alternde Erzeugergeneration sorgen potenziell sehr viel weniger Nachkommen als in früheren Zeiten. Schon die schlichte Entdeckung des amerikanischen Soziologen Samuel Preston, dass zum ersten Mal in der Geschichte ein durchschnittliches Ehepaar mehr Eltern als Kinder hat (Preston 1976), verweist darauf, dass bestimmte Organisationsprobleme zwischen den Generationen, z.B. das Pflegeproblem, innerhalb der Familie definitiv nicht mehr gelöst werden können. Sozialdemographen sprechen ziemlich lapidar von „Bohnenstangenfamilien" (vgl. stellvertretend Höpflinger 2008).

– Die Protagonistinnen der innerfamiliären Altenpflege waren – das ist der zweite Aspekt – vor allem die Frauen der mittleren Generation. Sie sind heute nicht nur durch die allmähliche Erosion der Familienkontinuität der traditionellen Verfügbarkeit entzogen, sondern durch ihre (übrigens auch familienökonomisch notwendige) berufliche Eingebundenheit. Wegen der drastisch angestiegenen Mobilität lebt die aktuelle Erwachsenengeneration zudem nicht selten vom Wohnort der Eltern weit entfernt und wäre logistisch gar nicht in der Lage, für deren Pflege zu sorgen. Aber es gibt noch ein interessantes innergenerationales Phänomen der älteren Generation, was das Pflegeproblem zuspitzt. Ich beziehe mich auf einen sozialdemographischen Befund, der auf den ersten Blick trivial erscheint, aber vielleicht zum Nachdenken Anlass gibt: Verwitwung kommt, das wissen wir, bei Frauen im Alter und besonders im hohen Alter sehr viel häufiger vor als bei Männern, ja, Witwenschaft ist fast zur Normalerwartung in weiblichen Biographien geworden. Gunhild Hagestad, eine bekannte norwegische Sozialdemographin, spricht plausibel von einer Feminisierung des hohen Alters (Hagestad 1986). Für Männer gilt das Gegenteil: Da sie durchschnittlich früher sterben und – falls sie ihre Partnerin verloren haben – im Alter häufiger noch einmal heiraten, gehört es zur Normalerwartung in männlichen Lebensverläufen, bis zum Tod mit einer Frau zusammenzuleben. In diesem Kontext hält die Statistik eine überraschende Zahl bereit, die den unterschiedlichen Alternsprozess der Geschlechter schlagend belegt: Die Wiederverheiratungsquote liegt bei Männern jenseits der 65 achtmal höher als bei Frauen; und bei Männern steigt die Wahrscheinlichkeit sogar noch mit dem höheren Bildungsstand, während sie bei Frauen drastisch sinkt (vgl. Hagestad 1986, pp.153ff.). Kluge Frauen, heißt das, vermeiden neue Partnerschaften; kluge Männer suchen sie geradezu. Aber der Erfolg nimmt ab. D.h. das Potenzial der selbstverständlichen Protagonistinnen der männlichen Alterspflege reduziert sich dramatisch. Die Gesellschaft der Postmoderne mit ihrem Pflegeproblem kann eben nicht mehr bei den künftigen Frauengenerationen „abgeladen" werden.

– Tatsächlich aber hat der Pflegebedarf – dies ist mein dritter Aspekt – durch die deutlich gestiegene und weiter steigende Lebenserwartung der Älteren so rasant zugenommen, dass er selbst unter traditionellen Familienbedingungen längst nicht mehr zu bewältigen wäre und durch professionelle Fürsorge- und Pflegeeinrichtungen ergänzt werden muss, deren Finanzierung langfristig durchaus nicht gesichert ist. Niemals waren mehr Menschen chronisch körperkrank als heute, und niemals war der Zuwachs der Altersdemenz so besorgniserregend (vgl. Dörner 2007). Alle seriösen demographischen Vorhersagen prognostizieren zwischen 2010 und 2050 einen Bevölkerungsrückgang in Deutschland von ca. 82 Mio. auf ca. 65 Mio. und gleichzeitig einen Anstieg der über 65jährigen von 16,8 Mio. auf 23,5 Mio. D.h. jede/r Dritte (36,1 %) wird über 65 Jahre sein, und die knappe Hälfte davon (10,1 Mio.) sogar über 80 Jahre (vgl. Witterstätter 2007). Wenn wir davon ausgehen, dass 2005 36,3 % aller zwischen 85 und

90 Jahre Alten und sogar 60,2 % aller über 90jährigen pflegebedürftig waren, hätte diese Entwicklung einen Zuwachs der Pflegebedürftigen zur Folge, der professionell weder zu bewältigen noch vollends zu bezahlen wäre, zumal davon ausgegangen werden kann, dass 2040 mehr als 60 % der Pflegebedürftigen auf ausschließliche Fremdpflege angewiesen sein werden (vgl. Witterstätter 2007).

Diese bedrohliche Entwicklung verpflichtet nicht nur zu kreativen (Finanzierungs-) Modellen und der Kooperation von Laien, Semiprofis und Professionellen im Pflegebereich, sie zwingt auch zu realistischen Experimenten mit selbst gewählten Wohn- und Lebensprojekten *im Vorfeld der Pflege*, die den Eintritt in den Pflegestatus zu verzögern oder sogar zu verhindern helfen. Dazu gehören neben Wohnen in Pflegewohngruppen und betreutem Wohnen eben auch verschiedene Formen von Mehrgenerationswohnen und selbstbestimmtem gemeinschaftlichem Wohnen im Alter. Dazu zählt freilich vor allem der Aufbau einer neuen Praxis der Nachbarschaft. Und genau hier bin ich bei meinem Thema.

Wenn die familialen Netzwerke den Alternsprozess spätmoderner Gesellschaften nicht mehr auffangen und öffentliche Kompensation durch Staat oder Markt ökonomisch nicht mehr tragbar sind, muss – wie der streitbare Sozialpsychiater Klaus Dörner in seinem Buch *Leben und Sterben, wo ich hingehöre* (2007) fordert, ein „dritter Sozialraum" aufgebaut werden. „Wir entdecken wieder", sagt Dörner, „neben dem Raum des Privaten und neben dem des Öffentlichen den nachbarschaftlichen Sozialraum, der geschaffen ist für die Bereitschaft eines über-familiären, aber doch begrenzbaren und überschaubaren Helfens" (Dörner 2003, S. 5).

Freilich, gibt es diesen Sozialraum noch – zumal in den nachindustriellen, entmischten urbanen Wohngebieten? Ist das „Dorf in der Stadt", wie dies der deutsch-amerikanische Stadtsoziologe Herbert J. Gans (1962) in seinem „Klassiker" *The Urban Villagers* beschrieben hat, überlebensfähig? – Ich möchte dazu vorsichtige und zugleich skeptische Antworten geben, die auf den Ergebnissen einer aktivierenden Befragung im Göttinger Problemstadtteil Leineberg beruhen (vgl. Alheit et al. 2010).

## 2.  Steigende Segregationsprozesse und die verdeckte Erosion der alten Nachbarschaften: Eine knappe Fallrekonstruktion

„Der Leineberg", so der Göttinger Sprachgebrauch, ist ein relativ kleines Stadtquartier mit ca. 1.100 Haushalten und  ca. 2.500 Bewohnern. Eine gewisse räumliche Hermetik erhält das Quartier durch klare natürliche bzw. künstliche Begrenzungen, den Leine-Fluss im Südosten, die ICE-Trasse im Nordosten und ein großes psychiatrisches Krankenhaus sowie eine Jugendstrafanstalt im Südwesten.

Als selbständiges Quartier entsteht „der Leineberg" als Neubauviertel zu Beginn der 1960er Jahre. Viele junge Familien mit Kindern ziehen ein. Das soziale Leben wird von zwei Einrichtungen bestimmt: der evangelischen Thomasgemeinde, die eine lebendige und moderne Gemeindearbeit inszeniert, und der Schule am Leineberg, die mit reformpädagogischen Konzepten in den Stadtteil hineinwirkt.

Es entstehen durchaus Nachbarschaften, obgleich von Anfang an gewisse sozialstrukturelle Segregationsprozesse beobachtet werden können: Das Satellitenbild zeigt unterschiedliche Bebauungsweisen. Am linken Rand sieht man mehrere Straßenzüge mit Einfamilienhäusern, die von Akademikern und höheren Angestellten bewohnt werden. In der Nähe des psychiatrischen Krankenhauses erkennt man vage noch das alte sogenannte „Pflegerdorf" mit Häusern aus den 1920er Jahren, wo die Ärzte und das Pflegepersonal der ehemaligen „Irrenanstalt" wohnten. Die jüngeren, zumeist fünfgeschossigen, vereinzelt sogar zehngeschossigen Wohnblocks im Zentrum des Quartiers wurden anfangs von jungen Familien der unteren Mittelschicht und auch von Arbeiterfamilien bewohnt. Wie gesagt, trotz der Unterschiede entstanden lebendige Nachbarschaften, und die Mediatoren waren „klassisch": Kirche und Schule.

Heute sieht die Sozialstruktur düsterer aus. Der Mittelschichtanteil hat deutlich abgenommen und stellt weniger als 25 % der Bevölkerung. Der Unterschichtanteil hat durch den Zuzug ethnisch sehr differenzierter MigrantInnengruppen (21 %) drastisch zugenommen und liegt bei über 70 %. Der Anteil der Arbeitslosen ist auf über 20 % angestiegen. Der Prozess einer „Prekarisierung" ist unübersehbar. Beinahe noch drastischer hat sich die Altersstruktur verändert.[3]

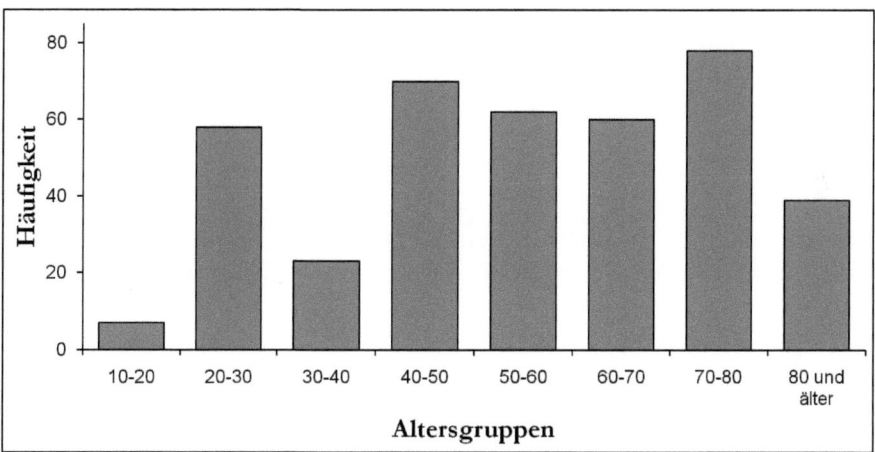

*Abb. 1: Altersgruppen*

Die größte Gruppe stellen mit 19,6 % die 70 bis 80-Jährigen, während Kinder und Jugendliche zu einer Quantité négligeable geschrumpft sind. Das verändert Nachbarschaften. Eine ähnliche Tendenz bestätigt das statistische Bild der „Haushaltsformen":

Haushalte mit einer einzigen Person sind mit 33,3 % die dominante Haushaltsform. Paare mit Kindern stellen weniger als ein Viertel der Haushalte. Wenn man weiß, dass zumal in jungen Stadtvierteln gerade über Kinder Nachbarschaften angeregt werden (und genau dies war die Erfahrung am „Leineberg" in den 1960er Jahren), ist dieser Befund höchst bedenklich.

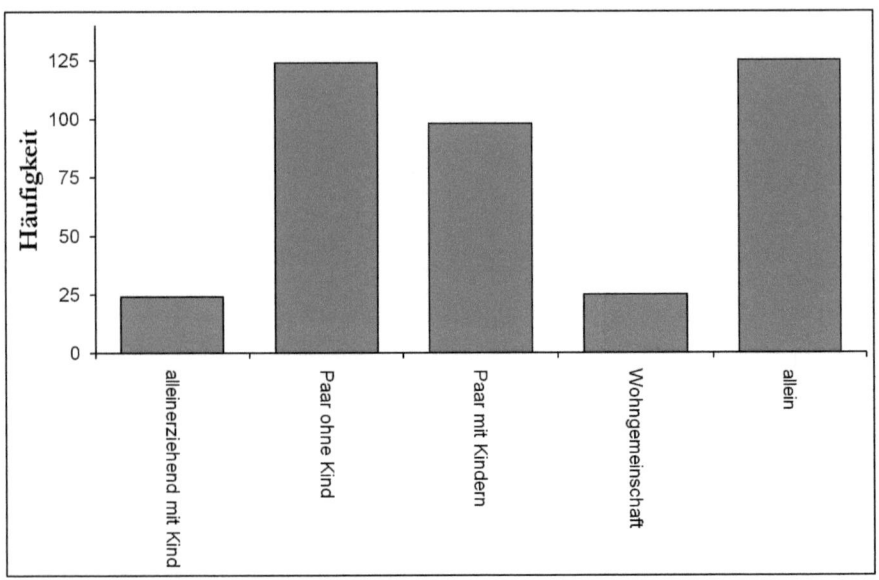

*Abb. 2: Haushaltsformen*

Aber die Statistik bringt noch mehr zutage. Natürlich haben wir die Leute gefragt, welche Interessen und Bezüge sie haben, was ihre Nachbarn angeht. Und dabei kommt Positives wie Negatives zum Ausdruck: Positiv, sie haben durchaus nachbarschaftliche Bezüge:

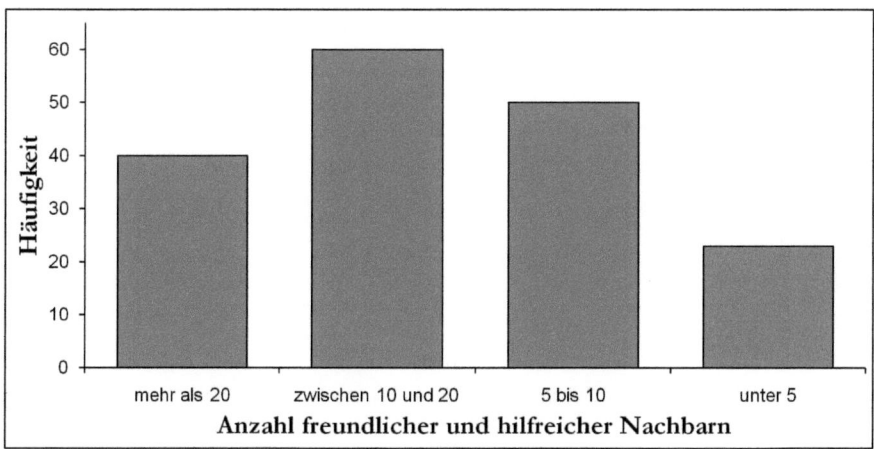

*Abb. 3: Angabe der Anzahl freundlicher und hilfreicher Nachbarn bei Personen über 60*

Die meisten der befragten Bewohner kennen 10 bis 20 freundliche Nachbarn und fühlen sich deshalb auf dem „Leineberg" auch ausgesprochen wohl. Auf einer Skala mit Werten von 1 bis 6 sind die positiven Werte 5 und 6 dominant:

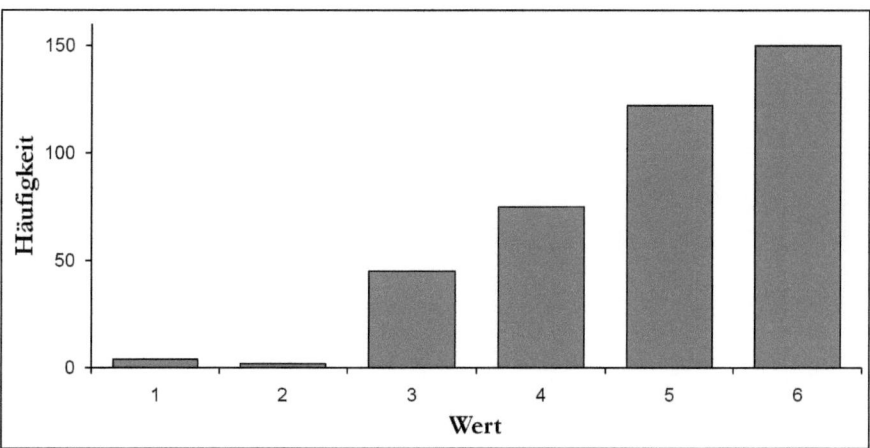

*Abb. 4: Wohlfühlen auf dem Leineberg*

Allerdings, dieses Wohlgefühl wird überraschenderweise eingeschränkt, sobald die räumliche Dimension der Nachbarschaft sich symbolisch erweitert. Bei der Frage nach der Zufriedenheit mit sozialen Kontakten verschiebt sich das Antwortprofil in die Mitte der Werteskala.

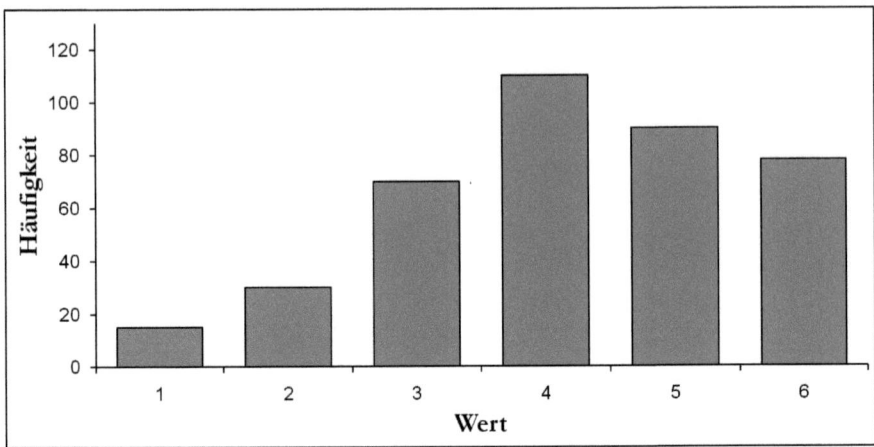

*Abb. 5: Zufriedenheit mit sozialen Kontakten*

Und bei der Frage über die Zufriedenheit mit kulturellen und sozialen Angeboten ist sogar eine Verschiebung in den unteren Bereich der Wertungsskala festzustellen:

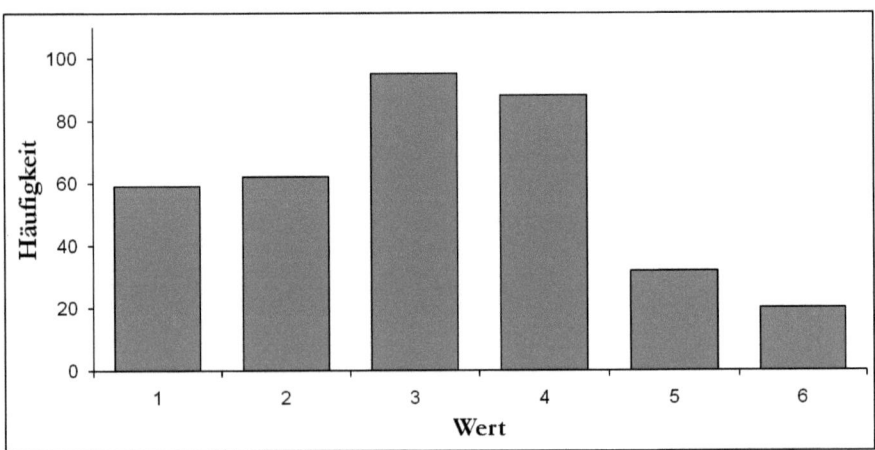

*Abb. 6: Zufriedenheit mit kulturellen und sozialen Angeboten*

Wie lässt sich diese subtile Veränderung deuten? Einfach gesagt: die Zufriedenheit schwindet mit der Ausdehnung des Sozialraums. Das „naive Wohlgefühl" bezieht sich auf die eigenen vier Wände und die unmittelbare Nachbarschaft. Dieser Bereich ist selbst gewählt und selbst gestaltet. *„Soziale Kontakte"* beziehen bereits Menschen mit ein, denen man zwangsläufig begegnet – im Treppenhaus oder beim Kaufmann – und denen man u.U. lieber nicht begegnen würde. *„Soziale und kulturelle Angebote"* sind, so scheint es, vollends der eigenen Gestaltung entzogen. Sie werden von Institutionen verantwortet, deren Interessen entweder nicht deutlich werden oder den eigenen Interessen sogar entgegenstehen.

So kann dann zwar ein für die weitere Nachbarschaft nützlicher „Bürgertreff" durchaus positiv gewürdigt werden,

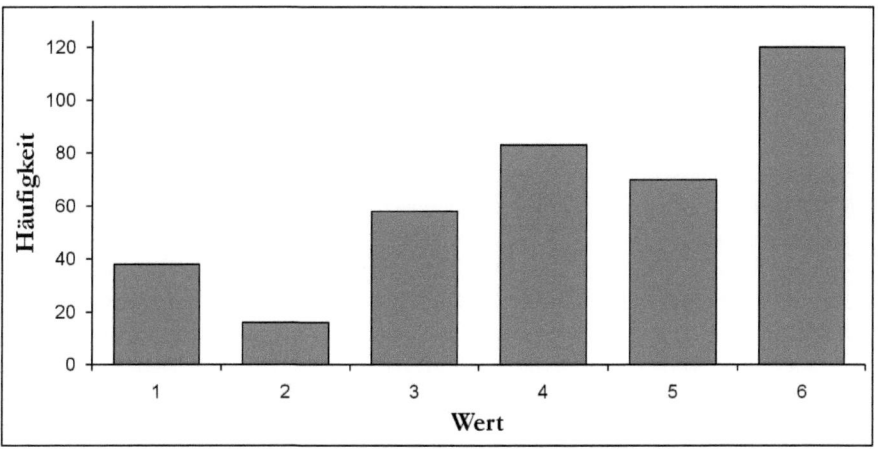

*Abb. 7: Meinung über Bürgertreff*

die eigene Mitarbeit in einer „Initiative für die sozialen Belange der Bürger" wird jedoch eher negativ konnotiert:

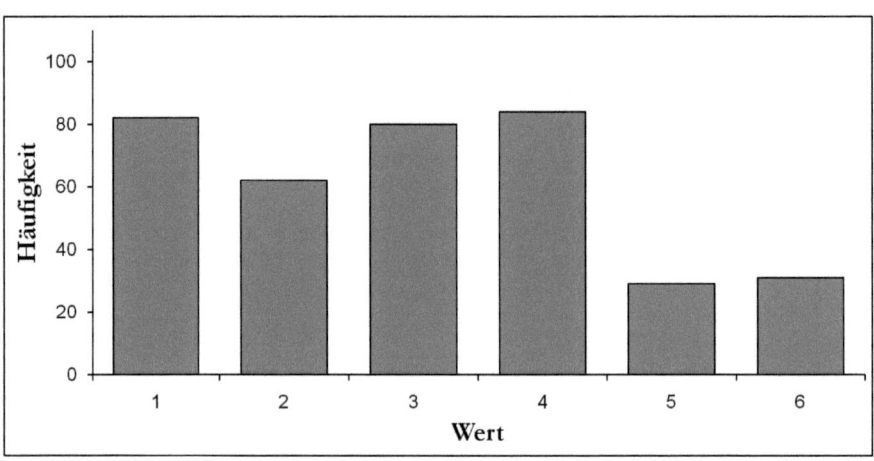

*Abb. 8: Mitarbeit in einer Initiative für soziale Belange der Bürger*

Wir beobachten also einerseits eine Konzentration sozialer Beziehungen auf den engsten Nahbereich der eigenen Existenz, andererseits eine deutliche Lockerung der Interaktionsbezüge und auch der sozialen Commitments im *mittleren räumlichen Umfeld*. Die klassische Nachbarschaft der „Urban Villagers", der Menschen, die sich nicht nur für die individualisierten Eigenbelange, sondern für das gestaltbare Gemeinwesen verantwortlich fühlen, ist im Schwinden begriffen und kann, was den „Leineberg" angeht, auch deshalb nicht problemlos wiederhergestellt werden, weil sich die oben bereits erwähnten Segregationsprozesse zwischen den sozialen Schichten, den verschiedenen Ethnien und selbst zwischen den von Elias und Scotson so plausibel beschriebenen „Etablierten" und „Außenseitern" (Elias/Scotson 1993) vertieft haben. Bei einem Blick auf die statistische Verteilung der Zuzugszeiten wird das nachvollziehbar.

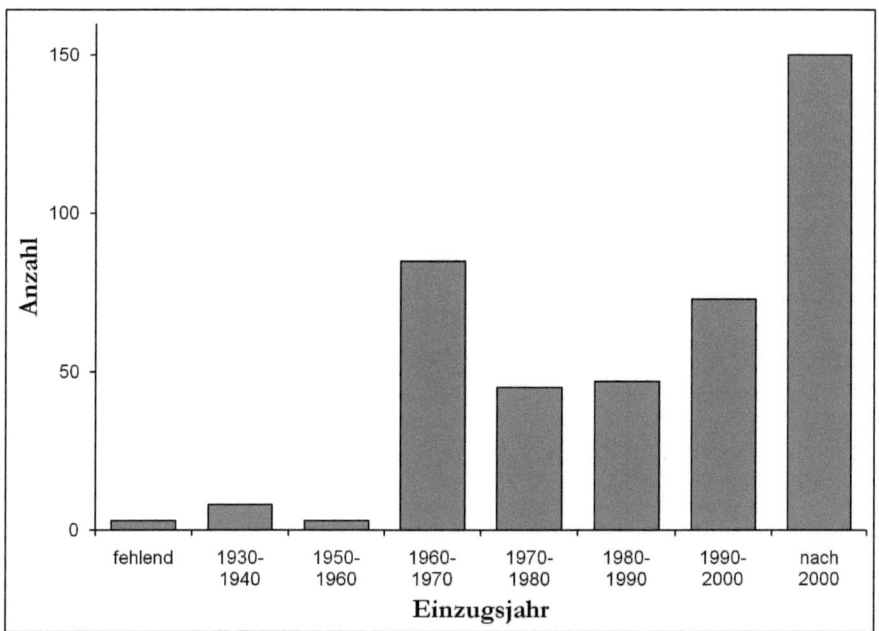

*Abb. 9: Einzugsjahr*

Die beiden Spitzen bilden einmal die Erstbezieher der Neubauten zu Beginn der 1960er Jahre, heute längst die *„Etablierten"* (auch weil sie in ihrer Mehrheit Wohnungseigentümer geworden sind), und dann die Spätbezieher nach der Jahrtausendwende, zum großen Teil Menschen mit Migrationshintergrund, vor allem Türken und Russlanddeutsche, eben die *„Außenseiter".*

Noch ein eigenwilliger Segregationseffekt beschäftigt die aktuelle Nachbarschaftsinitiative: die Entscheidung der evangelisch-lutherischen Landeskirche von Hannover, die (halbe) Gemeindepfarrstelle der Thomasgemeinde zu streichen. Der von der aktuellen Pastorin inszenierte Protest des Kirchenvorstands ist nachvollziehbar. Dass er sich freilich polemisch gegen die organisatorisch von der „Diakonie", also ebenfalls einer Einrichtung der Landeskirche, getragenen Nachbarschaftsinitiative richtet, ist absolut unverständlich und für das Stadtquartier fatal, weil sich ein in der Vergangenheit wichtiger Träger von Nachbarschaftsinitiativen, die evangelische Kirchengemeinde, gegen das Projekt richtet und sich damit von seiner Verantwortung für die lokale Nachbarschaft verabschiedet. Der Ausgang ist offen.

## 3.  Ein vorsichtiges „Antikrisenszenario": Neue Nachbarschaften?

Man könnte die hier in äußerster Knappheit vorgestellte Göttinger Nachbarschaftsstudie (vgl. Alheit et al. 2010) als dramatischen Abgesang auf gemeinschaftliches Handeln zumal in postmodernen Stadtgebieten lesen – ein wenig wie es das ebenso prominente wie umstrittene Buch *Gemeinschaft und Gesellschaft* von Ferdinand Tönnies vor mehr als 100 Jahren mit einiger Nachhaltigkeit und politisch durchaus problematischen Konsequenzen getan hat (vgl. Tönnies 2005 [1887]).

Aber das wäre voreilig. Die Studie zeigt zunächst nur, dass Nachbarschaft nicht – wie offensichtlich in früherer Zeit – eine räumliche Tatsache ist, die nur sozial organisiert werden müsste, sondern dass bereits die Selbstverständlichkeit der räumlichen Gemeinschaftserfahrung verloren gegangen zu sein scheint. Dafür gibt es eine Fülle von Gründen: Individualisierung, Vereinsamung, Begegnungsängste gerade der Älteren, aber auch die dramatischen Entwicklungen der Verkehrs- und Kommunikationstechnologien, die den räumlichen Bezug sozialer Kontakte drastisch gelockert haben. Wir können ja die Welt am Fernsehbildschirm oder im Internet „erleben", ohne direkte Sozialkontakte wahrzunehmen. Virtuelle Nachbarschaften im *„Second Life"* oder trivialer: in der lieb gewordenen Fernsehserie, ersetzen den Verlust.

Aber das alles heißt eben nicht, dass reale Nachbarschaft verschwindet, vollends nicht, dass sie heute vielleicht weniger notwendig wäre als in Alinskys „Community" oder Gans' „Urban Village". Nur verläuft das Neighbourhood Building aktuell vielleicht genau umgekehrt: *Es beruht heute eher auf sozialer Nähe, die sich räumlich organisieren muss.*

Hier hat das eingangs ein wenig ironisch eingeführte „Vernetzen" einen wichtigen Platz. Netzwerke sind heute räumlich unabhängig, strukturell offen und teilweise nur lose verknüpft. Sie beruhen – stärker als Nachbarschaften, bei denen die möglichen Partner gleichsam vorgegeben sind – auf der persönlichen Auswahl der Kontakte.

Ich habe zu Beginn der 1990er Jahre an der Universität Bremen ein kleines Forschungsprojekt durchgeführt, das sich für biographische Lebens- und auch Überlebensstrategien in den Neuen Sozialen Bewegungen interessierte. Wir haben Menschen aus ökologischen Initiativen, aus der Anti-Atomkraft-Bewegung, der Frauenbewegung, Leute in Landkommunen, Versprengte der Friedensbewegung und andere, die sich bewusst als alternativ Lebende und alternativ Denkende verstanden, danach gefragt, wie sie zu denen geworden waren, die sie damals darstellten.

Wir haben seinerzeit drei Typen identifizieren können (vgl. Alheit 1996, S. 115ff.), die ich in diesem Rahmen nicht darstellen kann. Der wichtigste Typus waren jedenfalls die „Netzwerker" (oder „Networkers", wie wir sie damals genannt haben, um sie von den ‚Patchworkers' zu unterscheiden, die es auch gab). Netzwerker waren biographische Konstrukteure, die besonders sensibel auf Erosionen ihrer angestammten Lebenswelten reagierten. Probleme in ihren Liebesbeziehungen, Zerfallserscheinungen in ihren Familien, aber auch Bedrohungen der Umwelt, die Nahrungsmittelskandale der damaligen Zeit, dies alles löste bei ihnen eben nicht nur Empörung aus, sondern die starke Bereitschaft, neue Netze zu bauen und den Problemen eine alternative Praxis entgegenzusetzen. Interessant, auch unsere „Netzwerker" waren überwiegend weiblich.

Warum führe ich diese Information ein? Ich will damit sagen: Für das Projekt „neue Nachbarschaften" gibt es wichtige Vorläufer. Wir müssen Lösungen nicht (nur) neu erfinden, sondern können uns auf Ressourcen stützen. Dazu gehören ohne Frage die innovativen sozialen Bewegungen des ausgehenden 20. Jahrhunderts, die die Fähigkeit des Netzeknüpfens eingeführt und zu einer gewissen Kultur entwickelt haben. Der starke Typus unserer „Netzwerker" vom Anfang der 1990er Jahre ist ein gutes Beispiel.

Der bereits erwähnte Sozialpsychiater Klaus Dörner geht in seinem für unsere Fragen so wichtigen, wenngleich auch mit kritischer Sympathie zu nutzenden Buch *Leben und Sterben, wo ich hingehöre* noch viel weiter. Er identifiziert eine neue Hilfebewegung, die ihr eigenes Selbstverständnis noch gar nicht gefunden habe, aber längst existent sei. Genau betrachtet seit 1980. Dazu zählt er Freiwilligenbörsen, Nachbarschaftsvereine, Selbsthilfegruppen, die Hospizbewegung, die Aidskranken-Bewegung, die Siedlungsbewegung und vieles mehr (vgl. Dörner 2007, S. 145ff.).

Mir persönlich erscheint die Fixierung auf das Jahr 1980 ein wenig seltsam. Aber die empirischen Hinweise auf verschiedene Initiativen sind überzeugend. Hier entstehen tatsächlich Netze, die es bis dahin nicht gab. Und die Chance, solche Netze (der selbstgewählten sozialen Beziehungen) zu verräumlichen, ist durchaus gegeben.

Denn natürlich gibt es soziale Gruppen, die lokale Nachbarschaften brauchen. Für Kinder, Alleinerziehende und – eben – ganz besonders für die Alten ist der soziale Nahraum nach wie vor von größter Bedeutung, weil sie über die sozialen Kompetenzen und über die Mobilitätschancen zum Aufbau und zur Stabilisierung von räumlich diffusen Netzen noch nicht bzw. nicht mehr verfügen. Das soziale Kapital dieser Zielgruppen, ganz besonders der älteren Menschen, ist die „neue Nachbarschaft".

Vielleicht muss sie tatsächlich „inszeniert" werden, wie manche Stadtsoziologen meinen – nicht über die Köpfe der Betroffenen hinweg, sondern durch freundliche Einladung in Erzählcafés, durch Stadtteilfeste, durch Theaterprojekte, durch eine Fotoaktion, wie sie der Künstler Gunter Rambow 1978 in der Kasseler Nordstadt mit überwältigendem Erfolg durchgeführt hat. Vielleicht sollten wir aber auch die Idee moderner Netzwerker noch ernster nehmen, dass soziale Nähe zunehmend nicht mehr notwendig räumliche Nähe bedeutet, d.h. vielleicht müssen wir den Sozialraum Nachbarschaft „neu denken".

Wir experimentieren am Göttinger „Leineberg". Und wir brauchen diese neue Nachbarschaft, oder genauer: Wir brauchen das Experiment „Lernwelt Nachbarschaft", wenn wir dem Krisenszenario kreativ entkommen wollen, das ich zu Beginn meines Beitrags gezeichnet habe.

## Endnoten

1   Die vorliegende Fassung ist eine leicht überarbeitete und um Literatur ergänzte Variante des Vortrags, den ich auf dem Mainzer Kongress der Deutschen Gesellschaft für Erziehungswissenschaft (DGfE) am 16.3.2010 gehalten habe. Mir liegt aus didaktischen Gründen daran, den Vortragsmodus zu erhalten.

2   Vielleicht sollte ich meine vorsichtige Emphase für dieses Modekonstrukt selbst biographisch ein wenig ironisieren. Ich werde im nächsten Jahr pensioniert und bin seit geraumer Zeit nicht nur wissenschaftlich, sondern auch ganz praktisch als Vorsitzender des Vereins Freie Altenarbeit in Göttingen (der Verein mit der ersten autonomen Alten-WG in Deutschland), mit diesem Risiko beschäftigt und sehe konkret Prozesse auf uns zukommen, auf die wir tatsächlich relativ schlecht vorbereitet sind.

3   In den folgenden Abbildungen werden nur die Häufigkeiten gezeigt. Die statistisch relevanten zusätzlichen Informationen, die der Göttinger Nachbarschaftsstudie (Alheit et al. 2010) entnommen sind, werden selektiv in den interpretativen Kommentaren ergänzt.

## Literatur

Alheit, P. (1980): Gemeinwesenarbeit. In: Ansgar Weymann (Hg.): Handbuch für die Soziologie der Erwachsenenbildung, Neuwied und Berlin: Luchterhand, S. 195-210.

Alheit, P. (1996): Changing basic rules of biographical construction: Modern biographies at the end of the 20th century. In: Ansgar Weymann und Walter R. Heinz (Eds.), Society and Biography. Interrelationships between Social Structure, Institutions and the Life Course, Weinheim: Deutscher Studienverlag, S. 111-128.

Alheit, P. (1999): Zivilgesellschaft. In: Hans Jörg Sandkühler (Hg.): Enzyklopädie Philosophie, Hamburg: Meiner, Bd. 2, S. 1810-1817.

Alheit, P. et al. (2010): Die Göttinger Nachbarschaftsstudie. Am Beispiel Leineberg, Göttingen: Selbstverlag.

Alinsky, S. D. (1974): Die Stunde der Radikalen: ein praktischer Leitfaden für realistische Radikale, Strategien und Methoden der Gemeinwesenarbeit, Gelnhausen, Berlin: Burckhardthaus-Verlag

Dörner, K. (2003): Auf dem Weg zur heimlosen Gesellschaft. In: impulse, 27 (September 2003), S. 26-29.

Dörner, K. (2007): Leben und Sterben, wo ich hingehöre. Dritter Sozialraum und neues Hilfesystem, Neumünster: Paranus.

Elias, N./Scotson, J.L. (1993): Etablierte und Außenseiter, Frankfurt am Main: Suhrkamp.

Gans, H.J. (1962): The Urban Villagers: Group and Class in the Life of Italian-Americans, New York: Free Press of Glencoe.

Hagestad, G. (1986): The Family: Women and Grandparents as Kin-Keepers. In: Pifer, A.J./Bronte, L. (Eds.): Our Aging Society. Paradox and Promise, New York: Norton, pp. 141-160.

Höpflinger, F. (2008): Familien und intergenerationelle Beziehungen. Generationenverhältnisse im Wandel – erhöhte gemeinsame Lebensspanne. In: Schweizerisches Landesmuseum (Hg.), Familien – alles bleibt, wie es nie war. Zürich: Veröffentlichung des Landesmuseums, S. 114-119.

Maihofer, A./Böhnisch, T./Wolf, A. (2001), Wandel der Familie (Arbeitspapier 48: Zukunft der Gesellschaft), Düsseldorf: Hans Böckler Stiftung.

Mader, W. (Hg.) (1995): Altwerden in einer alternden Gesellschaft: Kontinuität und Krisen in biographischen Verläufen, Opladen: Leske + Budrich.

Preston, S.H. (1976): The Family Sizes of Children and the Family Sizes of Women. In: Demography 13, pp. 105-114.

Rambow, G. (1979): Die Fotoaktion als sozialer Eingriff. Eine Dokumentation, Frankfurt am Main: Syndikat.

Tönnies, F. (2005): Gemeinschaft und Gesellschaft. Grundbegriffe der reinen Soziologie, Darmstadt: Wiss. Buchgesellschaft (Originalausgabe: 1887).

Wendorff, C.-H. von (1992): Über die Vision des Alterns: Eine Gerontosophie, Schaffhausen: Novalis.

Witterstätter, K. (2007): Herausforderungen der steigenden Lebenserwartung an die Altenhilfe-Systeme. Referat vor der Georg-Kraus-Stiftung am 27.10.2007 In: http://www.georg-kraus-stiftung.de/download/Demografische Entwicklung.pdf [28.12.2007].

Heiner Keupp

# Kommunale Förderbedingungen für bürgerschaftliches Engagement[1]

Die Bundesrepublik Deutschland befindet sich in einer Phase des gesellschaftlichen Wandels, der mit Schlagworten wie Globalisierung, Pluralisierung und Individualisierung angedeutet ist. Dieser Wandel erfasst nicht nur den ökonomischen und politischen Bereich, sondern bedeutet – in den Wort von Manuel Castells (1996, S. 477) einen „qualitativen Wandel in der menschlichen Erfahrung." Die Konsequenzen einer sich herausbildenden globalen Netzwerkgesellschaft „breiten sich über den gesamten Bereich der menschlichen Aktivität aus, und transformieren die Art, wie wir produzieren, konsumieren, managen, organisieren, leben und sterben" (Castells 1991, S. 138). Von diesem Wandel ist auch das freiwillige soziale Engagement betroffen. Es löst sich aus den milieuspezifischen Kontexten, in denen traditionelle Engagementformen ihre spezifische Passform gefunden hatten. Empirisch immer besser fundiert, lässt sich feststellen,

1. dass sich eine Desynchronisation von individuellen Motivlagen und überkommenen Engagementforen vollzieht,
2. dass es institutionell ungebundene Engagementbereitschaften gibt, die als Potentiale für ein verändertes Freiwilligenengagement angesehen werden können und
3. dass in den letzten Jahren eine Reihe von Suchbewegungen entstanden ist, die zeitgerechte Passungen von individuellen Engagementmotiven und – bereitschaften erproben. Es kommt jetzt darauf an, den Ertrag dieser Suchbewegungen auszuwerten, ihre zukunftsfähigen Erfahrungsknoten herauszuarbeiten und nach den Bedingungen ihrer nachhaltigen Verstetigung zu fragen.

Auf der Basis dieser Ausgangsthese sollen in dieser Expertise vor allem die Erfahrungen jener Werkstätten eines „demokratischen Experimentalismus" (Brunkhorst 1998) ausgewertet werden, die seit den 70er Jahren als selbstaktive Felder der gesellschaftlichen Modernisierung in der bundesrepublikanischen Gesellschaft entstanden sind.

## 1. Freiwilliges Engagement löst sich aus den sozialen Figurationen traditioneller Milieubindung

Wenn man sich die immer beschriebene und empirisch gut gesicherte Diskrepanz zwischen der Erosion von Engagementbereitschaft bei traditionellen Institutionen und dem wachsenden Engagement in anderen Feldern freiwilliger Tätigkeit vergegenwärtigt, dann steht die Frage nach der stimmigen Passung zwischen Engagementmotiven und -potentialen einerseits und gesellschaftlichen „Gelegenheitsstrukturen" andererseits zur Diskussion. Klassische Milieus schufen kollektive Identifikationen und bündelten Motivlagen, auf die sich Kirchen, Parteien, Gewerkschaften oder Wohlfahrtsverbände einigermaßen verlassen konnten. Die Passung zwischen ihren Aktivitäten und den Motivlagen der Individuen schien gesichert zu sein. Eine eigenständige und unabhängige Mittlerrolle zwischen individuellen Motiven und institutionellen Gelegenheitsstrukturen war in aller Regel nicht erforderlich. In den verschiedenen Milieus wurde durch sozialisatorische Leistungen diese Passung gefertigt. Mit dem zunehmenden Abschmelzen oder der Erosion traditioneller Milieus geraten gerade diejenigen institutionellen Handlungsfelder in Not, die ohne große eigenen Initiativen aus diesen Milieus personellen Nachschub erhielten. Auf die bewährten Rekrutierungsmechanismen scheint man sich nicht mehr problemlos verlassen zu können. Diese Erfahrung wird oft mit einer allgemeinen Klage über die „Ego-Gesellschaft", den Verlust von gemeinwohlorientierten Werten oder den Zerfall von elementaren Formen der Vergemeinschaftung und Beheimatung beantwortet. Statt einer Verfallsdiagnose ist aber eine Wandlungsdiagnose erforderlich. Verfalls- oder Zerfallsdiagnosen haben in Phasen gesellschaftlichen Umbruchs immer Hochkonjunktur und das ist nicht erstaunlich, denn das ist ja ein Wesensmerkmal jeder dynamischen Entwicklung, dass etwas aufbricht, bislang selbstverständliche Muster nicht mehr tragen und neu gestaltet werden müssen.

Vor allem die individualisierungstheoretisch inspirierte Netzwerkforschung zeigt, dass sich die Beziehungsnetze der Menschen nicht einfach auflösen und an ihre Stelle die atomisierten Subjekte treten. Wir haben es nicht mit einem Verlust, sondern mit einem „Formwandel sozialer Integration" (Habermas 1998) zu tun. Die Beziehungsmuster sind nicht (mehr) in starr-fixierten Rollen kodifiziert, die – wie bei den klassischen Geschlechterrollen – wie Zahnräder ineinander greifen. Aber das empirisch unterstützte „nüchterne Auge", das nicht in rückwärts gewandter romantisierender Verklärung Zwangsgestalten sozialer Lebensformen zu ontologisch oder emotional unverzichtbaren individuellen Ankerpunkten erklären muss, sieht in den enttraditionalisierten sozialen Beziehungen nicht Zerfall oder Desintegration, jedenfalls nicht als all überall sich durchsetzendes Muster. Dieser ausgenüchterte Blick sieht im gesellschaftlichen Durchschnitt Subjekte, die ihr eigenes Beziehungsfeld selbst managen, mit großer Souveränitäten Zugehörigkeiten und Abgrenzungen nach eigenen

Bedürfnissen regeln und sich durchaus nicht als isolierte „Einsiedlerkrebse" beziehungslos in sozialen Wüsten verlieren. Auch die in den meisten Verfallsdiagnosen enthaltene Vermutung, dass die individualisierten „Ichlinge" keine Bereitschaft und Fähigkeit zur Alltagssolidarität entwickeln würden, ist empirisch schwer zu halten.

Einzig die selbstverständliche Bereitschaft der Subjekte, das eigene Engagement in den Restformen traditioneller gesellschaftlichen Aktionsfelder (z.B. der Kirchen, Wohlfahrtsverbände, Gewerkschaften) zu organisieren, hat nachweislich Einbrüche erlebt und diese Entwicklung verweist ja nicht auf Desintegration, sondern eben auf einen „Formwandel sozialer Integration". Ein gewachsenes Bedürfnis nach und eine mitgewachsene Fähigkeit zu selbstbestimmtem und kommunikativ hergestellten Lebensmustern verweist auf eine gesellschaftliche Ungleichzeitigkeit, die mit einer klagend vorgetragenen Anomiediagnose in aller Regel verfehlt wird.

Spannend ist es ja vielmehr, den Formenwandel sozialer Beziehungen genauer zu untersuchen. Da wird man z.B. an Stelle zwangsförmig gelebter Nachbarschaften in aller Regel einen souveränen Umgang mit Nähe- und Distanzbedürfnissen finden. Oder nachbarschaftliche Unterstützungen in praktischen Alltagsangelegenheiten werden nicht durch bezahlte Dienstleistungen, sondern durch effiziente Tauschringe ersetzt, in denen sich eine neue geldwertunabhängige Haushaltsökonomie entfaltet. Wenn man das Verschwinden spezifischer sozialer Integrationsformen wie die engen Netzwerkverbindungen in homogenen Arbeiterbezirken als Indikator für Desintegration nimmt, dann wird man in reichem Maße fündig. Nimmt man die neuen Netzwerke spezifischer ethnischer Bevölkerungsgruppen, dann ergibt sich ein durchaus anderes Bild. Nimmt man die traditionellen Organisationsmuster ehrenamtlicher Tätigkeiten, dann schlägt der Desintegrationszeiger auf dem verfallstheoretisch geeichten soziologischen Geigerzähler kräftig aus. Nimmt man die neu entstehenden Freiwilligenzentren als Messziffer, kommt hingegen ein ganz anderer Befund heraus. Oder nehmen wir das Pilzgeflecht von Selbsthilfegruppen, das sich überall entfaltet, auch dieses wird man nicht als Beleg für gesellschaftliche Desintegration werten dürfen.

Diese Diskurse über Verfall, Wandel oder Erneuerung von Freiwilligenengagement lassen sich seit einigen Jahren auch empirisch korrigieren oder fundieren. So lassen die Daten aus dem „Sozioökonomischen Panel" (SOEP) aus dem Jahr 1994 mit Vergleichsdaten bis ins Jahr 1984 zurück Zweifel an der Vermutung zu, dass in der Bundesrepublik ein Rückgang des bürgerschaftlichen Engagements mit weiter fallender Tendenz stattfinden würde. Diese Daten (vgl. Heinze & Keupp 1998) vermitteln ein deutlich höheres Aktivitätsniveau im freiwilligen sozialen Engagement: Um 30 % der Bevölkerung der westdeutschen Bevölkerung ist aktiv. Dieses Engagement wird vor allem in Vereinen, Verbänden und sozialen Diensten erbracht. Dieser Bereich ist dreifach so groß wie Aktivitäten bei Parteien, Bürgerinitiativen und in der Kommunalpolitik. Im deutlichen Kontrast zu öffentlichen Klagen, dass wir es in einer individualisierten Gesellschaft mit einem dramatischen Rückgang gemeinschaftsorientierten Engagements zu tun hätten, zeigen die SOEP-Daten, dass in dem erfassten 10-Jahreszeitraum das Engagement um 5 % zugenommen hat. Die Engagementformen verändern sich von kontinuierlichen zu eher projektorientierten Engagements. Auch bei Frauen, die nach wie vor die zentrale Kraft im Sozialbereich bilden, überwiegen die unregelmäßigen und projektförmigen Engagements. Dafür dürften die gewachsene Erwerbsneigung und -beteiligungen von Frauen verantwortlich sein. Jugendliche sind genauso stark engagiert wie Erwachsene. Generell führt soziales Engagement zu einer überdurchschnittlichen Lebenszufriedenheit. Gute Bildung und sicheres Einkommen sind nach wie vor wichtige förderliche Bedingungen für bürgerschaftliches Engagement. Allerdings zeichnet sich eine überdurchschnittliche Zuwachsrate bei arbeitslos gemeldeten Personen ab. Der erste Blick zeigt eine „Entpolitisierung" des bürgerschaftlichen Engagements. Aktivitäten im Rahmen von politischen Parteien, Gewerkschaften und traditionsreichen Bürgerinitiativen nehmen ab. Auch im kirchlichen und wohlfahrtsverbandlichen Bereich geht das ehrenamtliche Engagement zurück. Zuwächse verzeichnen Vereine, Selbsthilfeinitiativen und neue institutionelle Formen bürgerschaftlichen Engagements wie Freiwilligenagenturen, Tauschringe etc. Im Bereich der lebensweltlich erbrachten Alltagssolidarität scheinen sich die freiwilligen Aktivitäten immer stärker zu entfalten. Das könnte als stärkere „Privatisierung" von Engagement erscheinen. Zunächst drückt es wohl nur eine wachsende Kluft zwischen gemeinwohlorientierten Handlungsbereitschaften und einem öffentlichen Raum aus, in dem diese Potentiale keine geeigneten Kristallisationspunkte finden.

Die These von Helmut Klages, dass ein „ein frei flottierendes Potential an Gemeinsinn in der Gesellschaft" existiere, ist empirisch durchaus gehaltvoll. In seiner eigenen Studie (Klages & Gensicke 1999), die 1997 durchgeführt wurde, liefert er uns noch eindrucksvollere Daten als der SOEP. Im Durchschnitt sind es 38 % der Deutschen, die freiwillig engagiert sind (39 % im Westen und 35 % im Osten Deutschlands). Die neueste repräsentative Studie von Infratest Burke aus dem Jahre 1999 (v von Rosenblatt 2000) weist nach, dass durchschnittlich 34 % der Deutschen im Freiwilligenengagement aktiv ist und bei den 14-24 Jährigen sind es sogar 37 %. In beiden Studien ist auch nach dem Potential für bürgerschaftliches Engagement gefragt worden. In der Infratest Burke-Studie wird von einem „erheblichen Engagementpotential" gesprochen und aufgezeigt, dass von den Zweidritteln, die sich gegenwärtig als nicht aktiv bezeichnen, 40 % interessiert wären, sich zu engagieren. Klages spricht von einem „brachliegenden Potential" oder – noch dramatischer in der Formulierung – von einer „riesigen ‚schlafenden Ressource'".

Auf dem Hintergrund dieser Datenlage ist einerseits danach zu fragen, welche neue Engagementformen haben sich in den vergangenen Jahren herausgebildet und wie könnten sie so weiterentwickelt werden, dass sie als „Gelegenheitsstrukturen" für potentiell interessierte BürgerInnen genutzt werden können.

## 2. Lernprozesse für eine vitale Bürgergesellschaft

Der gesellschaftliche Modernisierungsschub, der vor allem seit den 70er Jahren den gesellschaftlichen Grundriss der Bundesrepublik nachhaltig verändert hat, hat in Form neuer sozialer Bewegungen und Initiativen auch eine selbstaktive Gestaltungskraft hervorgebracht. Für viele neue Probleme des Alltags gab es in den traditionellen Strukturen alltäglicher Lebenswelten keinen Lösungsvorrat, auf den man einfach hätte zurückgreifen können. Für eine Reihe von neuen biographischen Konstellationen (wie z.B. die weibliche Doppeloption Familie und Beruf oder Erfahrungen von Vorruhestand) gab es keine institutionell abgesicherten Lösungsmöglichkeiten und in vielen Bereichen war das Vertrauen auf „das Bewährte" erschüttert und gerade die neuen sozialen Bewegungen verstanden sich als kollektive Zukunftswerkstätten, in denen – im Sinne des „demokratischen Experimentalismus" – neue Lösungsentwürfe erprobt wurden. In einer Vielzahl konkreter Projekte wurden neue Wege erprobt. Diese Projekte lassen sich verstehen als „‚soziale Experimentierbaustellen', als ‚emanzipatorische Antworten auf Risiken der aktuellen Modernisierungsprozesse'" deuten (Helbrecht-Jordan 1996, S. 107).

Wir haben es mit mehreren Lernprozessen zutun, die zeitlich teilweise nacheinander bzw. parallel erfolgt sind. Sie haben sich teilweise unabhängig voneinander entwickelt oder voneinander profitiert. Insgesamt stellen sie ein gesellschaftliches Erfahrungsfeld dar, das man im Anschluss an Manuel Castells (1997) unter der Überschrift „Projekt-Identitäten" als ein Feld gemeinsamer Suche nach zukunftsfähigen gesellschaftlichen Lösungen abhandeln könnte. Ihr Entstehungsprozess läuft in aller Regel über irgendeine Form von widerständiger Identität, aber sie bleibt nicht in der Verteidigung partikularistischer eingespielter Lebensformen stehen, sondern entwirft Vorstellungen neuer selbstbestimmter Identitätsfigurationen in einer zivilgesellschaftlichen Perspektive, die in ihrem Anspruch universalistisch ausgerichtet ist. Projekt-Identitäten bilden sich in sozialen Bewegungen (z.B. Frauenbewegung) heraus, in Initiativen des bürgerschaftlichen Engagements.

## 3. Zwischenbilanz: Leistungen und Probleme der Projektfelder

Die Ausgangsüberlegung war von der Frage ausgegangen, wie in der Bundesrepublik die empirisch nachgewiesenen Potentiale des Freiwilligenengagements, die nicht mehr über traditionelle Milieubindungen und Vergemeinschaftungsformen handlungswirksam werden können, neue „Gelegenheitsstrukturen" und offene Passungsangebote finden könnten. Die neuen experimentellen Vermittlungsinstanzen wie Freiwilligenagenturen, Selbsthilfekontaktstellen, Mütterzentren, Seniorenbüros oder Agendabüros erfüllen genau an diesem Punkt eine zentrale Aufgabe.

Eine Bilanzierung dieser fünf Initiativenfelder zur Förderung bürgerschaftlichen Engagements ergibt ein Patchwork vielfältiger Formen der Freiwilligtätigkeit und nur die relative Zersplitterung dieser Felder kann zu dem Eindruck führen, dass in der Bundesrepublik – verglichen mit vergleichbaren europäischen Staaten – eine starke Unterentwicklung des Engagements gegeben sei. Auch die Bundesrepublik hat eine reiche und vielfältige Freiwilligenkultur, sie ist nur in ihrer sektoralen Aufsplitterung zu wenig als eine solche Kultur wahrgenommen, wertgeschätzt und gestaltet worden. In allen Engagementfeldern kann eine ähnliche Erfolgsgeschichte erzählt werden: „Wo bürgerschaftliches Engagement durch entsprechende Einrichtungen unterstützt wird, hat es sich quantitativ und qualitativ ausgeweitet" (Braun & Bischof 1999, S. 203). Für alle genannten Engagementfelder gilt mehr oder weniger, dass sich Menschen aus eigenem Impuls engagieren, um für sich Problemlösungen zu finden und zusammen mit anderen eigene Vorstellungen für die Lösung zukunftsweisender Fragen zu entwickeln und umzusetzen. Insofern gilt für alle Engagementfelder das, was Konrad Hummel (1995) als den definitorischen Kern bürgerschaftlichen Engagements festgehalten hat. Es ist „Ausdruck gelebten Eigeninteresses, das – zusammen mit anderen – allen gemeinsam zugute kommt. Es greift in vielen Bereichen seiner Erscheinungsform ehrenamtliches, freiwilliges, selbsthelfendes und mitverwaltendes Handeln auf, das auf vorhandene Not und auf absehbaren sozialen Bedarf reagiert. Es zielt aber darüber hinaus unter bürgerschaftlichen Gesichtspunkten vorrangig auf die Verbesserung des Miteinanders und der Möglichkeit, alle daran Beteiligten als gleichberechtigte mitgestaltende Bürgerinnen und Bürger zu erfahren."

Die beschriebenen Lernprozesse des Selbsthilfesektors, der Familienselbsthilfe, der Seniorenbüros, der Freiwilligenagenturen und der lokalen Agenda-21-Projekte weisen vielfältige Gemeinsamkeiten und sich überlappende Tätigkeitsfelder auf. Ein zentraler Punkt bei allen fünf Erfahrungsfeldern ist ihre bislang unzureichende institutionelle Gestaltung und die mangelnde finanzielle Absicherung. Es steht deshalb als zentrale Forderung im Raum, für diese existierenden Bausteine einer gelebten Zivilgesellschaft zukunftsfähige Rahmenbedingungen der institutionellen, finanziellen und professionellen Ausstattung zu sichern. Lösungsempfehlungen könnte dabei zwei Strategien verfolgen: Entweder wird für jeden Bereich nach Ressourcen gesucht, die dessen Stabilisierung und Verstetigung sichern könnten oder man sucht nach einer integrativen Verbundlösung, die von der Voraussetzung ausgeht, dass bürgerschaftliches Engagement nicht sektoral fraktioniert werden sollte, sondern schon im Förderkonzept eine synergetische Zusammenführung der Ressourcen aus den unterschiedlichen Erfahrungsfeldern anstrebt. Ein entscheidender politischer Gestaltungsschritt könnte darin bestehen, die verschiedenen Formen des gelebten Bürgerengagements unter einem Dach zu vereinigen und die Idee einer „kommunalen Infrastruktur zur Förderung bürgerschaftlichen Engagements" in seinen Umsetzungsmöglichkeiten zu erproben.

## 4. Integrierte kommunale Infrastruktur zur Förderung bürgerschaftlichen Engagements

Für den Selbsthilfebereich, die Seniorenbüros und die Freiwilligenagenturen haben sich zu unterschiedlichen Zeit und von unterschiedlichen Initiativen getragene eigenständige Infrastrukturen entwickelt. Die Frage, die jetzt zu beantworten ist, ist die nach Vernetzung und eventuell auch institutioneller Integration zu gegliederten, aber zusammengeführten Anlaufstellen oder Förderzentren. Auf diese Frage kommen auch immer häufiger differenzierte Stellungnahmen aus den sektoralen Handlungsfeldern. Es muss „das oberste Ziel der Organisationsentwicklung der Kontaktstellen sein, eine weitere Segmentierung der engagementfördernden Infrastrukturen aufzuhalten und ein integriertes stadtteil- und gemeinwesenorientiertes Infrastrukturkonzept anzustreben. Ob man dabei von Kontaktstelle spricht, ist sekundär gegenüber dem Ziel, eine zielgruppen- und sozialraumorientierte Engagementförderung in einer niedrigschwelligen Infrastruktur zu integrieren und Bürgern mit unterschiedlichen Anliegen den Zugang zu Selbsthilfegruppen und/oder anderen Eigenaktivitäten zu vermitteln" (Wohlfahrt 1999, S. 120).

In einer gemeinsamen Erklärung von Selbsthilfekontaktstellen und Freiwilligenagenturen (erarbeitet auf einer Kooperationstagung am 25. und 26. März 1999 von NAKOS und der Stiftung Bürger für Bürger) wird „gegen Ressourcenkonkurrenz, für bessere finanzielle Absicherung beider Einrichtungsformen sowie für eine engere Zusammenarbeit" plädiert. Weiter heißt es: „Seit mehr als 15 Jahren sind bundesweit 160 professionelle Selbsthilfekontaktstellen entstanden. Sie arbeiten themenüber-greifend auf örtlicher Ebene und informieren, beraten und unterstützen Selbsthilfegruppen und Interessierte. Gleichzeitig haben in den vergangenen drei Jahren mehr als 100 Freiwilligenagenturen in Deutschland eröffnet. Deren Aufgabe ist die Information und Beratung über ehrenamtliches und freiwilliges Engagement und die Vermittlung von ehrenamtlich Interessierten. (...) Die Finanzierung von 80 Prozent der Einrichtungen ist mittelfristig nicht gesichert, von den öffentlichen Finanzgebern werden sie in eine Konkurrenz um Ressourcen getrieben. (...) Einigkeit herrschte darüber, dass sich Selbsthilfekontaktstellen und Freiwilligenagenturen keinesfalls durch die jeweils andere Einrichtung ersetzen lassen" (NAKOS-INFO 59, 1999, S. 26).

Helmut Breitkopf und Jürgen Matzat, zwei gewichtige Repräsentanten der entwickelten Selbsthilfeszene der Bundesrepublik Deutschland, haben kürzlich einen skeptischen Blick auf die aktuelle Konjunktur um das „neue Ehrenamt" geworfen. Sie teilen nicht die Hoffnung, dass sich aus der Euphorie der Diskurse eine tragfähige institutionelle Gestalt ergeben wird und erinnern an die ihrer Auffassung nach vergleichbare Entwicklung im Selbsthilfebereich:

„Ein Rückblick auf die Geschichte der Selbsthilfeförderung gibt nicht gerade zu Optimismus Anlass. Wissenschaftliche Arbeiten, die überzeugend die Wirkungen von Selbsthilfe belegen, Modellprojekte und Förderprogramme des Bundes, der Kommunen und Länder zeigen, dass trotz politischer und fachlicher Akzeptanz der Selbsthilfe, der Entwicklung von Standards ihrer fachlichen Unterstützung, des Wissens um die Nichtersetzbarkeit ihrer Leistungen durch professionelle Dienste Deutschland von einem selbsthilfefreundlichen Klima, abgesicherten institutionellen Förderstrukturen und der Verzahnung mit dem professionellen System noch weit entfernt ist. Wir sehen durchaus Parallelen zwischen der Diskussion zur Selbsthilfeförderung und der aktuellen Debatte über die Perspektiven des freiwilligen sozialen Engagements. Auch die Selbsthilfeförderung wurde breit diskutiert. Faktisch war das Ergebnis jedoch nicht die Entwicklung zahlreicher flexibler Förderinstrumente, sondern die Reduzierung im Wesentlichen auf ein Instrument, die Etablierung von Selbsthilfekontaktstellen (KISS). Dies wäre (wenn auch nicht optimal) dann hinzunehmen, wenn diese KISS flächendeckend vorhanden und personell wie sächlich hinreichend ausgestattet wäre. Davon sind wir allerdings in allen Bundesländern noch weit entfernt" (Breitkopf & Matzat 1999, S. 156).

Die Konsequenz, die sie aus ihrer skeptischen Analyse ziehen, erscheint gut begründet und nachvollziehbar: „Wir brauchen keine Ausdifferenzierung der Infrastruktur in diesem Bereich und erst recht keine zusätzlichen Einrichtungen wie Freiwilligen-Börsen. Notwendig sind vielmehr die Stärkung und der Ausbau vorhandener Ansätze. Sinnvoll ist es sicher auch, darüber nachzudenken, welche Voraussetzungen gegeben sein müssten, damit vorhandenen Institutionen in diesem Bereich (z.B. Selbsthilfekontaktstellen, Seniorenbüros, Mütterzentren) ohne Gefährdung ihrer fachlichen Standards z.B. zu Selbsthilfezentren zusammenwachsen könnten. Dies könnte sicherlich nur schrittweise geschehen und möglicherweise zunächst nur die Zusammenfassung der verschiedenen Einrichtungen unter einem Dach bedeuten (Selbsthilfehaus). Vorteile für alle lägen u.a. in der gemeinsamen Nutzung der Infrastruktur (Veranstaltungsräume) und der Möglichkeit organisatorischer Absprachen (z.B. Auskünfte erteilen bei Krankheit oder Urlaub). Eine solche Zusammenführung verschiedener Ansätze bietet sich zunächst vor allem für Träger an, die an einem Ort verschiedene Ansätze bietet sich zunächst vor allem für Träger an, die an einem Ort verschiedene Einrichtungen betreiben, die i.w.S. zum Selbsthilfe- und Engagementbereich gehören. Kurz gesagt: Aus unserer Erfahrung heraus geht es nicht um eine weitere Spezialisierung und Ausdifferenzierung sondern um eine Stärkung, Qualifizierung und Bündelung der Ressourcen" (ebd., S. 156).

Auch aus der Begleitforschung zu den Seniorenbüros kommt ein deutliches Plädoyer für eine differenzierte, auf Integration angelegte Infrastruktur, die Bürgerengagement unterstützen soll. Braun und Bischof (1999) listen auf dem Stand von 1999 Selbsthilfekontaktstellen, Seniorenbüros, Freiwilligenzentren und Bürgerbüros auf und kommen dann zu dem Schluss, dass sie teilweise nebeneinander bestehen aber „in der Regel gibt es bisher eine dieser Einrichtungen in einer Kommune. Es gibt hohe Übereinstimmung im Aufgabenprofil und in den Qualifikationsanforderungen an die Mitarbeiter sowie in den Engagement unterstützenden Leistungen dieser Anlauf- und Kontaktstellen, wenngleich sie sich an unterschiedliche Zielgruppen wenden" (1999, S. 198). Die Überschreitung sektoraler und unverbundener Engagementfelder ergibt sich für Braun und Bischof aus dem Wandel von Engagementmotiven und -handlungsformen: „Das Erfordernis der Vernetzung bzw. eines integrierten Ansatzes Engagement unterstützender Einrichtungen ergibt sich ... aus dem Strukturwandel des Ehrenamtes, den Veränderungen im Selbsthilfebereich und den geänderten Formen und Inhalten des freiwilligen Engagements der Bürger" (S. 205).

Für die Gewinnung von zukunftsfähigen kommunalen Gestaltungsfaktoren für eine nachhaltige Förderung bürgerschaftlichen Engagements sind die sechs kritischen Erfolgsfaktoren wichtig, die die KGSt (1999, S. 3-5) formuliert hat:

1. Das Selbstverständnis der kommunalen Akteure: Erforderlich ist die Erkenntnis, „dass sich durch die Förderung von Mitgestaltungsprozessen die Chance bietet, eine neue Qualität politischen Handelns zu verwirklichen."

2. Die kommunalen Mitarbeiterinnen und Mitarbeiter: „Ohne die aktive Mitwirkung der eigenen Mitarbeiter/innen wird die Förderung des Bürgerengagements scheitern."

3. Aktivierende, unterstützende und begleitende Elemente: „Informationen und Angebote müssen sich an bestimmte soziale Gruppen in ihren jeweiligen Lebenssituationen wenden. Am wirkungsvollsten ist das, wenn dies gemeinsam mit bereits bestehenden Gruppen/Initiativen und Verbänden geschieht. Darüber hinaus sollte ein Angebot bestehen, engagierte Bürger/innen fachlich zu beraten und ihnen Weiterqualifizierungen zu ermöglichen."

4. Eine kommunale Infrastruktur, die Engagement unterstützt: „Von großer Bedeutung ist eine Anlauf- und Informationsstelle, die gleichzeitig auch Koordinierungs- und Vernetzungsdrehscheibe ist. In einigen Modellprojekten gibt es positive Erfahrungen mit einer ‚Agentur für Bürgerengagement'. Sie kann in unterschiedlicher Trägerschaft sein. Vermieden werden muss allerdings, dass sie für die Interessen eines Trägers vereinnahmt wird. Darüber hinaus  vermieden werden, dass Parallelstrukturen geschaffen werden."

5. Der verwaltungsinterne Prozess zur Förderung des Bürgerengagements: „ ... in der Regel nicht vorhanden, ist ein gemeinsames, verwaltungsintern abgestimmtes Handeln zur Förderung des Bürgerengagements."

6. Das Zusammenwirken von Bund, Land und Kommunen: „Insgesamt zeigen die Erfahrungen, dass die Weiterentwicklung des Bürgerengagements am effektivsten an Ort und Stelle in der Kommune geleistet werden kann. Der Bund sollte die Bemühungen der Kommunen durch die Gewährung günstiger Rahmenbedingungen unterstützen. (...) Die Rolle der Länder

sollte vor allem darin bestehen, sich an der infrastrukturellen Unterstützung des bürgerschaftlichen Engagements zu beteiligen."

## 5. Qualitätsstandards für die kommunale Infrastruktur einer zivilgesellschaftlichen Engagementkultur

Bei institutionellen Arrangements wird man sinnvollerweise nicht über die lokalen und
regionalen Besonderheiten hinweg ein Standardstruktur[2] setzen können, aber es ist
sicher sinnvoll einige zentrale Rahmenfigurationen zu benennen:

1.  Ein kommunal-regional zentriertes Förderzentrum für bürgerschaftliches
    Engagement soll aus der vorhandenen Aktivitätsmasse geformt werden.
    Insoweit Selbsthilfekontaktstellen, Familienselbsthilfezentren, Seniorenbü-
    ros oder Freiwilligenagenturen bestehen, sollen sie eine aufgaben-zen-
    trierte Verbundlösung schaffen.

2.  Ein solches Förderzentrum soll eine zielgruppenorientierte Binnendiffe-
    renzierung aufweisen, um unterschiedliche Interessen und Bedürfnisse an-
    sprechen und aufnehmen zu können. Es sollte Bereiche wie Soziales, Ge-
    sundheit, Kultur, Ökologie und Sport abdecken.

3.  Eine integrative kommunale Förderstelle sollte entweder verbandsunab-
    hängig sein oder durch eine plurale Trägerplattform (unter verpflichtender
    Einbeziehung von Kommune oder Kreis) die erforderliche Handlungsau-
    tonomie gewinnen.[3] Vor allem klassische Wohlfahrtsverbände sollten nicht
    die alleinige Trägerregie über eine Förderstelle haben, da es sie mit ihrer
    Zentrierung auf soziale Aufgaben, zu wenig querschnittsorientiert sind.

4.  Erforderlich ist ein politisch förderliches Klima, in dem bürgerschaftliches
    Handeln als zentraler Bestandteil der politischen Kultur geschätzt wird. In
    zahlreichen Kommunen und Ländern herrscht immer noch folgende Hal-
    tung vor: „Die Stabilisierung und Aktivierung der Ressourcen und Po-
    tentiale, die von den Bürgern in vielen bürgerschaftlichen Gruppen und
    Organisationen erbracht werden, wird als eine nachrangige Aufgabe und
    als freiwillige Leistung betrachtet, die mangels Finanzen oft nur in redu-
    zierter Form umgesetzt wird" (Braun & Bischof 1999, S. 204).

5.  Für eine produktive zivilgesellschaftliche Handlungsperspektive bedarf es
    einer kooperativ gestalteten Schnittstelle zur Kommunalverwaltung. „Es
    zeichnet sich ein Paradigmenwechsel in der Engagementförderdiskussion
    ab. Das Verhältnis der von Kommunalverwaltungen und von den Bürgern
    zu erbringenden Leistungen muss neu bestimmt werden" (S. 205). Koope-
    ration muss von beiden Seiten gewollt sein. Eine Verwaltung, die sich
    selbst die Förderung bürgerschaftlichen Engagements zum Ziel gesetzt
    hat, wird dies nicht in splendid isolation erreichen können, sondern
    braucht Partner in zivilgesellschaftlichen Gruppierungen, mit denen zu-
    sammen dann eine innovative institutionelle Gestalt gesucht werden kann.[4]

6.  Freiwillig Engagierte zeigen in allen vorliegenden Untersuchungen einen ausgeprägten Wunsch nach Supervision, Qualifizierung und Weiterbildung. Auf diesem Hintergrund ist eine enge Kooperation mit Bildungswerken anzustreben, bei denen in aller Regel – neben verbandseigenen Qualifizierungsmaßnahmen – auch schon ein großes Reservoir an know how in den Bereichen Freiwilligenqualifizierung und -management besteht.

7.  In die zu entwickelnde kommunale Förderstruktur für bürgerschaftliches Engagement braucht auch eine Schnittstelle zum Bildungsbereich, denn gerade Kinder und Jugendliche sollten systematisch an die neue Freiwilligenkultur herangeführt werden. Dazu sind neben den Jugendverbänden vor allem auch Schulen[5] gefordert und speziell auch der Bereich, in dem Heranwachsende aus benachteiligten Milieus und Familien an Projekte des bürgerschaftlichen Engagements herangeführt werden sollten.[6]

8.  In den kommunalen Förderstrukturen für Engagementaktivierung ist eine ausreichende Finanzierung notwendig, damit eine differenzierte und professionelle Profilbildung möglich ist. Die bisherige Erfahrung zeigt, dass die Formel gilt, dass eine Kommune umso mehr aus der Freiwilligenkultur zurückbekommt, je mehr sie investiert.[7]

9.  Die Basisfinanzierung für kommunale Förderstrukturen bürgerschaftlichen Engagement ist durch Mischfinanzierungen zu sichern, aber es müssen berechenbare und verlässliche Förderanteile von Kommunen, Bundesländern, Bund und Krankenkassen gewährleistet werden. Braun und Bischof schlagen vor: „Der Aufbau einer Engagement unterstützenden Infrastruktur ist eine gemeinsame Aufgabe des jeweiligen Landes und der Gebietskörperschaften, die vom Bund flankierend unterstützt werden sollte" (1999, S. 199).

10. Auf der Basis einer gesicherten Grundfinanzierung sollten die kommunalen Infrastrukturen der Engagementförderung Fonds für spezielle kommunale Projekte bilden. Dies könnte durch die Schaffung von Bürgerstiftungen erfolgen (z.B. auch in Kooperation mit der Wirtschaft im Sinne von „Seitenwechsel" und „Switch").

## Endnoten

1   In diesem Artikel greife ich auf Teile meines Gutachtens „Lokale Einrichtungen zur Förderung bürgerschaftlichen Engagements: Freiwilligenagenturen, Selbsthilfekontaktstellen, Seniorenbüros u.ä. – Chancen und Restriktionen" zurück, das für die Enquete-Kommission „Zukunft des Bürgerschaftichen Engagements" des Deutschen Bundestages erstattet wurde.

2   Die Erfahrungen mit der Psychiatriereform, die 1975 durch die Vorlage eines Enqueteberichtes einen markanten Bezugspunkt hatte, zeigen, dass beispielsweise die umfassende Ausdeklination eines institutionellen Arrangements wie es etwa das Konzept der „Standardversorgungsgebiete" versucht hat, einen zu starren Rahmen gesetzt hatte.

3   In der Diskussion um neue Formen der Wohlfahrtsproduktion wird über die positiven Möglich-
    keiten eines neuen Wohlfahrtsmixes bzw. Wohlfahrtspluralismus nachgedacht (vgl. Evers/Olk
    1996).

4   Beispielhaft ist das in München gelungen. Dort hat nicht nur der Oberbürgermeister die Förde-
    rung bürgerschaftlichen Engagements zum erklärten Ziel seiner laufenden Amtszeit verkündet,
    sondern das Sozialreferat hat dieses Ziel bezogen auf den eigenen Zuständigkeitsbereich aus-
    buchstabiert und dazu eigene Fachtagungen veranstaltet (vgl. Sozialreferat der Landeshauptstadt
    München 1998; 2000). Vor allem aber hat das Sozialreferat die Finanzierung einer Förderstelle für
    bürgerschaftliches Engagement (FÖBE) seit dem Juli 1999 übernommen, die durch das seit Jah-
    ren aufgebaute Münchner „Forum bürgerschaftliches Engagement" vorbereitet wurde. Dieses
    Forum ging ursprünglich aus einer Initiative der Seniorenprogramme der drei Münchner Bil-
    dungswerke (Münchner Volkshochschule, Evangelisches Bildungswerk und das katholische
    Münchner Bildungswerk) hervor, zu der das Selbsthilfezentrum der Stadt München und die Ver-
    treterInnen der drei Münchner Freiwilligenagenturen (Freiwilligenagentur Tatendrang, Frei-
    willigenzentrum der Caritas und Treffpunkt Ehrenamt der Inneren Mission). Im „Forum bürger-
    schaftliches Engagement" werden die inhaltlichen Themen, die für die neue Freiwilligenkultur in
    München relevant sind, verhandelt (z.B. Verhältnis Professionelle und Freiwillige). FÖBE hat
    mittlerweile einen eigenen freigemeinnützigen Trägerverein erhalten. FÖBE ist die korporativ ge-
    staltete Kooperationsbeziehung zur Verwaltung und hat auch die explizite Aufgabe, die Verwal-
    tung und Verbände dabei zu beraten und zu unterstützen, Verbands- und Verwaltungshandeln
    an der Zielvorgabe einer bürgerschaftlich aktivierten Kommune auszurichten. In der Zielperspek-
    tive soll FÖBE diese Aufgabe nicht nur für den Sozialbereich, sondern auch für Bildung, Kultur,
    Sport oder Ökologie übernehmen.

5   Exemplarisch seien für diesen Bereich die Aktivitäten des Städte-Netzwerks NRW genannt, das
    1999 einen Schwerpunkt in der Förderung von schulspezifischen Projekten bürgerschaftlichen
    Engagement gebildet hat. Im Zusammenhang mit der Ausschreibung des Robert-Jungk-Preises
    NRW 1999 sind unter den ausgezeichneten Projekten auch eine ganze Reihe von schulgetrage-
    nen und -bezogenen Vorhaben. Und schließlich taucht im „Leistungspaket 2000" des Städte-
    netzwerks NRW das Vorhaben „Beteiligung von Kindern" auf.

6   Vorbildlich erscheint hier das Projekt „Lichttaler", in dem in einem sonderschulischen Förder-
    zentrum im Münchner Stadtteil Hasenbergl, das eine hohen Anteil sozial benachteiligter Perso-
    nen und Familien aufweist, Heranwachsende in einem System nicht-monetären Tausches Fähig-
    keiten einbringen können und sich dafür für sie wichtige Bildungsangebote erwerben können.

7   Die schon zitierte Modellrechnung für die Münchner Selbsthilfeförderung spricht hier eine ganz
    eindeutige Sprache. Verglichen mit anderen Selbsthilfekontaktstellen hat das Selbsthilfezentrum
    im bundesdeutschen Vergleich ein besonders vielfältiges Aktivitätsspektrum entfalten können.
    Das ist nicht nur auf die besonders qualifizierte und kreative MitarbeiterInnen zurückzuführen,
    sondern auch auf die vergleichsweise gute Ressourcenlage, mit der die Stadt München dieses
    Selbsthilfezentrum ausgestattet hat.

# Literatur

Braun, Joachim & Abt, Hans Günter & Bischoff, Stefan (2000): Leitfaden für Kommunen zur Information und Beratung über freiwilliges Engagement und Selbsthilfe. Köln/Leipzig: ISAB-Verlag.

Braun, Joachim & Bischoff, Stefan (1999): Bürgerschaftliches Engagement älterer Menschen: Motive und Aktivitäten. Engagementförderung in Kommunen – Paradigmenwechsel in der offenen Altenarbeit. Band 184 der Schriftenreihe des Bundesministeriums für Familie, Senioren, Frauen und Jugend. Stuttgart: Kohlhammer.

Breitkopf, Helmut & Matzat, Jürgen (1999): Bürgerengagement und Selbsthilfegruppen-Unterstützung. Ein kritischer Zwischenruf. In: Deutsche Arbeitsgemeinschaft Selbsthilfegruppen e.V. (Hg.): Selbsthilfegruppenjahrbuch. Gießen: Focus Verlag, S. 154-159.

Brunkhorst, Hauke (Hg.) (1998): Demokratischer Experimentalismus. Politik in der komplexen Gesellschaft. Frankfurt: Suhrkamp.

Castells, Manuel (1991): Informatisierte Stadt und soziale Bewegungen. In: M. Wentz (Hg.): Die Zukunft des Städtischen. Frankfurt: Campus, S. 137-147.

Castells, Manuel (1996): The rise of the network society. Vol. I von The information age: Economy, society and culture. Oxford: Blackwell (deutsche Übersetzung 2001).

Castells, M. (1997): The power of identity. Vol. II von The information age: Economy, society and culture. Oxford: Blackwell (deutsche Übersetzung 2002).

Engelhardt, Hans-Dietrich & Simeth, Angelika & Stark, Wolfgang (1995): Was Selbsthilfe leistet. Ökonomische Wirkungen und sozialpolitische Vertretungen. Freiburg: Lambertus.

Evers, Adalbert (1995): Begrenzte Anerkennung, oder: warum sind Solidaritäten und Gemeinschaftsbindungen nur beschränkt politikfähig? In: Fechter, Matthias (Hg.): Mut zur Politik. Gemeinsinn und politische Verantwortung. Fulda, S. 115-128.

Evers, Adalbert/Olk, Thomas (Hg.) (1996): Wohlfahrtspluralismus. Vom Wohlfahrtsstaat zur Wohlfahrtsgesellschaft. Opladen: Westdeutscher Verlag.

Habermas, Jürgen (1998): Die postnationale Konstellation. Frankfurt: Suhrkamp.

Hald-Hübner, Brigitte (1997): Bürgerengagement in Nachbarschaftshilfen. In: Bayerischer Wohlfahrtsdienst, 49, S. 113-118.

Heinze, Rolf G. & Keupp, Heiner (1998): Gesellschaftliche Bedeutung von Tätigkeiten außerhalb der Erwerbsarbeit. In: Kommission für Zukunftsfragen der Freistaaten Bayern und Sachsen (Hg.): Erwerbstätigkeit und Arbeitslosigkeit in Deutschland. Entwicklung, Ursachen und Maßnahmen. Anlageband, Band 3: Zukunft der Arbeit sowie Entkoppelung von Erwerbsarbeit und sozialer Sicherung. Bonn, S. 107-241.

Helbrecht-Jordan, Ingrid (1996): Familien zwischen Erosion und neuer sozialer Infrastruktur. Bielefeld: Kleine.

Hummel, Konrad (Hg.) (1995): Bürgerengagement. Seniorengenossenschaften, Bürgerbüros und Gemeinschaftsinitiativen. Freiburg: Lambertus.

Keupp, Heiner & Kraus, Wolfgang & Straus, Florian (2000): Civics matters. Motivlagen, Hemmnisse und Fördermöglichkeiten für bürgerschaftliches Engagement. In: U. Beck (Hg.): Die Zukunft von Arbeit und Demokratie. Frankfurt: Suhrkamp.

Keupp, Heiner (2000): Eine Gesellschaft der Ichlinge? Zum bürgerschaftlichen Engagement von Heranwachsenden. München: SOS-Kinderdorf.

KGSt (1999): Bürgerengagement – Chancen für Kommunen. Köln: KGSt.

Klages, Helmut & Gensicke, Thomas (1999): Wertewandel und bürgerschaftliches Engagement an der Schwelle zum 21. Jahrhundert. Speyrer Forschungsberichte Nr. 193. Speyer: Forschungsinstitut für öffentliche Verwaltung.

Rosenbladt, Bernhard von (2000): Freiwilliges Engagement in Deutschland – Freiwilligensuvey 1999. Ergebnisse der Repräsentativerhebung zu Ehrenamt, Freiwilligenarbeit und bürgerschaftlichem Engagement. Band 1: Gesamtbericht. Stuttgart/Berlin/Köln: Kohlhammer.

Sozialreferat der Landeshauptstadt München (Hg.): Bürgerschaftliches Engagement – was es leistet, was es braucht. Beitrag zur Sozialplanung 308. München 1998.

Sozialreferat der Landeshauptstadt München (Hg.) (2000): Soziales Engagement – Eine interessante Herausforderung für Firmen. Beitrag zur Sozialplanung 311. München.

Wohlfahrt, Norbert (1999): Auswirkung von Professionalisierung in Selbsthilfeorganisationen. In: Deutsche Arbeitsgemeinschaft Selbsthilfegruppen e.V. (Hg.): Selbsthilfegruppenjahrbuch. Gießen: Focus Verlag, S. 116-124.

Wolf-Dietrich Bukow/Sonja Preißing

# „Wir sind kölsche Jungs"
# Die „Kalker Revolte" – Der Kampf um Partizipation in der urbanen Gesellschaft

## 1. Von der Integration zur Partizipation

Klagen über den gesellschaftlichen Zerfall im Allgemeinen wie über die Folgen von Migration im Besonderen sind so alt wie die Nationalstaaten. Man kann diese gebetsmühlenartig vorgetragenen Lamentos über den Zerfall sicherlich als eines der wenigen gemeinsamen Eigenschaften aller nationalen Diskurse betrachten. Sie spiegeln letztlich eine in der bürgerlichen Öffentlichkeit offenbar tief verankerte Enttäuschung über die seit dem ‚Projekt der Moderne' erhoffte gesellschaftliche Entwicklung. Besonders in Zeiten des Übergangs werden solche Enttäuschungen virulent. Hier ist vor allem an die großen Globalisierungswellen seit der Industrialisierung zu denken, die dieses Gefühl regelmäßig hervorgerufen haben. Das gilt auch für die aktuelle Globalisierungswelle. Solche Zeiten lassen offenbar schnell den Eindruck vom Auseinanderdriften bislang gepflegter Vorstellungen über die Gesellschaft und der ‚tatsächlichen' gesellschaftlichen Wirklichkeit aufkommen. Man sieht, dass sich die Gesellschaft immer schneller verändert, gewissermaßen aus dem imaginierten Ruder läuft. Insofern, aber auch nur insofern, sind die Lamentos natürlich nicht aus der Luft gegriffen.

Tatsächlich markieren solche Lamentos durchaus echte Umbruchphasen und damit beträchtliche gesellschaftliche Verwerfungen, die allerdings, wenn man sie unvoreingenommen betrachtet, zumeist ganz anders gelagert waren bzw. sind, als man sie sich in der bürgerlichen Öffentlichkeit und damit auch häufig in der Wissenschaft ausmalt. Sie resultieren eben nicht daraus, dass sich die gesellschaftliche Entwicklung von ihrer realen Basis entfernt, sondern daraus, dass die mit sozio-ökonomischen Entwicklungen verbundenen neuen Technologien neue gesellschaftliche Herausforderungen produzieren, die erst einmal verstanden und über kurz oder lang irgendwie bewältigt werden müssen. Dementsprechend wäre es wenig hilfreich die Situation mit einem vorgefassten, normativ aufgeladenen, von bürgerlichen Erwartungen gespeisten Konzept von Gesellschaft abzugleichen und dann aus den Differenzen zu folgern, wo die Probleme sind. Eine solchermaßen unzureichende, ja sozial inadäquate Analyse der Situation muss automatisch zu deplatzierten gouvernementalen Maßnahmen führen und kann nur eines bewirken, nämlich dass man immer wieder erneut seine Vorstellungen beschwört, davon abgeleitete Fehlinterventionen nur noch intensiviert und damit in einen zirkulus vitiosus gerät, der neuerlich Anlass für Klagen schafft.

Hinter den Lamentos steht nicht nur eine sehr spezifische Sicht der Dinge, die weniger praktischen Erfahrungen als vielmehr einer sehr spezifischen bürgerlichen Imagination geschuldet ist, sondern auch ein patriarchalisch-familistisches Grundmuster. Es trägt dazu bei, Gesellschaft zur Gemeinschaft zu stilisieren. Deshalb spielt in diesem sich selbst verstärkenden zirkulären Denken und Handeln ein Gefühl von Bedrohung eine so große Rolle. Folglich fordert man im Nationalstaat mehr Zusammenhalt, mehr Gemeinschaftssinn, spricht von Integration und sieht Integrationsdefizite, so dass letztlich dazu aufgefordert wird, sich auf die Quellen und die Ursprünge der Gesellschaft zu besinnen. Diese familistische Umdeutung von Gesellschaft zur Gemeinschaft diente schon früh – insbesondere unter Absetzung von dem in der französischen Revolution entwickelten Staatsverständnis Frankreichs – dazu, ein eigenes mitteleuropäisches Nationalstaatsmodell mit einem eigenen Volksbegriff zu konzipieren und später durch den Begriff der Volksgemeinschaft weiter zu differenzieren. Dieses Modell begleitet uns – nach dem zweiten Weltkrieg durch die neue Westbindung und mit Hilfe der Vorstellung vom christlichen Abendland modernisiert – bis heute. Im Grunde handelt es sich nach wie vor um neue Varianten immer wieder althergebrachter nationaler Erzählungen, sozialer Mythen, die man mal nationalstaatlich, mal global-westlich (vgl. Sen 2006, S. 70) ausarbeitet. Sie haben, wie schon Georg Simmel vor über 100 Jahren konstatiert hat, von Beginn an die gesellschaftliche Wirklichkeit verfehlt und an dem Gang der Alltagsrealität trotz aller gouvernementaler Kunstfertigkeit und trotz der Entwicklung eines erheblichen Repressionsapparates nur wenig ändern können. Die von der Industrialisierung einerseits und von der Globalisierung andererseits getragene sozio-ökonomische Entwicklung und deren urbane Einschreibung – mit ihren jeweiligen Krisenpotentialen – haben sich letztlich als resistent gegenüber derartigen Interventionen erwiesen. Daran hat sich bis zur aktuellen gemeinschaftsimprägnierten Integrationsdebatte wenig geändert. Erneut geht es einerseits um die Auswirkungen von Industrialisierung und Globalisierung und andererseits um den Versuch, die damit unentrinnbar verknüpften Krisenpotentiale unter Rekurs auf nationale Erzählungen ‚in Ordnung zu bringen', so als ob es bloß notwendig sei, den überkommenen Vorstellungen von einer patriarchalisch-familistisch imprägnierten Gesellschaft, die in der Stadtgesellschaft niemals Realität waren, ‚wieder' Geltung zu verschaffen, obwohl man es spätestens seit Simmel und Weber, spätestens aber seit der Entstehung der modernen Zivilgesellschaften hätte anders wissen müssen (vgl. Bukow 2010, S. 36ff.).

Die Auswirkungen dieser fehlgeleiteten zirkulären Denk- und Handlungsweisen lassen sich besonders klar am Thema Einwanderung beobachten. Einwanderinnen und Einwanderer hat man schon im 19. Jahrhundert aufgefordert, sich mit dem Staat bzw. der Gesellschaft nach dem Modell Familie eindeutig zu identifizieren, sich folglich sprachlich, kulturell und sozial zu ‚germanisieren' (so gegenüber den Ruhrpolen im Kaiserreich), sich zum ‚Deutschtum' zu bekennen (so gegenüber den nach dem

Ersten Weltkrieg verbliebenen Einwanderinnen und Einwanderern), in Deutschland ‚anzukommen' (so gegenüber der ;Generation Gastarbeiter' zur Zeit der Bonner Republik) und heute, sich endlich zu ‚integrieren' (so gegenüber deren Kindern, Enkelinnen und Enkeln heute). Somit drängt sich nicht erst heute, sondern schon von Beginn an der Verdacht auf, dass die in diesem Zusammenhang entwickelten nationalen ‚Krisenbewältigungsstrategien' in jeder Weise inadäquat sind, weil sie einem schon immer fraglichen Gesellschaftsbild folgend die gesellschaftliche Wirklichkeit verfehlen.

Nur wenn man die hier nur knapp angedeutete Diskrepanz zwischen den bis heute gepflegten, zirkulär ausgerichteten, national imprägnierten öffentlichen Deutungskapazitäten einerseits und den praktischen gesellschaftlichen Herausforderungen anderseits begreift, kann man verstehen, warum gegenwärtig einerseits so intensiv, aber anderseits auch so folgenlos über ‚Integration' debattiert wird (vgl. Radtke 2009, S. 37ff.) und warum es so schwer ist, eine weitaus kritischere Sicht der Dinge zu etablieren. Wider jede Alltagserfahrung beharrt man auf einem wir-gruppen-orientierten, gemeinschaftsorientierten Integrationsverständnis. Wenn das dann nicht funktioniert, dann ist man trotz einer seit über 100 Jahren anhaltenden Kritik an jenem familistisch unterfütterten Gemeinschaftsdenken allenfalls bereit, eine ‚nachholende Integration' zuzugestehen, aber nicht seine Sicht der Dinge zu korrigieren. Stattdessen macht man lieber ‚Konzessionen' und gesteht den Kindern, Enkelinnen und Enkeln der ‚Generation Gastarbeiter' ein Moratorium zu, prolongiert die Integrationserwartungen und konzediert, dass sie eben quasi in einer ‚Parallelgesellschaft' aufgewachsen seien und noch dazulernen müssten, um endlich in Deutschland anzukommen (vgl. hierzu Behrens/Bukow 2009). Tatsache ist jedoch, dass die gesellschaftlichen Veränderungen und die zunehmende Mobilität nur wieder einmal das von nationalen Mythen geprägte Gesellschaftsbild und die von dort abgeleiteten Maßnahmen ad absurdum geführt haben.

Wenn die mit den Globalisierungs- und Modernisierungswellen verknüpften Krisen und Verwerfungen dennoch immer wieder irgendwie gemeistert wurden, dann offenbar nicht wegen, sondern trotz jener nationalen Lamentos und damit verfehlten gouvernementalen Krisenbewältigungsstrategien. Wenn die Klagen über den gesellschaftlichen Zerfall von Anfang an einem durch nationale Mythen geprägten Blick geschuldet waren und wenn sie an den konkreten gesellschaftlichen Herausforderungen, an der urbanen Entwicklung, an den hier entscheidenden Risiken und Chancen des Zusammenlebens wenig interessiert waren und wenn sich die gesellschaftliche Entwicklung dennoch immer wieder gefestigt hat, dann muss es dafür andere Gründe geben. Die Gründe liegen nämlich einerseits in der Robustheit der urbanen Gesellschaften, die spezifische Fertigkeiten im Umgang mit den sich wandelnden Herausforderungen entwickelt hat und anderseits in der praktischen Vernunft der Stadtbevölkerung, die eigene Wege zur gesellschaftlichen Steuerung gesucht und in der Zivilgesellschaft gefunden hat, genauer, dass sie dem Integrationsbegehren ihre von praktischer Vernunft hergeleitete praktische Partizipation entgegengehalten hat.

## 2. Zur Bedeutung der Partizipation in der urbanen Entwicklung

Es ist sicherlich kein Zufall, wenn man bei dem Versuch, die aktuelle gesellschaftliche Situation noch einmal ‚neu zu lesen' und zu schauen, wie man hier gewissermaßen unterhalb der nationalen Erzählungen lebenspraktisch mit den gesellschaftlichen Herausforderungen umgeht, bei der Analyse des urbanen Zusammenlebens fast zwangsläufig im Stadtquartier landet. Zugleich kommen aber auch hier sehr schnell die von den aktuellen Herausforderungen besonders tangierten Bevölkerungsgruppen, die Bevölkerung ‚mit Migrationsgeschichte' in den Blick. Diese Gruppen sind sicherlich mehr als die Alteingesessenen vom Wandel betroffen, sie sind aber vor allem von der aktuellen regionalen wie informationellen Mobilität tangiert, genauer gesagt einerseits betroffen und anderseits auch geprägt. Die sinnvolle Fokussierung auf die mobilitätsgeprägte Bevölkerung hat mehrere Vorteile:

a)   Wenn man sich speziell auf die Orte und die sozialen Gruppen konzentriert, wo immer wieder neue Risiken entstehen und sich gleichzeitig neue Chancen auftun, dann sind hier, eher als an anderen Orten, aussagekräftige Erkenntnisse zu erwarten.

b)   Man erhält außerdem, wie bereits die *cultural studies* gezeigt haben, die Chance, den vor allem in der Mitte der Alteingesessenen verankerten nationalen Erzählungen und dem damit verknüpften normativen Blick bzw. dem immer noch weit verbreiteten methodologischen Nationalismus (vgl. Bukow 2010) zu entkommen.

c)   Man könnte in diesem Zusammenhang sogar einen Index des Zusammenlebens gewinnen, der freilich ganz anders aussehen würde als z.B. das vom Berlin-Institut (vgl. hierzu Behrens/Bukow 2009) vorgelegte hochnormative Konzept. Ein Konzept, das von dem Zusammenleben im Stadtquartier ausgeht, wäre dem Konzept ähnlich, das zurzeit von der Stadt Frankfurt/Main zusammen mit Regina Römhild formuliert wird.

Der Blick lässt sich noch ein weiteres Mal fokussieren, wenn man die Perspektive auf die Sicht der Menschen abstellt, die in einer besonderen Weise im Quartier exponiert sind, nämlich die Jugendlichen und Heranwachsenden. Die Fokussierung auf die Jugendlichen und Heranwachsenden bietet noch zusätzliche Vorteile bzw. weitere Einblicke:

a)   Die Jugendlichen befinden sich biografisch betrachtet in einer Situation, in der sie ihre Welt erst noch aktiv aufnehmen, sich gezielt zu arrangieren versuchen und dabei zwangsläufig ihre gesellschaftliche Situation klären müssen. Sie sind dabei, den Alltag in Erfahrung zu bringen und sich in dem, was sie hierbei in Erfahrung gebracht haben, einzurichten.

b)  Da die Jugendlichen, selbst wenn ihre Eltern oder Großeltern einst eingewandert sind, ihr Leben im Quartier verbringen, kann es bei ihnen ja wohl kaum um Integration oder gar Assimilation gehen, sondern um ein ‚sich-bewusst-in-der-Mitte-des-Alltags-verankern'. Wer aus dem Quartier heraus seine Erfahrungen macht und seinen Lebenslauf bzw. seine Biografie konzipiert, dem geht es nicht um ein bloßes anpassen, geschweige denn überhaupt um ein ‚erst in der Gesellschaft ankommen', sondern um ein ‚aus der Mitte heraus', ‚in der Mitte', also ein ‚mitten drin' sein.

c)  Schließlich handelt es sich hier um eine Lebensphase erhöhter sozialer Dynamik, was sich freilich heute weniger in dem klassischen ‚Sturm und Drang', als vielmehr in vielfältigen schulischen und außerschulischen Aktivitäten und Engagements niederschlägt.

Was unter diesen Bedingungen erkennbar wird, lässt sich unter Rückgriff auf das, was wir bereits an anderer Stelle unter dem Begriff der ‚Grammatik urbanen Zusammenlebens' skizziert haben (vgl. Bukow/Nikodem/Schulze/Yildiz 2001), sehr plastisch formulieren: Es geht darum sich in den vorgefundenen formalen Systemen vom Kindergarten über die Schule, die Freizeitindustrie und die Medienwirklichkeit bis zur Ausbildungssituation jeweils einen entsprechenden Platz zu sichern, in einer schrittweisen Abgrenzung zum familialen Hintergrund einen eigenen sozio-ökonomisch-kulturellen Lebensstil zusammen mit seinen Freundinnen bzw. Freunden (der Bezugsgruppe) zu kreieren und diskursiv auszubauen, wodurch die Bezugsgruppe zur alles entscheidenden Diskursgemeinschaft avanciert. Insofern geht es um systemische Inklusion und um lebensweltliche Anerkennung. Und genau aus diesen beiden Perspektiven heraus erwachsen die Parameter, die die Basiserfahrungen des urbanen Zusammenlebens kennzeichnen. Damit rücken die Breite der Inklusion in die verschiedenen gesellschaftlichen Systeme bzw. der Grad der Ausgrenzung, der Marginalisierung und der Prekarisierung und die Chancen für eine eigene – eher erfolgreich oder eher erfolglos – individualisierte Lebensführung, sowie die Entwicklung einer mehr oder weniger tragfähigen, in jedem Fall notwendig hybriden Identität in den Blick.

So gesehen ist sofort klar, dass die Platzierung mitten im Alltagsleben des Quartiers nicht selbstverständlich ‚funktioniert', sondern zwangsläufig von Inklusions- und Anerkennungskämpfen geprägt ist. Die Erfolge in der Schule oder der Berufsausbildung stellen sich so wenig automatisch ein wie eine individuell tragfähige Identität. Beides muss von jeder Einzelnen und jedem Einzelnen immer erst und immer wieder ausgehandelt werden: Die Autonomie in der Familie, die Bildungschancen in der Schule und die Identität in der Bezugsgruppe bzw. den individuell relevanten Diskursgemeinschaften. Die Inklusions- und Anerkennungskämpfe zielen auf eine lebenspraktische Partizipation und provozieren immer wieder auch das, was oben unter

Rückgriff auf Ulrich Beck (vgl. Beck 2008, S. 371ff.) mit ‚Einsicht schaffenden Diskursen' bezeichnet werden kann und seit langem unter dem Label ‚Zivilgesellschaft' verhandelt wird. Damit haben wir bereits die urbane Dynamik im Blick, die im Kern genau das ausmacht, was man eben mit Partizipation bezeichnen kann. Ob aus dieser basalen Partizipation freilich eine gesellschaftlich relevante Partizipation wird, das hängt davon ab, wie weit die zivilgesellschaftlichen Aktivitäten tatsächlich über die eigene Bezugsgruppe bzw. Diskursgemeinschaft hinaus zugelassen, akzeptiert und allgemein anerkannt werden.

Die Analyse der „Kalker Revolte" soll hier deutlich machen, inwieweit sich die von den Risiken und Verwerfungen einer modernen Stadtgesellschaft ganz besonders betroffenen Jugendlichen und Heranwachsenden um diese lebenspraktische Partizipation bemühen und inwieweit die Stadtgesellschaft dafür tatsächlich auch einen Raum einräumt und den Jugendlichen das zugesteht, was überhaupt erst eine moderne Zivilgesellschaft ausmacht.

Die Bezeichnung „Revolte" mag ein erster Hinweis darauf sein, dass in diesem Quartier das Zusammenleben unter beträchtlichen Stress geraten ist und sich deshalb die Jugendlichen genötigt gesehen haben, ihre Inklusion und ihr Recht auf die Entfaltung eines eigenen Lebensstils gezielt einzuklagen. Das Engagement wäre dann nicht die Folge von parallelgesellschaftlichen Aktivitäten oder abweichendem Verhalten (vgl. Ottersbach 2009, S. 66), sondern genau umgekehrt eine Reaktion auf Unrechtserfahrungen und damit eine Reaktion der praktischen Vernunft auf eine Gefährdung des Platzes mitten im urbanen Alltag. Allerdings verbirgt sich in der Bezeichnung auch ein erster Hinweis darauf, dass es sich zwar um eine zivilgesellschaftliche Aktivität handeln mag, sie aber eben nicht als Partizipation akzeptiert, sondern als ‚Revolte' diskreditiert wird.

Wenn diese Vermutung in die richtige Richtung weist, dann gilt es noch einmal genauer hinzuschauen, d.h. sich mit dem urbanen Zusammenleben und dabei insbesondere mit der praktischen Vernunft der Kalker Bevölkerung zu befassen und auszuloten, welche Partizipationspotentiale damit verknüpft sind. Zu erwarten ist dabei unter Umständen sogar eine weitere Zuspitzung der Konstellation,

- weil die sozialen Disparitäten und Verwerfungen im Übergang zur Postmoderne noch einmal zugenommen haben, nachdem durch die Globalisierung der sozialen Strukturen und Milieus einerseits und durch die zunehmende Mobilisierung der Bevölkerung anderseits sich die soziale, wirtschaftliche, kulturelle und religiöse Unterschiedlichkeit der Menschen noch einmal beträchtlich verstärkt haben dürfte,

- und weil Dank der verschiedenen, neuen und geradezu explosiv angewachsenen und zugleich extrem virtualisierten Interaktionsmedien diese Diversität nicht nur immer bewusster wird, sondern sich vermutlich die betroffenen Bevölkerungsgruppen zudem zunehmend zu verständigen vermögen und auf diese Weise über kurz oder lang vermehrt weitere Einsichten gewinnen dürften.

## 3. Köln-Kalk – Der Ort des Geschehens

Der Ort des Geschehens, Köln-Kalk – heute Teil des gleichnamigen Bezirks 8 Köln-Kalk – ist im Rahmen der Industrialisierung ab 1850 in 50 Jahren von einem Dorf mit 57 Einwohnerinnen und Einwohnern zu einer Stadt mit 20.600 Einwohnerinnen und Einwohnern angewachsen [an der Kalker Hauptstraße siedelten sich unter anderem im Jahr 1856 die Maschinenfabrik für den Bergbau von Sievers & Co (später Deutz AG) und 1858 die Chemische Fabrik Vorster & Grüneberg (spätere Chemische Fabrik Kalk) an, 1862 wurde das Gaswerk errichtet]. Kalk wurde im Jahr 1881 Stadt. Zur Zeit der Eingemeindung nach Köln im Jahre 1910 siedelten sich hier 33 Industrieunternehmen an. Mit 27.100 Einwohnerinnen und Einwohnern war sie zu dieser Zeit eine der größten und wohlhabendsten Industriestädte im gesamten Lande Preußens. Was die Bevölkerungszusammensetzung betraf, so ist klar, dass faktisch die gesamte Bevölkerung einen Migrationshintergrund hatte. Sie stammte vorzugsweise aus dem preußischen Territorium (aus der Eifel genauso wie aus dem preußischen Polen), teils auch aus Belgien und Ruthenien. Es ist davon auszugehen, dass hier wie im Ruhrgebiet ein starker Nationalisierungsdruck bestand und die Migrationsgeschichte schon früh verdrängt wurde.

Die bis zu diesem Zeitpunkt sehr erfolgreiche Stadtgeschichte erlebte danach drei massive Einbrüche, von denen sie sich jedes Mal schwer erholt hat. Die Entwicklungen in und nach den beiden Weltkriegen bildeten die ersten beiden Einschnitte: Sie führten zunächst zu einem Aufschwung durch die Rüstungsindustrie, brachten jedoch dann eine hohe Arbeitslosigkeit und massive Konversionsprobleme nach dem jeweiligen Kriegsende hervor. Nach dem Ersten Weltkrieg kam es im November 1922 sogar zu Demonstrationen, Hungerunruhen, Plünderungen und Gefechten mit der Polizei. Die Konsolidierungsphase nach dem Ersten Weltkrieg dauerte fast zehn Jahre. Diese wurde durch die Weltwirtschaftskrise 1929 noch einmal unterbrochen. Gleichzeitig bedeutete sie aber auch die Einführung neuer Produktionstechniken, die Vernichtung von Konkurrenz und die Verlängerung der Arbeitszeiten. Rund die Hälfte der arbeitsfähigen Bevölkerung verdiente ihr Geld in dieser Zeit als Tagelöhnerinnen und Tagelöhner oder war ganz ohne Arbeit. Nachdem der Stadtteil im Zweiten Weltkrieg zu 90 Prozent zerstört worden war, verlief die Konsolidierung diesmal sehr viel schneller als nach dem Ersten Weltkrieg. Am Ende stand die Vollbeschäftigung und als Folge erstmals seit langem wieder Arbeitskräftemangel. Anfang der 1960er-Jahre kamen die ersten Gastarbeiterinnen und Gastarbeiter nach Kalk. Durch die Anzahl der verfügbaren Arbeitsplätze und durch die günstigen Mietpreise entwickelte sich Kalk zu dieser Zeit erneut zu einem Einwanderungsstadtteil. Allerdings kamen die Einwanderinnen und Einwanderer nicht mehr aus dem preußischen Einzugsbereich, sondern aus dem Mittelmeerraum.

Der dritte Einschnitt stand in Zusammenhang mit der Ölkrise der 1970er-Jahre, in deren Gefolge in Europa eine massive Entindustrialisierung an den alten Industriestandorten zu beobachten war. In dieser Situation wirkte sich im Stadtteil die Konzentration auf nur zwei (noch dazu) klassische Industriezweige katastrophal aus. Nach letzten Rationalisierungsversuchen kam es zur Schließung fast aller Fabriken [1978 die Metallgießerei Peter Stühlen, 1979 die Stahlbaufirma Albert Liesegang, 1983 die Akkumulatoren-Fabrik Gottfried Hagen, 1983 die schrittweise Schließung der Klöckner Humboldt Deutz AG und schließlich die Chemischen Fabriken Kalk – zuletzt BASF]. Als Konsequenz haben über 8500 Menschen ihren Arbeitsplatz verloren. Außerdem waren die betrieblichen Strukturen extrem homogen ausgerichtet und extrem einseitig auf industrielle Produktionsweisen abgestimmt, weshalb die Entindustrialisierung den Stadtteil mit voller Wucht traf. Die Arbeitslosenquote des Stadtteils pendelt seitdem um 25 Prozent: Von den betroffenen Personen ist eine große Zahl aufgrund des deutschen Migrationsregimes ohne deutsche Staatsangehörigkeit.

Mit dem Beginn der Entindustrialisierung verwandelten sich die bisherigen Strukturstärken in ganz entscheidende Strukturschwächen. Das, was bisher so erfolgreich schien, sich nämlich auf eine monostrukturelle Industriepolitik zu konzentrieren und dadurch noch zusätzliche synergetische Effekte zu erzeugen, wirkte sich jetzt umgekehrt negativ aus, wobei sich die verschiedenen negativen Effekte wiederum synergetisch verstärkten. Was dabei noch zusätzlich beunruhigte, war, dass die Öffentlichkeit und die Politik diese Problematik erst extrem verspätet und oft noch nicht einmal in ihrer ganzen Brisanz erkannt haben.

a)   Eine Begleiterscheinung der Industrialisierung war, dass sich Verkehrsstränge ausgebildet haben, die den Stadtteil zunehmend vom urbanen Umfeld getrennt haben. Im Westen wie im Osten wird dieser heute von einem breiten Eisenbahngürtel begrenzt [im Osten grenzte der zeitweilig größte Güterbahnhof Westdeutschlands an, der bis heute noch nicht zurückgebaut ist]. Im Norden wie im Süden sind zuletzt zwei dreispurige Stadtautobahnen hinzugekommen, so dass die letzten natürlichen Verbindungen zum Rest der Stadt gekappt wurden. Nur wenige Straßenachsen durchbrechen diese Abschirmung. Seit der Entindustrialisierung wirkt sich das, was früher als Standortvorteil erschien, extrem negativ aus, weil die Einwohnerinnen und Einwohner, da sie nur unzulänglich mit dem weiteren Umfeld verknüpft sind, jetzt in der schwierigen Situation kaum ausweichen und sich ‚draußen' kaum neu orientieren können.

b)   Eine weitere Begleiterscheinung der Industrialisierung war die Belegung riesiger Flächen, die heute alle zur Disposition stehen. Längst ist das fast 40 Hektar große Gelände der ehemaligen Chemischen Fabrik Kalk (CFK) frei und, nachdem es zunächst wegen der eingetragenen chemischen Substanzen [u.a. Schwefel und Schwermetalle] saniert werden musste, steht es nun für eine wohldurchdachte Stadtentwicklung zur Verfügung. Allerdings hat man bisher die Gelegenheit nur dahingehend genutzt, eine neue Straßenstruktur sowie zwei direkte Autobahnanschlüsse zu schaffen, so als ob es nach wie vor darum ginge, neue Industrie anzulocken. Auch das Areal der Klöckner-Humboldt-Deutz-Werke ist unterdessen abgeräumt. Dabei wurde die Werksstraße zu einer Umgehungsstraße ausgebaut, mit dem Ziel, riesige Verkehrsströme zu lenken, die jedoch längst nicht mehr vorhanden sind.

Statt sich nun um eine nachhaltige und situationsscharfe Stadtentwicklung zu bemühen, orientiert man sich lieber an vagen überkommenen Stadtentwicklungskonzepten: Optimierung der Verkehrsanbindung, Bereitstellung möglichst großer Flächen für Investoren und Platzierung von quartierfremden Megabauten vom neuen Rathaus über die Rheinarena, das Polizeipräsidium, die Köln-Arcaden bis zum Bauhaus und dem Odysseum. Auf Teilen des ehemaligen Geländes der Klöckner-Humboldt-Deutz-Werke wird das Kalk-Karre gebaut [Sozial- und Jugendverwaltung]. Wie wenig hier an eine nachhaltige und situationsadäquate Stadtentwicklung gedacht wurde, erkennt man sofort, wenn man die Maßnahmen genauer prüft.

a) Alle aufgeführten Maßnahmen schaffen kaum neue Arbeitsplätze, speziell natürlich nicht für eine arbeitslose Industriearbeitergeneration. Teilweise werden durch diese Maßnahmen [z.B. durch den Bau der riesigen Shopping-Mall ‚Köln-Arcaden' mit den üblichen global agierenden Ketten] sogar noch weitere Arbeitsplätze vernichtet und die Unwirtlichkeit des Quartiers wird weiter verstärkt.

b) Die Flächen werden für Großprojekte verschwendet, statt sie für eine kleingliedrige und nachhaltige urbane Entwicklung zu nutzten. Der von der Stadt vielbeschworene Strukturwandel zum ‚Wohn- und Verwaltungsstandort' erscheint von dort her in einem ganz anderen Licht, weil der Wohnstandort ja tatsächlich alt ist, der Verwaltungsstandort zwar neu, aber nur aus einer Verlagerung verschiedener kommunaler Verwaltungseinrichtungen resultiert, also keine neuen, geschweige denn bevölkerungsangepassten Arbeitsplätze bietet. Ein solches Vorgehen mag für die Kommune profitabel sein, weil sie zentrumsnahe Räume preiswert rekrutieren bzw. gewinnbringend an Investoren weiter geben kann, das Quartier hat davon jedoch nichts. Im Gegenteil verliert es sogar noch an Ressourcen. Noch nicht einmal die oft kritisierte Gentrifizierung, die ja wenigstens eine Aufwertung der Quartiere bedeutet hätte, wird dadurch gefördert. Wer von den ‚Besserverdienenden' möchte schon mit seinem gehobenen Lebensstil neben einer riesigen Shopping-Mall und dem Polizeipräsidium Eigentum erwerben und sanieren? Selbst die Revitalisierung mancher aus der Gründerzeit überlebten Bauten wird so verhindert. Das Kernproblem

des Quartiers besteht demnach heute darin, dass der durch die Entindustrialisierung erzwungene Strukturwandel nicht lokaladäquat angegangen,
sondern über die lokalen Potentiale hinweg nach überholten städtebauli-
chen Konzepten versucht wurde. Man hat die Bewohnerinnen und Bewohner mit ihren Problemen alleine gelassen.

Es stellt sich nun die Frage, warum man dies stadtpolitisch nicht zumindest auf unte-
rer, bezirklicher Ebene angegangen ist und man somit wenigstens hier eine gewisse
Sensibilität für die lokalen Herausforderungen erreicht hätte. Hier kommt etwas ins
Spiel, was mit der politischen Struktur der Lokalgesellschaft zu tun hat. Die Kosten
für die Entindustrialisierung hat nämlich nicht die gesamte Bevölkerung zu tragen,
sondern nur eine ganz bestimmte Bevölkerungsgruppe, der wiederum keine politische
Rolle zugestanden wurde und wird:

a)   Eine genauere Analyse zeigt erstens, dass die hohe Arbeitslosigkeit vor al-
     lem von der ‚Generation Gastarbeiter' geschultert werden musste. Da die
     Gastarbeiterinnen und Gastarbeiter diejenigen waren, die zuletzt in Arbeit
     gekommen sind und zugleich aufgrund des Migrationsregimes exklusiv für
     Industriearbeit angeworben worden waren, hat sie die Entwicklung voll
     und unentrinnbar getroffen.

b)   Und die Analyse zeigt zweitens, dass man diese ungleiche Lastenverteilung
     schnell verdrängte, ja eventuell damit verknüpfte Verwerfungen noch zu-
     sätzlich individualisierte. Auch dies hat mit dem Migrationsregime zu tun,
     weil es sich danach um ‚Ausländerinnen' und ‚Ausländer' handelte, denen
     man keine Bürgerrechte zubilligen musste. Auch deren Kindern und
     Enkelkindern wird noch der Migrationshintergrund angerechnet.

*Bevölkerung: Einwohnerinnen und Einwohner mit Migrationshintergrund (2007)*

|                                                      | Stadtteil Kalk | Bezirk Kalk | Stadt Köln |
|------------------------------------------------------|----------------|-------------|------------|
| Einwohnerinnen und Einwohner mit Mi-grationshintergrund | 12.095         | 47.218      | 328.811    |
| darunter Deutsche                                    | 3.833          | 20.167      | 151.058    |
| darunter Aussiedler                                  | 1.046          | 7.724       | 57.250     |
| darunter Eingebürgerte                               | 2.121          | 9.621       | 74.908     |
| Ausländer                                            | 8.2622         | 7.051       | 177.753    |
| Afrika                                               | 629            | 1.709       | 9.141      |
| Amerika                                              | 95             | 329         | 4.855      |
| Asien                                                | 769            | 2.679       | 17.087     |
| Europäische Union                                    | 2.319          | 6.809       | 56.781     |
| Türkei                                               | 3.305          | 11.182      | 63.839     |
| Übriges Europa                                       | 1.119          | 4.238       | 25.125     |
| Sonstige                                             | 26             | 105         | 925        |

*Bevölkerung: Einwohnerinnen und Einwohner in Köln insgesamt (2007)*

|  | Stadtteil Kalk | Bezirk Kalk | Stadt Köln |
|---|---|---|---|
| Einwohnerinnen und Einwohner | 21.796 | 108.620 | 1.025.094 |

Das bis heute tief in den Köpfen der Menschen verankerte Migrationsregime (‚Ausländer') hindert die Politik und die Öffentlichkeit daran, die betroffenen Menschen ernsthaft an dem Strukturwandel zu beteiligen oder gar die Ressourcen dieser größten Bevölkerungsgruppe als lokale Akteure kleinräumiger Netzwerke (‚Graswurzelaktivisten') und als Expertinnen und Experten in der Bewältigung komplexer urbaner Herausforderungen (‚Modernisierungspioniere') zu mobilisieren und für die urbane Entwicklung (‚New Urbane Governance') zu nutzen, wie man das in anderen Städten freilich längst gelernt hat (vgl. Le Galès 2004, S. 13; Häusermann/Wurtzbacher 2005, S. 428f.; Lanz 2009; Bukow 2010). Stattdessen vertraut man auf Programme wie ‚Soziale Stadt' – Programme, die an dem Kern der Sache vorbeigehen, weil sie sich nur den Nebenfolgen dieser Entwicklung widmen und auch das nur vorübergehend, da sie wie alle solche Programme 'kommen und gehen', ohne nachhaltige Spuren zu hinterlassen. Dabei werden nicht nur die Menschen, sondern auch ihre Lebensqualität ausgeblendet, womit auch gleichzeitig die urbane Struktur mit ihren Potentialen vernachlässigt wird. Vorschläge, einen Teil der freigewordenen Flächen für einen rechtsrheinischen Grüngürtel oder zumindest eine ökologisch effektive Grünzäsur zu nutzen, werden genauso wie viele andere überzeugende Vorschläge verworfen.

Es ist kaum verwunderlich, wenn die Menschen immer wieder beklagen, dass sich die Entwicklung der letzten Jahrzehnte und die Modernisierungsmaßnahmen weitgehend ohne die Beteiligung der direkt betroffenen Bürgerinnen und Bürger und auch ohne Berücksichtigung der lokalen Gegebenheiten vollzogen hat. Sie wollen politisch, kulturell, ökonomisch und bildungspolitisch nicht nur zur Kenntnis genommen, sondern auch berücksichtigt werden.

Man könnte vermuten, dass sich die Situation bei den Kindern, Enkelinnen und Enkeln der ‚Generation Gastarbeiter' verändert hat. Dies gilt jedoch nur sehr eingeschränkt, wie bereits ein Blick auf die Bildungssituation zeigt. Die ‚Generation Gastarbeiter' hat sich nachhaltig und dauerhaft in die Unterschicht integriert und wird dort jetzt schon in der dritten Generation – wie überall in Deutschland zu beobachten – z.B. durch das Bildungssystem festgehalten.

*Bildung und Ausbildung: hier die Schulform Gymnasium (2007)*
(Hier wird noch nicht der Migrationshintergrund berücksichtigt)

| | Stadtteil Kalk | Stadtbezirk Kalk | Stadt Köln |
|---|---|---|---|
| Schülerinnen und Schüler an Gymnasien | 831 | 1.543 | 29.082 |
| Darunter weiblich | 443 | 796 | 15.492 |
| Darunter Ausländerinnen und Ausländer insgesamt | 198 | 318 | 3.251 |
| Darunter Ausländerinnen | 100 | 161 | 1.742 |
| Zahl der Schulen | 1 | 2 | 34 |

*Bildung und Ausbildung: hier die Schulform Hauptschule (2007)*

| | Stadtteil Kalk | Stadtbezirk Kalk | Stadt Köln |
|---|---|---|---|
| Schülerinnen und Schüler an Hauptschulen | 697 | 1.926 | 9.830 |
| Darunter weiblich | 338 | 943 | 4.465 |
| Darunter Ausländerinnen und Ausländer insgesamt | 419 | 1.014 | 4.175 |
| Darunter Ausländerinnen | 200 | 502 | 1.933 |
| Zahl der Schulen | 2 | 5 | 30 |

Die Situation ändert sich im Augenblick jedoch deshalb, weil neue Bevölkerungs-gruppen, die ‚Aussiedlerinnen' und ‚Aussiedler' aus den ehemaligen GUS-Staaten ein-gewandert sind. Sie kommen unter gänzlich anderen Bedingungen, stammen meist aus der Mittelklasse oder dem Bildungsbürgertum, erhalten sofort die Staatsangehö-rigkeit, ‚müssen' sich nicht in die Arbeiterschicht integrieren und deshalb sind ihre Kinder beispielsweise im Bildungssystem durchaus erfolgreich. Das hat für die Ge-schehnisse in Köln-Kalk im Jahr 2008 und die folgende Diskussion eine erhebliche Bedeutung.

## 4. Die „Kalker Revolte" – Eine Chronologie der Ereignisse

Die Unzufriedenheit der jungen Bewohnerinnen und Bewohner in dem Kölner Stadt-teil Kalk, die Frustration über unzureichende Zukunftsperspektiven was Bildung, Ausbildung und Beruf betrifft, sowie der Protest gegen die generelle Aberkennung gesellschaftspolitischer Einflussnahme sind in den wochenlangen Demonstrationen zu Beginn des Jahres 2008 in Köln-Kalk zum Ausdruck gekommen:

„Seit einer Woche demonstrieren jeden Abend mehrere hundert junge MigrantIn-nen im Kölner Stadtteil Kalk. Sie fordern „Gerechtigkeit". Anlass der Proteste über-wiegend arabischer, kurdischer und türkischer Jugendlicher ist der Tod des 17jährigen Salih. Er wurde von einem 20jährigen Russlanddeutschen auf der Hauptstraße des Viertels erstochen, laut Aussagen von Polizei und Staatsanwaltschaft in Notwehr, weil der junge Marokkaner versuchte ihn auszurauben. Die Jugendlichen wollen das nicht akzeptieren. Sie sagen, ihr Freund sei kein Räuber. Sie werfen Polizei und Staatsan-

waltschaft vor, nicht sorgfältig ermittelt zu haben und vorschnell die These „Raubüberfall – Notwehr" aufgestellt zu haben (...) Ein türkischer Jugendlicher drückt aus,
was viele denken: „Salih war nur der Tropfen, der das Fass zum Überlaufen brachte"
(Ludwig 2008).

Die „Kalker Revolte" ist aus zwei Gründen besonders interessant. Zum einen hat
sie die gesamte allochthone Bevölkerung, also Menschen unterschiedlicher Migrationsgeschichte, zusammengeführt (Abb. 1).

*Abb. 1: Foto: Arton Krasniqi, Bild aus dem Kölner Stadtanzeiger (Ksta) vom 25.01.08*

Zum anderen haben sich (entgegen vieler Presseberichte) nicht nur die Jugendlichen,
sondern auch viele Ältere, vor allem die Eltern der aktiven Jugendlichen beteiligt
(Abb. 2)[1].

*Abb. 2: Arton Krasniqi, Bild aus dem Kölner Stadtanzeiger (Ksta) vom 25.01.08*

Auslöser für die im Januar 2008 über eine Woche andauernden Proteste der Menschen in dem Stadtteil Köln-Kalk war der Tod des 17-jährigen Jugendlichen aus dem Viertel, der bei einer Auseinandersetzung mit zwei weiteren Jugendlichen aus Köln-Kalk tödlich verletzt wurde. Der Vorfall löste in dem Stadtteil die Anteilnahme der Bevölkerung mit Migrationshintergrund und eine wochenlange Protestwelle aus, an der zum großen Teil Jugendliche des Viertels beteiligt waren.

Anhand der Presseberichte lassen sich die Geschehnisse, die sich am Abend des 18. Januar 2008 abspielten, folgendermaßen rekonstruieren: Der 17-jährige Schüler mit marokkanischem Migrationshintergrund habe zusammen mit seinem 20-jährigen Freund laut Ermittlungen der Polizei einen 20-jährigen Jugendlichen und seinen Begleiter (17 Jahre) auf der Kalker Hauptsstraße ausgeraubt. Der 20-Jährige, der laut eigener Aussage und den Aussagen der Zeugen von dem 17-Jährigen körperlich angegriffen worden sei[2], habe sich mit einem Messer gewehrt. Der Messerstich verletzte den 17-jährigen Schüler und er verstarb in der gleichen Nacht. Die Polizei ließ den 20-jährigen Jugendlichen, der den Messerstich verübt hatte, nach einer Vernehmung bereits am gleichen Abend frei (vgl. Frizsche 2008).

Die Geschehnisse in der Nacht von Freitag auf Samstag lassen sich ‚wahrheitsgemäß' nicht rekonstruieren. Die Staatsanwaltschaft und die Polizei stuften laut Kölner Stadtanzeiger bereits am darauffolgenden Tag die Handlung des 20-jährigen Jugendlichen als Notwehr ein (vgl. ddp 2008).

Der Tod von Salih führte zu tagelangen Protesten, an denen junge Kalkerinnen und Kalker sowie auch die Eltern der jungen Menschen im Viertel teilnahmen. Sie sind für ‚Gerechtigkeit', gegen ‚Rassismus' und gegen die ‚gesellschaftspolitische Benachteiligung' auf die Straße gegangen. Die in den Augen der Bevölkerung voreilige Beurteilung des Geschehens durch die Staatsanwaltschaft als ‚Raubüberfall' und ‚Notwehr', sowie die Freilassung des 20-jährigen ‚deutschen'[3] Jugendlichen am gleichen Abend, löste bei den Kalker Jugendlichen und deren Eltern Unmut und Unverständnis aus. Vor allem die Familie, Freunde, Bekannte, Mitschülerinnen und Mitschüler des 17-Jährigen sahen laut Presseberichten in dem Jugendlichen keinen ‚Räuber'. Sie äußerten ihre Zweifel und ihr Unverständnis über das frühzeitige Urteil der Staatsanwaltschaft und der Polizei (vgl. Stinauer 2008b).

Die Frage, die sich im Hinblick auf die wochenlangen Aktionen und Proteste im Viertel stellt ist, wieso das Geschehen bei den jungen Kalkerinnen und Kalker einen solchen Widerstand hervorgerufen hat?

Bei den Protesten ging es um weit mehr, als um die Aufklärung des Geschehens an dem besagten Abend. Es ging dabei im Allgemeinen um die Schlechterstellung *bestimmter* Menschen mit Migrationshintergrund im Viertel und um die gesellschaftspolitische Benachteiligung, von der insbesondere junge Menschen im Viertel betroffen sind. Für die Bevölkerung spiegelte sich in der Vorgehensweise der staatlichen Institutionen zur Aufklärung des Tatgeschehens die Diskriminierung durch die Mehrheitsgesellschaft und der Rassismus, mit dem sie selbst in ihrem Alltag konfrontiert sind, wieder. Deshalb gingen sie im Januar 2008 auf die Straße.

„Und nun gehen die Menschen empört auf die Straße. Hauptsächlich deshalb, weil es sich bei dem Angreifer um Saleh handelt, einen jungen Mann mit marokkanischem Pass. Erstochen von einem jungen Mann (20) mit deutschem Pass. *Wenn das Opfer ein Deutscher gewesen wäre, hätte die Öffentlichkeit anders reagiert* propagierte einer der Demonstranten mit großer Überzeugung. Widerspruch gab es nicht" (Moeck 2008).

Die Mahnwachen und die Demonstrationen haben am darauffolgenden Abend des Geschehens begonnen, nachdem in den Medien über die Freilassung des 20-Jährigen und die Einschätzung der Staatsanwaltschaft des Vorfalls als ‚Notwehr' berichtet worden war. Der Protest und der Widerstand mit dem sie für ‚Gerechtigkeit' eingetreten sind, zeichnete sich in abendlichen Treffen, in zahlreichen Versammlungen und Gedenkveranstaltungen, an denen teilweise 200-300 Jugendliche und Erwachsene aus dem Viertel teilnahmen, ab. Dazu hielten sie Plakate mit der Aufschrift ‚Gerechtigkeit und Aufklärung', ‚Deutsche Polizei deckt Mörder', ‚Widerstand gegen soziale Ausgrenzung und Rassismus' in den Händen.

Mit den verschiedenen Veranstaltungen werden die Beteiligung der Zivilgesellschaft und die Mobilisierung zivilgesellschaftlicher Kräfte in dem Stadtteil deutlich.

Die Ereignisse in Kalk wurden zu diesem Zeitpunkt auch auf stadtpolitischer Ebene aufgegriffen. Beispielsweise fand ein Gespräch zwischen dem Oberbürgermeister, dem marokkanischen Generalkonsul[4], der Sozialdezernentin, der Jugenddezernentin, den Jugendeinrichtungen sowie der Polizei und der Familie des 17-jährigen Jugendlichen statt. Trotz der Reaktionen auf stadtpolitischer Ebene haben unterschiedliche (politische) Akteure das geringe Interesse der Politikerinnen und Politiker an den Geschehnissen in Köln-Kalk kritisiert.

In der Öffentlichkeit wurden die Ereignisse in Köln-Kalk kontrovers diskutiert. Sowohl von politischer Seite als auch von den Medien wurde die Parallele zu den Ausschreitungen in den Pariser Vororten gezogen. So schreibt auch Spiegel Online [Spiegel TV] in der Ankündigung einer Sendung über das Geschehen in Köln-Kalk: „Ein Hauch von Banlieu weht durch Köln-Kalk" (Spiegel Online (o.V.) 2008). Bezüglich dieser Diskussion nahmen auch die Journalistinnen und Journalisten der Zeit Online in einem Artikel Bezug:

„Die Polizei steht jeden Tag mit drei Mannschaftswagen in Sichtweite, und ein Kölner Stadtrat warnte im Express, Kalk sei ein Pulverfass[5]. Die Zustände erinnerten an jene in den Pariser Banlieues. Aber im Stadtteil Kalk brennen keine Autos, sondern nur Kerzen, alles bleibt friedlich" (Frizsche 2008).

Nicht zuletzt standen die Ereignisse in Kalk im Kontext der Diskussion um Jugendkriminalität, die im Zusammenhang mit ‚Jugendlichen mit Migrationshintergrund' diskutiert wurden. Der CDU-Politiker Roland Koch führte diese Diskussion in seiner Wahlkampfkampagne zu Beginn des Jahres 2008 an. Die Jugendlichen haben sich gegen diese Kriminalisierung und gegen die Diskriminierung als ,Ausländerinnen' oder ,Ausländer' generell ausgesprochen.

So lässt sich auch folgende Äußerung eines Jugendlichen aus Köln-Kalk, die er in einem Interview geäußert hat, verorten: „Wir sind kölsche Jungs (...) Wir wollen nicht als Ausländer behandelt werden, die man härter bestrafen soll, so wie es ein paar Politiker fordern" (Stinauer 2008a).

Nach zwei Jahren ist hinreichend Abstand gewonnen, um die Ereignisse genauer zu analysieren und vor allem zu fragen, welche Auswirkungen sie auf das urbane Zusammenleben hatten und haben. Welche Auswirkungen haben die damaligen Aktionen auf die lokale Zivilgesellschaft, auf die Kommunalpolitik und auf das Stadtquartier? Lassen sich nachhaltige Effekte beobachten? Hat sich die ,Revolte' tatsächlich konstruktiv ausgewirkt und haben sich die Jugendlichen mit ihrer Botschaft durchgesetzt oder bleibt es bei der kritisierten Diskriminierung und der Exklusion?

## 5. „Wir sind kölsche Jungs" – Protest und Kampf um Partizipation

Verknüpft man die Informationen zur urbanen Situation im Quartier mit der „Kalker Revolte", so erkennt man sehr schnell, dass es einen Widerspruch gibt zwischen dem, was man für das Quartier getan hat und dem, was im Quartier tatsächlich passiert. Die Leistungen, die man für das Quartier erbracht hat, waren offenkundig nicht so ausgerichtet, dass sie dem Quartier faktisch geholfen haben. Die Menschen im Quartier erleben somit eine Realität, in der sie keine Chancen auf Inklusion und Anerkennung haben. Umso intensiver dringen sie auf Partizipation und damit auf eine politische Neuorientierung der Kommune.

Sicherlich hat man versucht, die Inklusion zu verbessern (,Förderung von Deutsch als Zweitsprache'), etwas für die Anerkennung der ,Ausländerinnen' und ,Ausländer' zu tun und Partizipationsmöglichkeiten (,Integrationsrat') zu schaffen. In Stadtteilen mit besonderem Erneuerungsbedarf hat man zudem auch Bürgerinitiativen unterstützt sowie Kinder- und Jugendforen und Jugendparlamente gegründet, um auch die jüngere Bevölkerung an die lokale Stadtentwicklung heranzuführen. In Köln hat man schrittweise in verschiedenen Stadtteilen und auch in Kalk solche Maßnahmen erprobt (vgl. Bukow/Spindler 2000). Alle diese Bemühungen basieren freilich bis heute auf einer nationalen Logik und ignorieren dabei einerseits, dass die Bevölkerung hier aus Kalkerinnen und Kalkern besteht und anderseits die Tatsache, dass eine zivilgesellschaftliche Partizipation kein paternalistischer Gnadenakt ist, sondern einen basalen Rechtsanspruch des Einzelnen darstellt.

Der Grund für das Scheitern solcher kommunaler Maßnahmen liegt auf der Hand. Diese ignorieren nicht nur die immanente Logik des Alltags, weil sie Partizipation isoliert angehen, statt sie als Reaktion auf lokale Verwerfungen oder als ,Stresssituationen' ernst zu nehmen und in ihrem reaktiven, diskursiven Charakter zu unterstützen. Diese Maßnahmen werden sogar zu einem Teil des Problems und erzeugen

Barrieren, womit sie in Wahrheit die Teilhabe blockieren (vgl. Beck 2009, S. 5). Wenn man die Situation der Bevölkerung wirklich hätte ernst nehmen wollen, hätte man zunächst die Verwerfungen als Herausforderung und Thema akzeptieren müssen. Außerdem hätte man sich sodann auf die basalen Mechanismen der Zivilgesellschaft besinnen müssen, statt sich in einem national imprägnierten Helfersyndrom zu verstricken.

Nachdem die von oben zugestandene Partizipation nur wenig bewirkt hat und nachdem auch die *top down* angestoßenen zivilgesellschaftlichen Aktivitäten immer wieder in Schwierigkeiten geraten, richtet sich die Aufmerksamkeit erst allmählich und eher notgedrungen auf eine Zivilgesellschaft von unten. Man ist allmählich dabei, die Frage zu entdecken, welche Partizipationsmöglichkeiten *bottom up* erkennbar sind und welche Potentiale sie enthalten bzw. welche Wirkung sie entfalten können. In der Regel wird hier erst einmal an ‚folkloristische' Vereinigungen und Kulturzentren, an Aktivitäten im Rahmen der Medien und an spontane Aktionen und Bürgerinitiativen gedacht. Da in Köln aber die ‚folkloristischen' Vereinigungen sehr häufig religiös orientiert sind, und die Medien [insbesondere hier die Lokalzeitungen] die allochthone Bevölkerung fast gänzlich ignorieren, sollte die Aufmerksamkeit besonders auf spontane Aktionen bzw. Initiativen gerichtet werden.

Unsere These ist, dass die gesellschaftliche Entwicklung unter dem Druck der Globalisierung nicht nur neue Problem- und Konfliktlagen hervor bringt, sondern auch dazu provoziert, diese sozio-ökonomisch-kulturelle Diversifizierung des Alltagslebens ganz pragmatisch im Sinn praktischer Vernunft zu thematisieren und damit neue Spielräume für Einsicht schaffende Diskurse ermöglicht und somit neue Partizipationsimpulse freisetzt, die freilich erst noch gesellschaftlich realisiert, also z.B. kommunal wahr- und ernst genommen werden müssen.

Unsere Vermutung dabei ist, dass die ‚Kalker Revolte' genau in dieser Weise als eine Anfrage an die Stadtgesellschaft ‚gelesen' werden kann, nämlich als ein Beispiel dafür, wie sich die ‚Vielen als Viele' (Virno 2005, S. 22) im Quartier arrangieren und sich angesichts der Tatsache, dass sie dabei nicht nur von der bürgerlich-gouvernementalen Realität im Stich gelassen werden, sondern ihnen sogar noch – zurückhaltend formuliert – Steine in den Weg gerollt werden, sogar gezwungen sehen, auf zivilgesellschaftliches Engagement, kurz auf Partizipation zu drängen: Von der Integration zur Partizipation, von der Politik von oben zur Zivilgesellschaft der ‚Vielen als Viele'.

## 6. Ausblick

Die politische Partizipation ist ein entscheidender Faktor für ein erfolgreiches Zusammenleben in jeder Stadtgesellschaft, gerade auch in der heutigen Einwanderungsgesellschaft. Dies gilt insbesondere für Städte wie Köln, weil hier längst ein Drittel der Bevölkerung eine Migrationsgeschichte aufweist. Da es jedoch bislang für eine allochthone Bevölkerung in Deutschland nur sehr begrenzt institutionalisierte Möglichkeiten gibt, sich zu beteiligen, ist es noch wichtiger als sonst, gezielt die informellen zivilgesellschaftlichen Möglichkeiten aufzugreifen und dann zumindest auf lokalgesellschaftlicher Ebene formal zu realisieren. Hier könnte die Stadtgesellschaft exemplarisch vorangehen und wegweisend wirken. Als charakteristisches Sample und Lehrstück bietet sich das Kölner Stadtquartier Kalk an, das einerseits jahrelang mehr oder weniger erfolglos paternalistisch gefördert wurde (Kalk war von 1994 bis 2004 ‚Stadtteil mit besonderem Erneuerungsbedarf' – ‚Soziale Stadt'), hingegen mit dem ‚Kalk-Programm' zumindest einen ersten Ansatz für eine direkte Bürgerinnen- und Bürgerbeteiligung geschaffen hat und das anderseits über eine hoch engagierte allochthone Bevölkerung verfügt, die offenbar bei Bedarf durchaus bereit ist, sich zu Wort zu melden. Ein Beleg dafür könnte die ‚Revolte' vom Januar 2008 sein.

Die Ereignisse in dem Stadtteil Köln-Kalk sind außerdem ein Beispiel dafür, wie bestimmte Gruppen [hier *bestimmte* ‚Menschen mit Mitgrationshintergrund'] die Stimme ergreifen, um auf die Schlechterstellung in der Migrationsgesellschaft aufmerksam zu machen. Somit kann das Geschehen Anfang des Jahres 2008 als aktive Beteiligung und Initiative der Menschen gelesen werden, die performativ und diskursiv ausgehandelt worden ist. Insofern zeigt sich auch in dem aktiven Handeln der Jugendlichen im Viertel, wie *bestimmte* Diskurse aufgegriffen und Gegen-Diskurse geschaffen, ausgebildet und ausgehandelt werden. Insbesondere für Jugendliche stellt dies einen wichtigen (informellen) Lernprozess der (gesellschaftspolitischen) Bildung dar, der verdeutlicht, wie sie sich performativ einbringen können, an Diskurse anknüpfen bzw. neue Diskurse schaffen können. Es geht dabei auch um den Prozess des Sicht-bar-machens der unzureichenden gesellschaftspolitischen Beteiligungsmöglichkeiten, wobei Kräfte mobilisiert werden, um Widerstand aufzuzeigen. Innerhalb der wochenlangen Bewegungen und Initiativen haben sich die Netzwerke unterschiedlicher Akteure – hauptsächlich der Einwohnerinnen und Einwohner in Kalk, der Öffentlichkeit und der Politik – verknüpft und ausgeweitet. Mit diesen Prozessen kann die Mobilisierung unterschiedlicher Kräfte im Stadtteil aufgezeigt werden.

Nachdem zwei Jahre vergangen sind, ist der Augenblick gekommen, um noch einmal nachzufragen, was aus diesem Engagement geworden ist, was die Stadtgesellschaft dazugelernt hat und ob ein Bewusstsein für die Anliegen der Bevölkerung entstanden und kommunal umgesetzt worden ist. Dazu haben wir eine kleine Projektgruppe an der Forschungsstelle für interkulturelle Studien an der Universität zu Köln und an der Fachhochschule Köln gebildet, die den Thesen und Vermutungen nachgeht und insbesondere Folgendes überprüft:

In welchen Prozessen wurde und wird von der Zivilgesellschaft in Köln-Kalk auf welche Weise an Diskurse angeknüpft und wie wurden bzw. werden darüber hinaus Gegen-Diskurse ausgehandelt? Außerdem wird die Bildung der Netzwerke in ihrer Verknüpfung betrachtet und als Ressource bzw. als soziales Kapital in den Blick genommen. Dabei ist es von Bedeutung, inwieweit die Ereignisse in Köln-Kalk gesellschaftspolitisch wirkungsvoll gewesen sind. Dies bedeutet, dass zum einen die Kräfte im Stadtteil und die ausgehandelten Diskurse in den Blick genommen werden müssen [deren ‚Spuren' sich bis heute bspw. in den Medien rekonstruieren lassen] und zum anderen der Frage nachgegangen wird, wie die Öffentlichkeit und die Politik darauf eingegangen sind. Dabei spielen gesellschaftliche Strukturen, Macht- und Herrschaftsmechanismen und der gesamtgesellschaftliche Diskurs um Migration eine entscheidende Rolle. Insofern sollen die Ereignisse in Kalk auch vor diesem Hintergrund betrachtet werden, wodurch die Wirkung bzw. die Nicht-Wirkungsmöglichkeiten zivilgesellschaftlicher Kräfte deutlich gemacht werden können. Darüber hinaus ist es wichtig, die Akteure selbst einzubeziehen: Wer hat sich wie an den Aktivitäten in Kalk beteiligt? An dieser Stelle wäre es zudem interessant zu untersuchen, wie zivilgesellschaftliches Engagement in der Biografie der Akteure verankert ist und biografisch hergestellt wird. Wir möchten außerdem der Frage nachgehen, inwieweit die informellen Bewegungen und Aktionen in Kalk Prozesse der (gesellschaftspolitischen) Bildung in Gang gebracht haben und Partizipation insofern als Lernprozess zu verstehen ist.

## Endnoten

1  Nach dem Tod des Jugendlichen am Freitag, 18. Januar 2008 in Kalk die abendlichen Aktionen; Bilder aus dem Kölner Stadtanzeiger [Ksta] vom 25.01.08. (Foto: Arton Krasniqi).

2  Die Rechtsmedizin bestätigte durch ihre Untersuchungsergebnisse die Zeugenaussagen (vgl. Stinauer 2008b).

3  Bei dem 20-jährigen Jugendlichen handelt es sich um einen Jugendlichen mit russischem Migrationshintergrund, der über die deutsche Staatsbürgerschaft verfügt.

4  Der marokkanische Generalkonsul, Ahmed Mesgguid, überprüfte die Ermittlungen der Kölner Staatsanwaltschaft zur Aufklärung des Geschehens am 18.01.08. Laut Kölnische Rundschau vom 31.01.08 bestätigte der Generalkonsul die richtige Vorgehensweise der Ermittlungsbehörden (vgl. Taab 2008).

5  Die Aussage des Stadtrats, Kalk sei ein 'Pulverfass' sowie sein Vergleich zu Frankreich wurde seitens der Polizeiführung und der Stadtspitze kritisiert (vgl. Stinauer 2008c).

## Literatur

Beck, Sebastian (2009): Migranten-Milieus. Ein Kompass für die Stadtgesellschaft. Berlin.

Beck, Ulrich (2008): Weltrisikogesellschaft. Auf der Suche nach der verlorenen Sicherheit. Frankfurt am Main.

Berking, Helmuth (Hg.) (2006): Negotiating urban conflicts. Interaction, space and control. Bielefeld.

Bukow, Wolf-Dietrich/Spindler, Susanne (2000): Die Demokratie entdeckt ihre Kinder. Politische Partizipation durch Kinder- und Jugendforen. Opladen.

Bukow, Wolf-Dietrich/Nikodem, Claudia/Schulze, Erika/Yildiz, Erol (2001): Die multukulturelle Stadt. Von der Selbstverständlichkeit im städtischen Alltag. Opladen.

Bukow, Wolf-Dietrich (2010): Urbanes Zusammenleben. Zum Umgang mit Migration und Mobilität in europäischen Stadtgesellschaften. Wiesbaden.

ddp (o.V.) (2008): 17-jähriger in Kalk erstochen. In: http://www.ksta.de/html/artikel/1200697 261739.shtml [17.02.2010].

Frizsche, Lara (2008): Die Aufständischen. In: http://www.zeit.de/2008/07/Die_Aufstaendischen? page=all [17.02.2010].

Häußermann, Hartmut/Wurtzbacher, Jens (2005): Die Gemeinde als Ort politischer Integration. In: Heitmeyer, Wilhelm/Imbusch, Peter (Hg.): Integrationspotenziale einer modernen Gesellschaft. Wiesbaden, S. 429-449.

Heitmeyer, Wilhelm/Imbusch, Peter (Hg.) (2005): Integrationspotenziale einer modernen Gesellschaft. Wiesbaden.

Hess, Sabine/Binder, Jana/Moser, Johannes (Hg.) (2009): No integration?! Kulturwissenschaftliche Beiträge zur Integrationsdebatte in Europa. Bielefeld.

Lanz, Stephan (2009): In unternehmerische Subjekte investieren. In: Hess, Sabine/Binder, Jana/Moser, Johannes (Hg.): No integration?! Kulturwissenschaftliche Beiträge zur Integrationsdebatte in Europa. Bielefeld, S. 105-121.

Le Galés, Patrick (2006): Can European cities survive within a globalizing world? The coming age of megacities or the growth of globalizing European cities? In: Rehberg, Karl-Siegbert/Giesecke, Dana (Hg.): Soziale Ungleichheit, Kulturelle Unterschiede /// Soziale Ungleichheit, kulturelle Unterschiede. Verhandlungen des 32. Kongresses der Deutschen Gesellschaft für Soziologie in München 20 /// Verhandlungen des 32. Kongresses der Deutschen Gesellschaft für Soziologie in München 2004. Frankfurt am Main, S. 949-970.

Le Galés, Patrick (2004): European cities. Social conflicts and governance. Oxford.

Ludwig, Claus (2008): Junge Migranten in Köln-Kalk fordern Respekt und Gerechtigkeit. http://www.sozialismus.info/?sid=2496 [17.02.2010].

Moeck, Thorsten (2008): Unter Generalverdacht. In: http://www.ksta.de/servlet/OriginalContent Server?pagename=ksta/ksArtikel/Druckfassung&aid=1200142225742 [17.02.2010].

Ottersbach, Markus (2009): Jugendliche in marginalisierten Quartieren Deutschlands. In: Ottersbach, Markus/Zitzmann, Thomas (Hg.): Jugendliche im Abseits. Zur Situation in französischen und deutschen marginalisierten Stadtquartieren. Wiesbaden, S. 51-74.

Ottersbach, Markus/Zitzmann, Thomas (Hg.) (2009): Jugendliche im Abseits. Zur Situation in französischen und deutschen marginalisierten Stadtquartieren. Wiesbaden.

Radtke, Frank-Olav (2009): Nationale Multikulturalismen. Bezugspunkte und Effekte. In: Hess, Sabine/Binder, Jana/Moser, Johannes (Hg.): No integration?! Kulturwissenschaftliche Beiträge zur Integrationsdebatte in Europa. Bielefeld, S. 37-50.

Rehberg, Karl-Siegbert/Giesecke, Dana (Hg.) (2006): Soziale Ungleichheit, Kulturelle Unterschiede /// Soziale Ungleichheit, kulturelle Unterschiede. Verhandlungen des 32. Kongresses der Deutschen Gesellschaft für Soziologie in München 20 /// Verhandlungen des 32. Kongresses der Deutschen Gesellschaft für Soziologie in München 2004. Frankfurt am Main.

Ronneberger, Klaus/Vassilis, Tsianos (2009): Panische Räume. Das Ghetto und die Parallelgesellschaft. In: Hess, Sabine/Binder, Jana/Moser, Johannes (Hg.): No integration?! Kulturwissenschaftliche Beiträge zur Integrationsdebatte in Europa. Bielefeld, S. 137-152.

Sen, Amartya/Griese, Friedrich (2007): Die Identitätsfalle. Warum es keinen Krieg der Kulturen gibt. München.

Spiegel Online/Spiegel TV (o.V.) (2008): Tödliche Auseinandersetzung - Aufstand in Köln-Kalk. In: http://www.spiegel.de/sptv/magazin/0,1518,529915,00.html [08.03.2010].

Sökefeld, Martin (2008): Aleviten in Deutschland. Identitätsprozesse einer Religionsgemeinschaft in der Diaspora. Bielefeld.

Stinauer, Tim (2008a): Allabendliches Aufschaukeln in Kalk. In: http://www.ksta.de/html/artikel/1201184397075.shtml [17.02.2010].

Stinauer, Tim (2008b): Familie zweifelt Notwehr-Version an. In: http://www.ksta.de/html/artikel/1200142225754.shtml [17.02.2010].

Stinauer, Tim (2008c): Vergleich mit Paris ist falsch. In: http://www.ksta.de/html/artikel/1201184407942.shtml [17.02.2010].

Taab, Daniel (2008): Salih Thema im Rathaus. In: http://www.rundschau-online.de/html/artikel/1201191988326.shtml [08.03.2010].

Venn, Couze (2006): The City as Assemblage. Diasporic Cutures, Postmodern Spaces and Biopolitics. In: Berking, Helmuth (Hg.): Negotiating urban conflicts. Interaction, space and control. Bielefeld, S. 41-52.

Virno, Paolo/Atzert, Thomas (2005): Grammatik der Multitude. Untersuchungen zu gegenwärtigen Lebensformen. Berlin.

Andrea Felbinger

# Gesellschaftlicher Ressourcenmangel als Entwicklungschance? Oder: Die Suche nach Sinn durch gesellschaftliches Engagement am Beispiel ehrenamtlicher Sachwalterschaft

Sinnstiftung manifestiert sich im Engagement zum einen auf der individuellen und zum anderen auf der sozialen Ebene. Auf der individuellen Ebene ist durch das Herstellen von Relevanz die nachhaltige, subjektive Aneignung von Sinn zu verstehen, den Gegenständen der Aneignung eine Bedeutung für die Bewältigung der eigenen Lebenswelt zuzuschreiben; auf der sozialen Ebene ist durch positive soziale Resonanz die Partizipation und soziale Teilhabe gemeint. Wenn Subsidiarität funktioniert, zieht sich der Staat aus bestimmten Regionen zurück und überlässt das Handeln dem Einzelnen. In diesem Beitrag wird der Frage nachgegangen in welcher Art und Weise ein dadurch allerdings auch zunehmend ungenügendes staatliches Unterstützungssystem dazu beiträgt, dass die Individuen in die Lage versetzt werden, soziale Partizipation, Beteiligung an einem Gemeinwohl und Teilhabe an konkreter gesellschaftlicher Veränderung zu lernen bzw. erlernen zu müssen. Darüber hinaus wird am konkreten Beispiel ehrenamtlicher Sachwalterschaft untersucht, wie Menschen ihre Kohärenz und damit ihre individuelle Sinngebung und Sinnanschlüsse durch soziales Engagement gestalten. Um diese Forschungsfrage zu beantworten wurden mittels leitfadengestützter Face-to-face-Interviews fünf ehrenamtliche SachwalterInnen zu ihren Sinnerfahrungen befragt[1].

## 1. Einleitung

Menschen leben in unterschiedlichsten gesellschaftlichen Kontexten – die individuellen Lebenswelten sind vielgestaltig, mehrdeutig, gekennzeichnet durch eine Vielzahl an Wahlmöglichkeiten, durch Unsicherheiten, Zerbrechlichkeiten und Grenzen, die allesamt schwer zu durchschauen sind. Die Individuen sind stets eingebettet in soziokulturelle, historisch gewachsene gesellschaftliche und politische Verhältnisse. In diesen polymorphen Welten müssen sich sie sich ihren Sinn jeweils immer wieder neu erschließen, „die verschiedenen Welten bilden sozusagen eine *Konstellation*. Diese Konstellation ist dann Ausdruck einer sinnhaften biographischen Selbstkonstruktion einer Person, die aber (…) in sich gebrochen ist" (Marotzki 1997, S. 189). Das bedeutet, dass Sinnanschlüsse stets neu gesucht und gefunden werden müssen. Dies stellt eine Aufforderung dar, unsere Lebenswelt permanent neu zu organisieren und zu strukturieren und in unserer Lebensführung jene Wertschätzung zu erlangen, wofür ein hohes Maß an personaler Ich-Stärke und Kohärenz notwendig ist. Wenden wir uns vom Individuum nun der Gesellschaft zu, so ist mit Heiner Keupp festzustellen: „In einer hochpluralisierten und fluiden Gesellschaft ist die Ressource ‚Sinn' eine wichtige, aber auch prekäre Grundlage der Lebensführung" (Keupp 2006, S. 9). Sinn kann nicht einfach bezogen werden, konsumiert werden; vielmehr erfordert die Suche nach dem Sinn „einen hohen Eigenanteil an Such-, Experimentier- und Veränderungs-bereitschaft" (Keupp 2006, S. 9). Entscheidend dabei sind immer wiederkehrende neue Interpretationen von erlebten Erfahrungen, die im Lebensvollzug auf dem Hintergrund von Sinnstiftung interpretiert werden und zur Identitätsbildung beitragen. Identität wird allerdings nicht als essentialistische Konzeption verstanden, sondern als ein Prozess fortschreitender Identitätsarbeit im gesamten Lebensverlauf. Dieser Identitätsbegriff ist durch diese Lesart anschlussfähig an gegenwärtige Konzeptionen der lebensgeschichtlichen Entwicklung und Veränderbarkeit von Kohärenz.

## 2.  Subsidiaritätsprinzip als Fundament für bürgerliches Engagement

Der Begriff Subsidiarität leitet sich vom lateinischen ‚subsidere' ab, was ‚daruntersitzen' bedeutet bzw. vom Begriff ‚subsidium', was in der Übersetzung mit ‚Unterstützung' bzw. ‚Hilfeleistung' beschrieben wird (vgl. Moersch 2001, S. 23). Das Subsidiaritätsprinzip wurzelt in den liberalen Staatszwecklehren des 18. und 19. Jahrhunderts und betont die Eigenkräfte der Gesellschaft. Wesentlich geprägt wurde das Prinzip allerdings von der katholischen Soziallehre und hier vor allem von der Enzyklika „Quadragesimo anno" aus dem Jahr 1931 von Papst Pius XI (vgl. Waschkuhn 1994).

Das Subsidiaritätsprinzip kann dem Begriff subsidium folgend als ‚Unterstützung von oben' bezeichnet werden. Es stellt ein gesellschaftliches ebenso wie politisches Strukturprinzip dar, das sich in demokratischen Gesellschaften auf unterschiedlichen Ebenen wieder findet; es ist in der Politik ebenso zu finden wie im Bildungswesen, im Sozialwesen aber auch in der Justiz. Subsidiarität stellt einen Leitbegriff vor allem in sozialpolitischen Diskussionen dar. Wesentlich ist, „(…) dass in der sozialen Dimension das auf der je ‚unteren' Ebene geregelt werden soll, was dort sinnvoll geleistet werden kann, da diese Ebenen gewissermaßen näher am Menschen sind" (Stein 2009, S. 102f.). Das heißt, dass entsprechend dem Subsidiaritätsprinzip die Eigenverantwortung der BürgerInnen vor das staatliche Handeln gesetzt wird. Dadurch sollen einerseits die Lösung sozialer und politischer Probleme möglichst nahe an der Lebenswelt der Betroffenen erfolgen, anderseits stellt dieses Prinzip auch einen Schutz der BürgerInnen vor allzu großen Eingriffen des Staates auf deren Lebenswelt dar.

Subsidiarität stellt in der heutigen Gesellschaft auch eine Strategie dar, um der Bürokratisierung entgegen zu wirken: „Als Antwort auf die bürokratische Entfremdung wird das Bedürfnis sichtbar, Institutionen zu stärken und zu schaffen, durch welche die Bürger einen für sie wesentlichen, überschaubaren Lebensbereich selbst mitgestalten" (Zippelius 2002, S. 32). Gerade im Bereich der Sachwalterschaft zeigt sich, dass einerseits zwar der Staat unterstützend für Defizite in der Lebenswelt in dem Sinne eingreift, dass er gerichtlich Sachwalterschaften anordnet, andererseits jedoch wird auf ein lebensnahes Unterstützungssystem zurückgegriffen, in dem ehrenamtliche SachwalterInnen bestellt werden, um die Defizite auszugleichen.

## 3. Das Subsidiaritätsprinzip im Kontext ehrenamtlicher Sachwalterschaft

Sachwalterschaft fällt in den Bereich der Zivilrechtspflege und wird dezidiert als ‚ziviler Dienst an der Rechtspflege' verstanden. In demokratischen Staaten werden die Strafrechtspflege (beispielsweise in Form von LaienrichterInnen, in der Bewährungshilfe etc.) und auch die zivile Rechtspflege wie etwa in der Sachwalterschaft an die Bevölkerung zurück gegeben, um diese Bereiche tendenziell aus dem hoheitsrechtlichen Prinzip zu entkoppeln. Der rechtsstaatlich legitimierte Durchgriff auf individuelle Grund- und Freiheitsrechte obliegt weiterhin den dafür vorgesehenen Organen des Staates – nämlich der unabhängigen, unabsetzbaren und unversetzbaren Richterschaft des bürgerlichen Zivilrechtes. Durch die Einbindung ehrenamtlicher MitarbeiterInnen in der Sachwalterschaft soll in der praktischen Umsetzung eine demokratische Mitwirkung gewährleistet werden. An eben diesem Beispiel der Zivilrechtspflege wird deutlich, dass sich der Staat, wenn Subsidiarität funktioniert, aus bestimmten Regionen zurück zieht und das praktische Handeln dem Einzelnen überlässt. Man könnte auch sagen, dass die Gesellschaft die Möglichkeit der Zugehörigkeit bereitstellt und somit ihre Mitglieder in die Lage versetzt, an der Gestaltung des Sozialen und Politischen. mitzuwirken, im Sinne des sozialen Kapitals, welches die Gesellschaft zusammenhält. Diese Verkoppelung von individuellem Kapital und sozialem Kapital macht deutlich, dass es sich um eine Art Ressourcenaustausch handelt. Dieser Austausch ist möglich durch die Entgrenzung gesellschaftlicher Funktionssysteme. Einerseits wird die Verantwortung des Handelns mit der Gemeinschaft geteilt und in wirtschaftlichen Krisenzeiten bzw. in Zeiten hoher Nachfrage erfolgt andererseits eine Verschiebung von Verantwortung dann, wenn staatliche Ressourcen knapp werden.

Was bedeutet nun Sachwalterschaft? Ist eine Person aufgrund einer psychischen Erkrankung oder intellektuellen Beeinträchtigung nicht in der Lage, ihre Angelegenheiten ohne Nachteil für sich selbst zu besorgen, so benötigt die Person einen Beistand, der die vom Gericht festgelegten Angelegenheiten (z.B. Verwaltung von Einkünften, Vermögen und Liegenschaften, Personensorge, Zustimmung zu medizinischen Maßnahmen) regelt. Das bedeutet, dass das Gericht der betroffenen Person in bestimmten Angelegenheiten die Geschäftsfähigkeit entzieht. Eine Sachwalterschaft stellt demnach einen erheblichen Eingriff in die Rechte einer betroffenen Person dar. Aus diesem Grund ist ein Sachwalter/eine Sachwalterin nur dann zu bestellen, wenn es keine Alternativen zur Hilfestellung für den Betroffenen gibt (vgl. Bundesministerium für Justiz 2007).

Wer kann nun vom Gericht als SachwalterIn eingesetzt werden? Prinzipiell sieht das Gesetz die Übernahme einer Sachwalterschaft als ‚Staatsbürgerpflicht' vor, es wird jedoch niemand gezwungen, diese Tätigkeit auszuüben. Wenn weder nahestehende Personen noch ein Sachwalterverein bzw. ein Rechtsanwalt oder Notar als Sachwalter zur Verfügung stehen, können vom Gericht andere geeignete Personen wie etwa SozialarbeiterInnen als SachwalterInnen bestellt werden. Handelt es sich um komplizierte Rechtsprobleme so können Rechtsanwälte und Notare ebenfalls eingesetzt werden. In erster Linie ist das Gericht jedoch bemüht, nahe Angehörige oder nahestehende Personen der betroffenen Menschen als SachwalterInnen einzusetzen, wenn vorausgesetzt werden kann, dass dies dem Wohl der Betroffenen entspricht. Lehnen diese Personen aus nachvollziehbaren Gründen die Übernahme einer Sachwalterschaft ab oder sind keine nahestehenden Angehörigen vorhanden, so werden von Sachwaltervereinen (in Österreich sind 4 Sachwaltervereine tätig, die vom Bundesministerium für Justiz subventioniert werden) geeignete Personen als Sachwalter dem Gericht namhaft gemacht. Der Sachwalterverein seinerseits übergibt die Vertretungsvollmacht entweder an bei ihm in einem ordentlichen Beschäftigungsverhältnis stehende, hauptberuflich tätige SachwalterInnen oder an ehrenamtliche SachwalterInnen. Die Berufsgruppen der hauptberuflich tätigen SachwalterInnen setzen sich in erster Linie zusammen aus JuristInnen, PädagogInnen, PsychologInnen und SozialarbeiterInnen. Ist kein spezifisches Fachwissen für die Übernahme einer Sachwalterschaft für eine intellektuell beeinträchtigte oder psychisch kranke Person notwendig, so kann die Sachwalterschaft von einer ehrenamtlichen Mitarbeiterin/einem ehrenamtlichen Mitarbeiter des jeweiligen Vereins oder von sogenannten freien SachwalterInnen, die keiner Institution unterstehen, übernommen werden. Ehrenamtliche SachwalterInnen zeichnen sich durch eine sogenannte Semiprofessionalität insofern aus, als sie diese Tätigkeit freiwillig, aus ihrem sozialen Engagement und nicht aus ihrer beruflichen Aufgabe heraus übernehmen, aber von professionell tätigen Personen in diesem Amt unterstützt werden. Dabei erhalten ehrenamtliche SachwalterInnen für diese Tätigkeit kein Gehalt, wohl aber eine Aufwandsentschädigung vom Sachwalterverein. Ansprüche, wie Aufwandsersatz, Entschädigung und Entgelt aus dem Vermögen der besachwalterten Person sind zwar vom ehrenamtlichen Sachwalter/von der ehrenamtlichen Sachwalterin regelmäßig bei Gericht geltend zu machen, die entsprechenden Einnahmen fallen jedoch dem Sachwalterverein zu.

> *„Also, darüber hab ich schon ordentlich mit meiner Teamleiterin gestritten, dass mein Klient an den Verein was zahlen soll. Ich mach das ehrenamtlich und versuche, das Geld vom Klienten so einzuteilen, dass uns dann auch für Weihnachten und Geburtstag was übrig bleibt. Und dann soll der auch noch dafür zahlen? Dafür, dass er mich ja am Anfang eh nicht wollte. Ich hab ihm das erklärt, weil er will ja immer wissen, wie viel Geld er hat. Der hat das überhaupt nicht verstanden. Also, ich wieder gestritten mit der Teamleiterin. Ich hab ihr gesagt, ich bin die Sachwalterin und ich weigere mich, da Geld vom Konto meines Klienten zu nehmen, wo der eh nix hat. Die anderen*

*im Team haben das auch so gesehen. Im Endeffekt hab ich dann nichts überwiesen. Aber jedes Jahr ist da der gleiche Streit"* (28 Jahre, seit 4 Jahren ehrenamtliche Sachwalterin).

Für ehrenamtliche SachwalterInnen sind keine spezifischen Berufsausbildungen notwendig, d.h. wer sich für eine solche Tätigkeit interessiert, bewirbt sich bei einem der Vereine. In weiterer Folge kommt es zu Aufnahmegesprächen, in denen vor allem Motivation, Verlässlichkeit etc. überprüft werden. Über die endgültige Aufnahme wird von den jeweils zuständigen BereichsleiterInnen entschieden. Neben dem Besuch der Einschulungsveranstaltungen ist die regelmäßige Teilnahme an Teamsitzungen, bei denen über die Tätigkeit der Sachwalterschaft zu berichten ist, für alle ehrenamtlichen MitarbeiterInnen verpflichtend. Darüber hinaus werden auch laufend Schulungen zu spezifischen Themen wie etwa zu medizinischen Behandlungen abgehalten.

*„Ich hab immer Angst, dass einer meiner Klienten krank wird. Ich bin ja schon so lang dabei. Ich hab da schon vieles erlebt. Da bist du echt gefordert. Die Ärzte wollen, dass du eine Einverständniserklärung abgibst, dann brauchst aber oft das Gericht dazu. Das dauert ja alles sehr lange. Und dann versuchen die Ärzte dich zu erpressen, so, wenn du noch lange wartest und nicht unterschreibst, wird alles immer schlimmer. Sie setzen dich ordentlich unter Druck. Ich persönlich hab da ja schon einige Schulungen gemacht, aber das ist immer ein Stress. Ich weiß nicht, ob ich bei mir auch so lang nachfragen würde bis ich zum Beispiel eine ganze Operation verstanden hab. Aber wenn es um deinen Klienten geht, dann sicherst du dich wahrscheinlich noch mehr ab. Bist ja für den verantwortlich und wenn was passiert, ich weiß nicht, dann hat dich das Gericht ..."* (52 Jahre, seit 12 Jahren ehrenamtliche Sachwalterin).

Wie hoch die Anforderungen an ehrenamtlich tätige SachwalterInnen sind, wird durch diese Aussage deutlich. In der Sachwalterschaft steht stets das Wohl der betroffenen Person im Mittelpunkt der Tätigkeit: „Der Sachwalter hat die Pflicht, den Betroffenen dabei zu unterstützen, sein Leben nach seinen Vorstellungen und Wünschen im Rahmen seiner Fähigkeiten und Möglichkeiten zu gestalten" (Bundesministerium für Justiz 2007, S. 17). Dies ist jedoch immer wieder ein schwieriges Unterfangen und erfordert hohe Sensibilität und psychische Belastbarkeit von Seiten der betreuenden Person.

*„Was sollst du da machen, du hast einen Klienten der partout nicht in ein Pflegeheim will, der unbedingt in seiner Wohnung bleiben will. Aber das geht nicht, er kann ja nicht mehr kochen, er kann selbst nicht einheizen, einkaufen gehen kann er auch nicht mehr. Aber er lässt ja niemanden in die Wohnung. Da kann ich keine Heimhilfe hinschicken, ich hab das schon probiert. Er lässt ja niemanden hinein, außer mich, aber auch nicht immer. Er kennt mich ja schon seit 5 oder 6 Jahren, da baust du natürlich auch eine Beziehung auf. Und dann denkst du schon viel nach ob der arme Mann eine Übersiedelung in ein Heim noch überlebt. Was soll ich da tun? Tagelang hab ich mir den Kopf zerbrochen, weil ich denke, wenn der im Heim stirbt, dann bin ich schuld. Aber so kann es ja auch nicht weiter gehen. Und dann sagt das Gericht, ich soll mich um eine*

*Unterkunft für ihn kümmern. Da bin ich dann schon ein bisschen verzweifelt. Du stehst ziemlich unter Druck"* (47 Jahre, seit 7 Jahren ehrenamtliche Sachwalterin).

Neben psychischen Anforderungen sind darüber hinaus auch ausgeprägte Konfliktfähigkeit, soziale Kompetenzen ebenso wie ein hohes Maß an Kommunikationsfähigkeit notwendig, aber auch ein grundlegendes Interesse für juristische Belange.

*„Am Anfang hab ich mir ja gedacht, ich betreue einfach zwei oder drei Klienten. Aber nach der ersten Einschulung, wo es nur um das Sachwaltergesetz gegangen ist, hab ich mich schon gefragt, ob das das Richtige für mich ist. Jetzt bin ich schon fast 9 Jahre dabei und habe die letzte Gesetzesänderung zum SWRÄG[2] ja sozusagen life miterlebt. Wenn du da so involviert bist, naja, mir ist vorgekommen, so eine Gesetzesänderung ist ein absolut spannender Krimi, weil unsere Teamleiterin hat uns ja manches mal gesagt worum gerade wieder gestritten wird. Und im Verein gibt's ein paar Juristen, und die haben wirklich immer die Klienten im Aug, denen geht's nur darum für die das Beste herauszuholen. Ja, da gehört schon was dazu!"* (32 Jahre, seit 8 ½ Jahren ehrenamtliche Sachwalterin).

Mit Stichtag vom 1.1.2009 waren in Österreich 56.772 Personen besachwaltert, was 0,7 % der Wohnbevölkerung entspricht (vgl. Pilgram/Hanak/Kreissl/Neumann 2009). Die überwiegende Anzahl dieser Sachwalterschaften werden von ehrenamtlichen und freien SachwalterInnen ausgeführt. Pilgram/Hanak/Kreissl/Neumann (2009) verweisen in ihrer Studie darauf, dass den Vereinen bereits jetzt – und in Zukunft in noch höherem Maße – die notwendigen Ressourcen fehlen, um die angefragten Sachwalterschaften im erbetenen Ausmaß zu übernehmen[3]. Diese Ressourcenverknappung führt dazu, dass zunehmend mehr Personen gesucht werden, die diese Tätigkeit, die ein hohes Maß an Verantwortung mit sich bringt, um eine Begleitung von hoher Qualität gewährleisten zu können, übernehmen. Ohne das Engagement der ehrenamtlichen SachwalterInnen wäre es für die in diesem Bereich tätigen Vereine nicht möglich, ihre Arbeit zu verrichten: „Unsere ehrenamtlichen Mitarbeiter sind für uns überhaupt nicht mehr wegzudenken. Sie erfüllen nicht nur als Sachwalter für ihre Klienten eine wesentliche Aufgabe, sondern unterstützen uns durch Erfahrungsaustausch, Reflexion und als Multiplikatoren für unsere Anliegen (…)" (Müller-Ebner 2002, S. 4).

Diese ehrenamtlich tätigen Personen stellen ihre persönlichen Ressourcen zur Verfügung, erhalten allerdings auch Unterstützung von jenen Vereinen, an die sie angegliedert sind.

*„Ich mach das nur, weil da auch ein Verein ist. Da bin ich doch ein bisschen abgesichert. Ohne Verein würd ich das nie machen. Allein die Sachen, die du alle beim Gericht erledigen musst, wenn du da niemand hast, kennst dich ja nie aus. Ich würd mich das nicht trauen. Ich denk mir, wenns hart auf hart geht, dann kann ich meinen Teamleiter anrufen. Wenn du das nur nebenbei machst, da kannst du dich nie so auskennen. Das ist ja nicht mein Beruf. Wie bitte soll ich mich*

*da beim Gericht so auskennen? Dafür hast du dann den Verein hinter dir"* (38 Jahre, seit 9 Jahren ehrenamtlicher Sachwalter).

Die ehrenamtlichen SachwalterInnen erhalten durch ihr soziales Engagement zum Teil große Anerkennung aus ihrem persönlichen Umfeld; gleichzeitig erwerben sie sich weitreichende Kompetenzen vor allem durch ihre aktive Mitgestaltung in unterschiedlichen, aber jeweils auf die KlientInnen fokussierten Belange. Indem diese Personen das soziale Kapital als Ressource für die Schaffung von Beziehungsnetzen, als individuelle Antwort auf die Isolation und Individualisierung in unserer Gemeinschaft sehen, sind sie in der Lage, sich als Produzentinnen und Mitgestalterinnen von Institutionen und damit von Politik zu begreifen (vgl. Karstedt 2004, S. 53). Dies gilt nicht nur für die Ebene der Individuen, sondern auch für Kollektive. Indem die gegenwärtig verfasste Gesellschaft sich als lose Verbindung von Institutionen präsentiert, stellt sie dem Kollektiv Handlungsräume zur Verfügung, in denen sich starke Kohäsionen bilden können (z.B. Bürgerbewegungen), die einen Beitrag zur Lösung gesellschaftlicher Probleme leisten. In der gegenseitigen Bedingtheit des Mangels an Ressourcen, die gleichzeitig eine Chance für Entwicklung darstellt, zeigt sich die Dialektik zwischen Individuum und Gesellschaft, und dazwischengeschaltet kommen hier die Ressourcen in einem kleineren sozialen System (wie etwa Team, Gruppe) zum Vorschein. Die Gesellschaft mit ihrer Verfasstheit bietet so dem einzelnen im Sinne des sozialen Kapitals viele Lernanlässe zur Lebensbewältigung. Zudem bietet die Gesellschaft eine Fülle von Möglichkeiten und Bedingungen der Teilhabe in unterschiedlichen sozialen Kontexten je nach individueller Zugangsmöglichkeit. Dies kann zum Beispiel informelles (wie Nachbarschaftshilfe) oder auch formelles soziales Engagement (innerhalb von Institutionen wie etwa Sachwalterschaftsvereine) bedeuten. Interessant erscheint der Gedanke, dass durch das Zurückziehen staatlicher Unterstützungssysteme die Individuen einer Gesellschaft in die Lage versetzt werden, soziale Partizipation, Beteiligung an einem Gemeinwohl und Teilhabe an konkreter gesellschaftlicher Veränderung zu erfahren. Das heißt, dass der Mangel von Ressourcen auf der einen Seite zu einer Ressource im Sinne etwa eines Kompetenzerwerbs für die andere Seite wird. So kann beispielsweise durch die Übernahme einer Sachwalterschaft der Umgang mit psychisch kranken oder intellektuell beeinträchtigten Personen in unterschiedlichen Lebenslagen gelernt werden, aber auch der Umgang mit Gerichten, mit Pflegeeinrichtungen etc.

*„Für mich war die Arbeit mit geistig behinderten Personen eigentlich schon neu. Wie ich angefangen hab, hab ich das auch gesagt. Aber das war kein Problem für die. Naja für mich dann aber schon ein bissl. Wie ich das erste Mal in das Behindertenheim von meiner Klientin gekommen bin, hab ich gedacht, ich dreh gleich wieder um. Die ist auf einer Schwerstbehindertenstation und nach drei Minuten ist die halbe Station auf mir gehängt. Ich wollt da nur weg. Heute ist das anders. Ich weiß, ich muss es nicht hinnehmen, dass mich die Bewohner dort so angreifen und mitziehen wol-*

*len. Heute sag ich nein, das will ich nicht. Heute kann ich mich dagegen wehren. Das klingt viel-*
*leicht hart, aber das haltest du sonst nicht aus. Damals hab ich gedacht, ich muss das so hinneh-*
*men. Aber das mach ich jetzt nicht mehr, weil ich muss auch auf mich schauen. Und ich hab in*
*den Jahren schon gelernt, dass ich einem Behinderten auch sagen kann, nein, das will ich nicht.*
*Aber gedauert hat das schon einige Zeit"* (28 Jahre, seit 4 Jahren ehrenamtliche Sachwalterin).

Die ehrenamtliche Sachwalterin/der ehrenamtliche Sachwalter erfährt durch die Tätigkeit auch Gemeinschaftsfähigkeit, sie bzw. er erlebt sich als ein aktives verantwor-
tungsvolles Mitglied durch soziales Engagement. Darüber hinaus wird die Gesellschaft
als Bindekraft der Selbstregulierung genutzt (vgl. Kessl/Otto 2004, S. 7) und erfahrbar
gemacht:

*„Ich habe in meiner Tätigkeit als Sachwalter viel gelernt, ja, das muss ich schon sagen. Ich habe*
*gelernt, dass, wenn es mir einmal schlecht geht, ich mich darauf verlassen kann, dass es Menschen*
*wie mich gibt, die mir dann helfen. Außerdem ist das auch eine Art sinnvoller Freizeitbeschäfti-*
*gung für mich, ich engagiere mich halt gerne für andere Menschen."* (38 Jahre, seit 9 Jahren ehrenamtlicher Sachwalter).

## 4. Sinngebung und Sinnanschlüsse ehrenamtlicher SachwalterInnen

Mit Engagement ist u.a. gemeint, sich einer Sache verbunden zu fühlen und sich aktiv
für etwas einzusetzen. Der Begriff Engagement geht zurück auf das französische
Wort ‚engager' und bedeutet „sich binden, sich [leidenschaftlich] auf etwas einlassen,
verpflichten" (Duden Etymologie 1989, S. 156). Durch dieses sich ‚leidenschaftlich
auf etwas einlassen', also durch Engagement wird Sinn gestiftet und dies wiederum hat
Auswirkungen auf die Umgangsweise mit zukünftigen Lebenserfahrungen. Sinnstiftung bleibt allerdings nicht nur auf der individuellen und persönlichen Ebene, sondern
fließt darüber hinaus auch in die sozialen Verhältnisse ein. Das bedeutet, dass im sozialen Engagement – dort wo es eine Entsprechung in der sozialen Anerkennung findet
– die Bedeutung des Erlebens von Sinn impliziert ist. Die Erfahrung der Teilhabe an
der Mitgestaltung von Welt – im Sinne der Teilhabe an Entscheidungsprozessen zur
Veränderung von Welt – ist hier maßgeblich.

*„Ich identifiziere mich schon sehr mit dem Verein. Die machen das ja seit so vielen Jahren, und*
*wir haben unglaublich viel geschafft. Der Verein hat sich echt eingesetzt und ich glaub, ohne ihn*
*würden heute viele noch irgendwo dahinvegetieren ohne dass sich jemand um sie kümmert. Und ich*
*muss sagen, ich bin schon auch stolz darauf, bei so einem Verein ehrenamtlich zu arbeiten. Was*
*die alles geschafft haben, da brauchst nur in die alten Gesetze schauen, wie das früher ausgeschaut*
*hat. Das ist sicher ganz viel der Verdienst des Vereins, dass es heute so ist. Und ich bin ja ein*
*Teil des Vereins und da denk ich mir, jetzt verändere ich durch meine ehrenamtliche Arbeit auch*
*viel mit und ich kann wirklich was tun. Ich bin halt bei meinen Klienten, aber der ist ja nicht al-*

*lein auf der Welt und wenn der Arzt oder die Pflegerin wieder was will, was der Klient nicht will und mit mir drüber redet, und wenn die dann einsehen, dass wir ja nicht gegen den Willen des Klienten arbeiten können, nur weil es für die Station gerade einfacher wär, wenn die das dann einsehen, dann denke ich mir jedes Mal, das ist super, wenn man so arbeiten kann. In der Arbeit kannst du wirklich was bewirken, das gefällt mir"* (38 Jahre, seit 9 Jahren ehrenamtlicher Sachwalter).

Es ist also ganz entscheidend – wie auch in dieser Interviewpassage deutlich wird –, dass wir durch unser eigenverantwortliches, aktives Handeln das Gefühl von Bedeutsamkeit erleben und dass wir in der Erfüllung der gestellten Aufgaben einen entsprechenden Sinn finden, der auch im Sozialen seine Anerkennung erhält. Maßgeblich für die positive Ausbildung des Gefühls der Bedeutsamkeit sind etwa die Verortung im Sozialen, die Bedingungen des sozialen Miteinanders, das Gefühl von Eingebundensein und Integriertheit in die Gemeinschaft (vgl. Antonovsky 1988). Die Komponente der Sinnstiftung manifestiert sich im Engagement zum einen auf der individuellen und zum anderen auf der sozialen Ebene (vgl. Felbinger 2010, S. 208ff.). Auf der individuellen Ebene ist durch das Herstellen von Relevanz die nachhaltige, subjektive Aneignung von Sinn zu verstehen, den Gegenständen der Aneignung eine Bedeutung für die Bewältigung der eigenen Lebenswelt zuzuschreiben.

*„Es ist ja nicht so, dass mir fad ist, aber ich hab mir gedacht, ich will ja in meinem Leben auch was Sinnvolles machen, etwas, wo ich was davon hab und andere auch. Und ich hab mit der ea-Arbeit für mich schon das richtige gefunden. Da mach ich was Sinnvolles, ich kann für anderes was tun, ich kann helfen, obwohl das ja auch nicht so toll klingt, dass man helfen will, nein eh, eigentlich, aber mir geht's gut, anderen geht es nicht so gut und ich für mich ergibt das einen besonderen Sinn, wenn ich andere an meinem Gutgehen teilhaben lassen kann. Ja, so kann ich es sagen. Und dann hab ich mich in den letzten Jahren schon ziemlich verändert und das ist sicher meine ea-Arbeit. Das weiß ich. Ich bin anders geworden zu den Menschen, ich seh die Dinge jetzt anders, weil ich geduldiger bin, mit mir auch und auch zufriedener. Man kann sein eigenes Schicksal eh nicht mit anderen vergleichen, aber mit meinen Ansprüchen, da bin ich bescheidener worden. Und das macht mich jetzt auch viel zufriedener. Ich geh einfach gelassener durchs Leben. Das lernst du mit den Klienten. Wenn einer behindert ist, dann hat der vielleicht seine eigene Geschwindigkeit, dann gehst du mit ihm zum Parkplatz, der schaut sich eine halbe Stunde lang mit dir 10 Autos an. Da denkst du am Anfang, geh bitte, jetzt wird's aber fad. Und dann siehst du, wie er sich freut weil du dich mit ihm für die Autos interessierst und dann vergisst der die ganze Welt um sich und ist nur noch mit dir bei den Autos. Da hab ich dann lang drüber nachgedacht. Ich glaub, ich hab von dem Klienten eine gewisse Langsamkeit geschenkt bekommen. Das merk ich jetzt einfach. Also, da lernst schon was für dich"* (47 Jahre, seit 7 Jahren ehrenamtliche Sachwalterin).

Auf der sozialen Ebene ist durch eine positive soziale Resonanz die Partizipation und soziale Teilhabe hervorzuheben, die das Engagement bewirkt.

*„Meine Bekannten sagen oft wenn ich von der Klientin erzähle, das könnt ich nie, oder das würd ich mir nie zutrauen. Und die finden das ganz toll, wenn ich das mache. Das macht mich auch stolz, wenn ich so was dann höre. Und eine Kollegin in unserem Team hat einmal gesagt, wenn sie eine Sachwalterin braucht, dann würde sie mich auswählen. Das freut einen, da hast du das Gefühl, du machst gute Arbeit. Für mich ist das eine Anerkennung, für das was ich als Ehrenamtliche leiste, weil einfach ist es ja oft nicht"* (28 Jahre, seit 4 Jahren ehrenamtliche Sachwalterin).

Auf beiden Ebenen, auf der individuellen ebenso wie auf der sozialen, wird soziales Kapital gebunden und definiert sich in je unterschiedlicher Weise über seine Funktion. Soziales Kapital wird mit Coleman (1995) über seine Funktionalität in folgender Art und Weise definiert: „Es ist kein Einzelgebilde, sondern ist aus einer Vielzahl verschiedener Gebilde zusammengesetzt, die zwei Merkmale gemeinsam haben. Sie alle bestehen nämlich aus irgendeinem Aspekt einer Sozialstruktur, und sie begünstigen bestimmte Handlungen von Individuen, die sich innerhalb der Struktur befinden. Wie andere Kapitalformen ist soziales Kapital produktiv, denn es ermöglicht die Verwirklichung bestimmter Ziele, die ohne es nicht zu verwirklichen wären" (Coleman 1995, S. 392). Das bedeutet hinsichtlich ehrenamtlicher Sachwalterschaft beispielsweise, dass diese die gesellschaftlichen Strukturen als Ermöglichungsrahmen vorgibt, indem einzelne Personen ihre individuellen sinnerfüllenden Ziele verwirklichen können. Coleman spricht in diesem Zusammenhang von einer weiteren Funktion des sozialen Kapitals, nämlich vom „(…) Wert, den diese Aspekte der Sozialstruktur für Akteure haben, und zwar in Gestalt von Ressourcen, die von den Akteuren dazu benutzt werden können, ihre Interessen zu realisieren" (Coleman 1995, S. 395).

Während Coleman davon ausgeht, dass nur Personen am sozialen Kapital einer Gruppe oder einer gesellschaftlichen Organisation teilhaben, die sich innerhalb der Struktur befinden (vgl. Coleman 1995, S. 392ff.), ist dies in Bezug auf sachwalterschaftliche Tätigkeiten aus meiner Sicht differenzierter zu betrachten: Es sind nämlich nicht alle ehrenamtlichen SachwalterInnen in einer entsprechenden Institution verankert, vielmehr ist es so, dass der Großteil der SachwalterInnen außerhalb professioneller Einrichtungen tätig sind.

In Bezug auf die soziale Ebene und deren Funktion von sachwalterischer Tätigkeit kommt ein anderes wesentliches Element sozialen Kapitals ins Spiel, nämlich die Gestaltungsform der Beziehungsstrukturen zwischen zwei oder mehreren Personen. „Soziales Kapital (…) wird durch die *Beziehungen* zwischen Personen verkörpert" (Coleman 1995, S. 392).

*„Als Sachwalterin hast du ja mit so vielen Menschen zu tun, du musst einfach mit allen irgendwie können, ob das jetzt der Klient ist, seine Mutter, der Arzt, der Richter, dann kommen noch die ganzen Angestellten und Mitbewohner auf der Station, die mit Beschwerden kommen, weil der nicht tut, was sie wollen. Da steckst du oft mitten drin und aber du kommst auch mit Leuten in*

*Kontakt, die würdest du in deinem normalen Leben gar nie treffen. Du musst dir überlegen, wie red ich mit dem? Du bist viel damit beschäftigt, Vertrauen aufzubauen. Weil wenn dir die Leute um deinen Klienten herum nicht vertrauen, dann fällt das am Ende auf ihn zurück. Und ich hab dadurch schon so viele wirklich gute Gespräche gehabt, wo du in deiner Rolle als Sachwalter hingehst und dann werden das oft ganz persönliche Gespräche. Mit einer Mitarbeiterin von der Station, da treffen wir uns jetzt auch manches Mal, das hat sich einfach so ergeben, da ist irgendwie so was entstanden. Und wenn du so lang dabei bist wie ich, dann triffst du auch immer wieder auf jemanden, den du schon kennst. Da läuft das Gespräch oft gleich einfacher, ja, oft. Ich hör dann auf der Station oft, dass sie sich freuen, dass ich einmal im Monat zu meinem Klienten komm und die bedanken sich auch immer für meine Besuche. Ich denke mir dann, das ist interessant, dass die sich bei mir bedanken, wenn ich eA bin, dann muss ich das ja machen. Aber ich bedanke mich auch bei ihnen, weil das ist eine Station, die ist wirklich einzigartig. Wie die sich um diese wirklich schwerstbehinderten Personen kümmern, und die sind immer gut aufgelegt und so. Ich bewundere das wirklich. Aber das sag ich ihnen auch, weil ich glaub, das hörst du in der Arbeit sowieso viel zu selten"* (52 Jahre, seit 12 Jahren ehrenamtliche Sachwalterin).

Deutlich wird in diesem Zitat, dass es um die spezifische Qualität der Interaktionsformen in dieser ehrenamtlichen sachwalterischen Tätigkeit geht. Ausgetauscht wird unter den dabei beteiligten AkteurInnen Anerkennung, Wertschätzung, Respekt, Vertrauen und Aufmerksamkeit. Damit wird deutlich, dass es sich um ein soziales Beziehungskapital handelt, welches anhand von drei Merkmalen der Sachwalterschaft nun nachgezeichnet wird:

1. Gerichtliche Bestellung zum Sachwalter/zur Sachwalterin: Das Instrumentarium der Sachwalterschaft ist ein sogenanntes Zwangsinstrumentarium, das mit einem klaren gerichtlichen Auftrag verbunden ist: Nämlich die KlientInnen zu schützen, sodass ihnen kein Nachteil durch ihre Handlungen entsteht. Als SachwalterIn erfordert dies ein höchst sensibles Vorgehen und es ist notwendig, sich auch dem Machtgefälle bewusst zu sein. Wichtige Entscheidungen werden von SachwalterInnen in Vertretung ihrer KlientInnen getroffen – und nicht immer sind diese auch damit einverstanden. In der stellvertretenden Umsetzung der Rechte des Klienten bzw. der Klientin kann es vorkommen, dass andere Sozialsysteme sowohl kontrolliert als auch zu Handlungen gedrängt werden, die sie ohne Zutun des Sachwalters/der Sachwalterin nicht oder anders machen würden.

2. Erwartungen an die SachwalterInnen: In vielfacher Weise werden unterschiedlichste, häufig einander widersprechende Erwartungen von beteiligten Personen bzw. Systemen an SachwalterInnen geäußert. So gehen KlientInnen, Ärzte/Ärztinnen, Pflegeeinrichtungen, Familienangehörige, NachbarInnen unterschiedlichen Erwartungen nach. Hinter diesen Erwartungen stehen häufig auch Normen, die nicht selten die Handlungsweisen der SachwalterInnen steuern.

3. Widersprüchliche Handlungssysteme: Die Positionierung ehrenamtlicher SachwalterInnen im sozial widersprüchlichen Handlungssystem stellt eine Schwierigkeit gleichermaßen wie eine Entwicklungchance für soziales Kapital dar. Was ist damit gemeint? Trifft eine Sachwalterin eine Entscheidung im Sinne des Klienten und im Widerspruch zu anderen beteiligten Systemen wie z.B. deren NachbarInnen oder PflegeheimbetreiberInnen, so stellt dies einen Nährboden für Lernherausforderungen und Lernchancen dar, sich anderen gegenüber im Sinne des Wohles des Klienten/der Klientin durchzusetzen. Andererseits geht es um die Erhaltung eines sozialen Gleichgewichts zwischen den individuellen Bedürfnissen des Klienten/der Klientin und den Bedürfnissen der anderen Beteiligten. SachwalterInnen kommt hier häufig auch eine Vermittlungsposition zu, die wiederum eine wichtige Voraussetzung für die Entstehung von Vertrauen und damit für die Entstehung von sozialen Kapitalressourcen darstellt.

In diesen drei Beispielen zeigt sich der Zuwachs an sozialem Kapital in der einzelnen Person der Sachwalterin/des Sachwalters durch die Art und Weise der Aufgabe und des entsprechenden Engagements, die gestellten Aufgaben zu bewältigen. Zugleich wächst zum einen das öffentliche Wohl, und zum anderen ist dies ein Beitrag zum Gemeinsinn einer Gesellschaft: Ressourcen einzelner Mitglieder der Gesellschaft kommen anderen zugute, wodurch Sozialpotenziale in einem wechselseitigen Nutzungsverhältnis zueinander stehen. Für das Individuum bedeutet die Betreuung durch ehrenamtliche SachwalterInnen, sich auch einen Zugang zu den Ressourcen des gesellschaftlichen Lebens zu erschließen, indem durch Unterstützung und Bereitstellen von Hilfeleistungen und Engagement eine stellvertretende Inklusion in gesellschaftliche Teilsysteme stattfindet. So können diese ihr eigenes soziales Kapital ergänzen und weiter ausbauen. Gleichzeitig wird durch die Eingebundenheit in das Netzwerk eines Sachwaltervereins eben dieses Netzwerk im Binnenverhältnis weiter intensiviert und die zentripetale Kooperation zwischen den einzelnen AkteurInnen gefördert. Nach außen werden durch gesteigerte Intensitäten neue zentrifugale Verbindungen aufgebaut und das Netzwerk horizontal erweitert. Dadurch wird das gesamte Unterstützungssystem gestärkt. Dieser gegenseitige Aufbau verläuft wie ein zirkulärer Prozess, der die sozialen Kräfte gleichermaßen wie die individuellen Kräfte stärkt. Aus der Verbindung mit dem Netzwerk wird einerseits die einzelne Person in ihren Handlungen gestärkt, andererseits ist dies auch als kollektiver Nutzen für die Schaffung bzw. Stärkung gesellschaftlicher Kohärenz zu betrachten. So trägt das Individuum mit seinen Ressourcen und seinem Engagement zu einer gesellschaftlichen Weiterentwicklung bei. Damit verbunden sind auch die Entwicklungsmöglichkeiten der einzelnen AkteurInnen, die in ihrer Haltung der Welt gegenüber gestärkt werden.

In den dokumentierten Interviewpassagen wird deutlich, wie die Personen ihre eigenen Sinnanschlüsse und sozialen Identifikationsmuster finden. Ehrenamtliche Sachwalterschaft ist somit ein Raum, in dem individuelle Erfahrungen des Kompetenzzuwachses möglich werden. Dieser Raum wird zu einem bedeutungsvollen und sinngestaltenden Raum, indem etwas für andere getan wird und sich die Person gleichzeitig selbst entwickelt. Sinn generiert sich in der ehrenamtlichen Sachwalterschaft auch darin, dass das eigene Engagement auf einen Mangel an Ressourcen in der Lebenswelt trifft (Mangel an professionellen SachwalterInnen). Durch gleichwertige Kompensation des Ressourcenmangels erfahren ehrenamtlich tätige SachwalterInnen für ihr Engagement auch öffentliche Anerkennung. Dies ist entscheidend dafür, dass durch „eigenverantwortliches aktives Handeln das Gefühl von Bedeutsamkeit [erlebt wird] (…) und im Sozialen seine Anerkennung erhält" (Felbinger 2010, S. 217).

## 5. Fazit

Die Tätigkeit ehrenamtlicher SachwalterInnen stellt einen gesellschaftlichen Raum dar, der durch das Subsidiaritätsprinzip ermöglicht wird. Diese Tätigkeit wird zu einem Möglichkeitsraum, in dem sich individuelle ebenso wie gesellschaftliche Kohärenz entwickelt. Ehrenamtliche Sachwalterschaft kann so als ein Entstehungskontext fungieren, der einerseits identitätsbildenden Charakter hat und anderseits die sozialen Bindungskräfte einer Gruppe stärkt. Über die Tätigkeit bildet sich soziale Identität, ein Gefühl von Zugehörigkeit aber auch ein Gefühl von gesellschaftlicher Partizipation mit dem Wissen um die Wichtigkeit der eigenen Arbeit und dem Wissen um die Veränderungsmöglichkeiten gesellschaftlicher Lebensbedingungen. Des Weiteren steht die ehrenamtliche Sachwalterschaft im Schnittpunkt zwischen den in Sozialkapitaldiskussionen immer wieder beschriebenen Hauptdimensionen des ‚bondings' und bridgings' (vgl. Putnam 2000, S. 22). Ersteres meint die Bindungskräfte der sozialen Gruppe bzw. der Gemeinschaft der ehrenamtlichen SachwalterInnen nach innen und Zweiteres meint die Verbindung von der Gruppe der ehrenamtlichen SachwalterInnen zu anderen AkteurInnen außen, wie zu den KlientInnen, zu den Gerichten und anderen involvierten Betreuungseinrichtungen.

Den Titel meines Beitrages aufgreifend ist die Entwicklungschance für ehrenamtliche SachwalterInnen in dreierlei Hinsicht zu sehen: Zum ersten eröffnen sich für ehrenamtlichen SachwalterInnen Kompetenzentwicklungschancen und damit individuelle positive Identifikationsmöglichkeiten, um Sinn in ihrem Leben zu generieren. Zum Zweiten sind ehrenamtliche SachwalterInnen Teile einer kooperativen Unterstützungskultur; durch ihre semiprofessionelle Arbeit mit AkteurInnen im Feld der Sachwalterschaft und die Ausrichtung auf gemeinsame Ziele entstehen Anerkennung und Bestätigung durch soziales Engagement. Daraus entsteht eine gewisse Befriedigung, da ein sinnvoller Beitrag für einen gesellschaftlichen Teilbereich geleistet wird. Zum Dritten erleben sich die ehrenamtlichen SachwalterInnen als selbst- und für andere verantwortliche aktive Bürger und Bürgerinnen in einer sich permanent veränderten Gesellschaft. Sie erleben durch ihre Beteiligung und Mitgestaltung ein erweitertes Verstehen vom Funktionieren der sozialen Welt und von der Erschaffung sozialer Kohäsion.

## Endnoten

1   Die befragten Personen (1 männlich, 4 weiblich) sind ehrenamtliche SachwalterInnen in unterschiedlichen Vereinen, zwischen 4 und 12 Jahren als solche tätig und betreuen zwischen 3 und 5 psychisch kranke und/oder intellektuell beeinträchtigte Personen.

2   SWRÄG: Sachwalterschaftsrechtsänderungsgesetz

3   Schätzungen gehen davon aus, dass die Zahl der Neubestellungen bis zum Jahr 2020 um ca. 20 % steigen werden, der Bestand an besachwalterten Personen um ca. 50 % auf 79.000 Personen steigen wird (vgl. Pilgram/Hanak/Kreissl/Neumann 2009, S. 94).

4   Ehrenamtliche SachwalterInnen bezeichnen sich in ihrer sprachlichen Ausdrucksweise häufig einfach als „ea".

## Literatur

Antonovsky, Aaron (1988): Unraveling the Mystery of Health – How People Manage Stress and Stay Well. 2nd ed., San Francisco.

Bundesministerium für Justiz (2007): Sachwalterschaft. Wissenswertes für Betroffene, Angehörige und Interessierte. Wien.

Duden Etymologie (1989): Herkunftswörterbuch der deutschen Sprache. Band 7. Mannheim.

Felbinger, Andrea (2010): Kohärenzorientierte Lernkultur. Ein Modell für die Erwachsenenbildung. Wiesbaden.

James S. Coleman (1995): Grundlagen der Sozialtheorie. Band 1. Studienausgabe. München.

Karstedt, Susanne (2004): Linking capital. Institutionelle Dimensionen sozialen Kapitals. In: Kessl, Fabian/Otto, Hans-Uwe (Hg.): Soziale Arbeit und Soziales Kapital. Wiesbaden, S. 45-61.

Kessl, Fabian/Otto, Hans-Uwe (2004): Soziale Arbeit und die Neugestaltung des Sozialen. In: Kessl, Fabian/Otto, Hans-Uwe (Hg.): Soziale Arbeit und Soziales Kapital. Wiesbaden, S. 7-18.

Keupp, Heiner (2006): Bildung zwischen Anpassung und Lebenskunst. Ressourcen der Lebensbewältigung. Vortrag auf dem „Tag der Weiterbildung" am 3.3.2006 in St. Johann im Pongau. In: http://www.eb.salzburg.at/download/Keupp-Referat.pdf [13.2.2007].

Marotzki, Winfried (1997): Digitalisierte Biographien? Sozialisations- und bildungstheoretische Perspektiven virtueller Welten. In: Lenzen, Dieter/Luhmann, Niklas: Bildung und Weiterbildung im Erziehungssystem. Lebenslauf und Humanontogenese als Medium und Form. Frankfurt/Main, S. 175-198.

Moersch, Wolfram (2001): Leistungsfähigkeit und Grenzen des Subsidiaritätsprinzips. Rechtsdogmatische und rechtspolitische Studie. Berlin.

Müller-Ebner, Helga (2002): Vorwort. In: Verein für Sachwalterschaft und Patientenanwaltschaft (Hg.): Sachwalterschaft Kärnten. Bericht 2001/2002. Tätigkeit – Erfahrungen – Wahrnehmungen. Wien, S. 4-5.

Pilgram, Arno/Hanak, Gerhard/Kreissl, Reinhard/Neumann, Alexander (2009): Entwicklung von Kennzahlen für die gerichtliche Sachwalterrechtspraxis als Grundlage für die Abschätzung des Bedarfs an Vereinssachwalterschaft. Abschlussbericht. In: Institut für Rechts- und Kriminalsoziologie. In: http://www.irks.at/downloads/SWKennzahlen%20final.pdf [2.2.2010].

Putnam, Robert (2000): Bowling Alone. The Collapse and Revival of American Community. New York.

Stein, Tine (2009): Subsidiarität – eine Idee mit Geschichte. In: Biedenkopf, Kurt/Bertram, Hans/Niejahr, Elisabeth (Hg.): Starke Familie – Solidarität, Subsidiarität und kleine Lebenskreise. Bericht der Kommission ,Familie und demographischer Wandel'. O.O., S. 96-105 In: http://www.bosch-stiftung.de/content/langu-age1/html/25177.asp [20.2.2010].

Waschkuhn, Arno (1994): Was ist Subsidiarität? Ein sozialphilosophisches Ordnungsprinzip. Von Thomas von Aquin bis zur ,Civil Sociatey'. Opladen.

Zippelius, Reinhold (2002): Steuerung der Selbststeuerung. Ein Weg zur Entbürokratisierung. In: Akademie-Journal 2/2002, S. 32-36.

Michael May

# Produktionsweisen des Sozialen älterer Migrantinnen und Migranten in Deutschland

## Zum Stand der bundesdeutschen Diskussion um Selbsthilfe und Selbstorganisation von Zugewanderten

„Migrant(inn)en selbst als Akteure der Zivilgesellschaft zu begreifen und ihr Engagement, das zum Teil andere als die für die deutsche Mehrheitsbevölkerung gewohnten Formen annimmt, anzuerkennen", ist – wie Susanne Huth (2007, S. 18) konstatiert – eine noch „relativ junge […] Sichtweise" (ebd.). So finden sich in den 800 Seiten des Berichtes der Enquete-Kommission „Zukunft des bürgerschaftlichen Engagements" des deutschen Bundestags (vgl. 2002; Jungk 2002) nur gerade mal sechs über das von Zugewanderten. In besonderem Maße gilt dies für das Engagement von älteren Migrantinnen und Migranten vor allem der ersten Generation, war Deutschland doch – wie dies der Abschlussbericht an die Europäische Kommission des Projektes „Entwicklung innovativer Konzepte zur sozialen Integration älterer Migranten" von 2003 konstatiert – „bis in die jüngere Vergangenheit" (Kluge 2003, S. 78) von einer „staatlich-paternalistischen Wohlfahrtskultur" (Bauer 2001, S. 16) geprägt (vgl. dazu auch Hunger 2006). Zudem eröffnet in Deutschland auch nur die Einbürgerung Zugang zur vollen politischen Teilnahme. Vor dem Hintergrund, dass in der Bundesrepublik zwischen verschiedenen Kategorien von Zugewanderten in Bezug auf die Staatsbürgerschaft (ethnische Deutsche, EU-Staaten, Drittstaaten) und Wohnsitz-Status (Wohnsitz und Aufenthaltserlaubnis; Flüchtlinge und Asylantinnen und Asylanten) unterschieden wird, beschränkt sich selbst die Forschung zu sozialer Teilnahme im Allgemeinen auf gesetzlich und dauerhaft wohnende Zugewanderte (vgl. Cyrus 2005, S. 20).

Zwar nehmen „seit Mitte der 1990er Jahre […] öffentliche Beachtung und wissenschaftliche Beschäftigung mit dem freiwilligen und bürgerschaftlichen Engagement von Migrant(inn)en deutlich zu" (Huth 2006, S. 18). Allerdings konzentriert sich die Forschung bisher – wie der sehr differenzierte Überblick von Norbert Cyrus (vgl. 2005) für das europäische POLITIS Projekt zeigt – vor allem auf den Bereich der Mitgliedschaft in Organisationen. Demgegenüber scheint gerade in Bezug auf Zugewanderte die Grenze zwischen organisiertem und nicht organisiertem sozialen Engagement – z.B. im Rahmen von ethnischen communities – als fließend, da aufgrund rechtlicher Rahmenbedingungen organisierte Formen der Selbstvertretung dort gar nicht immer möglich sind. Naheliegender wäre es deshalb, unter dem Begriff migrantischer Selbst(hilfe)organisationen sowohl formale als auch informelle soziale

Beziehungen von Zugewanderten zu fassen, insofern sie auf gemeinsame Ziele ausgerichtet sind, die über rein private Interessen hinausgehen und die autonome Bestimmung von ökonomischen als auch sozio-kulturellen Lebensbedingungen verfolgen.

Zudem geht es in den vom POLITIS Projekt gesichteten bundesdeutschen Untersuchungen in aller Regel nur um die Art der Teil*nahme* von Zugewanderten an mikro-, meso- und makrosozialen Organisationsformen des gesellschaftlichen Lebens in Deutschland. Die im Begriff der Teil*habe* gefasste Partizipation an den Resultaten entsprechender Prozesse im Sinne von gesellschaftlicher Macht, Sicherheit, Wohlstand und Freiheit wird so gut wie kaum in den Blick genommen. So wird häufig in den sehr generalistischen Interpretationen der jeweils erhobenen Daten im Hinblick auf einen wenig spezifizierten und eher traditionellen Begriff von Integration nicht einmal die in der wissenschaftlichen Debatte übliche Differenzierung zwischen politischer, sozialer und kultureller Partizipation aufgenommen (ebd., S. 25). Dabei ist – wie Cyrus (ebd., S. 51) zu Recht hervorhebt – die Frage, inwieweit migrantische Selbst(hilfe)organisationen integrationsfördernd oder -hemmend seien, vor allem eine Frage der Interpretation von empirischen Daten und lässt sich nicht aus diesen selbst heraus beantworten. Dennoch spielt diese Frage sogar bis in die Forschung zu nicht formalisierter Selbsthilfe- und Selbstorganisationsstrukturen von Zugewanderten hinein, wie sie in Netzwerkanalysen und Untersuchungen zu den darin zur Verfügung stehenden und als „soziales Kapital" bezeichneten Ressourcen in den Blick zu nehmen versucht werden.

So gibt es in der Debatte um migrantisches Sozialkapital zwar einen Konsens dahingehend, dass nicht nur in aufnahmelandbezogenen Vereinigungen soziales Kapital erworben werde, sondern ebenfalls innerhalb Herkunftsland bezogener Organisationen (vgl. Jacobs/Tillie 2008, S. 48). Die Autorinnen der von der Deutschen Islamkonferenz in Auftrag gegebenen und erst jüngst veröffentlichten Studie „Muslimisches Leben in Deutschland (MLD)" des Bundesamtes für Migration und Flüchtlinge (BAMF) weisen jedoch lakonisch darauf hin, dass bisher „nicht abschließend geklärt" (BAMF 2009, S. 253) sei, „ob das Sozialkapital, welches in herkunftslandspezifischen Organisationen erworben wird, ebenfalls zu einer Integration in die Aufnahmegesellschaft beiträgt oder eher integrationshemmend wirkt" (ebd.). Und so wird – im Gegensatz zur inzwischen relativ differenzierten generellen Diskussion (vgl. zusammenfassend Klein et al., 2004; für die Soziale Arbeit Kessl/Otto 2004) um „positives" und „negatives", „innen-" und „außenorientiertes" soziales Kapital (vgl. Putnam/Goss 2001, S. 27f.), um „bridging (or inculsive) and bonding (or exclusive)" (Putnam 2000, S. 22) bzw. „brückenbildendem" und „bindendem" Sozialkapital (Putnam/Goss 2001, S. 28) – bezüglich Zugewanderten nach wie vor in eher polarisierender Weise darüber debattiert, welche Formen ihres sozialen Kapitals eher exkludieren und welche inkludieren (zum Überblick vgl. Weiss/Thränhardt 2005). Entsprechend dominieren – wie noch zu zeigen sein wird – bis heute Fragen von Ethnizität, Integrationsproblemen und kulturellen Konflikten die „hidden agenda" einer Analyse empirischer Befunde, die Eingewanderte nach wie vor verschiedene kulturelle, soziale und politische Eigenschaften zuschreibt (vgl. Cyrus 2005, S. 56) – und dies selbst bei Studien, die durch ihren zumindest teilweisen Rückgriff auf multivariate Verfahren eigentlich etwas stärker gegenüber ethnisierenden Kurzschlüssen gefeit sein müssten.

Im Folgenden soll der theoretische Rahmen des vom Bundesministerium für Bildung und Wissenschaft für drei Jahre geförderten Handlungsforschungsprojektes „Ältere MigrantInnen im Quartier – Stützung und Initiierung von Netzwerken der Selbstorganisation und Selbsthilfe (www.AMIQUS.de)"[1] vorgestellt werden, vor dessen Hintergrund sich die Befunde solcher Studien der jüngsten Zeit etwas anders interpretieren lassen. Einem Ansatz „praktisch einhakender Sozialforschung" (vgl. May 2008) verpflichtet, hat dieses Projekt in seinem ersten Jahr in vier sehr unterschiedlich strukturierten Quartieren mit hohem Anteil von Zugewanderten im Bundesgebiet, jeweils Fokusgruppen von 20 älteren Migrantinnen und Migranten gebildet, in denen die verschiedenen Ethnien, Religionen, Lebenslagen und Lebensweisen dieser Zielgruppe repräsentiert sind. Im Vordergrund stand zunächst die Erhebung ihrer alltäglichen Formen der Selbstorganisation und Selbsthilfe sowie Raumaneignung. Zudem wurden mit diesen Gruppen jeweils Zukunftswerkstätten durchgeführt, um mit ihnen gemeinsam ihre verschiedenen Problemsichten auf ihr gegenwärtiges Alltagsleben sowie die damit häufig korrespondierenden Wunschperspektiven einer zukünftigen Organisation dieses ihres sozialen Lebens einschließlich darauf aufbauender konkreter Projektvorschläge für dessen Verbesserung herauszuarbeiten.

Zwar werden wir im nächsten Jahr im AMIQUS Projekt auf dieser Basis eine repräsentative Befragung in den unterschiedlichen Untersuchungsquartieren durchführen. Doch liegen zurzeit nur die auf skizzierte Weise gewonnenen qualitativen Daten des ersten Untersuchungsjahres vor. Deshalb soll im Folgenden versucht werden, Ergebnisse für das Gebiet der Bundesrepublik Deutschland repräsentativer Befragungen der jüngsten Zeit vor dem Hintergrund dieser unserer qualitativen Ergebnisse sowie des theoretischen Rahmens des AMIQUS-Projektes zu re-interpretieren bzw. auch zu kritisieren.

## Das ‚Integrations'-verständnis des AMIQUS-Projektes

Als „praktisch einhakende Sozialforschung" will das AMIQUS-Projekt nachhaltig zur Entwicklung und Stärkung nachbarschaftlicher Unterstützungssysteme der Gruppe älterer Migrantinnen und Migranten sowie der Selbstorganisation ihrer Interessen im Hinblick auf soziale Teilhabe und gesellschaftliche Partizipation in den ausgewählten Untersuchungsquartieren beitragen. Dabei legt das Projekt einen Begriff von ‚Integration' zugrunde, wie ihn Uwe Hunger (2006, S. 8ff.) zu fassen versucht hat als „immerwährender Prozess, bei dem sich Menschen wechselseitig und wiederkehrend in ihren Interessen tangiert fühlen und sich damit ein öffentliches Interesse konstituieren kann" (ebd.). Aus dieser Perspektive wird ‚Integration' nur dort zu einem Thema, wo ein ‚öffentliches' Interesse berührt wird. Was demgegenüber als ‚Privat'-Angelegenheit eines Menschen definiert wird, ist diesem Verständnis zufolge nicht Gegenstand von ‚Integration'.

Das heißt zugleich aber, dass nicht nur das, was jeweils als ‚Integration' bezeichnet wird, sondern auch die Grenze zwischen privater Angelegenheit und öffentlichem Interesse bzw. „zwischen dem, was politisch ist, und dem, was nicht politisch ist, Gegenstand eines Konflikts" (Fraser 1994, S. 257) ist. Erinnert sei in diesem Zusammenhang nur an die bundesdeutsche Kopftuchdebatte. Und wie sich im Anschluss an Nancy Fraser zeigen lässt (vgl. May 2007, S. 50ff.), manifestiert sich diese Konflikthaftigkeit bezüglich der zugewanderten Bevölkerung auch auf der Mesoebene sozialstaatlicher Ansätze der Interpretation und Befriedung ihrer Bedürfnissen bzw. der Reaktion auf ihre ‚abweichenden' Formen der Bedürfnisartikulation und -befriedigung. In all diesen Fällen, in denen es Streit darüber gibt, „was genau die verschiedenen Gruppen wirklich benötigen und wer in diesen Angelegenheiten das letzte Wort haben sollte" (Fraser 1994, S. 249), (re-)produzieren sich damit zugleich soziale Prozesse der Differenz auf einer Ebene ‚kulturell-ethnischer' Zugehörigkeit.

Ähnlich wie Nancy Fraser an US-amerikanischen Beispielen, hat Uwe Hunger (vgl. auch 2004) für die Situation in der Bundesrepublik zeigen können, dass auch Zugewanderte ihr „Bedürfnis, die Grenzen, was privat und was öffentlich in ihrer Aufnahmegesellschaft geregelt werden soll, ihrerseits zu verändern" (2006, S. 10) suchen. Und er hat in diesem Zusammenhang die Bedeutung von – wie er es nennt – „ethnischen' Öffentlichkeiten" hervorgehoben, welche dann auch deren jeweils spezifischen eigenen „Integrationsstrategien" maßgeblich mitbestimmen. Hunger zufolge lassen sich dabei „Privatisierungsstrategien" von „Strategien einer stärkeren öffentlichen Einbindung" unterscheiden.

## Zu den unterschiedlichen Perspektiven des AMIQUS-Projektes und Sozialkapital-Untersuchungen

Nur auf den ersten Blick scheint die Unterscheidung zwischen „Privatisierungsstrategien" und „Strategien einer stärkeren öffentlichen Einbindung" mit der Differenzierung zwischen „innen-" und „außenorientiertem" Sozialkapital bzw. zwischen „bridging (or inclusive) and bonding (or exclusive)" zu korrespondieren. Allerdings werden vor dem Hintergrund dieser Unterscheidung innerethnische Netzwerke und Vereinigungen geradezu selbstverständlich unter die Kategorie „herkunftsland-" und „innenorientiertes" (vgl. Haug 2003) soziales Kapital mit einem exclusiven bonding subsumiert und deshalb politisch dann auch häufig argwöhnisch betrachtet (vgl. auch Esser 2001; Diehl 2002; BAMF 2009, Kap. 4 & 5; Sauer 2009, S. 170ff.). Letzteres gilt besonders für Moscheevereinigungen und Kulturvereine, in denen ältere Zugewanderte und Erstgenerationsangehörige überdurchschnittlich häufig vertreten sind, wie dies auch die 9. Mehrthemenbefragungen der Stiftung Zentrum für Türkeistudien (vgl. Sauer 2009, S. 157ff.) belegt.

Auf der Basis der Unterscheidung zwischen „Privatisierungsstrategien" und „Strategien einer stärkeren öffentlichen Einbindung" zeigen die qualitativen Untersuchungsbefunde von AMIQUS jedoch, dass es keineswegs ausgemacht ist, welche Strategievariante jeweils konkret von den verschiedenen Mitgliedern einer bestimmten Moschee-Vereinigung verfolgt wird. Ja, es fanden sich sogar Beispiele von Vereinigungen, in denen einige tatsächlich eher einer „Privatisierungsstrategie" zuzuordnen wären, während andere – ob nun bewusst z.b. durch Veranstaltungen von Tagen der offenen Tür, oder eher implizit, indem sie durch ein erst mal auf die institutionelle Absicherung der Vereinigung gerichtetes Engagement in Kontakt zu einheimischen Vertreterinnen und Vertretern von Kirchen, Vereinen und politischen Organisationen kommen – sehr viel stärker eine Strategie „öffentlicher Einbindung" verfolgten. Und zu Recht weist Norbert Cyrus (vgl. 2005, S. 56) im Kontext der im POLITIS-Projekt ausgearbeiteten Hauptforschungslücken darauf hin, dass obwohl Moschee-Vereinigungen als solche in den Herkunftsländern gar nicht vorkommen, sie über die Etikettierung als „herkunftslandorientiertes Sozialkapital" mit den kulturellen Eigenschaften der eingewanderten Gruppen zu erklären versucht werden. Genealogisch betrachtet seien sie jedoch nur aus den Wechselwirkungen mit den Einrichtungen des Gastlandes heraus zu verstehen und müssten auch in der Forschung entsprechend analysiert werden.

Im Hinblick auf die Beschreibung der im AMIQUS-Projekt im ersten Jahr untersuchten Netzwerke älterer Migrantinnen und Migranten erweist sich aber nicht nur die Unterscheidung zwischen „innen-" und „außenorientierten" Sozialkapital bzw. zwischen „bridging (or inculsive) and bonding (or exclusive)" als problematisch. Selbst die Unterscheidung zwischen „Privatisierungsstrategien" und „Strategien einer stärkeren öffentlichen Einbindung" scheint noch präzisierungsbedürftig. So haben wir im AMIQUS-Projekt bei zunächst einmal auf die eigene Ethnie bezogenen Sozialverbünden zwar auch einen in ein isoliertes, institutionalisiertes Netzwerk eingebundenen Typus gefunden, der vor allem in ethnischen Kulturvereinen oder religiösen Gemeinschaften Gestalt gewinnt, die eine hohe Kohäsion aufweisen und dabei sehr auf sich selbst bezogen bleiben. Allerdings muss dies nicht schon zwangsläufig immer auf eine „Privatisierungsstrategie" hinauslaufen, da auch solche Gemeinschaften ja zumindest Teilöffentlichkeiten darstellen. Beispielsweise wurde von muslimischen Frauen in einer Zukunftswerkstatt ein eigener Frauentag in der Moschee gefordert, ohne den männlichen Imam. Schon bisher nutzen sie ihre Treffen in der Moschee, um eine über ihre ‚privaten' Frauennetzwerke hinausgehende Teilöffentlichkeit unter sich als muslimische Frauen herzustellen und wollen dies nun über diese Forderung noch stärker intensivieren. Sie unter „Privatisierungsstrategien" zu subsumieren, würde ihrem Anliegen nicht gerecht.

Auch bezüglich der „Strategien einer stärkeren öffentlichen Einbindung" haben wir bezüglich der zunächst einmal sehr stark innerethnisch ausgerichteten Netzwerke eine interessante Differenzierung gefunden. Bereits beschrieben wurde ja schon jener Typus, welcher durch die starke Eingebundenheit in das Engagement einer herkunftskulturellen Organisation (Verein oder kirchliche Gemeinde), die ihren Platz im Gemeinwesen sucht, durch dieses Engagement mehr und mehr auch mit anderen in Kontakt kommt. Darüber hinaus haben wir gerade in halböffentlichen Räumen der Gemeinwesen- und/oder Migrationsarbeit einen in zumeist geschlechtshomogene peers eingebunden Typus gefunden, welcher durch die Nutzung dieser Orte und ihrer zum Teil auch übergreifenden Angebote (z.B. Feste) über seine im Vergleich zu Freundschaftsnetzwerken zwar zum Teil weniger kohäsiven, dennoch aber sehr dichten peer-Kontakte sich nach und nach auch mit anderen Nutzer(gruppe)n dieser Räume und Angebote vernetzt.

Wie Sonja Haug und Sonja Pointner (vgl. 2007, S. 388f.) zugestehen, wären innerhalb der Diskussion um migrantisches Sozialkapital solche – in ihrer Terminologie – Unterschiede in der „Sozialkapitalausstattung […] aufgrund der theoretischen Unklarheiten und Widersprüche schwer zu interpretieren" (ebd.), ganz unabhängig davon, dass – wie schon angedeutet – auf einer grundsätzlichen Ebene „die Rolle des Sozialkapitals bei der Integration […] in der Migrationssoziologie zweideutig" (ebd.) diskutiert wird. Nun behaupten Haug und Pointner mit der Matrix ihrer idealtypischen Unterscheidung zwischen „herkunfts-" und „aufnahmelandspezifischem Sozialkapital" (vgl. ebd., S. 390) über den darin postulierten „Zusammenhang zwischen Dichte und Homogenität sozialer Netzwerke, Ressourcenausstattung und Reziprozität" (ebd., S. 391), sowohl „Unterschiede zwischen Individuen oder ethnischen Gruppen bezüglich der Ausstattung mit Sozialkapital" (ebd.) beschreiben, als auch „im Hinblick auf die Integration in die Gesellschaft des Aufnahmelandes" (ebd.) untersuchen zu können.

Die aufgeführten Beispiele aus den Untersuchungen des AMIQUS-Projektes lassen sich jedoch alle nicht in die von Haug/Pointner getroffene idealtypische Unterscheidung einordnen, schon allein deshalb, weil sie zeigen, dass auch bei zunächst einmal bloß auf die eigene ethnische Gemeinschaft ausgerichteten Kontakten sich nicht nur „strong ties" und deshalb bloß „redundante Kontakte" entwickeln, ja sogar Ressourcen außerhalb der eigenen ethnischen Gemeinschaft zu nutzten versucht werden. Wenn in den auf Zugewanderte bezogenen Sozialkapital-Untersuchungen bezüglich des Zugriffs auf Ressourcen mit dem weak-tie-/structural-holes-Argument unterstellt wird (vgl. Haug/Pointner 2007, S. 389f.), es läge an den eigenen Abschottungstendenzen solcher ethnischer Gemeinschaften, dass sie nur ihrer eigenen Ressourcen nutzten und ihre Kontakte redundant blieben, so handelt es sich schlicht um eine Verdrehung. Schon die Untersuchung von Fijalkowski und Gillmeister (vgl. 1997, S. 296f.) ethnischer Vereine stellte fest, dass diese nur da nicht als „Schleusen", sondem „Fallen" fungieren, wo die Politik der Aufnahmegesellschaft die Inkorporation von Zuwandererreliten in das eigene Interessenvermittlungssystem versäumt oder behindert hat, und diese Eliten bei der Klientel auf ein in der Dominanzkultur nicht verwendbares starkes Kulturkapital trafen, das sie mobilisieren konnten. Die Forschungen zu „institutioneller Diskriminierung" (Gomolla/Radtke 2002) und „sozialer Ausschließung" (vgl. Cremer-Schäfer/Steinert 2000; Anhorn/Bettinger 2004) beleuchten diesbezüglich noch sehr viel grundlegendere Hindernisse unserer Aufnahmegesellschaft.

Im Hinblick auf die Verwendung des Sozialkapital-Begriffes lassen sich jedoch noch weit grundsätzlichere Bedenken anmelden.

## Zur Kritik des Sozialkapital-Begriffes aus einer auf Produktionsweisen des Sozialen ausgerichteten Perspektive

Wie auch Sonja Haug (vgl. 2000, S. 68ff.) zugesteht, wird der Begriff des „Sozialkapitals" in einzelnen Untersuchungen höchst unterschiedlich operationalisiert und kommt dort sowohl als unabhängige wie auch als abhängige Variable zum Tragen. Ja, er kann sogar in einer einzigen Studie gleichermaßen als Sammelbegriff für Ursachen und Wirkungen Verwendung finden (vgl. Putnam 1995; zur Kritik Portes/Landolt 1996; Landolt 2004; May 2004). All diese Operationalisierungen – einschließlich der von Haug und Pointner (s.o.) vorgenommenen – berücksichtigen jedoch zu wenig, dass es sich bei dem von ihnen als Sozialkapital begrifflich zu fassen versuchten um menschliches Beziehungsarbeitsvermögen handelt. Denn jene „features of social life" („networks, norms, and trust"), die Putnam (1995, S. 664) als „soziales Kapital" thematisiert, ebenso wie jene „sozialstrukturellen Gebilde", die Coleman (1991) darüber hinaus noch diesem Begriff zuordnet (wie z.B. Verpflichtungen und Erwartungen; Informationspotential; wirksame Sanktionen; Herrschaftsbeziehungen; zielgerichtete und auch übereignungsfähige soziale Organisationen), stellen nichts anderes als Produkte und Äußerungsformen menschlicher Beziehungsarbeit dar. Hervorgegangen sind sie alle aus je unterschiedlichen Formen, in denen sich lebendige Arbeit bei der Herstellung von Beziehungen anwendet. Und ohne die Hinzufügung solch lebendiger Arbeit bewirkte dieses „soziale Kapital" als – wie Marx sagen würde – „tote Arbeit" überhaupt nichts. Wie beim ökonomischen Kapital, das durch lebendige Arbeit geschaffen wurde, nicht der allein daraus hervorgehende „Wert" selbst arbeitet – weshalb Marx bezüglich Maschinen und fixem Kapital von „toter Arbeit" spricht –, bewirken auch im Falle des Sozialkapitals die „Werte" (in Form generalisierten Vertrauens, persönlicher Pietäts-Verpflichtungen, Regeln und anderer Normen) für sich genommen gar nichts, sondern erst indem sie durch lebendige Beziehungsarbeit (re-)produziert werden – möglicherweise sogar in erweiterter Form.

Umgekehrt vermögen aber entsprechende Arbeitsvermögen in Beziehungsverhältnissen die eigene lebendige Unmittelbarkeit und das, was sie an Zuverlässigkeit leisten wollen, auch nicht ohne eine solch vorausgegangene Produktion ihres spezifischen Ausdrucksvermögens zu gewährleisten. D.h., sie müssen ein Stück „toter" Beziehungsarbeit, die zuvor Standardsituationen und Rituale für die Beziehungen hergestellt hat, in sich aufnehmen. Ja, ihre Verwirklichung in entsprechenden Beziehungen ist geradezu eine konstitutive Voraussetzung der Entwicklung und Kultivierung entsprechender Beziehungsarbeitsvermögen. Dabei unterliegen diese Arbeitsvermögen der Herstellung von Beziehungen subtilen gesellschaftlichen Prägungen. Und diese erfolgten bei den älteren Zugewanderten primär im Kontext ihrer Herkunftsländer. Hier in Deutschland wurden diese dann noch einmal mehr oder weniger stark durch Kulturen unserer Gesellschaft überformt, mit denen sie enger in Kontakt gekommen sind. Diese Prägungen werden selbst im privaten Intimbereich wirksam und sogar dann, wenn die Beziehungsarbeitsvermögen sich hier vor allem daran auszurichten versuchen, die Bedürfnisse des Gegenübers ganz unmittelbar zu stillen (vgl. May 2004a, Kap. 5). Beziehungsarbeit ist damit stets – wie Negt/Kluge herausgearbeitet haben – durch einen in ihr arbeitenden Widerspruch gekennzeichnet „zwischen lebendig sein und der Unmöglichkeit, auf tote Arbeit verzichten zu können" (1981, S. 893).

Vor diesem Hintergrund habe ich (vgl. May 2006, S. 40) vorgeschlagen, „das Soziale" als Produkt eines Arbeitsprozesses zu betrachten, in dem entsprechende Beziehungsarbeitsvermögen dadurch zur Realisierung kommen, dass sie sich entsprechender „Produktionsmittel" des Sozialen bedienen, wie z.B. kulturspezifischer Rituale und Normen oder spezifischer gesellschaftlicher Organisationsstrukturen, die historisch aus ihrer lebendigen Arbeit bereits hervorgegangen sind. Im Produktionsprozess des Sozialen wirken also lebendiges Beziehungsarbeitsvermögen und die aus ihm bereits hervorgegangene tote Arbeit solcher „mehr oder weniger institutionalisierte(r) *Beziehungen* gegenseitigen Kennens und Anerkennens" (Bourdieu 1983, S. 190f.) in einem je eigenen Verhältnis als soziale Produktivkräfte zusammen.

Relevant werden können diese historisch bereits konstituierten Aspekte allerdings nicht nur als (Produktions-)Mittel, sondern auch als Bedingungen im Sinne spezifischer Produktionsverhältnisse des Sozialen. Solch höchst unterschiedliche Bedingungen, unter denen Menschen jeweils ihre sozialen (Beziehungs-)Verhältnisse produzieren, sind in entscheidendem Maße durch gesellschaftliche Produktionsverhältnisse vorbestimmt. Für die älteren Zugewanderten der ersten Generation waren dies häufig noch die Produktionsverhältnisse der Subsistenzwirtschaft oder der landwirtschaftlichen- und handwerklichen Produktionsweise, die sich fundamental von den Formen der kapitalistischen Produktionsweise unterscheiden, mit denen sie hier in Deutschland konfrontiert sind.

Negt/Kluge (vgl. 1981, S. 977) haben in ihrer historischen Rekonstruktion der „ursprünglichen Hausgemeinschaft (Familienallianz)" nach den von der politischen Ökonomie ausdifferenzierten Momenten von Produktion, Distribution, Austausch und Konsumtion herausgearbeitet, dass dort die Kategorie der Produktion nicht nur auf „ursprüngliche Bodenbearbeitung" und „Selbstversorgung mit Gebrauchsgütern" (ebd.), sondern auch auf „Kinder – Sinne, Gemeinwesen" (ebd.) bezogen gewesen sei. Produktion und Konsumtion hätten auf diese Weise in der ursprünglichen Hausgemeinschaft ebenso eine Einheit gebildet wie Ökonomie und Soziales. Die Distribution interpretieren sie als „Kampf nach Außen, gegenüber dem, was nicht Haus ist" (ebd.), d.h. auch als Kampf „um Geltung dieser ursprünglichen Produktionsweise" (ebd.). Wenn sie auf diese Weise das „Produktionsprinzip" des „Ganzen Hauses" gegen das „Abstraktionsprinzip, z.B. des Kriegs, des Raubs oder der Unvollständigkeit des äußeren Gemeinwesens" (ebd.) stehen sehen, so konnten wir dies im AMIQUS-Projekt bei vielen älteren Zugewanderten, die in ihren Heimatländern noch durch die Produktionsweise der Subsistenzwirtschaft geprägt wurden, noch dahingehend nachvollziehen, als diese das damit verbundene „Produktionsprinzip" auch noch in unsere Gesellschaft versucht haben herüber zu retten.

Entsprechend deckt bei einer Vielzahl der älteren Zugewanderten der eigene Garten nach wie vor einen hohen Anteil der familiären Nahrungsmittelversorgung ab. Zudem werden frei zugängliche Früchte, Kräuter und Pflanzen (auch zur medizinischen Versorgung) geerntet. Und fast alle, die körperlich dazu noch in der Lage sind, wirken im hohen Ausmaß an der Versorgung ihrer Kinder und Enkel mit. Das „Abstraktionsprinzip", gegen das dieses „Produktionsprinzip" hier von den älteren Migrantinnen und Migranten zu verteidigen versucht wird, ist selbstverständlich jedoch weder das des „Kriegs", noch das des „Raubs", sondern das des kapitalistischen Verwertungsprozesses, mit dessen vielfältigen Anforderungen nach Unterordnung ihrer Interessenorientierungen und Äußerungsformen (= Produktionsmittel des Sozialen) unter seine funktionell bedeutsame Strukturen der Formalisierung sie häufig nicht zurecht kommen.

Wenn Negt/Kluge in ihrer idealtypischen Rekonstruktion des „geschichtliche[n] Ausschnitt[s]" (ebd.) der „ursprünglichen Hausgemeinschaft (Familienallianz)" – bezüglich der sie zugestehen, dass sie „möglicherweise übertreibt" (ebd.) – darlegen, dass der Austausch „innerhalb der Hausgemeinschaft" auf „Vollständig[keit]" gezielt habe, so spiegelt auch das sich noch in den Orientierungen vieler der 80 bisher untersuchten älteren Migrantinnen und Migranten der ersten Generation aus dem AMIQUS-Projekt zumindest in der hohen Bedeutung, die sie ihrem familiären und verwandtschaftlichen Netzwerk zumessen. Bestätigungen findet dies in der vor allem auf qualitative Daten gestützten Dissertation von Elke Olbermann (2003), der zu Folge es sich bei den innerfamiliären Netzwerken migrantischer Familien nicht nur „um multiplexe Beziehungen handelt" (ebd., S. 245), sondern zudem „in den Teilnetzwerken der praktischen Hilfe im Alltag und vor allem im Bereich der emotionalen Unterstützung die familiären gegenüber den außerfamiliären Netzwerkpersonen deutlich dominieren" (ebd.).

Aber auch die auf Daten des Deutschen Alterssurveys 2002 (vgl. Krumme/Hoff 2004, besonders die im Kapitel 10.6 „Intergenerationale Familienbeziehungen" zusammengefassten Ergebnisse) und des Sozioökonomische Panels 2001 gestützte quantitative Untersuchung von Helen Baykara-Krumme (2007) scheint dies zu untermauern. So hat sie in ihren mit Hilfe multivariater logistischer Regressionsanalysen vergleichend untersuchten Determinanten solcher Generationenbeziehungen zwischen Ausländern und Deutschen – besonders im Hinblick auf die Wohnsituation, die Kontakthäufigkeit und emotionale Nähe, das Ausmaß potentieller und tatsächlich erfolgter Unterstützung und intergenerationaler Probleme –, zum Einen ein im Vergleich zu einheimischen Familien häufigeres Zusammenleben der Generationen feststellen können. Allerdings deutet sie diesen Befund nur dahingehend, „dass erwachsene Kinder bei Migrant(inn)en möglicherweise doch eine wichtigere Unterstützungsressource für die Eltern darstellen: Das Potential für instrumentellen, finanziellen, emotionalen und kognitiven Hilfeaustausch ist in einem gemeinsamen Haushalt entscheidend größer" (ebd., S. 47).

Darüber hinaus fand Baykara-Krumme in ihren Regressionsanalysen diesbezüglich auch „beständige Unterschiede nach Herkunftsland für die Migrant(inn)en aus der Türkei und aus Italien" (ebd., S. 47), die ihrer Ansicht nach auf einen „migrantengruppenspezifischen, möglicherweise auch herkunftslandbezogenen kulturellen Unterschied verweisen" (ebd.), was verschiedene andere Untersuchungen (z.B. Nauck/ Suckow 2006, Albertini u.a. 2006) ebenfalls nahe legen. Vor dem Hintergrund der qualitativen AMIQUS-Befunde des ersten Untersuchungsjahres könnte es sich dabei um die dargelegten Erfahrungen mit dem „Produktionsprinzip" des „ganzen Hauses" handeln.

Im Unterschied zu der von Baykara-Krumme festgestellten weitgehenden Balance von Nehmen und Geben zwischen erwachsenen Kindern und Alten bei Zugewanderten und bei Einheimischen, berichten die älteren Migrantinnen und Migranten im AMIQUS-Projekt jedoch vor allem von ihren eigenen Sorge- und Hilfeleistungen gegenüber ihren Kindern und Enkeln. Ob es ein solches Ungleichgewicht im Geben und Nehmen zwischen den Generationen in ihren Familien tatsächlich gibt, kann nicht beurteilt werden, da wir in AMIQUS die Kinder nicht interviewt haben. Möglicherweise liegt es auch am Begriff des Helfens der von uns Untersuchten, in dem solche kind- und enkelspezifischen Formen wie Übersetzungsleistungen, Aufklärung über öffentliche Einrichtungen und Behörden sowie Begleitung bei Arztbesuchen oder Behördengängen nicht eingeschlossen sind. Allerdings fanden diese Tätigkeiten auch in den von Baykara-Krumme ausgewerteten Untersuchungen noch keine Berücksichtigung.

Eine andere Erklärung könnte sein, dass sich bei den von AMIQUS befragten älteren Zugewanderten eine Wahrnehmungsverschiebung eingeschlichen hat, die vor allem ihrer sehr massiv artikulierten Angst geschuldet ist, im Alter nicht mehr in der Weise von der eigenen Familie und Verwandtschaft versorgt und in die Kommunikation einbezogen zu werden, wie sie dies umgekehrt bisher getan haben. Selbst in dieser Angst scheint sich jedoch der Wunsch nach einem wenn vielleicht auch nicht „vollständigen" so doch zumindest intensivsten „Austausch" innerhalb dieses Netzwerkes auszudrücken, wie er nach Negt/Kluges historischer Rekonstruktion für das „Produktionsprinzip" der „ursprünglichen Hausgemeinschaft (Familienallianz)" charakteristisch ist.

Dafür spricht auch, dass sich in der in AMIQUS auf der Basis der Erkenntnisse des ersten Projektjahres erstellten Typologie von Netzwerken älterer Zugewanderter nicht nur ein „in familiäre Netwerke eingebundener", sondern auch ein sehr stark an den „verwandtschaftlichen Heimatnetzwerken orientierter Typus" findet. Letzterer ist in die entsprechenden Heimatverwandtschaftsnetzwerke während der Sommermonate real, ansonsten aber bloß virtuell (auch über Internet) eingebunden. Und von daher finden sich hier starke Überlappungen zu einem von uns als „zurückgezogen" bezeichneten Typus, dem wir auch solche älteren Zugewanderte zuordnen, die sich eher aus enttäuschten „Vollständigkeitserwartungen des Austausches" in Bezug auf ebenfalls in Deutschland lebende Familien- und Verwandtschaftsmitglieder von diesen hier zumindest in ihren alltäglichen Bezügen zurückgezogen haben. Darüber hinaus gibt es jedoch in einigen Kulturen – dies hier nur am Rande bemerkt – auch eine Tradition des Rückzugs im hohen Alter. Und zum Teil verfügen die Alten auch schlicht nicht über die Ressourcen (mangelnde körperliche Beweglichkeit, mangelnde materielle Ressourcen für Fahrtkosten und Gastgeschenke), um an auf Wechselseitigkeit ausgelegten (verwandtschaftlichen) Besuchsnetzwerken teilzunehmen.

Deutlich wird zudem, dass in der Art und Weise, in der unterschiedliche Produktionsverhältnisse des Sozialen die Verfügbarkeit auch solcher Produktionsmittel regeln, wie z.B. verlässliche Regeln der Reziprozität und des Bedarfsausgleiches, sowie soziale Organisationsstrukturen und Sozialkompetenzen, sie entscheidenden Einfluss darauf ausüben, was sich in ihrem Rahmen sozial entfalten kann (vgl. May 2004, S. 89 & 2006, S. 41). Allerdings ist das sich im Zusammenwirken lebendiger Beziehungsarbeitsvermögen mit jenen sozialen Produktionsmitteln jeweils situativ an Sozialen Entfaltende nicht einfach eine bloße Funktion entsprechender Produktionsverhältnisse. Vielmehr können solche sozialen Produktionsprozesse im Einzelfall sogar in Gegensatz zu jenen Verhältnissen treten. Und umgekehrt darf auch nicht einfach eine unproblematische Art der Aktualisierung der Beziehungsarbeitsvermögen in entsprechend seinen Prinzipien strukturierten Praxisformen des Sozialen unterstellt werden, wie dies in Bourdieus Habitus-Konzept zumindest implizit anklingt.

So ist ja schon deutlich geworden, dass die im (ehemals) heimatlichen Erfahrungszu-
sammenhang von Subsistenz-, bzw. landwirtschaftlicher und handwerklicher Produktionsweise habituell erworbenen Beziehungsarbeitsvermögen unter den für die hiesige
kapitalistische Produktionsweise charakteristischen Produktionsverhältnissen des Sozialen nicht so ohne weiteres tragen. Es erfolgt in dieser Weise zugleich eine Zuspitzung des – wie Ernst Bloch (1979, S. 116ff.) ihn genannt hat – „ungleichzeitigen"
Widerspruchs zwischen dem heute in Familie und Haus- und Gartenarbeit verschlüs-
selten ursprünglichen Beziehungsreichtum im Zuge dessen Einengung und Kasernie-
rung in die familiäre Privatheit. Denn in diesen privaten Beziehungen der Menschen
untereinander und zur Natur, die durch das Weiterwirken solch gesellschaftlich früher,
wenn auch noch so überlagerter Verhältnisse und Formen einer im Prinzip an der
Produktion von Menschen orientierten Produktionsweise strukturiert sind, halten sich
unvergangene, weil nie ganz realisierte, daher bleibend subversive und utopische Inhalte (vgl. May 2004, Kap. 5; 2004b, S. 141ff.).

Zuweilen beginnen diese im Unterschied zu bloß gegenstandsloser Romantik
„echt ungleichzeitigen" (Bloch 1979, S. 119) Inhalte als treibende Kraft in einem Prozess zu wirken, in dem dann das ursprüngliche „Produktionsprinzips" des „Ganzen
Hauses" aktiv gegen das „Abstraktionsprinzip" des kapitalistischen Verwertungsprozesses zu verteidigen versucht wird, mit denen die älteren Zugewanderten in unserer
Aufnahmegesellschaft in vielfältiger Form konfrontiert sind, so dass beide Widersprüche zusammen kommen:

–   der subjektiv Ungleichzeitige einer Ablehnung des „kapitalistischen Kos-
    mos verkehrter und reduzierter Lebensmöglichkeiten" (Negt 1977, S. 274)
    und der
–   „objektiv Fremde des übergebliebenen Seins und Bewußtseins" (Bloch
    1979, S. 117).

Solche Prozesse konnten auch im Rahmen der vom AMIQUS-Projekt initiierten Zukunftswerkstätten angestoßen werden, wurden dort doch von den älteren Migrantinnen und Migranten vor allem Projektideen geboren, die sich als Versuche, neue Formen der Öffentlichkeit für das ursprüngliche „Produktionsprinzip" des „Ganzen
Hauses" zu schaffen, lesen lassen. Beispiele hierfür sind Initiativen zur Einrichtung
öffentlicher Gärten sowie von Werkstätten – sowohl für Näharbeiten als auch für
handwerkliche Reparatur- und Konstruktionsarbeiten –, bis hin zu neuen wohnge-
meinschaftsartigen Formen des Zusammenlebens im Alter.

## Zur Problematisierung des gegenwärtigen Standes der Empirie zum freiwilligen Engagement älterer Migrantinnen und Migranten vor dem Hintergrund der Erkenntnisse des AMIQUS-Projektes

Viele der Produktionsweisen des Sozialen älterer Zugewanderter, von denen wir im ersten Projektjahr von AMIQUS Kenntnis erhalten haben, sind bisher nicht im Blick repräsentativer Untersuchungen zum freiwilligen Engagement in Deutschland gewesen, ganz zu schweigen von jenen Formen, die sich – angestoßen durch AMIQUS – nun zu entwickeln beginnen. So wird bspw. am zweiten Freiwilligensurvey von 2004, in dessen Rahmen eine eigene Ausländerstichprobe (vgl. Geiss/Gensicke 2005) untersucht wurde, moniert, dass „Engagementbereiche im verwandtschaftlichen und bekanntschaftlichen Kontext, die bei Personen mit Migrationshintergrund häufiger vermutet werden, untererfasst" (ISG/WZB 2009, S. 171) seien. Dennoch – und obwohl es sich bei der Ausländerstichprobe um keine für Zugewanderte repräsentative Stichprobe handelt – wurde im Zusammenhang mit der Erprobung des Indikatorensets zum bundesweiten Integrationsmonitoring (vgl. ISG/WZB 2009) auf der Basis dieses Datensatzes multivariate Regressionsanalysen durchgeführt (für die allerdings auch keine Repräsentativität der Stichprobe erforderlich ist!), um zu überprüfen, „welchen Einfluss die individuellen Erklärungsfaktoren auf das freiwillige Engagement der Befragten haben" (ISG/WZB 2009, S. 167).

Die Ergebnisse zeigen, dass selbst wenn „sozialstrukturelle Merkmale, zu denen das Bildungsniveau, das Haushaltseinkommen und der Tätigkeitsstatus der Befragten zählen" (ebd., 169), kontrolliert werden, „die Chancen von männlichen Migranten der ersten Generation, sich freiwillig zu engagieren, [...] deutlich unter denen von Männern ohne Migrationshintergrund" (ebd., S. 168) liege. Ähnlich sähe dies auch für Frauen aus, die sich jedoch insgesamt „seltener freiwillig engagieren als Männer" (ebd., 168). Zudem könnten weder „Wohndauer und Urbanitätsgrad den Effekt des Migrationshintergrunds [...] aufklären" (ISG/WZB 2009, S. 169), noch vermögen „gesellschaftliches Interesse, Wertevorstellungen und Religionszugehörigkeit [...] die geringere Chance auf gesellschaftliche Beteiligung von männlichen Migranten der ersten Generation" (ebd.) erklären. Die Autorinnen und Autoren der Studie sehen damit „eine Forschungsfrage aufgeworfen, der durch zukünftige Untersuchungen nachgegangen werden sollte" (ebd., S. 171), wobei sie mutmaßen, dass möglicherweise „Sprachkenntnisse, geschlechtsspezifische Rollenvorstellungen, geringere Gelegenheitsstrukturen sowie Benachteiligungserfahrungen eine Rolle" (ebd.) spielen könnten. Und so war „die geringere Chance auf gesellschaftliche Beteiligung" (ebd.) von Zugewanderten der ersten Generation – allerdings beiderlei Geschlechts – auch ein wesentlicher Ausgangspunkt für AMIQUS, wobei wir – wie schon dargelegt – von einem sehr viel umfassenderen Begriff von Beteiligung ausgehen, als der Freiwilligensurvey, an dem selbst die Autorinnen und Autoren der Studie zur Erprobung des

Indikatorensets monieren, dass er wesentliche Engagementbereiche dieser Bevölkerungsgruppe nicht miterfasse (s.o.).

Allerdings wurde den „Engagementbereiche[n] im verwandtschaftlichen und bekanntschaftlichen Kontext" (ebd., S. 171), von denen jene vermuten, dass sie bei Zugewanderten besonders ausgeprägt seien (vgl. ebd.), sowohl im Rahmen der 9. Mehrthemenbefragung der Stiftung Zentrum für Türkeistudien (vgl. Sauer 2009) – deren Vorläufer in der Bilanzierung des POLITIS-Projektes trotz ihrer Beschränkung auf Türkeistämmige als zu den gehaltvollsten Studien in Deutschland zum Bereich zivilgesellschaftliches Engagement von Zugewanderten gewürdigt wurde – und der schon erwähnten Untersuchung „Muslimisches Leben in Deutschland (MLD)" (vgl. BAMF 2009) sehr viel mehr Aufmerksamkeit geschenkt. Und in beiden finden sich Befunde, die in die gleiche Richtung gehen. Jedoch dominieren auch in diesen beiden Studien noch Fragen von Ethnizität, Integrationsproblemen und kulturellen Konflikten die gar nicht einmal so versteckte „agenda" (vgl. Cyrus 2005, S. 56) der Analyse ihrer empirischen Befunde. Und so werden trotz zumindest teilweisen Rückgriffs auf multivariate Verfahren auch in diesen beiden Studien den entsprechenden Untersuchungsgruppen zumindest latent bestimmte kulturelle, soziale und politische Eigenschaften zugeschrieben: Besonders massiv in der MLD-Studie, die ja höchst unterschiedliche Einwandungsgruppen erfasst hat.

In der Mehrthemenbefragung zeigt sich diese „agenda" besonders deutlich im expliziten Bezug auf Thomas Meyers (2002) Definition von „Parallelgesellschaften". Diese wird zwar dahingehend kritisiert, dass sie sich nur auf das „Wie" des Zusammenlebens beziehe und damit die Teil*habe*dimension vernachlässige, die berücksichtigt werden müsse, „wenn es um die Einschätzung der gesellschaftlichen Folgen von Parallelgesellschaften geht, da sie der wohl wichtigste Bestandteil gesellschaftlicher Integration" (Sauer 2009, S. 174) sei. Dennoch hat die Mehrthemenbefragung, „um die türkeistämmigen Migranten als Angehörige einer Parallelgesellschaft in Anlehnung an die Definition Meyers zu identifizieren" (ebd., S. 170), für die diesbezüglichen von Meyer vorgeschlagenen fünf Indikatoren Grenzwerte festgelegt, „jenseits derer die Befragten als segregiert oder nicht segregiert definiert werden […]: Religion: sehr und eher religiös; Lebenswelt: nie und selten Freizeitbeziehungen zu Deutschen; Zivilgesellschaft/Institutionen: Organisation ausschließlich in türkischen Vereinen; Freiwilligkeit von Segregation: Keine Kontakte zu Deutschen bei gleichzeitig fehlendem Wunsch nach solchen Kontakten (Freiwillige Isolation); Wohnraum: Leben in Vierteln mit überwiegend türkischer Bevölkerung" (ebd.).

Hervorstechendes Ergebnis ihrer entsprechenden multivariaten Analysen ist, dass mit ca. einem fünftel – und damit fast doppelt zu häufig, wie die nächst jüngere Gruppe (vgl. ebd., S. 174) – Zugewanderte ab 60 Jahre „in der Gruppe der tendenziell in parallelgesellschaftlichen Strukturen Lebenden […] deutlich überrepräsentiert [sind]. Mit zunehmendem Alter steigt der Anteil derjenigen, die in mindestens drei der fünf

Bereiche parallelgesellschaftliche Tendenzen aufweisen. [...] Entsprechend sind Erst-generationsangehörige überproportional häufig unter den Segregierten" (ebd., S. 173) vertreten. So zeigt sich in der Mehrthemenbefragung, dass mit zunehmendem Alter der Anteil derjenigen, die nur in türkischen Vereinen organisiert sind, zunimmt, was sich auch in der Generationszugehörigkeit abbildet: „Erstgenerationsangehörige sind überdurchschnittlich häufig und zu fast zwei Dritteln nur in türkischen, aber immer-hin auch zu einem Viertel in deutschen und türkischen Vereinen tätig" (ebd., S. 157). Dem zu Folge ist in Moscheevereinen und türkischen Kulturverbänden das Durch-schnittsalter der Mitglieder nicht nur sehr hoch. Auch sind „Erstgenerationsangehöri-ge in den Moscheevereinen deutlich und in den Kulturvereinen leicht überproportio-nal häufig Mitglieder" (ebd., S. 160).

Was die Mitgliedschaft in deutschen und „herkunftsbezogenen" Vereinen angeht, gibt es im Großen und Ganzen deutliche Parallelen zur MUD-Studie, aber auch zum Teil Unterschiede, über die sich nur mutmaßen lässt und welche die Fragwürdigkeit entsprechender Prozentwerte selbst bei repräsentativen Studien erneut bekräftigen. Vermutlich sind es sozialräumliche Unterschiede in den beiden Stichproben, die diese Abweichungen zumindest mitbedingt haben dürften, hängt doch die Gründung gera-de „herkunftsbezogener" Vereine – wie nicht zu Letzt Befunde des AMIQUS-Projektes in seinen vier sehr unterschiedlich strukturierten Untersuchungsquartieren zeigen – sehr stark von den entsprechenden sozialräumlichen Bedingungen ab. Vor dem Hintergrund der schon dargestellten Befunde von AMIQUS bezüglich des En-gagements der älteren Migrantinnen und Migranten in solchen Vereinen, ist es jedoch absolut fragwürdig, dieses schon als Beleg für „parallelgesellschaftliche Strukturen" zu werten.

Nicht so einfach zu entkräften ist demgegenüber der Befund der Mehrthemenbe-fragung, wonach sich bei „den Befragten ohne Kontakte [zu Deutschen] in den abge-fragten Bereichen [...] ältere Migranten insbesondere der ersten Generation, [...] so-wie, bedingt durch die Generation und den Zuwanderungsgrund, Befragte ohne Schulabschluss in der Türkei und nicht Erwerbstätige" (Sauer 2009, S. 133) mit jeweils um die 15% überrepräsentiert zeigen. Sowohl im Freundes- und Bekanntenkreis, wie auch in Familie und Verwandtschaft haben Frauen um ca. 3% weniger Kontakte zu Deutschen als Männer (vgl. ebd.). Schulbildung erwies sich in einigen Studien (vgl. Esser 1990; Haug 2005; Farwick 2007) jedoch ebenso wie Wohnsegregation und auch religiöse Aspekte (vgl. Haug 2005, S. 269) – laut MLD-Studie haben Muslime „in der Familie, am Arbeitsplatz, in der Nachbarschaft und im Freundeskreis seltener Kontakt zu Personen deutscher Herkunft als Angehörige anderer Religionen" (BAMF 2009, S. 264) – als eigenständige Effekte auf die Wahrscheinlichkeit, deutsche Freunde zu ha-ben.

So haben Babka von Gostomski/Stichs 2008 bei ihrer multivariaten Untersu-chung zu Determinanten der Kontakthäufigkeit zu Freunden nachzuweisen versucht, dass das Leben in einem Ausländerviertel bei allen betrachteten Gruppen in der Regel mit verringerten Kontakten zu Deutschen im Freundeskreis einhergehe. Demgegenüber bestätigte sich der bereits 1990 von Alpheis erzielte Befund, dass sich – wenn man die Einflüsse der individuellen Merkmale der Bewohner kontrolliert – ein Effekt der Nachbarschaft für die Häufigkeit interethnischer Kontakte nicht nachweisen lässt, auch in Farwicks (2007) Bremer Untersuchung. Zu Denken gibt in dieser Hinsicht der Befund der Mehrthemenbefragung, dass die Kontakte zu Deutschen in überwiegend von Türken bewohnten Vierteln größer ist als in Vierteln mit überwiegend anderen Ausländern (vgl. Sauer 2009, S. 153). Und so wäre zunächst einmal auch klar zu stellen, dass das Leben in einem Viertel mit einem hohen Ausländeranteil insbesondere bei kleineren Herkunftsgruppen nicht gleichbedeutend mit ethnischer Segregation ist, bezieht sich dieser Terminus doch auf die Konzentration von Personen gleicher Herkunft in einem Wohngebiet (vgl. Friedrichs 1995, S. 79).

Zudem kann – wie selbst die Autorinnen der MLD-Studie eingestehen – aus ethnischer Segregation nicht im Umkehrschluss auf Abschottungstendenzen geschlossen werden, da Segregation oftmals nicht darauf zurückzuführen ist, dass Migrantinnen und Migranten Wohnviertel mit Bewohnern gleicher Herkunft präferieren, was auch in den Sozialraum bezogenen Untersuchungen von AMIQUS sehr deutlich geworden ist. Vielmehr scheint Wohnsegregation primär den Bedingungen des Wohnungsmarktes (Friedrichs 2008, S. 394ff.; Häußermann/Siebel 2004, S. 153ff.; Horr 2008) geschuldet zu sein. Und da – wie Häußermann (vgl. 2007, S. 239) überzeugend darlegt – „genauso wie bei der deutschen Bevölkerung […] bei der Migrantenbevölkerung die untersten Schichten am stärksten segregiert [sind], […] ergibt sich ein Zusammenhang, der es sehr schwierig macht, zwischen ethnischen und sozialen Effekten einer räumlichen Konzentration zu unterscheiden" (ebd.). Von daher ist Essers Kausalkette – „Segregationen fördern über die strukturell erzeugte Kontaktdichte der Akteure kulturelle Segregationen, und die kulturellen Segregationen verstärken wiederum die räumlichen Segregationen" (2001, S. 82) – zumindest was den zweiten Teil betrifft, empirisch kaum zu validieren. Aber auch an ihrem ersten Teil lassen sich begründet Zweifel anmelden und dies nicht nur aufgrund der – wie dargelegt – keineswegs eindeutigen Untersuchungsbefunde zum Kontaktverhalten von Zugewanderten.

So waren wir in allen vier über das Bundesgebiet verstreuten Untersuchungsquartieren von AMIQUS beim überwiegenden Teil der von uns angesprochenen älteren Migrantinnen und Migranten zunächst mit sehr starkem Misstrauen konfrontiert. Später wurde in der Kritik- und Problemphase der Zukunftswerkstätten dann auch der zum Teil erschreckende Hintergrund dieses Misstrauens deutlich in Form massiver Erfahrungen von Diskriminierung in verschiedensten Bereichen sowie darüber hinaus auch Hintergangen-Werdens – besonders durch betrügerische Werber und Verkäufer. Entsprechend konstatiert auch Birgit Sauer als Autorin der 9. Mehrthemenbefragung, dass mit rund einem drittel der Anteil derjenigen, die „bei Behörden Ungleichbehandlung erfuhren" (Sauer 2009, S. 167) „erschreckend hoch" sei. „In der Nachbarschaft und beim Einkauf" (ebd.) liege er „bei rund einem Viertel. [...] Im Krankenhaus und bei Ärzten muss knapp jeder Fünfte Erfahrung von Ungleichbehandlung machen" (ebd.). Allerdings gaben ältere Zugewanderte und solche der ersten Generation in dieser Befragung noch am wenigsten an, Opfer solcher Diskriminierungen geworden zu sein. Dass auch diejenigen, die über keine Schulabschlüsse verfügen, sich weniger betroffen sahen, lässt als Hintergrund wohl eher die geringer ausgeprägte Sensibilitäten dieser Gruppen vermuten – oder besser gesagt: ihre höhere, gewohnheitsbedingte Abhärtung.

Sicher nicht grundlos wandelte sich das anfängliche Misstrauen der von uns Angesprochenen älteren Migrantinnen und Migranten jedoch im Rahmen der ersten Treffen der jeweiligen 20er-Fokusgruppen recht schnell. Denn dass sie in deren Untersuchungsarbeit als Subjekte mit ihren Leistungen, Kompetenzen und Vermögen in den Blick kamen, war für nahezu alle Beteiligten eine für Deutschland offensichtlich absolut ungewöhnliche Erfahrung und setzte sich dann für viele schon vor Durchführung der Zukunftswerkstätten in einer entsprechenden Steigerung ihres Selbstwertgefühles um. Es waren dies vor allem diejenigen, die in ihren Heimatländern eine höhere Bildung genossen hatten, aber dennoch hier in Deutschland nur in Berufen Beschäftigung fanden, die eigentlich kein hohes Qualifikationsniveau erfordern. Zudem hatten diese bisher auch keine Chancen gesehen, ihre Kompetenzen in anderen Bereichen der Zivilgesellschaft zur Geltung zu bringen. Demgegenüber kamen sich viele der Analphabeten am Beginn der Arbeit in den Fokusgruppen noch eher „defizitär" vor. Erst als darüber immer deutlicher wurde, welch hohe Versorgungsleistungen sie im Rahmen von Familie und Nachbarschaft erbringen, änderte sich dies.

Die Deutung von Elke Olbermann, dass Produktionsweisen des Sozialen älterer Migrantinnen und Migranten, die sich hauptsächlich auf Angehörige der eigenen ethnischen Gruppe stützen, vor allem davon geleitet seien, dass „der gemeinsame kulturelle Hintergrund und die weitgehende soziale Homogenität [...] den Aufbau von symmetrischen, d.h. gleichberechtigten Beziehungen" (2003, S. 244) ermögliche, während „die Interaktionen mit Einheimischen [...] für die älteren Migranten bereits aus sprachlichen Gründen zwangsläufig asymmetrisch" (ebd.) seien, lässt sich somit aufgrund der im ersten Untersuchungsjahr von AMIQUS gewonnenen Erkenntnisse nur bezüglich der sozialen Homogenität und der erfahrenen Asymmetrie zu Deutschen bekräftigen. Denn auch zu unserem Erstaunen wirkten sich die Bildungsunterschiede unter den Mitgliedern der gemischten Fokusgruppen dort zunächst sehr viel stärker trennend aus, als die Zugehörigkeit zu verschiedenen Religionen und Ethnien – bis dahin, dass in einer der Fokusgruppen die Untersuchungsarbeit der Analphabeten zunächst in einer eigenen Untergruppe organisiert werden musste, um deren weitere Mitarbeit im Projekt nicht zu gefährden.

Zudem muss Olbermanns These, dass „im Rahmen der Integration in die ethnische Subwelt […] die Bewahrung von Selbstvertrauen eher möglich" (ebd.) sei und dass die über solche „innerethnische Interaktionen" erfolgende Vermittlung „spezifische[n] Wissen[s] über die Migration und ihre Bewältigung, […] die Erhaltung eines Sicherheitsgefühls und des Gefühls, die Situation meistern zu können" (ebd.), fördere – sowohl aufgrund der dargestellten Erfahrungen im Rahmen der Fokusgruppen, wie aufgrund deren Untersuchungsergebnisse – über den Bereich der eigenen Ethnie hinaus auch auf Solidargemeinschaften Zugewanderter unterschiedlicher Herkunftsländer erweitert werden. Zwar findet sich im Datenmaterial von AMIQUS eine Menge von Belegen, die Olbermanns Überlegung stützen, dass „das muttersprachliche ethnische Umfeld […] wichtige Vermittlungsfunktionen zwischen den älteren Migranten und den formellen Unterstützungsangeboten" (ebd.) zu übernehmen in der Lage sei. Die Erfahrungen mit und die Erkenntnisse aus den Fokusgruppen zeigen jedoch, dass „für die Kompetenzerhaltung und die Entfaltung von Selbsthilfepotentialen" (ebd.) nicht allein „ethnische", sondern ebenso auch interethnische Netzwerke von Bedeutung sind.

Zu diesen Netzwerken zählen mitunter auch Mitglieder der autochthonen Bevölkerung Deutschlands. Nach den Untersuchungsbefunden des ersten Untersuchungsjahrs von AMIQUS scheint dies bei Erwerbstätigen im Bereich ihrer Berufstätigkeit noch häufiger der Fall (gewesen) zu sein als im nachbarschaftlichen Kontext, was sich auch über die Jahre hinweg in den entsprechenden Ergebnissen der Mehrthemenbefragungen widerspiegelt (vgl. Sauer 2009, S. 136). Dass gerade viele ehemals körperlich schwer arbeitenden Männer mit niedrigen oder keinen Bildungsabschlüssen im Rahmen der Fokusgruppen und Zukunftswerkstätten sich darüber beklagten, nach ihrem Ausscheiden aus dem Berufsleben die Kontakte besonders zu ihren deutschen Kollegen verloren zu haben, verdeutlicht, dass ihr notgedrungen räumlich zumeist segregiertes Leben keineswegs – wie von Esser (2001) hypostasiert (s.o.) – zu Bestrebungen in Richtung kultureller Segregation geführt hat. Und selbst bei denjenigen in AMIQUS, die wir dem „aus Netzwerken zurückgezogenen/nicht vernetzten Typus" zuordneten, zeigte sich, dass diese Isolation besonders im Hinblick auf die autochthone Bevölkerung eine zumeist nicht freiwillige ist. In die gleiche Richtung weist der Befund der 9. Mehrthemenbefragung (vgl. Sauer 2009, S. 144), wonach der Wunsch nach Kontakt zu Deutschen überdurchschnittlich häufig bei älteren Zugewanderten sowie Arbeitslosen und Hausfrauen ausgeprägt ist – am stärksten jedoch bei denjenigen, die in gemischten Vierteln leben. Diejenigen „Befragte, die sich keine weiteren Kontakte zu Deutschen wünschen, [gaben] häufiger Diskriminierungserfahrungen an als solche, die diesen Wunsch haben" (ebd., S. 166f.).

Vor diesem Hintergrund verwundert dann doch, wie unbekümmert in der Mehrthemenbefragung davon die Rede ist (vgl. ebd., S. 174), dass Zugewanderte ab 60 Jahre „in der Gruppe der tendenziell in parallelgesellschaftlichen Strukturen Lebenden" (ebd.) deutlich überrepräsentiert seien. Wenn Birgit Sauer (vgl. ebd.) – als Autorin der Studie – Thomas Meyers Definition von „Parallelgesellschaften" dahingehend kritisiert, dass sie sich nur auf das „Wie" des Zusammenlebens beziehe und damit die Teil*habe*dimension als „wohl wichtigste[r] Bestandteil gesellschaftlicher Integration" (ebd.) vernachlässige, so betrifft dies gerade diese Altersgruppe aus der ersten Generation zugewanderter. Denn nach den im Zusammenhang mit der Erprobung des Indikatorensets zum bundesweiten Integrationsmonitoring vorgenommenen multivariaten Regressionsanalysen (vgl. ISG/WZB 2009, S. 164 ff.) unterliegt gerade diese Gruppe bei „Kontrolle der sozialstrukturellen Merkmale von Alter, Bildung, Erwerbsstatus und Haushaltstyp" (ebd., S. 166) einem „signifikant höhere[m] Risiko, von Einkommensarmut betroffen zu sein" (ebd.) als Angehörige der zweiten Generation ohne eigene Migrationserfahrung – Frauen noch stärker als Männer (ebd., S. 164).

## Endnoten

1   Das Projekt wird unter Federführung der Hochschule Rhein-Main von Prof. Dr. habil. Michael May in Kooperation mit der Hochschule Fulda, Prof. Dr. habil. Monika Alisch, geleitet. Zum Forschungsteam gehören Benjamin Bulgay (Wiesbaden Westend), Frank Dölker (Fulda Aschenberg), Stefan Fröba (München Hasenbergl), Mila Kovacevic und Nadia Laabdallaoui (Wiesbaden Biebrich).

## Literatur

Albertini, Marco/Kohli, Martin/Vogel, Claudia (2006): Transfers of time and money among elderly Europeans and their children. The impact of welfare regimes. Research Group on Aging and the Life Course, Research Report 76. Berlin.

Alpheis, Hannes (1990): Erschwert die ethnische Konzentration die Eingliederung? In: Esser, Hartmut/Friedrichs, Jürgen (Hg.): Generation und Identität. Theoretische und empirische Beiträge zur Migrationssoziologie. Opladen, S. 147-184.

Anhorn, Roland/Bettinger, Frank (Hg.) (2004): Sozialer Ausschluss und Soziale Arbeit. Positionsbestimmungen einer kritischen Theorie und Praxis Sozialer Arbeit. Wiesbaden.

Babka von Gostomski, Christian/Stichs, Anja (2008): Der Einfluss von Gelegenheitsstrukturen auf die Häufigkeit des Kontaktes von Zuwanderern mit Deutschen. In: Hillmann, Felicitas/Windzio, Michael (Hg.): Migration und städtischer Raum. Chancen und Risiken der Segregation und Integration. Opladen, S. 279-296.

Bauer, Rudolph (2001): Soziale Dienste und spezifische Zielgruppen, insbesondere Migrant/inn/en. Observatorium für die Entwicklung der sozialen Dienste in Europa – Arbeitspapier Nr. 3. Frankfurt.

Baykara-Krumme, Helen (2007): Gar nicht so anders: Eine vergleichende Analyse der Generationenbeziehungen bei Migranten und Einheimischen in der zweiten Lebenshälfte. WZB Discussion Paper, SP IV 2007-604.

Bloch, Ernst (1962): Erbschaft dieser Zeit. Frankfurt am Main.

Bourdieu, Pierre (1983): Ökonomisches Kapital, kulturelles Kapital, soziales Kapital. In: Kreckel, Reinhard (Hg.): Soziale Ungleichheiten, Soziale Welt. Sonderband 2. Göttingen, S. 183-198.

Bullinger, Hermann /Nowak, Jürgen (1998): Soziale Netzwerkarbeit. Eine Einführung für soziale Berufe. Freiburg im Breisgau.

Bundesamt für Migration und Flüchtlinge (Hg.) (2009): Muslimisches Leben in Deutschland. Im Auftrag der Deutschen Islamkonferenz. Forschungsbericht 6. Nürnberg.

Burt, Ronald (1992): Structural Holes. The Social Structure of Competition, Cambridge, Mass.

Caglar, Gazi (2004): Die Selbstorganisation von Migrantinnen und Migranten. Akteure der Zivilgesellschaft und der Sozialen Arbeit. In: Treichel, Andreas/Cyrus, Norbert (Hg.): Handbuch Soziale Arbeit in der Einwanderungsgesellschaft. Frankfurt am Main, S. 329-349.

Coleman, James S. (1991): Grundlagen der Sozialtheorie Bd. 1: Handlungen und Handlungssysteme, München.

Cremer-Schäfer, Helga/Steinert, Heinz (2000): Soziale Ausschließung und Ausschließungs-Theorien. Schwierige Verhältnisse. In: Peters, Helge (Hg.): Soziale Kontrolle. Zum Problem Normkonformität / Nonkonformität in der Gesellschaft. Opladen, S. 43 – 63.

Cyrus, Norbert (2005): Active Civic Participation of Immigrants in Germany. Country Report prepared for the European research project POLITIS. In: http://www.uni-oldenburg.de/politis-europe [14.05.2010].

Deutscher Bundestag 14. Wahlperiode (2002): Bericht der Enquete-Kommission. Zukunft des Bürgerschaftlichen Engagements. Berlin.

Diehl, Claudia (2002): Die Partizipation von Migranten in Deutschland. Rückzug oder Mobilisierung? Opladen

Esser, Hartmut (1990): Interethnische Freundschaften. In: Esser, Hartmut/Friedrichs, Jürgen (Hg.): Generation und Identität. Theoretische und empirische Beiträge zur Migrationssoziologie. Opladen, S. 185-206.

Esser, Hartmut (2000): Soziologie. Spezielle Grundlagen. Opportunitäten und Restriktionen, Band 4. Frankfurt a.M./New York.

Esser, Hartmut (2001): Integration und ethnische Schichtung. Mannheimer Zentrum für Europäische Sozialforschung, Arbeitspapier Nr.40. Mannheim.

Farwick, Andreas (2007): Ethnische Segregation und die Herausbildung interethnischer Freundschaften. In: Meyer, Frank (Hg.): Wohnen – Arbeit – Zuwanderung. Stand und Perspektiven der Segregationsforschung. Münster u.a., S. 147-164.

Fijalkowski, Jürgen/Gillmeister, Helmut (1997): Ausländervereine – ein Forschungsbericht. Über die Funktion von Eigenorganisationen für die Integration heterogener Zuwanderer in eine Aufnahmegesellschaft am Beispiel Berlins. Reihe: Völkervielfalt und Minderheitenrechte in Europa, Band 5. Berlin.

Flap, Henk (1988): Conflict, Loyalty, and Violence. Frankfurt a.M..

Fraser, Nancy (1994): Widerspenstige Praktiken. Macht, Diskurs, Geschlecht. Frankfurt a.M..

Friedrichs, Jürgen ( 1995): Stadtsoziologie. Opladen.

Friedrichs, Jürgen (2008): Ethnische Segregation. In: Kalter, Frank (Hg.): Migration und Integration. In: Kölner Zeitschrift für Soziologie und Sozialpsychologie, Sonderheft 48, S. 380-411.

Geiss, Sabine/Gensicke, Thomas (2005): Freiwilliges Engagement von Migrantinnen und Migranten. In: Gensicke, Thomas/Picot, Sibylle/Geiss, Sabine: Freiwilliges Engagement in Deutschland 1999–2004. Ergebnisse der repräsentativen Trenderhebung zu Ehrenamt, Freiwilligenarbeit und bürgerschaftlichem Engagement. Durchgeführt im Auftrag des Bundesministeriums für Familie, Senioren, Frauen und Jugend. München, S. 347-400.

Gomolla, Mechtild/Radtke, Frank-Olaf (2002): Institutionelle Diskriminierung. Die Herstellung ethnischer Differenz in der Schule. Opladen.

Granovetter, Mark (1973): The Strength of Weak Ties. In: The American Journal of Sociology, Vol. 78, No. 6, pp.1360-1380.

Haug, Sonja (2000): Soziales Kapital und Kettenmigration. Italienische Migranten in Deutschland. Wiesbaden.

Haug, Sonja (2003): Interethnische Freundschaftsbeziehungen und soziale Integration. Unterschiede in der Ausstattung mit sozialem Kapital bei jungen Deutschen und Immigranten. In: Kölner Zeitschrift für Soziologie und Sozialpsychologie 55: S. 716–736.

Haug, Sonja (2005): Interethnische Kontakte, Homogenität und Multikulturalität der Freundesnetzwerke. In: Haug, Sonja/Diehl, Claudia (Hg.): Aspekte der Integration. Wiesbaden, S. 251-276.

Haug, Sonja/Pointner, Sonja (2007): Sozialkapital und Migration. In: KZfSS, Sonderheft 47, S. 367-396.

Haug, Sonja (2008): Sprachliche Integration von Migranten. Teil 2 aus der Reihe Integrationsreport. Bundesamt für Migration und Flüchtlinge, Working Paper Nr. 14. Nürnberg.

Häußermann, Hartmut/Siebel, Walter (2004): Stadtsoziologie. Eine Einführung. Frankfurt a.M./New York.

Häußermann, Hartmut (2007): Effekte der Segregation. In: vhw FW 5, S. 234-240.

Horr, Andreas (2008): Ethnische und soziale Unterschiede der Wohnungssuche und Wohnortwahl. In: Hillmann, Felicitas/Windzio, Michael (Hg.): Migration und städtischer Raum. Chancen und Risiken der Segregation und Integration. Opladen, S. 175-211.

Hunger, Uwe (2004): „Wie können Migrantenselbstorganisationen den Integrationsprozess betreuen?" Gutachten im Auftrag des Sachverständigenrats für Zuwanderung und Integration. Nürnberg.

Hunger, Uwe (2006): Die politische und zivilgesellschaftliche Partizipation von Migranten und ihre Bedeutung für die „Integration" – Fünf Thesen. In: Migration und Soziale Arbeit, 28. Jg., Heft 1/2006, S. 8-14.

Huth, Susanne (2006): INVOLVE – Beteiligung von Drittstaatenangehörigen an freiwilligem Engagement als Mittel zur Integrationsförderung. Projektabschlussbericht für Deutschland. In: http://www.involve-europe.eu/pdf/NAT_GERMANY.pdf [14.05.2010].

Huth, Susanne (2007): Bürgerschaftliches Engagement, interkulturelles Lernen und Integration. Vortrag auf der Tagung „Kultur und aktive Bürgergesellschaft" der Evangelischen Akademie Tutzing, 23.-25. Februar 2007, Manuskript. In: http://www.inbas-sozialforschung.de [14.05.2010].

Institut für Sozialforschung und Gesellschaftspolitik (ISG) / Wissenschaftszentrum Berlin für Sozialforschung gGmbH (WZB) (2009): Integration in Deutschland. Erster Integrationsbericht: Erprobung des Indikatorensets und Bericht zum bundesweiten Integrationsmonitoring. Erstellt für die Beauftragte der Bundesregierung für Migration, Flüchtlinge und Integration. Berlin.

Jacobs, Dirk/Tillie, Jean (2008): Social Capital and Political Participation of Immigrants in Europe – key developments in empirical studies. In: Vogel, Dita (Hg.): Highly Active Immigrants. A ressource for European civil society. Frankfurt am Main, S. 47-58.

Jungk, Sabine (2002): Politische und soziale Partizipation von Migrantinnen und Migranten und ihren Selbstorganisationen – Möglichkeiten der Mitwirkung, Inanspruchnahme und Chancen in Deutschland. Vortrag zur Tagung Politische und soziale Partizipation von MigrantInnen mit Schwerpunkt KurdInnen, veranstaltet von NAVEND e.V. am 18.11.2002 in Düsseldorf. In: http://www.lzz-nrw.de/docs/navend.pdf [14.05.2010].

Kessl, Fabian/Otto, Hans-Uwe (Hg.) (2004): Soziale Arbeit und Soziales Kapital. Zur Kritik lokaler Gemeinschaftlichkeit. Wiesbaden.

Klein, Ansgar/Kern, Kristine/Geißel, Brigitte/Berger Maria (Hg.) (2004): Zivilgesellschaft und Sozialkapital. Herausforderungen politischer und sozialer Integration. Wiesbaden.

Kluge, Ulrich (2003): Deutschland. In: Generaldirektion Beschäftigung und Soziales: Entwicklung innovativer Konzepte zur sozialen Integration älterer Migranten/innen. Abschlussbericht an der EU-Kommission. ISAB Berichte aus Forschung und Praxis Nr. 81. Köln, S. 60-80.

Kolland, Franz (2002): Ehrenamtliche Tätigkeit im Lebensverlauf. In: Karl, Fred/Zank, Susanne (Hg.): Zum Profil der Gerontologie. Kassel: Universitätsbibliothek. Kassel, S. 97-187.

Krumme, Helen/Hoff, Andreas (2004): Die Lebenssituation älterer Ausländerinnen und Ausländer in Deutschland. In: Tesch-Römer, Clemens (Hg.): Abschlussbericht Sozialer Wandel und individuelle Entwicklung in der zweiten Lebenshälfte. Ergebnisse der zweiten Welle des Alterssurveys. Berlin, S. 455-500.

Landolt, Patricia (2004): Eine Abwägung der Grenzen sozialen Kapitals: Lehren aus den transnationalen Gemeinde-Initiativen El Salvadors. In: Kessl, Fabian/Otto, Hans-Uwe (Hg.): Soziale Arbeit und Soziales Kapital. Zur Kritik lokaler Gemeinschaftlichkeit. Wiesbaden, S. 21-44.

May, Michael (2004): Versuch einer Entmystifizierung sozialen Kapitals. Zur unterschiedlichen begrifflichen Fassung sozialen Kapitals. In: Kessl, Fabian/Otto, Hans-Uwe (Hg.): Soziale Arbeit
    und Soziales Kapital. Zur Kritik lokaler Gemeinschaftlichkeit. Wiesbaden, S. 79-96.
May, Michael (2004a): Selbstregulierung. Eine neue Sicht auf die Sozialisation. Gießen.
May, Michael (2004b): Transformation der Gesellschaft: Auswirkungen der gemeinwesenökonomischen Praxis in der Gesellschaft. In: Lindenberg, Michael/Peters,Lutz (Hg.): Die gelebte Hoffnung der Gemeinwesenökonomie. Bielefeld, S. 135-160.
May, Michael (2006): Woher kommt die Produktivität des Sozialen? Ansätze zu einer Analyse ihrer
    Produktivkräfte. In: Böllert, Karin/Hansbauer, Peter/Hasenjürgen, Brigitte/Langenohl, Sabrina
    (Hg.): Die Produktivität des Sozialen – den sozialen Staat aktivieren. Sechster Bundeskongress
    Soziale Arbeit. Wiesbaden, S. 31-48.
May, Michael (2007): Zur (Re-)Produktion sozialer Differenzen auf der Ebene von Kultur und Geschlecht. Grundpfeiler eines theoretischen Bezugrahmens. In: Widersprüche, Heft 104, S.37-62.
May, Michael (2008): Die Handlungsforschung ist tot – Es lebe die Handlungsforschung. In: May,
    Michael/Alisch, Monika (Hg.): Praxisforschung im Sozialraum. Fallstudien in ländlichen und urbanen Räumen. Opladen & Farmington Hills, S. 207-238.
Meyer, Thomas (2002): Parallelgesellschaften und Demokratie. In: Meyer, Thomas/Weil, Reinhard
    (Hg.): Die Bürgergesellschaft. Perspektiven für Bürgerbeteiligung und Bürgerkommunikation.
    Bonn, S. 343-372.
Nauck, Bernhard/Suckow, Jana (2006): Intergenerational relationships in cross-cultural comparison:
    How social networks frame intergenerational relations between mothers and grandmothers in
    Japan, Korea, China, Indonesia, Israel, Germany, and Turkey. In: Journal of Family Issues, 27, 8,
    1159-1185.
Negt, Oskar (1977): Keine Demokratie ohne Sozialismus. Über den Zusammenhang von Politik,
    Geschichte und Moral. Frankfurt.
Negt, Oskar/Kluge, Alexander (1981): Geschichte und Eigensinn. Frankfurt.
Olbermann, Elke (2003): Soziale Netzwerke, Alter und Migration. Theoretische und empirische Explorationen zur sozialen Unterstützung älterer Migranten. Dissertation. Universität Dortmund.
Portes, Alejandro/Landolt, Patricia (1996): The Downside of Social Capital. In: The American Prospect 94: 18–21.
Putnam, Robert D. (1993): Making Democracy Work. Civic Traditions in Modern Italy. Princeton.
Putnam, Robert D. (1995): Tuning In, Tuning Out: the Strange Disappearance of Social Capital in
    America. In: Political Science and Politics XXVIII, 4, S. 664-683.
Putnam, Robert D. (2000): Bowling Alone. The Collapse and Revival of American Community. New
    York.
Putnam, Robert D./Goss, Kristina A. (2001): Einleitung. In: Putnam, Robert D. (Hg.): Gesellschaft
    und Gemeinsinn. Sozialkapital im internationalen Vergleich. Gütersloh, S. 15-43.
Sauer, Martina (2009): Türkeistämmige Migranten in Nordrhein-Westfalen und in Deutschland. Lebenssituation und Integrationsstand. Ergebnisse der neunten Mehrthemenbefragung. Eine Analyse im Auftrag des Ministeriums für Generationen, Familie, Frauen und Integration des Landes
    Nordrhein-Westfalen. Stiftung Zentrum für Türkeistudien. Essen.
Weiss, Karin/Thränhardt, Dietrich (Hg.) (2005): SelbstHilfe. Wie Migranten Netzwerke knüpfen und
    soziales Kapital schaffen. Freiburg.

Michael Wrentschur

# Neuer Armut entgegenwirken: Politisch-partizipative Theaterarbeit als kreativer Impuls für soziale und politische Partizipationsprozesse

## 1. Ausgangsbild

17. Juni 2008 im Landhaus Graz: Eine Theateraufführung findet unmittelbar dort statt, wo normalerweise der steiermärkische Landtag, d.h. das Landesparlament der Steiermark, einem Bundesland in Österreich mit etwas mehr als einer Million Einwohnerinnen und Einwohnern, tagt. Um präziser zu sein: Es wird vor der Zuschauertribüne des Landtagssitzungssaales gespielt, genau an jener Schwelle, an der sich die politische Institution des Landtags von der Öffentlichkeit räumlich abgrenzt und gleichzeitig Einsicht gewährt. Jenseits dieser räumlichen Schwelle wird politisch debattiert, es werden Beschlüsse gefasst, diesseits kann das Publikum das politische Schauspiel in der Regel zwar mitverfolgen, aber nicht aktiv mit gestalten oder gar mitbestimmen. Doch an diesem Tag ist diese Inszenierung auf den Kopf gestellt: Vor dem Bereich, in dem sich Politik sonst mehr oder minder gekonnt theatralisch inszeniert, agieren diesmal Schauspieler und Schauspielerinnen. Die Politiker und Politikerinnen sitzen im Publikum gemeinsam mit Vertretern und Vertreterinnen von Behörden und sozialen Organisationen, sowie mit Interessierten und von der Thematik betroffenen Menschen. Was bekommen sie an diesem Juniabend im Jahr 2008 zu sehen bzw. zu erleben?

„Kein Kies zum Kurven kratzen" ist der Titel des gezeigten Forumtheaterstückes, in dem armutserfahrene Menschen die Hauptakteure sind: Gezeigt wird die Geschichte der Familie Schmölzer, die zunächst ein „ganz normales Leben" führt. Der Vater ist Maschinenschlosser, die Mutter Hausfrau und Nebenerwerbsschneiderin. Die Tochter Petra geht noch zur Schule, Julia, die andere Tochter, lebt mit ihrem Mann in einer anderen Stadt und arbeitet erfolgreich als Immobilienmaklerin. Doch als Herr Schmölzer aufgrund eines Bandscheibenvorfalles seinen Job verliert, lange arbeitslos ist und schließlich als Leiharbeiter nur mehr einen Bruchteil seines alten Gehaltes verdient, nimmt das Unglück seinen Lauf, die Familie gerät nach und nach in eine Armutsspirale mit dramatischen Folgen und Auswirkungen auf ihr Leben. Scheint es für die Mitglieder der Familie zunächst noch Handlungsspielräume zu geben, wird zunehmend sichtbar und spürbar, was es bedeutet, mit immer weniger Geld „die Kurve kratzen" zu müssen: die psychischen Belastungen, der Stress und vor allem die Konflikte innerhalb der Familie nehmen zu. Sie führen schließlich dazu, dass sich die Eltern scheiden lassen und jeweils alleine ihr „Glück" versuchen. Doch die

Situation verschärft sich, weder Herr noch Frau Schmölzer können am Arbeitsmarkt Fuß fassen, die Tochter muss neben ihrem Schulbesuch arbeiten, was sich auf die Schulleistungen negativ auswirkt. Der Rückzug in die soziale Isolation verstärkt sich, die Katastrophe tritt ein, als die Bank einen Kredit in der Höhe von 15.000,-- € für die Wohnungseinrichtung der alten, gemeinsamen Wohnung fällig stellt.

Alles, was in der etwa 30 Minuten langen Szenenfolge mit Mitteln der Theaterkunst gezeigt wird, basiert auf realen Erfahrungen und eingehenden Recherchen – die Darstellenden selbst wissen aus eigener Erfahrung, wovon sie erzählen. Die Atmosphäre im Saal ist, wie auch bei den bisherigen Aufführungen bedrückend, fast erstickend. Erleichterung setzt erst ein, als alle Zuschauenden dazu eingeladen werden, sich mit ihren Nachbarn und Nachbarinnen über das Geschehene zu beraten – ausgehend von folgenden Fragen: Wie wurde das Gespielte wahrgenommen, was ist passiert? Gibt es andere Handlungsmöglichkeiten für die Rollen, als die im Stück gezeigten?

Das angeregte Gemurmel, der intensive Austausch verändert die Stimmung im Raum und ist ein Vorgeschmack dafür, dass in Folge – ganz im Sinne des Forumtheaters – das Publikum die Macht des Handelns ergreifen kann, sich am Geschehen aktiv beteiligen kann, um Handlungsalternativen auszuprobieren und gemeinsam nach Lösungsmöglichkeiten zu suchen. Das gelingt zunächst zögerlich, dann aber doch ganz gut. Nur die sonst darstellerisch geübten Politiker und Politikerinnen halten sich dabei zurück. Dennoch ist die Aufmerksamkeit aller spürbar darauf gerichtet, welche Wege die Familie Schmölzer, die in eine Armutsspirale geraten ist, entwickelt, um diese schwierige Situation möglichst zu bewältigen.

## 2. Einleitung

Dieser Ausschnitt aus einer Veranstaltung im Steiermärkischen Landesparlament steht im Zusammenhang mit dem Projekt „Kein Kies zum Kurven kratzen, neuer Armut entgegenwirken" (vgl. Wrentschur 2008a und 2008c)[1]. Dieses Projekt setzt sich zum Ziel mit Methoden politisch-partizipativer Theaterarbeit und szenischen Forschens auf kreative Weise Ideen und Vorschläge zu entwickeln, um neuer Armut entgegen zu wirken. Menschen mit Armutserfahrungen kommt dabei ein besonderer Stellenwert zu: Ihre biografischen Erfahrungen und Erlebnisse mit prekären Situationen, mit finanziellen Notlagen oder Armutsspiralen bilden einen wesentlichen inhaltlichen Kern des Projekts. Vor dem Hintergrund, dass Kultur in der Regel zur (Re)Produktion von sozialer Differenz und Ungleichheit beiträgt, zeige ich exemplarisch, wie über Wege der sozialen Kulturarbeit soziale Teilhabe ermöglicht werden kann: Menschen, die bestimmte soziale Problemlagen und Interessen teilen werden über Methoden politisch-partizipativer Theaterarbeit zur Selbstbildung und zur sozialen und politischen Beteiligung aktiviert, wodurch sich deren Teilhabechancen an gesellschaftlichen und politischen Vorgängen vergrößern können. Im Sinne des Prinzips von „Empowerment" (vgl. Herriger 1997, Grunwald/Thiersch 2004, S. 34f.) wird an den kreativen Gestaltungskräften und Fähigkeiten der Teilnehmenden angesetzt. Durch die aktive Beteiligung an kulturellen und/oder künstlerischen Schaffensprozessen werden die Teilnehmenden zur kreativen und reflexiven Auseinandersetzung mit ihrer Lebenssituation und zur Suche nach neuen Lebensräumen – im persönlich-seelischen, im sozialen wie im politisch-öffentlichen Bereich – angeregt.

In diesem Sinn nimmt mein Beitrag zunächst auf den Zusammenhang von Kultur(arbeit), sozialer Ungleichheit und sozialer Partizipation Bezug, bevor die methodischen und inhaltlichen Grundlagen des Projekts „Kein Kies zum Kurven kratzen: Neuer Armut entgegenwirken" vorgestellt werden. Nach einem Überblick über den Verlauf des Projekts gehe ich auf unterschiedliche Ergebnisse und Wirkungen ein.

## 3.  Kultur(arbeit), soziale Ungleichheit und Partizipation

Vorweg eine These: ‚Kultur schaffende' Gruppen sind mit ungleichen sozioökonomischen Gegebenheiten und Voraussetzungen konfrontiert und verfügen über unterschiedliche Ressourcen an symbolischem und kulturellem Kapital. Statussymbole, Bildungstitel oder kulturelle Kompetenz sind jedoch mitentscheidend für Möglichkeiten, an gesellschaftlichen Vorgängen zu partizipieren. Sie werden über die Art der Verwendung als Mittel der Distinktion und der Abgrenzung gegenüber anderen Schichten eingesetzt (vgl. Wrentschur 2009). Für Treptow (2001, S. 203) drücken sich gesellschaftliche Kampf- und Konkurrenzverhältnisse als „Kampf um die Anerkennung und Geltung des jeweiligen kulturellen Kapitals (aus), also in habitualisierten Geschmacks- und Symbolbildungen, die Abgrenzung – <Distinktion> (Bourdieu) – erzeugen". Ähnlich sieht es Thole (2001, S. 1098), der schreibt, dass gesellschaftliche Ungleichheit nicht nur über ökonomische sondern auch über soziale und kulturelle Parameter hergestellt wird. Die „Gewinner" dieser sozialkulturellen Distinktionsprozesse setzen ihre Spielregeln durch und legen fest, welche Kultur eine legitime, wertvolle, richtige ist und welche nicht – über kulturelle Praktiken wird soziale Ungleichheit reproduziert, legitimiert und zugleich verschleiert. Dieser Zusammenhang nährt die Skepsis gegenüber einer Kultur, die soziale Ungleichheit und Ausgrenzung vergrößert, reproduziert, definiert und soziale Teilhabe erschwert. Dieser Skepsis steht die Forderung nach dem „kulturellen Mandat", als „Ermöglichung kultureller Aneignungs- und Ausdrucksformen benachteiligter oder ausgegrenzter Bevölkerungsgruppen" gegenüber (Treptow 2001, S. 185). Ihnen sollten durch Vermittlung von kulturellem Kapital über Angebote sozialer Kulturarbeit Partizipationschancen zu Verfügung gestellt werden – ausgehend von einer Wertschätzung ihrer alltagskulturellen Praktiken und Ausdrucksformen. Es geht darum, die kulturellen Ressourcen zur Bewältigung von Lebensschwierigkeiten freizusetzen und Handlungspotentiale im Sinne des Empowerment zu aktivieren. Das ist Voraussetzung dafür, um soziale Teilhabe auf unterschiedlichen Ebenen – in persönlichen, beruflichen, gesellschaftlichen und auch politischen Bereichen – zu ermöglichen. Für Winkler (2006, S. 34) ist diese Teilhabe an Kultur auch deswegen wichtig, da dadurch die Möglichkeit zu Optionen, Entscheidungen und differenzierter Handlung zunimmt. Dabei ist kulturelle Teilhabe nicht einfach von sozialer, ökonomischer oder politischer Teilhabe zu trennen und es macht wenig Sinn, nur oder vorerst die ökonomische Teilhabe zu sichern, sondern es braucht Rahmenbedingungen und Voraussetzungen, damit auch die politische, kulturelle und soziale Teilhabe gelebt werden kann (Fuchs 2007, S. 5f.). Damit ist ein Bezug zu Pierre Bourdieu (1993, 1999, 2001) hergestellt. Dessen Kapitalientheorie liefert einen wesentlichen theoretischen Hintergrund zur Begründung von sozialer Partizipation durch soziale Kulturarbeit. So drückt sich die Teilhabe an gesellschaftlichen Vorgängen im Zugang und in der Verfügung vielfältiger Kapitalsorten aus. Gerade wenn nur wenig Chancen auf ökonomisches Kapital bestehen, erscheint der Zugang zu bzw. die Teilhabe an kulturellem, sozialem und symbolischem Kapital umso wichtiger. Das umfasst auch die kreative, eigentätige und reflexive Auseinandersetzung mit gesellschaftlichen und den jeweils eigenen Habitusformen, um sich möglicher „Improvisationsspielräume" auf den Spielfeldern der gesellschaftlichen Macht- und Verteilungskonflikte bewusst zu werden.

Zugänge zu kulturellem und symbolischem Kapital zu eröffnen ist ein wesentliches Ziel der soziokulturellen Praxis, die im Sinne einer kulturpolitischen und kulturpraktischen Ausrichtung die direkte Hinwendung zur gesellschaftlichen Wirklichkeit und zum Alltag meint. Allen soll es ermöglicht werden, aktiv kulturell und kreativ tätig zu sein – im Sinne gestalterischer Selbsttätigkeit, um ästhetische, kommunikative und soziale Bedürfnisse, Fähigkeiten und Visionen zu entfalten und Kultur und Alltagsleben zu verbinden. Die soziale Kulturarbeit unterstützt eine Kultur der Beteiligung und eine emanzipatorische kulturelle Praxis, in der Menschen selbst ihr Bild eines gelingenderen Lebens entwerfen und sich für dessen Verwirklichung einsetzen (vgl. Sievers/Wagner 1992; Wrentschur 2009).

## 4. Das Projekt „Kein Kies zum Kurven Kratzen: Neuer Armut entgegenwirken"

### 4.1 Projektidee und Hintergrund

Das Projekt „Kein Kies zum Kurven kratzen: Neuer Armut entgegenwirken" versteht sich als Projekt einer sozialen und partizipativen Theater- bzw. Kulturarbeit. Hintergrund für das Projekt ist der Widerspruch, dass sich die Schere zwischen Arm und Reich trotz Wirtschaftswachstums und steigender Gewinne vergrößert. Während knapp 10 % der steirischen Bevölkerung über zwei Drittel des gesamten Vermögens verfügen, leben 150.000 Steirer und Steirerinnen, das sind 12,5 %, unter der Armutsschwelle, rund 70.000 davon in akuter Armut, unter ihnen vielfach Frauen, Kinder und Jugendliche, ältere Alleinstehende, langzeitarbeitslose Menschen, Migranten bzw. Migrantinnen und „working poor" (vgl. Steirische Statistiken 2006). Das Projekt versteht sich als künstlerische und wissenschaftliche Intervention in den sozialen und politischen Raum und will auf unterschiedlichen Ebenen zur gesellschaftlichen und politischen Partizipation und Lösungssuche aktivieren. Mit Formen des politisch-partizipativen Theaters (Boal 1998, Mazzini u.a. 2005) und des szenisch-partizipativen Forschens (vgl. Wrentschur 2007, 2008b) wird dazu beigetragen, die Situation von Menschen in finanziell schwierigen Lebenslagen zu verbessern und Ideen und Vorschläge an die Politik zu formulieren. Interaktive Theaterkunst und szenisches Forschen werden mit politischer Beteiligung verbunden, über einen künstlerischen und dialogischen Prozess werden Lösungsansätze gefunden. Unter der Mitwirkung von unmittelbar Betroffenen wurde die Forumtheaterproduktion „Kein Kies zum Kurven Kratzen" entwickelt und viele Male aufgeführt, die alltägliche und emotionale Auswirkungen von finanziellen Engpässen und prekären Lebenslagen aufzeigt und zur gemeinsamen Lösungssuche einlädt. Alle bei den interaktiven Aufführungen eingebrachten Ideen und Vorschläge wurden dokumentiert und in weiterer Folge mit den politischen Verantwortungsträgern und Verantwortungsträgerinnen diskutiert. Das Projekt richtet(e) sich damit in besonderem Maße an Menschen, die über Erfahrungen mit finanziellen Notlagen verfügen, die armutsgefährdet oder akut arm sind. Methoden der Theaterarbeit waren und sind das Medium, mit denen Betroffene ihre Erfahrungen mit und die Auswirkungen von Armut thematisieren, zum Ausdruck bringen und kreativ bearbeiten. Auf diese Weise sollte gewährleistet sein, dass die entwickelten Aktionen und Szenen auf authentischen Lebenserfahrungen und realen, alltäglichen Situationen beruhen. Ziel ist es dabei nicht nur, von Armut betroffene Menschen an einem längerfristigen Kunst- und Forschungsprojekt zu beteiligen, ihre kreative Kompetenz zu fördern und zur positiven Darstellung ihrer Fähigkeiten beizutragen. Es sollte dadurch auch erreicht werden, dass Menschen mit ihrer eigenen Stimme sprechen und auf unkonventionelle Weise zur Artikulation ihrer Anliegen und Interessen ermutigt werden, die am öffentlich-politischen und kulturellen Leben sonst nur wenig partizipieren. Zu beteiligten Akteuren und Akteurinnen wurden auch all jene, die zu den interaktiven Aufführungen gekommen sind, sich am Spielgeschehen und den Diskursen beteiligten und politische Vorschläge entwickelten. Dabei stehen das Forumtheater und das Legislative Theater methodisch im Vordergrund:

### 4.2 Forumtheater als Methode pädagogisch-politischer Theaterarbeit und szenisch-partizipativens Forschens

Als wesentliche Methode der Kultur- bzw. Theaterarbeit in sozialen Feldern kam bei „Kein Kies zum Kurven kratzen: Neuer Armut entgegenwirken" das Forumtheater zur Anwendung (vgl. Boal 1992, S. 17-39 und S. 224-247, Wrentschur 2003). Forumtheater ist im Kontext des pädagogisch-politisch motivierten „Theaters der

Unterdrückten" entstanden und bedeutet zum einen eine interaktive Aufführungs-
form, bei der das Publikum eingeladen wird, sich am Spielgeschehen zu beteiligen, um
Lösungs- bzw. Veränderungsideen für einen dargestellten Konflikt oder ein Problem
auszuprobieren. Gezeigt wird in der Regel eine Szene, die darstellt, wie ein soziales
Problem oder ein Konflikt erlebt werden, sie mündet in ein unbefriedigendes und
ungelöstes Ende. Das Publikum wird eingeladen, jene Rollen zu ersetzen, die im Verlauf der Szene als ohnmächtig, ratlos oder unterdrückt erscheinen. Beim nochmaligen
Spielen der Szene kommen Zuschauerinnen und Zuschauer auf die Bühne und können unterschiedlichste Lösungsvorschläge für das Problem, den Konflikt durch-
agieren, während die restlichen Schauspieler und Schauspielerinnen auf die Idee reagieren und improvisieren. Dadurch werden die Folgen des Handelns sichtbar gemacht
– Handeln und Erkenntnis werden in einem solchen „dramatischen Labor" gemeinsam entfaltet und reflektiert. Forumtheater hebt die Grenze zwischen Schau-
spielenden und Zuschauenden auf, das Publikum verwandelt sich in den Verantwortungsträger des dramatischen, theatralen Geschehens. Es ist eine grundlegend Form
des demokratischen Dialogs in Handlungen: Jede Frau, jedes Kind, jeder Mann kann
zu den gezeigten Szenen Stellung beziehen, kann die Macht des Wortes und/oder der
Handlung ergreifen und zeigen, was er/sie verändern möchte. Ergebnisse dieses Prozesses können als Impulse für vielfältige Handlungsformen außerhalb des „ästheti-
schen Raumes" dienen.

Zum anderen ist mit Forumtheater ein forschender Gruppenprozess mithilfe sze-
nisch-theatralischer Methoden verbunden, der von der gemeinsamen Suche nach
Handlungs- und Veränderungsmöglichkeiten für belastende, unterdrückende Situationen und Strukturen geprägt ist. Die „Theatralisierung" und Reflexion von individuellen, subjektiven Erfahrungen mithilfe theatralischer Lern- und Forschungsmethoden
führt zu Verdichtungen in Form von Szenen und Bildern, die auf vielfältige Weise
kreativ bearbeitet werden. Forumtheater versteht sich vom Anspruch her als emanzipatorische und forschende Methode, die Erkenntnis- und Bewusstwerdungsprozesse
mit der Suche nach Veränderung der persönlichen, sozialen und politischen Wirklichkeit verbindet (Wrentschur 2007, 2008b). Damit steht es in der Tradition emanzipatorischer Bildungstheorien wie jener von Freire (1982) und fokussiert besonders auf die
Darstellung, Analyse und Veränderung von Machtbeziehungen aus der Sicht von
„Ohnmächtigen". In Bezug auf die Habitus- und Kapitalientheorie von Pierre Bourdieu (1993, 1999, 2001) untersucht das Forumtheater zum einen Handlungsspielräume innerhalb habitueller Zwänge und stellt zum anderen die Frage, welche Kapitalressourcen aktiviert werden können, um vor allem sozial benachteiligten Gruppen
mehr Möglichkeiten zur gesellschaftlichen Partizipation zu eröffnen.

Forschungsmethodologische Überlegungen zum Forumtheater gibt es etwa von
Gipser (1996, S. 28f.). Sie sieht in der „biografischen Selbstreflexion" – gemeint als
Aneignung der eigenen Biografie vor dem Hintergrund gesellschaftlicher Bedingun-

gen durch Aktualisierung und Reflexion eigener vergangener Erfahrungen – einen wichtigen Anknüpfungspunkt, vor allem dort, wo es um die Aktivierung des Körpergedächtnisses im szenischen Spiel geht. Bezüge werden weiter zum „soziologischen Experimentieren" im Sinne des produktiven Umgangs mit Alltagshandeln geknüpft, wie es Brecht versteht:

> *„Es ist das kritisch, verändernde und erfahrungsorientierte Verhalten während des Experimentierens, das Brecht nutzen will – und es ist das menschliche Handeln und Tätigsein während des Vorgangs, das Brecht als eine Quelle menschlicher Welterkenntnis und -veränderung, also als menschliche Praxis ... hervorhebt"* (Koch 1988, S. 45).

Lehr- und Lernprozesse können in diesem Sinn als „handlungs- und subjektorientierte Sozialforschungsprozesse" (Gipser 1996, S. 29) verstanden werden, biografische Selbstreflexion und soziologisches Experimentieren sind in Hinblick auf die Veränderung von sozialer Wirklichkeit verknüpft. Forumtheater als emanzipatorischer Forschungs- und Bewusstwerdungsprozess basiert auf der Verknüpfung von Forschung und Aktion, Erkennen ist von praktischen und politischen Interessen geleitet und mit der Lebenspraxis verknüpft. Die Beteiligten greifen aus einer ähnlichen Interessenslage in die soziale Wirklichkeit ein, um diese oder ihre eigene Haltung zu dieser zu verändern. Sie werden damit auf unmittelbare Weise in den Forschungsprozess mit einbezogen, gemeinsam wird gelernt und geforscht.

*4.3 Legislatives Theater als Werkzeug politischer Beteiligung und Lösungssuche*

Legislatives Theater ist die Erweiterung von Forumtheater zu einem Instrument der Partizipation, der Demokratisierung und regionalen bzw. urbanen Entwicklung, mit dem spezielle Formen des Dialogs zwischen Bürgern und Bürgerinnen und politischen Entscheidungsträgerinnen und Entscheidungsträgern realisiert werden. Legislatives Theater wurde von Augusto Boal (1998) erstmals zwischen 1992 und 1996 in Rio de Janeiro realisiert und hat von da an in der ganzen Welt Verbreitung gefunden. Stücke und Szenen werden in einem länger währenden Proben- und Rechercheprozess vor allen von jenen Menschen entwickelt, die von einer speziellen sozialen Problematik betroffen sind. Die so entstandenen Stücke werden auf Straßen, Plätzen, in Gasthäusern etc. interaktiv aufgeführt. Dabei werden alle in den „Einstiegen" des Publikums zum Ausdruck gebrachten Ideen und Vorschläge für Veränderungen und Verbesserungen gesammelt, dokumentiert und schließlich ausgewertet. Sie bilden die Grundlage für die Formulierung von Gesetzesinitiativen und -vorschlägen, die den entsprechenden politischen Gremien vorgelegt und kommuniziert werden, nach dem Motto von Boal „Transform Desire into Law".

Das erste Legislative Theaterprojekt in Rio de Janeiro führte auf diese Weise zu vierzig Gesetzesinitiativen im Stadtparlament, von denen dreizehn verabschiedet wurden (ebd. S. 102ff., vgl. auch Baumann 2001). Das Medium des Theaterspiels wurde auch dafür angewendet, um auf den Straßen und im öffentlichen Raum Menschen über Vorgänge im Stadtparlament zu informieren und sie in einen Diskussionsprozess aktiv mit ein zu beziehen. Mittlerweile gibt es auch in vielen europäischen Ländern Erfahrungen mit dieser Theaterform, etwa in Wales, England, Holland, Italien und in Österreich. Projekte der italienischen Gruppe „GIOLLI" und der österreichischen Gruppe „Inter*ACT*" fanden Eingang in das europaweite Projekt „TWISFER". Im einem Fall ging es um die Situation von MigrantInnen in Italien, in einem anderen Fall wurde ein längerfristiges Legislatives Theaterprojekt mit wohnungslosen Menschen realisiert, das über mehrere Stationen in einer Aufführung im Grazer Rathaus mit der Übergabe einer Deklaration zur Verbesserung der Situation wohnungsloser Menschen mündete (vgl. Mazzini u.a. 2005, Wrentschur 2006, 2008b).

### 4.4 Stationen des Projekts

Eine wesentliche Grundlage des Projekts bestand zunächst in der Vernetzung mit einschlägigen sozialen Einrichtungen und NGOs, Behörden und politischen Verantwortungsträgern in der gesamten Steiermark, die mit dem Thema „(Neue) Armut" direkt oder indirekt zu tun haben, mit dem Ziel kooperierende und mitveranstaltende Organisationen zu gewinnen. Damit sollte eine starke Grundlage für die inhaltliche Rückkoppelung und für die angepeilte politische Wirksamkeit und Umsetzung der beim Projekt entwickelten Vorschläge geschaffen werden.

In einem weitern Schritt stand die aktive Einbeziehung von Menschen mit Erfahrung in finanziellen Notlagen im Vordergrund. Über die bei der Vernetzungsarbeit entstandenen Kontakte mit verschiedenen NGO's und Ämtern aus dem Sozialbereich wurde versucht, Menschen mit Erfahrungen mit finanziellen Engpässen für die Mitwirkung an einem fünftägigen Theaterworkshop zu gewinnen. In diesem Theaterworkshop sollten im Sinne des „Power Play" – Konzepts von David Diamond (vgl. Diamond 1995, S. 35ff.) mit ‚Betroffenen' theatralische Bilder und Szenen entwickelt werden, die Erfahrungen, Erlebnisse und Geschichten der Teilnehmenden zum Thema „Neue Armut" und ihre Anliegen nach Veränderung und Lösungsideen zum Ausdruck brachten. Bei der Auswahl der Teilnehmenden wurde darauf geachtet, dass die Vielfalt armutsgefährdeter Gruppen ihren Niederschlag fand. Alleinerziehende, Jugendliche, Pensionisten und Pensionistinnen, Akademikerinnen, Künstlerinnen, (ehemalige) Wohnungslose, aus jeder dieser Gruppen sollten „Vertreter und Vertreterinnen" mit dabei sein. Zudem wurde darauf geachtet, auch Teilnehmende aus steirischen Regionen dabei zu haben. Als wesentliches Prinzip galt, dass die Teilnehmenden für ihre Mitwirkung am einwöchigen Theaterworkshop bezahlt wurden. Damit sollte eine entsprechende Verbindlichkeit hergestellt und gleichzeitig die Wertschätzung darüber zum Ausdruck gebracht werden, dass die Teilnehmenden viel von ihren persönlichen, zum Teil sehr schwierigen Erfahrungen einbringen würden. Für einige erwerbslose Teilnehmer und Teilnehmerinnen mit Anspruch auf AMS-Bezug galt die Teilnahme am Workshop als offizielle Kursmaßnahme des AMS. Neben einer Vielzahl an spielerischen und theaterpädagogischen Übungen zur Vertrauens- und Gruppenbildung, zur Aktivierung von Körper, Bewegung und Ausdruck stand besonders das „Bildertheater" als wesentliches ästhetisches und soziales Werkzeug im Mittelpunkt. Alle Teilnehmenden gestalteten jeweils eine theatrale Skulptur zu einer Situation, in der er/sie Erfahrungen von finanziellen Engpässen oder Notlagen gemacht hatte und sich unter Druck, ohnmächtig gefühlt hatte. Die Teilnehmenden entwickelten dabei vielfältige darstellerische und reflexiv-assoziative Fähigkeiten, sie fühlten sich in die Bilder ein, diskutierten und reflektierten intensiv darüber. Viele Bezüge und Assoziationen zum eigenen Erleben wurden aktiviert und brachten eine Fülle an verbindenden Geschichten zu Tage. Themen wie Ausgrenzung, Angst, Ignoranz, Ausweglosigkeit, Druck, Scham, Schande, Kluft zwischen arm und reich, soziale Kälte; Demütigung, System/Gesellschaft vs. den Einzelnen, Überleben statt Leben wurden bildlich zum Ausdruck gebracht. Die dargestellten theatralischen Bilder wirkten zunächst oft starr und „hoffnungslos", ohne Handlungsspielraum. Erst bei dem Versuch, Gemeinsamkeiten in den verschiedenen Statuen-Bildern zu suchen, brach die Enge auf, erste Bewegungen und Auswege wurden deutlich. Die Teilnehmenden konnten dabei ihr eigenes kreatives Potential in Bezug auf Problemlösungen und auf ihre darstellerische Fähigkeiten aktivieren und erkennen, was mit der Hebung des Selbstwertgefühls und dem Abbau des Schamgefühls über ihre finanzielle Situation einherging. Die gemeinsame Theaterarbeit bot Anregungen zur Selbstreflexion und Horizonterweiterung durch Aussteigen aus der Opferrolle, Trennung von alten Mustern und dem Ausstieg aus der Hoffnungslosigkeit. Die Empathie, Solidarität und Teamfähigkeit wurden gestärkt, durch Vernetzung unter den TeilnehmerInnen konnte die Isolation aufgebrochen werden, wie einige Rückmeldungen der TeilnehmerInnen dies verdeutlichen (vgl. KEIN KIES ZUM KURVEN KRATZEN 2007, Brunner/Waldhör 2008).

Die TeilnehmerInnen des einwöchigen Theaterworkshop legten mit ihren in theatralischen Bildern und Szenen zum Ausdruck gebrachten Erfahrungen, Themen und Anliegen als Ergebnis der gemeinsamen kreativen Arbeit den Grundstein für den Inhalt des Forumtheaterstückes „Kein Kies zum Kurven Kratzen". Die Gruppe der fünf Darsteller und Darstellerinnen des Forumtheaters, die selbst alle beim Workshop teilgenommen hatten, standen nun vor der Aufgabe, diese in eine entsprechend authentische und berührende theatralische Form zu bringen, die zum Mitspielen und Eingreifen aktivieren würde. Durch die intensive Workshopvorarbeit waren die Kernthemen und Situationen, die im Stück vorkommen sollten, bereits vorgegeben. Dazu zählten vor allem die fehlende Menschlichkeit, die Degradierung zur Nummer/zum Fall in einer Notsituation und die damit verbundene Bittstellerrolle, die mit Scham verbunden ist. Dies geht oft einher mit fehlender Information über Hilfen und Beratungen. Als weitere Themen stellten sich die schlechte Bezahlung von Frauenarbeit bzw. die fehlenden Vollzeitjobs für Frauen heraus sowie das Fehlen der dazu nötigen Kinderbetreuung. Der Konsumdruck und die damit im Zusammenhang stehende Ausgrenzung für Menschen in prekären Lebenslagen sollte ebenso Thema des Stückes werden. Zu diesen Themen wurde zunächst – ausgehend von theatralischen Bildern aus dem Theaterworkshop – improvisiert, reflektiert und recherchiert. Relativ bald wurde klar, dass die Geschichte in einer Familie spielen sollte, die in Folge „gegründet wurde": Namen für die Rollen wurden gesucht und in Improvisationen versuchte das Team deren Lebensgeschichten und Beziehungen zueinander herauszufinden. Ein spannender Prozess, bei dem sich immer wieder real Erlebtes in die Improvisationen mischte. Szene für Szene geriet die Familie in der Probenarbeit in ihren Improvisationen in die „Abwärtsspirale", wobei wichtige Situationen aus dem Workshop berücksichtigt wurden. Sobald es erste Probenergebnisse gab, wurden Betroffene und ExpertInnen zum Thema eingeladen, um das bisherige Resultat auf ihre Realitätsnähe zu prüfen, parallel zu den Proben wurden intensiv recherchiert, relevante gesetzliche Rahmenbedingungen wurden abgeklärt.

Die Vertrauensbasis unter den Mitwirkenden war eine wichtige Voraussetzung für diese nicht immer leichte Arbeit. Immer wieder geschah es in dieser Phase, dass Situationen der Not aus dem Gedächtnis aufstiegen, auch wenn sie längst als verarbeitet oder als vergessen wahrgenommen wurden. Gefühle konnten so zugelassen und wertgeschätzt werden und in einem weiteren Schritt in die theatralische Arbeit einfließen, wodurch gleichzeitig eine gewisse Distanz zu ihnen aufgebaut werden konnte und somit ein Aufarbeitungsprozess in Gang kam.

Nachdem das Stück entwickelt worden war, folgte die Erarbeitung der Rollen, die beim Forumtheater einen hohen Stellenwert hat, da die Schauspieler und Schauspielerinnen bei den Einstiegen des Publikums aus ihrer Rolle heraus improvisieren müssen. Am Ende dieses Prozesses stand eine Forumtheaterproduktion, die von einer hohen Authentizität und Realitätsnähe und von einem verdichteten und gleichzeitig vielschichtigen szenischem Verlauf geprägt war.

In weiterer Folge wurden in der gesamten Steiermark eine Reihe interaktiver Forumtheateraufführungen realisiert, die als kollektive Forschungsforen zur gemeinsamen Lösungssuche aktivierten. Bei rund 20 Aufführungen gab es 160 Einstiege in das Spielgeschehen durch das Publikum, um seine Lösungsideen umzusetzen. Mehr als 250 Vorschläge und 300 politische Forderungen, neuer Armut entgegenzuwirken, wurden dabei formuliert. Diese Anliegen und Vorschläge wurden in der Folge inhaltsanalytisch ausgewertet, zu Betroffenen und Projektbeirat rückgekoppelt und entsprechend aufbereitet. Sie richten sich an Verantwortungs- und Entscheidungsträger bzw. Verantwortungs- und Entscheidungsträgerinnen aus den Bereichen Politik, Verwaltung, Behörden und Wirtschaft. In einem nächsten Schritt wurde versucht, politisch-partizipative Theaterkunst an jene Orte und Räume zu bringen, wo politische, behördliche und wirtschaftliche Entscheidungen getroffen werden – dazu weiter unten.

## 5. Ergebnisse und Wirkungen des Projekts

Ziel der interaktiven Forumtheateraufführungen war es insbesondere, Menschen zur aktiven Beteiligung am Spielgeschehen zu aktivieren und auf diese kreative Weise gemeinsam Lösungs- und Veränderungsideen zu entwickeln, um neuer Armut entgegenzuwirken. Über die Kooperation mit regionalen Mitveranstaltern und Mitveranstalterinnen wurde versucht, unterschiedliche Gruppen von Menschen zum Besuch der Aufführungen zu bewegen: Menschen mit und ohne Erfahrungen mit finanziellen Notlagen sowie Menschen, die über ihre Arbeit in sozialen oder politischen Organisationen Bezug zur Thematik haben. An Einstiegen und Vorschlägen mangelte es bei keiner Aufführung. Im Folgenden fasse ich einige Ergebnisse und Ergebnisse des bisherigen Projektverlaufs zusammen.

### 5.1 Wirkungen auf die Teilnehmenden

Wirkungen auf die aktiv Teilnehmenden am Workshop bzw. bei der Forumtheaterproduktion wurden unter anderem über qualitative Interviews erhoben und dokumentiert (Brunner/ Waldhör 2008). Spaß und die Freude am gemeinsamen, kreativen, schöpferischen Tun erwiesen sich dabei als eine wesentliche Erlebnis- und Erfahrungsdimension. Über die Spielfreude und die dadurch ausgelöste Dynamik in der Gruppe kamen vielfältige Fähigkeiten und Potentiale der TeilnehmerInnen zum Vorschein. Dies ermöglichte nicht nur den Abstand zur schwierigen Lebenssituation, sondern aktivierte Lebenswille, Lebensfreude und Kreativität. Gerade der künstlerisch-theatralische Aspekt erlaubt einen anderen Zugang zu den zum Teil belastenden Themen und unterstützt das Experimentieren, das Ausprobieren, aber auch eine erhöhte Aufmerksamkeit und Beobachtungsfähigkeit der Teilnehmenden (Brunner/Waldhör 2008, S. 27). Theaterpädagogische Methoden erlaubten, in andere Rollen einzusteigen und somit die eigene Rolle und Situation aus der Distanz heraus zu betrachten:

> *„Sonst hat man ein eigenes Bild von sich selbst und prägt das immer und durch die Theaterarbeit ist man teilweise auch gezwungen, dass man etwas anderes spielt und nicht nur sich selbst ist und dadurch erkennt man sich selbst aber besser"* (Brunner/Waldhör 2008, S. 24).

Durch dieses Freisetzen kultureller Ressourcen schöpften die TeilnehmerInnen Mut zur Bewältigung ihrer schwierigen Alltagsprobleme – wohl eine wichtige Voraussetzung, um an gesellschaftlichen und sozialen Prozessen zu partizipieren. Dazu zählen auf persönlicher Ebene beschriebene bzw. wahrgenommene Entwicklungen wie Selbstwertstärkung, Selbstsicherheit und Selbstbewusstsein (gerade auch durch Wertschätzung bei öffentlichen Auftritten), die Erweiterung von Ausdrucksfähigkeiten und die Förderung von individuellem Reflexionsvermögen. Durch die soziale Theater- bzw. Kulturarbeit wurden eine Reihe weiterer Kompetenzen aktiviert und gestärkt, die Lebensbewältigungsprozesse unterstützen und die über die Theaterarbeit hinaus im Leben der TeilnehmerInnen eine Rolle spielen: In einem sozialkommunikativen Sinn wurde wiederholt die Fähigkeit zur Einfühlung, zur Rollendistanz und zur Einschät- zung sozialer Situationen genannt, aber dabei auch die Möglichkeit, eigenen Interessen stärker Ausdruck zu verleihen und sich gegenüber ausgrenzenden Verhaltensweisen und Kommunikationsformen zu behaupten:

> *„Das Wissen um den Rechtsanspruch auf soziale Unterstützung trägt wesentlich dazu bei, dass die Teilnehmenden dieses vehement einfordern, hartnäckiger dabei sind, über ein stärkeres Auftre- ten verfügen und sich trauen neue Strategien anzuwenden. Bei Amtsbesuchen und im Umgang mit Arbeitgebern führt dies dazu, sich sicherer, ruhiger und sachlicher zu präsentieren und dadurch auf eine Augenhöhe mit dem Gegenüber zu kommen"* (ebd., S. 25).

Das ging oftmals einher mit der Erweiterung der Konflikt- und Problemlösungskom- petenz bzw. des Handlungsspielraums in schwierigen, konfliktgeladenen oder diskri- minierenden Situationen. Insgesamt zeigte sich, dass Betroffene mehr Eigenverant- wortung für ihr Handeln übernehmen und Impulse bekamen, sich immer wieder einmal aus der Hoffnungslosigkeit und der mit Angst und Scham besetzten Opfer- rolle heraus zu lösen.

> *„Die spielerische Verarbeitung der Themen konnte zur Trennung von alten Mustern beitragen und half, die eigenen Fähigkeiten aber auch Grenzen besser zu erkennen"* (ebd., S. 26).

In diesem Sinn ermöglichte Kulturarbeit nicht nur das Denken, sondern auch das (Probe-) Handeln in Alternativen – gleichsam als Anstoß zu alternativen Handlungs- möglichkeiten im lebensweltlichen Alltag. Eine wesentliche Grundlage für die Bildung von sozialem Rückhalt lag in der kontinuierlichen Gruppenzugehörigkeit, in der Aufgehobenheit und im Erleben einer Gemeinschaft. Das wirkte sich förderlich auf das gegenseitige Verständnis aus und führte zum Aufbau von sozialen Kontakten, zur Vernetzung auf persönlicher Ebene sowie zu neuen Freundschaften auch außerhalb des Projekts. Dieser Zuwachs an sozialem Kapital ging einher mit mehr Bewusstheit und Wissenszuwachs über soziale und politische Einrichtungen, gesetzliche Rahmen- bedingungen und die Politik.

> *„Was die Vernetzung innerhalb der Gruppe während des Workshops betrifft, haben die Teil- nehmenden viel Wissen im Umgang mit finanziellen Notlagen untereinander ausgetauscht. Einen großen Stellenwert nahmen dabei Informationen über die verschiedensten Möglichkeiten finanzieller Unterstützung, rechtlicher Beratung und Zuständigkeit der Ämter ein, sowie die Vermittlung hilfreicher Kontakte und praktischer Hilfsangebote untereinander. (...) Jede Information wurde*

*im Austausch innerhalb der Gruppe wertgeschätzt, aber auch dazu genutzt, um andere Menschen in ähnlichen Lebenslagen zu informieren"* (ebd. 2008, S. 17f.).

Zum Teil wirkte sich das auf das subjektive Empfinden, die Bewusstheit und die Möglichkeiten des eigenen sozialen Status aus. In manchem Fällen ging das mit der Veränderung der sozialen Position einher (z.B. eigene Wohnung, Arbeitsplatz, Nachholen von Bildungsabschlüssen) oder es eröffneten sich neue Möglichkeiten der Teilhabe am sozialen System:

*„Ja, ich kann jetzt mit meiner Sozialhilfe leichter umgehen, (…) ich habe mich oft geniert, (…) solche Sachen in Anspruch zu nehmen"* (ebd. S. 26).

Diese vielfältigen inkorporierten Wissenszuwächse und Bildungserfahrungen, die im Zusammenhang mit sozialen Vernetzungen entstanden sind und sich als hilfreich für Lebensbewältigungsprozesse erweisen, können auch als Vermehrung des kulturellen Kapitals interpretiert werden. Die positive Resonanz und Anerkennung beim Publikum, die Präsenz in den Medien und das oft ungewöhnliche Herstellen von Öffentlichkeit für soziale Themen und Anliegen verweisen auf die Vermehrung symbolischer Kapitalsorten. Die paradoxe Umkehrung besteht vor allem darin, dass gesellschaftlich ausgegrenzte Gruppen sich künstlerischer Ausdrucksformen und der entsprechenden Orte bedienen, an denen sie üblicherweise nicht partizipieren, sondern wo soziale Ungleichheiten reproduziert werden. Nun nehmen sie anerkanntermaßen am kulturellen und künstlerischen Geschehen aktiv teil und gestalten dieses mit. Dabei werden aber gerade soziale Ungleichheit, Ausgrenzung und Machtverhältnisse mit künstlerischen Mitteln thematisiert. Dieser Zuwachs an symbolischem Kapital wirkte sich wiederum auf die Bildung von sozialem Kapital aus: Je nach Ausrichtung des Projektes gab es neue Kontakte und Begegnungsmöglichkeiten zwischen den Mitgliedern der Projektgruppen, weiteren Betroffenen, Bevölkerung, Professionellen und zum Teil auch mit Politikern und Politikerinnen. Dabei ist es den Projektbeteiligten zunächst wichtig, über Aufführungen Aufmerksamkeit und Öffentlichkeit für ihre Themen herzustellen und dazu beizutragen, gesellschaftliche Vorurteile aufzuzeigen und abzubauen.

Über die kulturelle Beteiligung hinaus werden Möglichkeiten wahrgenommen, sozialer Ungleichheit auch auf anderer Ebene zu begegnen, d.h. „nach draußen" zu gehen, konstruktiv in die Gesellschaft ein zu wirken und die Aufmerksamkeit auf ihre Probleme und Anliegen ein zu fordern. Zudem steigerte sich das kritische Interesse an gesellschaftspolitischen Prozessen und an deren Mitgestaltung, wobei von Mitwirkenden auf die Verbindung von partizipativer Theaterarbeit und Politik hingewiesen wird:

*„Dieser kreative Zugang, als auch die tatsächliche Verbindung zu Betroffenen – genau so etwas braucht Politik und Gesellschaft im Umgang mit derartigen Notlagen"„Ja, wir leben eigentlich in einer Gesellschaft wo immer Leute ÜBER Betroffene reden und da (…), also was spannend war, dass man Kompetenz und Betroffenheit gehabt hat, also die Leute, die sich auskennen, die Sachen*

*erlebt haben und dann auch sich einbringen können, und das sind halt spürbar andere Ergebnisse
als irgendwelche Technokraten, die sich dann vorstellen müssen, wie es jemandem geht, der zu wenig Geld hat (…) Der Diskurs nicht nur unter den Politikern sondern in der Bevölkerung auf
einer anderen Ebene, von unten herauf. Von unten nach oben, ganz einfach, anstatt von oben
nach unten"* (Brunner & Waldhör, S. 21 f. und S. 30).

*5.2 Die Mitwirkung des Publikums – Ein wirkungsvoller Beitrag zum öffentlichen Diskurs über
Armut*

*„Was ich mitgenommen habe ist, was fehlt in unserer Gesellschaft ist, dass es keine Schande ist,
arm zu sein. Ich glaube, das muss einmal transportiert werden. Das ist ein wesentlicher Ansatz-
punkt, der kommuniziert werden sollte. Armut ist ein Problem, das jeden treffen kann und es gibt
auch Hilfsorganisationen, die einem beistehen"* (eine Zuschauerin, nach der Aufführung).
*„Und dadurch, dass alle Menschen mitmachen wollten bzw. niemand dabei war, der das ins Lä-
cherliche gezogen hat oder sich gesperrt hat dagegen, war es eine angenehme Atmosphäre ohne
Scheu haben zu müssen oder etwas zu sagen, denn jeder Vorschlag ist irgendwie ernst genommen
worden, auch wenn er unrealistisch war, aber es ist nachgedacht worden darüber"* (eine Zuschauerin, nach der Aufführung).

Die Ergebnisse einer Diplomarbeit an der Universität Graz (Schriefl 2007), die parallel
zu den Aufführungen entstanden ist und bei der qualitative Interviews mit Zuschauerinnen durchgeführt wurden, zeigen, dass das Projekt über das interaktive
Forumtheater „gesellschaftliche Beteiligungsmöglichkeiten vor allem für die große
Zahl der Machtlosen, deren Stimme und Worte im öffentlichen Leben sonst wenig
Gehör finden" (ebd. S. 137) geschaffen hat. Durch die Authentizität der Darstellung
wurde für viele nicht in das Thema involvierte Zuschauer und Zuschauerinnen ein
Nachempfinden der psychischen Situation, von Menschen in finanziellen Notlagen
möglich. Zudem hat das Projekt zu einem öffentlichen Diskurs und damit eine Vielzahl von Menschen zu einer kritischen Auseinandersetzung, zu einem Dialog über
mögliche Lösungen und zur Artikulation von Veränderungsideen angeregt, der dazu
beiträgt:

*„[…] ein Bewusstsein über soziale Probleme und Wirkungszusammenhänge zu schaffen. Es regt
Menschen zu einer kritischen Auseinandersetzung an, aktiviert sie, bezieht sie im Dialog mit ein
in eine Lösung der Probleme und benennt Veränderungsbedarfe"* (ebd. S. 138).

Zuschauer und Zuschauerinnen empfanden die Darstellung als realitätsnah. Durch
Einstiege und das Formulieren von Forderungen hatten alle die Möglichkeit an Lösungsideen mitzuarbeiten, dadurch Handlungsoptionen zu erleben und gleichzeitig an
gesellschaftspolitischen Prozessen aktiv zu partizipieren. Das Mitspielen ermöglichte

soziale Bildungsprozesse sowohl für Betroffene selbst, als auch für Menschen, die sich mit dieser Problematik bislang wenig konfrontiert sahen:

> *„Wenn man in die Situation einsteigt und sich in die Rolle reinversetzt, dann merkt man erst so richtig, wie da der Druck dahinter ist und wie schlimm es ist. Und hinterher hab ich einfach gemerkt, dass es einen Ausweg gibt und da hab ich richtig gemerkt, wie es jetzt leichter wird"* (eine Zuschauerin, nach der Aufführung).

Wobei es nicht nur darum geht, nach zu empfinden und sich berühren zu lassen, sondern neue Perspektiven und Denkansätze mit zunehmen, die auch über die Aufführung hinaus nachwirken konnten:

> *„Ich hab noch ganz lang darüber nachgedacht und mit meiner Freundin diskutiert die halbe Nacht über das Thema, weil das war schon heftig"* (eine Zuschauerin, nach der Aufführung).
> *„Nach dem Aufzeigen von Alternativen und dem Zeigen, dass es ja doch verschiedenste Möglichkeiten gibt, aus so einer Situation wieder auszusteigen, hab ich mir konkret für mich überlegt, wo ich aufpassen muss als armutsgefährdete Person nicht in die Schuldenfalle zu tappen"* (eine Zuschauerin, nach der Aufführung).

So stellte es sich bei den Einstiegen durch das Publikum heraus, wie wichtig es für Betroffene ist, die schwierige finanzielle Situation nicht unter den Teppich zu kehren, sondern transparent zu machen und in der Familie gemeinsam zu besprechen. Das war die Voraussetzung dafür, bei Behörden, Versandhäusern und Banken nicht als Bettelnde aufzutreten, sondern diese über die eigene Situation zu informieren und bestehende Rechte wahrzunehmen. Da diese Rechte oft nicht bewusst sind, wurde immer wieder die Einbeziehung von Beratungsstellen wie der Schuldnerberatung vorgeschlagen. Eine weitere Tendenz in den Einstiegen ging dahin, mit den Gläubigeren oder mit dem Exekutor möglichst offen und selbstbewusst zu verhandeln und Ratenzahlungen oder Reduzierungen der Kreditraten zu vereinbaren. Aber auch bei der Situation am AMS wurde vor allem versucht, der AMS-Beraterin die eigene schwierige Situation noch deutlicher zu machen und mit entsprechendem Nachdruck zu mehr Informationen über Förderungen, Maßnahmen oder Beschäftigungsprojekte zu kommen. Die Einstiege waren zumeist mit einer kritischen Reflexion verbunden, ob diese Handlungsmöglichkeiten auch in der „Realität" bestünden bzw. was es bräuchte, damit sie umzusetzen sind. Dabei wurde sehr oft erwähnt, dass Menschen in prekären Lebenslagen nur selten über das Selbstbewusstsein verfügen, entsprechend couragiert aufzutreten und Ressourcen zu mobilisieren. Vielmehr gibt es eine Vielzahl an zu überwindenden strukturellen Barrieren, die durch die Aufführungen offenbar wurden.

Die Forumtheateraufführungen erwiesen sich damit auch als Form einer intervenierenden und kommunikativen Feldforschung, bei der regionale Befunde zum Umgang mit Armut wahrgenommen werden konnten. Sie brachten eine Reihe von interessanten Eindrücken und Erkenntnissen über den regional oft unterschiedlichen

Umgang mit der Thematik Armut zu Tage. So versuchte ein Teil des Publikums in seinen Einstiegen, aus der Rolle der Tochter heraus, die Mutter dazu zu bewegen, auf das Sozialamt (bzw. auf die Bezirkshauptmannschaft) zu gehen, was für die Mutter mit viel Scham und Peinlichkeit verbunden war. In Bezug auf die Szene mit der Soziahilfe war allerdings ein deutliches Stadt-Land-Gefälle zu bemerken. In kleineren Gemeinden ist ein Gang zur Behörde, die für die Auszahlung zuständig ist, oft gleich-zusetzen mit einem „öffentlichen Armutsbekenntnis", das mit unwürdiger Behand-lung und Stigmatisierung einhergeht. „Wenn es die zwei zuständigen ReferentInnen wissen, weiß es bald die ganze Gemeinde", hieß es einmal. Der Druck wird oft noch verschärft, wenn es um kinderreiche Familien oder Alleinerziehende geht, nach dem Motto: „Da werden's schon selber schuld sein". Diese Befunde decken sich mit den Ergebnissen einer Studie der österreichischen Armutskonferenz zum Sozialhilfevoll-zug in Österreich (vgl. DIE ARMUTSKONFERENZ 2008).

Auch der Umgang mit armutsgefährdeten oder -betroffenen Klienten und Klien-tinnen beim AMS wurde in den verschiedenen Gemeinden unterschiedlich wahrge-nommen: In manchen Gemeinden wurden die Beratungen und Maßnahmen als zu-sätzliche Verschärfung ihrer psychischen Situation erlebt. Immer wieder „outeten" sich Zuschauende und erzählten, wie unwürdig sie am AMS behandelt wurden und wie wenig auf ihre Bedürfnisse und Interessen eingegangen wurde. Einer alleinerzie-henden Mutter mit drei Kindern etwa, die gerade einen geringfügigen Job zusätzlich zu ihrer Notstandshilfe besitzt, wird „geraten" eine Full-Time-Arbeit in einer anderen Gemeinde anzunehmen, dagegen werden viele nützliche Informationen nicht gege-ben. Es wurde deutlich, dass das jetzige „System" nicht auf alle gleich, sondern indivi-duell zu reagieren scheint, sodass manche zu für sie lebenswichtigen Informationen kommen und manche nicht. Es hängt oft sehr von der Laune, vom Wissenstand und der sozialen Kompetenz der zuständigen Beamten und Beamtinnen und vom Auf-treten der „Klienten bzw. Klientinnen" ab, ob gewisse Informationen gegeben wer-den oder nicht.

### 5.3 Politisch – strukturelle Lösungsideen und Vorschläge und deren Transfer in soziale, behördliche und politische Räume

Aus diesem Grund wurde das Publikum bei den Forumtheateraufführungen stets auch eingeladen, strukturell-politische Anliegen und Vorschläge zu formulieren, die sich aus der Auseinandersetzung mit dem Stück ergeben und die Suche nach eher individuellen Handlungsmöglichkeiten ergänzen. Einige wurden besonders häufig genannt und mit den Anliegen und Vorschlägen Betroffener rückgekoppelt.

Dazu zählte die Forderung nach der raschen Einführung einer Grundsicherung bzw. eines Grundeinkommens als Recht auf menschenwürdige Existenzsicherung für alle, egal ob sie Anspruch auf Arbeitslosengeld haben oder nicht. Zudem sollte deren Höhe nach den tatsächlichen/realen Preisen für die Grundbedürfnisse bestimmt werden. Eine weitere wichtige Forderung wurde als „Recht auf Information und die Information über Rechte" formuliert, womit die rasche und menschenwürdige Beratung und Behandlung für Menschen in prekären Lebens- bzw. finanziellen Notlagen und Information über alle zustehenden Unterstützungsleistungen verbunden ist. Damit wurde der Wunsch nach einem „flexiblen" und „einfühlsamen" Unterstützungssystem artikuliert, dass vor allem über vorhandene Angebote und Unterstützungen informiert. Der Anspruch auf Sozialhilfe in finanzieller Notlage ist ein staatsbürgerliches Recht und kein Almosen. Als eine große Hürde für die Inanspruchnahme der Sozialhilfe erweist sich die Regresspflicht, da sie die Motivation hemmt, wieder ein geregeltes bzw. größeres Einkommen zu beziehen, solange davon Regress geleistet werden muss. Regressforderungen bei unmittelbaren Verwandten können schwierige Familiensituationen noch verschärfen.

Im „Ranking" ganz oben sind sowohl eine gerechte Umverteilung und Reform des Steuersystems durch höhere Besteuerung von Kapital und Vermögen und Entlastung von Arbeit sowie eine Erhöhung der Mindestlöhne auf 1000,-- bis 1200,-- netto für Vollzeitanstellungen und mindestens 600,-- für 50 %-Stellen. In Bezug auf Banken- und Kreditgeschäfte wurden bessere Rechts- und Finanzierungsinformation gerade über die „Nebenwirkungen" durch realistische Beratung und restriktiver Vergabe von Krediten verlangt sowie die verpflichtende Einschaltung der staatlich anerkannten Schuldnerberatungsstellen bevor Kredite fällig gestellt werden.

Die Forumtheateraufführungen wurden auf diese Weise zu einem demokratischen Forum für alle Teilnehmenden, sie aktivierten ein hohes Maß an zivilgesellschaftlichem Engagement und inhaltlicher wie sozialer Kompetenz. Sie machten aber auch bewusst, dass die Verantwortung, (neuer) Armut entgegenzuwirken von vielen wahrzunehmen ist, verbunden mit folgender Grundfrage: Welche Handlungen, Entscheidungen der betreffenden Institutionen bringen Menschen in stärkere Gefahr der Armutsspirale bzw. erschweren es Ihnen, da wieder herauszukommen? So ist etwa die (Mit)Verantwortung von Banken angesprochen – die natürlich das Recht haben, ihr geborgtes Geld zurückzuverlangen – Menschen nicht weiter in die Armutsfalle zu treiben, in dem sie z.B. auf die Schuldnerberatungsstellen verweisen. Auch das AMS trägt Verantwortung dafür, arbeitslose Menschen in prekären Lebenssituationen darüber zu informieren, wohin sie sich wenden können und sie dadurch zu unterstützen, statt psychisch belastende Vorgaben und Forderungen zu machen. So müssen entsprechende Bestätigungen möglichst schnell ausgestellt werden, damit sie Überbrückungshilfen in Anspruch nehmen können.

Um diese Mitverantwortung zu verdeutlichen, wurde in Folge mit relevanten Verantwortungsträgern und -trägerinnen, die für die Umsetzung von Vorschlägen relevant sind, Kontakt aufgenommen, mit dem Ziel „Umsetzungs-" Veranstaltungen durchzuführen. Dabei werden das Stück und die Rollen aus „Kein Kies zum Kurven Kratzen" als wesentliches künstlerisches Element verwendet. Ziel war und ist es insbesondere, durch die Verbindung von künstlerischen und kommunikativen Mitteln und Strategien Entscheidungs- und Verantwortungträger bzw. -trägerinnen dazu zu bewegen, ihre Verantwortung im jeweiligen Entscheidungsbereich wahrzunehmen und einen Dialog zwischen ihnen und armutsbetroffenen und -gefährdeten Menschen zu eröffnen. Neben der interaktiven Aufführung mit ihren theatralischen Lösungssuche wurden dabei jene strukturellen Vorschläge aus den bisherigen Aufführungen vorgestellt, die in die Zuständigkeit des jeweiligen Verantwortungsträgers bzw. der jeweiligen Verantwortungsträgerin fallen und die sich unmittelbar auf die szenischen Geschehnisse und den Alltag der Figuren beziehen. So erfolgte am 17.06.2008 eine *Aufführung im Steiermärkischen Landtag*, die die Abschaffung der Regresspflicht bei der offenen Sozialhilfe sowie die Einrichtung eines eigenen Unterausschusses am 29.5.2009 zur Folge hatte, der sich mit den Ergebnissen des Projekts und seinen Auswirkungen auf die Landesgesetzgebung auseinandersetzt. Eine weitere Forderung, dass der Kindergarten für Niedrigverdienende leistbar sein muss, wurde mit der Novelle zum Steiermärkischen Kinderbetreuungsförderungsgesetz vom September 2008 (LGBl. Nr. 104/2008) realisiert. Auch im Grazer Rathaus wurde „Kein Kies zum Kurven Kratzen" bei der Auftaktveranstaltung des „Grazer Aktionsprogramms gegen Armut" aufgeführt, mittlerweile haben eine Reihe von Vorschlägen in das „Grazer Aktionsprogramm gegen Armut" Aufnahme gefunden. Mit dazu beigetragen hat offensichtlich die starke Emotionalität des Theaters, die „Betroffenheit" erzeugt und zumindest für kurze Zeit aus dem politischen Habitus heraustreten lässt, was erste Rückmeldungen belegen:

> „*Das Stück hat mich richtiggehend emotional hineingezogen, ich habe mehr begreifen können, worum es bei dem Thema geht – sonst haben wir es mit Papieren und Statistiken zu tun, aber auf diese Art kann man das viel besser verstehen, worum es geht*" (Ein Nationalratsabgeordneter nach der Aufführung von „Kein Kies zum Kurven Kratzen").

## 6. Schlussbild und Ausblick

Das Projekt „Kein Kies zum Kurven kratzen" ist ein Beispiel dafür, wie Maßnahmen und Lösungsstrategien entwickelt werden können, die lebensweltliche und alltagsorientierte Perspektiven und Erfahrungen über die unmittelbare Beteiligung von armutsgefährdeten oder -betroffenen Menschen ernst nehmen. Über Methoden der sozialen und partizipativen Theater- und Kulturarbeit hat zu Empowerment, Lebensbewältigung und Netzwerkbildung beigetragen sowie zu einer Erweiterung von Wissensbeständen und von sozialem Kapital bei den Teilnehmenden. Menschen wurden in die Lage versetzt, aktuelle sozioökonomische und politische Risiken nicht nur zu verstehen, sondern aktiv für sich und andere Lösungen auf zu entwickeln und sozialer Ungleichheit entgegen zu wirken. Damit wird einem republikanischen Verständnis von bürgerschaftlichem und politischem Engagement Rechnung getragen, wie es etwa Blaschke (2003, S. 75) formuliert:

> *„Das bürgerschaftliche und politische Engagement Armer und Arbeitsloser in eigener Sache …*
> *zielt, ausgehend vom eigenen Status und der eigenen Lebenslage, auf die Bedingungen und Mög-*
> *lichkeiten der gleichen und freiwilligen Teilhabe armer und arbeitsloser Bürger – und damit hinaus*
> *aller Bürger – an der gemeinsamen Gestaltung öffentlicher Angelegenheiten und des politischen*
> *Gemeinwesens".*

Während der Fertigstellung dieses Textes ist das Projekt weiterhin im Gang: Aktuell werden die Vorschläge an das Land Steiermark nochmals aktualisiert und gemeinsam mit einer Juristin hinsichtlich ihrer rechtlichen Grundlagen und Umsetzungsmöglichkeiten diskutiert, bevor sie im Unterausschuss unter Mitwirkung armutsbetroffener Menschen in einem Landtagsausschuss vorgestellt und diskutiert werden. Auf Basis der Ergebnisse des Workshops sowie weiterer Recherchen wird das Forumtheaterstück „Kein Kies zum Kurven kratzen" im Jahr 2010 einer Revision und Aktualisierung unterzogen, vor allem dahingehend, welche Themen und Anliegen bundesweite Relevanz und Aktualität besitzen. Nach einer interaktiven Aufführungsserie durch alle Bundesländer gibt es Ende November 2010 eine Abschlussveranstaltung im Parlament, in der die Ergebnisse des Projekts mit Mitgliedern der Parlamentsausschüsse diskutiert und deren Umsetzung vorbereitet werden. Auch dabei können sich „Betroffene" über diese Form des politisch-partizipativen Theaters darüber Ausdruck und vor allem Klarheit verschaffen, welche Anliegen und Vorschläge sie an die (Sozial-) Politik und soziale Verwaltung richten wollen, damit sie ihre prekären Lebenslagen besser bewältigen können bzw. besser vor ihnen geschützt sein können. Und Forumtheateraufführungen ermöglichen Zuschauer und Zuschauerinnen, welche die dargestellte Realität nicht aus eigener Erfahrung kennen, einen unmittelbaren und auch emotionalen Einblick zu bekommen, als Voraussetzung für ein besseres Verständnis der Situation und ihrer Auswirkungen. Damit werden Rahmenbedingungen für einen Dialog geschaffen, der die Kluft zwischen Realitäten von Menschen mit Armutserfahrungen einerseits und den jeweiligen politischen Entscheidungsträgern überwinden hilft. Die Politik agiert in der Regel innerhalb ihrer institutionellen und informellen Abläufe, die zum einen von sozialen Netzwerken, zum anderen von abstrakter Zahlen und Gesetzesmaterien bestimmt werden. Wie Richard Sennett (1986, S. 331ff.) in seinem Klassiker „Verfall und Ende des öffentlichen Lebens" konstatiert, wird die „Bühne" der Politik von den politischen DarstellerInnen bespielt. Diese bereiten sich auf diese Rolle möglichst professionell vor mit dem Effekt, dass das „WIE" einer politischen Aussage oder des politischen Agierens, d.h. die Form oder Inszenierung wichtiger erscheint, als das „WAS", d.h. der Inhalt. Die BürgerInnen werden dabei zu passiven und schweigenden ZuschauerInnen degradiert, die vielleicht mal applaudieren oder „Buh!" rufen, aber selten in ihren Potentialen als Mitgestaltende angesprochen werden. Ein weites ästhetisch-politisches Experimentier- und Forschungsfeld liegt daher vor uns, wenn sich politische Vertretungskörper in Orte verwandeln, an denen wichtige Themen und Anliegen von Betroffenen bewusst und gekonnt mit Mitteln des Theaters inszeniert werden, wo gemeinsam und in den Folgen unmittelbar sichtbar nach Varianten und Lösungen für gesellschaftliche Probleme gesucht wird – ganz im Sinne des oben angesprochenen „soziologischen Experimentierens" nach Bertolt Brecht.

## Endnoten

1   Das Projekt wurde vom „European Anti Poverty Network" 2009 in der Broschüre „Small Stepps – big changes. Building Participation of People Experiencing Poverty" als Modellprojekt für die Partizipation von armutserfahrenen Menschen präsentiert (S. 12-18).

## Literatur

Baumann, Till (2001): Von der Politisierung des Theaters zur Theatralisierung der Politik. Theater der Unterdrückten im Rio de Janeiro der 90er Jahre. Stuttgart.

Blaschke, Ronald (2003): Arm, arbeitslos und aktiv. Bürgerschaftliches und politisches Engagement armer und arbeitsloser Bürger in eigener Sache. In: Munsch, Chantal (Hg.): Sozial Benachteiligte engagieren sich doch. Über lokales Engagement und soziale Ausgrenzung und die Schwierigkeiten der Gemeinwesenarbeit. Weinheim/München, S. 45-78.

Boal, Augusto (1992): Games for Actors and Non-Actors. London/New York.

Boal, Augusto (1998): Legislative Theatre. Using Performance to Make Politics. London/New York.

Bourdieu, Pierre (1993): Sozialer Sinn. Kritik der theoretischen Urteilskraft. Frankfurt am Main.

Bourdieu, Pierre (1999): Die feinen Unterschiede. Kritik der gesellschaftlichen Urteilskraft. Frankfurt am Main.

Bourdieu, Pierre (2001): Wie die Kultur zum Bauern kommt. Über Bildung, Schule und Politik. Hamburg.

Brunner, Katrin/Waldhör, Katharina (2008): Forschungsbericht „Kein Kies zum Kurven kratzen". Unveröffentlichtes Manuskript, Universität Graz.

Cronin, Bernadette/Roth, Sieglinde/Wrentschur, Michael (Eds.) (2005): Training Manual for Theatre Work in Social Fields. Frankfurt am Main.

Diamond, David (1995): Out of Silence. Headlines Theatre and Power Plays. In: Cohen-Cruz, Jan. and Schutzman, Mady. (Eds) Playing Boal. Theatre, Therapy, Activism. London/New York 1995, S. 35-52.

DIE ARMUTSKONFERENTZ (2008): Anforderungen der ARMUTSKONFERENZ an eine Reform des Sozialhilfewesens in Österreich. In: http://www.armut.at/Anford_ARMUTSKONFERENZ_Stand_23.1.08_end_06_druck.pdf [3.3.2010].

Freire, Paolo (1982): Pädagogik der Unterdrückten. Erziehung als Praxis der Freiheit. Reinbek bei Hamburg.

Fuchs, Max (2007): Kulturelle Bildung für alle: Schlüssel zur Integration? Vortrag bei der Fachtagung „Teil-Habe-Nichtse" der BKJ und der LKJ Sachsen –Anhalt am 15.2.2007 in Magdeburg, In: http://www.akademieremscheid.de/ publikationen/publikationen_fuchs.php [20.02.2009].

Gipser, Dietlinde (1996): Grenzüberschreitungen: Theater der Unterdrückten an Hochschulen in Nah-Ost und West – Emanzipatorische Forschungsprozesse. In: Zeitschrift für befreiende Pädagogik, Nr. 10, Juni 1996, S. 26-31.

Grunwald, Klaus/Thiersch, Hans (2004): Das Konzept Lebensweltorientierte Arbeit – einleitende Bemerkungen. In: Grundwald, Klaus/Thiersch, Hans (Hg.): Praxis Lebensweltorientierter Sozialer Arbeit. Handlungsfelder und Methoden in unterschiedlichen Arbeitsfeldern. Weinheim und München, S. 13-39.

Heimgartner, Arno/Lauermann, Karin (2006) (Hg.): Kultur in der Sozialen Arbeit. Festschrift für Univ.-Prof. Dr. Josef Scheipl. Klagenfurt/Celovec – Ljubljana/Laibach – Wien/Dunaj.

Herriger, Norbert (1997): Empowerment in der Sozialen Arbeit. Eine Einführung. Stuttgart/Berlin/Köln.

Hiltmann, Gabriele (1989): Kulturarbeit und die Neubestimmung des Kulturbegriffes. Kulturarbeit in der Sozialarbeit zwischen Anerkennung und Ablehnung. In: Koch, Gerd (Hg.): Kultursozialarbeit – Eine Blume ohne Vase? Frankfurt am Main, S. 12-39.

Kein Kies zum Kurven Kratzen. forum.findet.stadt07 – neuer armut entgegenwirken. Bericht 2007. InterACT – Graz.

Koch, Gerd (1988): Lernen mit Bert Brecht. Bertolt Brechts politisch-kulturelle Pädagogik. Frankfurt am Main.

LGBl. Nr. 104/2008, Novelle zum Steiermärkischen Kinderbetreuungsgesetz.

Mazzini, Roberto/Ruckerbauer, Armin/Vieregg, Martin/Wrentschur, Michael (2005): Transforming Desire into Law: Legislative Theatre as a Tool for Transitive Democracy with Migrants and Homeless People. In: Cronin, Bernadette u.a. (Eds.) (2005), Training Manual for Theatre Work in Social Fields. Frankfurt am Main, S. 128-184.

Schriefl, Ulrike. (2007): „ … Und wenn Theater die Armut sichtbar macht?" – Das Forumtheater als Instrument einer Öffentlichkeitsarbeit im Kontext der Sozialen Arbeit am Beispiel der Forumtheateraufführungen „Kein Kies zum Kurven Kratzen". Diplomarbeit am Institut für Erziehungs- und Bildungswissenschaft der Universität Graz.

Sennett, Richard (1986): Verfall und Ende des öffentlichen Lebens. Die Tyrannei der Intimität. Frankfurt am Main.

Sievers, Norbert/Wagner, Bernd (1992) (Hg.): Bestandaufnahme Soziokultur. Beiträge-Analysen-Konzepte. Stuttgart-Berlin-Köln.

Steirische Statistiken: Armut und Lebensbedingungen in der Steiermark, Heft 9/2006.

Thole, Werner (2001): Kulturarbeit. In: Handbuch Sozialarbeit Sozialpädagogik (hg. von Otto, Hans-Uwe/Thiersch Hans). Berlin, S. 1098-1108.

Treptow, Rainer (2001): Kultur und Soziale Arbeit. Aufsätze. Münster.

Winkler, Michael (2006): Sozialpädagogik und Kultur. In: Heimgartner, Arno/Lauermann, Karin (Hg.), S. 12-39.

Wrentschur, Michael (2003): „Forumtheater", in: Koch, Gerd/ Streisand, Marianne (Hg.): Wörterbuch der Theaterpädagogik. Berlin/Milow, S. 108-110.

Wrentschur, Michael (2006): To Transform Desire into Law: Legislative Theatre with the Homeless as a Tool for Civil Participation and Social Development. In: Heimgartner, Arno. (Ed.) Face of Research on European Social Development. Community Work, Civil Society and Professionalisation in Social Work. Wien/Münster, S. 83-94.

Wrentschur, Michael (2007): Forschen mit Methoden des Theaters und des szenischen Spiels. Ein Zwischenbericht. In: Bülow-Schramm, Margret/Gipser, Dietlinde/Krohn, Doris (Hg.): Bühne frei für Forschungstheater. Theatrale Inszenierungen als wissenschaftlicher Erkenntnisvorgang. Oldenburg, S. 158-174.

Wrentschur, Michael (2008a): Kein Kies zum Kurven Kratzen – Neuer Armut entgegenwirken. Ein Projekt zur kreativen Beteiligung von Armutsbetroffenen. In: Knapp, Gerald/Pichler, Heinz (Hrsg): Armut, Gesellschaft und Soziale Arbeit. Perspektiven gegen Armut und soziale Ausgrenzung in Österreich. Klagenfurt/Ljubljana/Wien, S. 692-723.

Wrentschur, Michael (2008b): Forum Theatre as a Participatory Tool for Social Research and Development: A Reflection on Nobody is perfect: A Project with Homeless People. In: Pat Cox, Thomas Geisen and Roger Green (Ed.): Qualitative Research and Social Change.European Contexts. New York, S. 94-111.

Wrentschur, Michael (2008c): Theater an die Macht: Neuer Armut entgegenwirken! Ein aktuelles Beispiel für politisch-partizipative Theaterarbeit. In: Zeitschrift für Theaterpädagogik, 24.Jg., Heft 53, S. 76-80.

Wrentschur, Michael (2009): Soziale Partizipation durch Soziale Kulturarbeit: Bewältigungs- und Empowermentprozesse an Schnittstellen von Sozialer Arbeit und kulturell-ästhetischer Praxis. In: Scheipl, Josef /Rossmann, Peter/Heimgartner, Arno (Hg.): Partizipation und Inklusion in der Sozialen Arbeit. Graz, S. 168-187.

Michaela Harmeier

# Lehrengagement zwischen biographischer Selbstfindung und Wissensvermittlung. Ehrenamt in der Erwachsenenbildung

Im Zentrum des Aufsatzes steht die Überlegung, was Menschen veranlasst sich neben beruflichen und familiären Verpflichtungen ehrenamtlich in der Erwachsenenbildung zu engagieren. Zunächst soll über einen historischen Abriss der Erwachsenenbildung aufgezeigt werden, dass das Ehrenamt eine lange Tradition in der organisierten Bildungsarbeit hat. Hierauf folgt eine trägerspezifische Darstellung der Unterschiede im Anteil der ehrenamtlich Tätigen und abschließend werden über ein Fallbeispiel biographisch begründete Motivlagen zur Aufnahme eines Ehrenamtes in der Erwachsenenbildung und darin implizierte Lernpotentiale exemplarisch vorgestellt. Im Ausblick soll darüber reflektiert werden, welche Konsequenzen aus einem ehrenamtlichen Lehrengagement für die Professionalisierung der erwachsenenpädagogischen Disziplin folgen.

## 1. Ehrenamt in der Erwachsenenbildung

Eine hauptberufliche Tätigkeit in der Erwachsenenbildung galt früher lange Zeit als unüblich. Betrachtet man nämlich die Anfänge der institutionalisierten Bildungsarbeit mit Erwachsenen, so kann man feststellen, dass sich organisierte Bildungsprozesse etwa zur Weimarer Zeit, als die ersten Volkshochschulen gegründet wurden, vornehmlich auf das freiwillige Engagement einzelner Bürgerinnen und Bürger zurückführen lässt, die – überwiegend ehrenamtlich – ihr Wissen zur Verfügung gestellt haben (vgl. dazu Peters 1993). Die Qualifikation der Volksbildner zeichnete sich durch ein „herausragendes persönliches Engagement, umfangreiche Erfahrung aus unterschiedlichen Lebensbereichen, Beredsamkeit und nachweisliche Kompetenz in einem anderen Beruf" aus (Peters 1993, S. 266). Der Erwachsenenpädagoge sollte sich als Erwachsener im „integralen Sinne bewährt haben" (Jütting 1978, S. 6), d.h. eine feste Persönlichkeit und einen soliden Charakter besitzen. Dies sind allerdings Merkmale, die eher allgemeine Tugenden beschreiben, die man nicht systematisch im Studium erwerben kann und generell als berufsunspezifisch gelten.

Noch bis in die 1970er Jahre wurden eine hauptberufliche Tätigkeit und eine erwachsenenpädagogische Ausbildung mit Skepsis betrachtet. Den ersten Absolventinnen und Absolventen des Studienschwerpunktes Erwachsenenbildung unterstellte man einen mangelnden Praxisbezug – zudem wurde für das Handlungsfeld nur eine geringe Notwendigkeit von erziehungswissenschaftlichem Wissen gesehen (dazu Jütting 1978). Erst in den 1980er Jahren erfolgt schließlich durch eine stärkere gesellschaftspolitische Notwendigkeit von Weiterbildung im Kontext von Lebenslangem Lernen eine ansteigende staatliche Förderung von Weiterbildungseinrichtungen. Hauptamtliche Stellen nehmen in dieser Zeit zu und auch die Anzahl der Nebenamtlichen wächst. An Bedeutung gewinnen seitdem auch arbeitsrechtliche Fragen zur finanziellen Eingruppierung und sozialversicherungsrechtlichen Absicherung (vgl. dazu Otto 1996, S. 309).

Die ursprünglich ehrenamtliche Tätigkeit in der Erwachsenenbildung wurde also massiv seit den 1980er Jahren durch eine entlohnte Tätigkeit abgelöst. Dies steht auch in Zusammenhang mit Professionalisierungsdiskursen[1]. Das, was einmal auf ehrenamtlicher Basis entstand, professionalisierte sich im Laufe der Zeit, was u.a. auch über einen Ausbau von festangestelltem und entsprechend qualifiziertem Personal sichtbar wird.

Aktuell findet das organisationsgebundene Ehrenamt in Vereinen, Verbänden, kirchlichen Einrichtungen, Selbsthilfegruppen, Gewerkschaften, Stiftungen und staatlichen Einrichtungen statt.

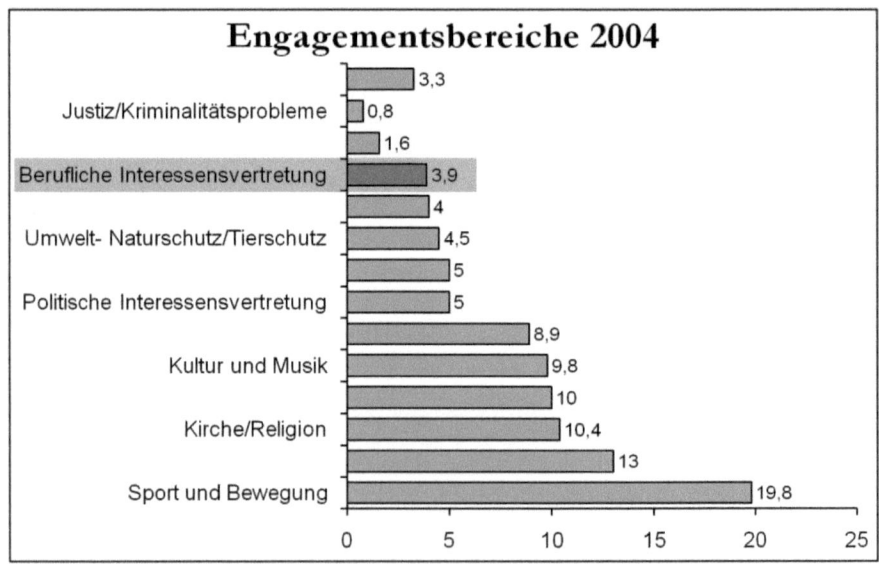

*Abb. 1: Verteilung der Engagementsbereiche (in Anlehnung an BMFSFJ 2009, S. 29)*

Der Abbildung ist zu entnehmen, dass im Engagementsbereich „Sport" die höchste Beteiligung von ehrenamtlichen Helferinnen und Helfern zu finden ist[2]. Auf der organisatorischen Ebene in Sportvereinen aber auch in der praktischen Ausübung, etwa als Trainerin und Trainer, Übungsleiter/innen, Schieds- und Kampfrichter/innen, engagieren sich Menschen im Sportbereich. Der Bereich Jugendarbeit und Erwachsenenbildung liegt mit 4 Prozentpunkten eher im unteren Beteiligungsniveau. Allerdings muss man auch Überschneidungen zum kirchlichen Bereich annehmen, da gerade kirchliche Träger in hohem Umfang neben seelsorgerischen auch vermittelnde (d.h. lehrende) Tätigkeiten umfassen, wie etwa die Leitung und Moderation von erfahrungsorientierten Gesprächskreisen oder der Senioren- und Familienbildung. Diese Überschneidungen sind allerdings in der Datengrundlage des BMFSFJ nicht ablesbar.

Besonders ausgeprägt ist das ehrenamtliche Engagement bei den kirchlichen und gewerkschaftlichen Erwachsenenbildungseinrichtungen, sowie Organisationen der ländlichen Erwachsenenbildung (vgl. Küchler 2008). Allerdings hat bei den Volkshochschulen der Umfang des ehrenamtlichen Engagements „mit der Professionalisierung hauptberuflicher Positionen stark abgenommen, dennoch existieren auch hier ehrenamtliche Tätigkeitsfelder" (Küchler 2008, S. 21). In der aktuellen Volkshochschul-Statistik taucht das Ehrenamt lediglich unter der Rubrik „nebenberufliche/ ehrenamtliche Leitung" auf. Für Nordrheinwestfalen sind von insgesamt 217.286 an der VHS Beschäftigten 166 (das entspricht 0,1 %) ehrenamtlich für die VHS tätig (vgl. Reichart/Huntemann 2008). Neben einer vergleichsweise geringen Anzahl fest angestellter Mitarbeiterinnen und Mitarbeiter, sind ca. 98 % frei- und nebenberuflich als Kursleiterin und Kursleiter lehrend tätig (ebenda).

In kirchlichen Einrichtungen ist der Anteil der ehrenamtlich Tätigen deutlich höher. Da allerdings für die kirchlichen Träger eine systematisch, statistische Erfassung fehlt, kann man lediglich schätzen, wie hoch der Anteil der Ehrenamtlichen ist. Markus Tolksdorf, Geschäftsführer der katholischen Bundesarbeitsgemeinschaft für Erwachsenenbildung (KBE), geht von mehr als 10.000 Ehrenamtlichen in der konfessionellen Erwachsenenbildung aus, wobei hiervon 75 bis 80 Prozent Frauen vertreten sind (vgl. Kil u.a. 2008). Wie noch zu zeigen sein wird, beinhaltet das Thema ‚Ehrenamt' neben Professionalisierungsaspekten auch eine Genderproblematik, die es zu berücksichtigen gilt.

Um die Frage zu beantworten, in welchen Tätigkeitsfeldern Ehrenamtliche im Feld der Erwachsenen- und Weiterbildung eingesetzt werden, wurde in der Datenbank „dieGesellschafter.de"[3] nach dem Schlagwort ‚Bildung' recherchiert. 199 Projekte bzw. Institutionen werden bundesweit in dieser Kategorie angezeigt (Stand: 16.11.2009). Betrachtet man nun die angebotenen Tätigkeiten, so lassen sich diese in verschiedene Felder unterteilen. Beispielsweise gibt es ehrenamtliche Aufgaben im Bereich ‚*Bildungs- und Aufklärungsarbeit*' mit Jugendlichen und jungen Erwachsenen. Dazu zählen etwa Deutschstützunterricht für Menschen mit Migrationshintergrund, Hilfe und Unterstützung beim Erstellen der Bewerbungsunterlagen für Teilnehmende einer berufsvorbereitenden Maßnahme, Lesetraining für Kinder, Hausaufgabenhilfe und Kultur- und Bildungsangebote für Menschen in der 2. Lebenshälfte. Exemplarisch kann nachfolgendes Aufklärungsprojekt zur sexuellen Orientierung genannt werden:

> *Du willst etwas für die Akzeptanz von schwulen, lesbischen, bisexuellen und transgender Menschen tun? Du bist offen für Vielfalt oder selbst "queer"? Du hast Lust mit SchülerInnen ins Gespräch zu kommen über vielfältige Lebens- und Liebesweisen? Engagier' Dich in unserem Aufklärungsprojekt "Liebesleben"! Führe mit uns in Schulklassen und Jugendgruppen Projektstunden und Projekttage durch. Wir bieten Dir eine kostenlose ModeratorInnenausbildung sowie Freiraum für Kreativität und persönliche Entwicklung.*

Gleichwohl finden sich auch Angebote im *sozial-pflegerischen Bereich*, etwa Unterstützung bei der Betreuung von alten und körperbehinderten Menschen im Seniorenzentrum oder Freizeitgestaltung mit behinderten oder kranken Menschen. Desweiteren gibt es Angebote, die dem Bereich des *‚Erfahrungslernens'* zugeordnet werden können. Zielsetzung solcher Projekte ist, dass eigene Erfahrungen weitergegeben werden, damit andere davon lernen können. Beispielsweise berichten Ehrenamtler, die eine Berufsausbildung absolvieren oder absolviert haben, Schülerinnen und Schülern von ihren Erfahrungen. Konkret werden auch ehrenamtliche Mentorinnen und Mentoren gesucht, die Jugendliche bei der Ausbildungsplatzsuche unterstützen.

Deutlich wird über diesen Einblick in die Tätigkeitsfelder im ehrenamtlichen Feld, dass die Ehrenamtler ähnliche Aufgaben übernehmen, wie Dozentinnen und Dozenten, oder Trainerinnen und Trainer – sie unterscheiden sich lediglich dadurch, dass sie für ihre Tätigkeit keine Entlohnung enthalten. Es stellt sich dann aber auch die Frage, ob sie für diese Aufgaben ausreichend qualifiziert sind, denn nicht alle Anbieter von ehrenamtlichen Tätigkeiten weisen wie das oben zitierte Aufklärungsprojekt auf Schulungen hin. Dies ist aber ein wichtiger Aspekt nicht nur um eine professionelle Arbeit an und mit Menschen gewährleisten zu können, sondern auch für die ehrenamtlich Tätigen, die im Rahmen ihrer Tätigkeit u.U. auch mit emotional belastenden Inhalten konfrontiert werden können (insbesondere in der Freizeitbetreuung mit kranken Menschen).

## 2. Kompetenzanforderungen für eine Tätigkeit in der Erwachsenenbildung

Aufgaben- und Handlungsfelder in der Erwachsenenbildung sind deutungsoffene Situationen mit einem geringen Formalisierungsgrad. Das gilt auch für ehrenamtliche Tätigkeiten in erwachsenenpädagogischen Feldern. In pädagogischen Aufgabenbereichen sollen Lernprozesse initiiert werden, sei es etwa im Rahmen des oben aufgeführten Aufklärungsprojektes, oder im Rahmen von Erfahrungslernen.

Um Lernen optimal und professionell unterstützen zu können, ist allerdings Wissen und Kompetenz notwendig, die sich durch eine Sachkompetenz (Wissen über Fachthematik) und schließlich im Wissen über die Lern- und Motivationsstrukturen der Lernenden äußert. Schlüter führt hierzu aus: „Erwachsenenbildner und Erwachsenenbildnerinnen haben Bildungsprozesse zu organisieren und zu begleiten, d.h. zu ihrem Berufsprofil gehören die Fähigkeiten des Wahrnehmens, Erkennens, Diagnostizierens und Evaluierens. Sie sind als Moderatoren von Lernprozessen gefordert, auch beratend zu wirken. Ihre Ratschläge können in ihrem Nachwirken für Lebensläufe sehr weit reichend sein" (Schlüter 2002, S. 288). Kann man für diese wichtigen und biographisch mitunter prägenden Lernsituationen eine Ehrenamtlerin oder einen Ehrenamtler einsetzen?

Pädagogische Arbeit ist primär Beziehungsarbeit, man spricht auch vom „Technologiedefizit", d.h. „Bedingungen und Auswirkungen, Aufwand und Ertrag, Eingangs- und Ausgangsgrößen stehen hier in keinem durch Eingriffe steuerbar und punktgenau planbaren Zusammenhang" (Combe/Helsper 2002, S. 32). Darum bekommt der individuellen Professionalität des/der Lehrenden eine wichtige Bedeutung zu. Neben der Fachkompetenz (also berufsbezogenem fachlichen Wissen und Können), einer Arbeitsfeldkompetenz (d.h. informiert sein über das Arbeitsfeld und darauf das Handeln ausrichten, z.B. Struktur der beruflichen Weiterbildung, Entwicklungen des Arbeitsmarktes, Kenntnis der Ziele der eigenen Bildungsinstitution) – stellen für Epping (1998) die pädagogischen Kompetenzen einer/eines Lehrenden ein zentrales Moment für gelingende Lernprozesse dar. Diese pädagogischen Kompetenzen bestehen aus (I) methodischer, (II) didaktischer Kompetenz und einer (III) Sozialkompetenz.

Für die (I) methodischen Kompetenzen einer professionellen Erwachsenenbildnerin und eines Erwachsenenbildners erachtet Epping neben der Fähigkeit, Fachinhalte zu vermitteln, Lernarrangements zu entwickeln, die den Bedürfnisse der Zielgruppe entsprechen, auch Kenntnisse darüber, was das Lernen von Erwachsenen fördert und behindert. Hier ist seiner Ansicht nach Sensibilität im Umgang mit lernenden Erwachsenen gefordert: „Dazu gehört ein Bewusstsein davon, dass es für Teilnehmende immer wieder eine Verletzung des Status als Erwachsene bedeutet, wenn sie sich in eine Lernsituation begeben, was teils regressive, teils rebellierende Reaktionen hervorruft" (Epping 1998, S. 50). (II) Didaktische Kompetenz bezieht sich laut Epping auf die Fähigkeit neue Inhalte aufzugreifen und didaktisch aufzubereiten, Lehrgangskonzeptionen zu entwickeln, Lernziele aufzustellen, zu beschreiben, zu reflektieren und zu überprüfen und eine Lernberatung durchzuführen (ebenda). Die (III) Sozialkompetenz offenbart sich im sozialen und kommunikativen Geschehen, bei dem emotionale und gruppendynamische Aspekte berücksichtigt werden müssen: „Lehrende und Lernende sind als Individuen mit allen Teilen ihrer Persönlichkeit anwesend und involviert, und nicht nur mit den Teilfunktionen ,Wissen weitergeben' und ,Wissen aufnehmen'" (ebenda S. 51). Spätestens jetzt sollte deutlich geworden sein, dass die Anforderungen an Lehrpersonen in der Erwachsenen- und Weiterbildung hoch sind. Kann bzw. *darf* man diese Anforderungen auch an ehrenamtliche Kursleitende stellen?

Nach Angaben des Wissenschaftszentrums Berlin für Sozialforschung, die im Auftrag des Bundesministerium für Familie, Senioren, Frauen und Jugend den Forschungsstand zum Ehrenamt gebündelt haben (BMBFSFJ 2009), lässt sich die Gruppe der Ehrenamtler nicht erschöpfend klassifizieren. Da es vielfältige Formen des formellen und informellen (oder auch organisationsgebundenen und organisationsungebundenen) Ehrenamtes etwa zwischen Nachbarn, Freunden und in der Familie gibt, haben statistische Angaben zur Personengruppe der Ehrenamtler nur eine begrenzte Reichweite. Selbst bei ehrenamtlichen Tätigkeiten im Kontext von Organisationen lässt sich eine statistische Erfassung nicht vollständig voraussetzen.

Die Daten aus dem Bericht zum bürgerschaftlichen Engagement (vgl. BMBFSFJ 2009) legen einen spezifischen Typus der/des ehrenamtlich Engagierten nahe. Beispielsweise verweist die Forschergruppe darauf, dass Personen, die der Mittelschicht zuzuordnen sind, besonders aktiv bei freiwilligen ehrenamtlichen Tätigkeiten sind (BMBFSFJ 2009, S. 32). Desweiteren gibt es Hinweise über den Einfluss des Bildungsniveaus, wonach Personen mit einem höheren Bildungsniveau sich eher ehrenamtlich engagieren (es gibt allerdings Ost-West Unterschiede und geschlechtsspezifische Unterschiede, BMBFSFJ 2009, S. 36), auch sind die Nähe zur Kirche, das politische Interesse, der Familienstand, der regionale Bezug und der Erwerbsstatus weitere Einflussgrößen, um die heterogene Gruppe der Ehrenamtlichen zu klassifizieren. Hinsichtlich des Erwerbsstatus, der für die vorliegenden Ausführungen von besonderem Interesse ist, kann festgestellt werden, dass Erwerbstätige in höherem Umfang ehrenamtlich aktiv werden als erwerbslose Personen.

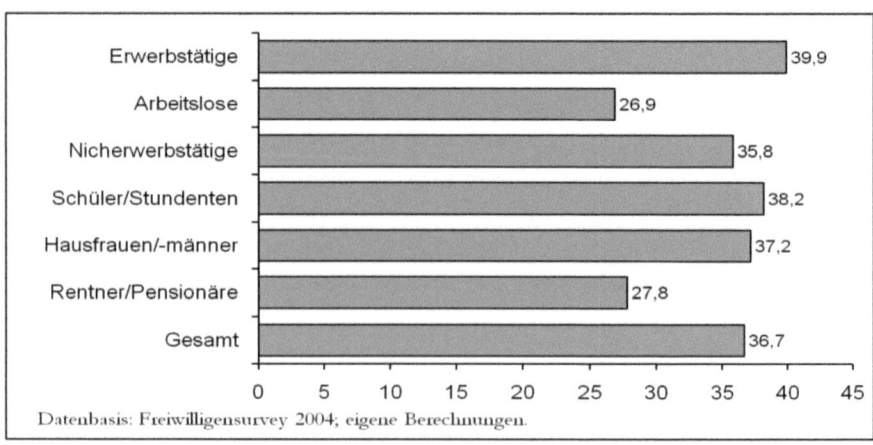

*Abbildung 2: Engagementsquoten nach Erwerbsstatus (BMFSFJ 2009, S. 43)*

Beschäftigte mit hohen Tätigkeitsanforderungen sind zudem mit 49,3 % in höherem Umfang ehrenamtlich engagiert, als Beschäftigte mit einem einfachen Tätigkeitsniveau (30,4 %) (BMFSFJ 2009, S. 44). Dies korrespondiert mit dem Einkommensniveau: je höher das Einkommensniveau, desto höher das ehrenamtliche Engagement (ebenda). In wie weit allerdings die Ehrenamtlichen eine pädagogische Vorbildung besitzen, kann über die vorliegenden empirischen Daten leider nicht beantwortet werden. Berücksichtigt man allerdings die Daten zur beruflichen und sozialen Lage von Lehrenden in der Erwachsenenbildung (vgl. WSF 2005) und weitere einschlägige Studien (z.B. Hof 2001; Loibl 2003), so kann man aus diesen Daten schlussfolgern, dass eine ähnlich ungesicherte pädagogische Vorbildung auch bei den Ehrenamtlern vermutet werden muss.

## 3.  Motivlagen und Kompetenzen der Ehrenamtler

Welche Motivlagen führen dazu, dass sich Menschen ehrenamtlich in der Bildungsarbeit engagieren? Eine von mir durchgeführte Studie über das berufliche Selbstverständnis und die erwachsenenpädagogischen Lehr- und Lernvorstellungen kann hierüber Aufschluss geben (vgl. Harmeier 2009). Neben Fragen nach der Aneignung von erwachsenenpädagogischen Fortbildungen werden auch biographische Kontextbedingungen dargestellt, die die Motivlagen zur Aufnahme einer Lehrtätigkeit und das berufliche Selbstverständnis beleuchten.

Auf der Grundlage von 19 problemzentrierten Interviews mit nebenberuflichen, freiberuflichen und ehrenamtlichen Kursleitenden zeigt sich deutlich, dass der Verdienst für die Mehrzahl der Lehrenden nachrangig ist. Selbstwert-stabilisierende Aspekte stehen stattdessen im Vordergrund. Die Lehrtätigkeit ist für die Kursleitenden beispielsweise mit der Suche nach neuen Herausforderungen und nach einer sinnstiftenden Tätigkeit verbunden, wobei sie hierüber auch eine Statuserhöhung und Kompetenzaufwertung erfahren.

Exemplarisch soll nachfolgend der Werdegang eines 50-jährigen Mannes darstellt werden, der seit seiner Arbeitslosigkeit ehrenamtlich als Kursleiter für eine kirchliche Einrichtung tätig ist. Hier gibt er seit 1½ Jahren mehrmals in der Woche unentgeltlich EDV Kurse für Seniorinnen und Senioren. Parallel dazu absolviert er eine berufsbegleitende Zusatzausbildung als staatlich geprüfter Techniker. Herr Schmücker[4] kann als *ein* Beispiel für die Gruppe der ehrenamtlich Tätigen gelten. Seine Begründungen und Ansichten über sein ehrenamtliches Lehrengagement erklären beispielhaft die Motive zur Aufnahme eines Ehrenamtes. Deutlich wird auch, dass die ehrenamtliche Bildungsarbeit Lernprozesse initiiert, die für ihn in eine berufspraktische Verwertung münden können. Das Fallbeispiel wirft allerdings auch Fragen nach der Organisationsanbindung und Professionalisierung dieser Personengruppe auf.

*Hans Dieter Schmücker: Lernen als Kompetenzvergewisserung*

Herr Schmücker schließt zunächst eine Ausbildung als Fernmeldetechniker ab und holt danach sein Fachabitur nach, um die Befähigung für ein Nachrichtentechnik-Studium zu erlangen. Im Anschluss daran findet er eine Anstellung als Programmierer, die er 25 Jahre lang ausübt. Als die Firma schließlich aufgekauft wird, verliert Herr Schmücker seine Stelle. Die augenblickliche Arbeitslosigkeit und seine aufgrund des hohen Alters geringen beruflichen Aussichten, machen es für ihn notwendig über berufliche Alternativen nachzudenken. Die Ausweglosigkeit seiner beruflichen Situation, sein Hinweis auf unzählige Bewerbungsschreiben, sowie die teilweise diskreditierenden Zuschreibungen aus seinem Umfeld („*He du alter Rentner*") verdichten das Bild eines Mannes, der nicht mehr benötigt wird. Erschöpfend beschreibt er die Erfahrung, dass seine Kompetenzen, die er in den vergangenen 25 Berufsjahren erworben hat, nicht mehr zählen. Zwar verfügt Herr Schmücker über eine umfassende Fachkompetenz und eine hohe Berufsfeldkompetenz (beispielsweise weiß er ausgiebig über die Entwicklungen in der Computertechnologie der letzten Jahrzehnte zu berichten), doch suggeriert ihm der Arbeitsmarkt, dass dieses Wissen nicht mehr gebraucht wird. Eine lehrende Tätigkeit in der Erwachsenenbildung verspricht in seiner Vorstellung eine Lösung: „*ich erhoffe mir da auch einen Wiedereinstieg, denn momentan als Angestellter oder so was um die 50 momentan tote Hose*" (Harmeier 2009, S. 128). Nach einer Vielzahl erfolgloser Bewerbungen, plant er aktuell einen Einstieg in das Berufsfeld der beruflichen Weiterbildung. Dieses Ziel möchte er über eine Zusatzausbildung als staatlich geprüfter Techniker und einem ehrenamtlichen Lehrengagement erreichen. Seine Entscheidung, auf freiwilliger Basis an der örtlichen Bildungseinrichtung zu lehren, begründet er mit dem Hinweis auf seine Arbeitslosigkeit und der daran anschließenden Überlegung, einerseits die erzwungene Freizeit sinnvoll zu füllen und andererseits strategisch für eine Tätigkeit in der Erwachsenenbildung Erfahrungen zu sammeln, die seine Berufsaussichten verbessern können:

„Ich sach mal so, das habe ich an sich angefangen als ich arbeitslos wurde. Na gut, OK, soll ich die ganze Zeit aus dem Fenster gucken oder so was. […] Na dann habe ich eben gesagt, ach das wäre was für dich. Dann hast du den einen Vorteil, darum ging es mir, ein bisschen Routine zu kriegen. Da kann ja nicht viel passieren, da kriegst du ja kein Geld dafür. Während du, wenn du Geld bekommst und du bist nicht gut, dann kannst du dir die Meckerei anhören. Ne ist klar, und deshalb habe ich gedacht, so als Training ist das ganz gut" (Harmeier 2009, S. 129).

Er nutzt gemäß dieser Aussage seine Tätigkeit bei der Freiwilligen Agentur als Schonraum, um erste Lehrerfahrungen sammeln zu können. Schonraum in dem Sinne, als dass mit dem Verzicht auf Entlohnung die Lernenden in seinem Verständnis auch keine Ansprüche an Qualität formulieren können. Gleichzeitig kann er durch das Angebot an EDV-Kursen an vorhandene Qualifikationen fachlicher Art anknüpfen.

In der Beschreibung seines erwachsenenpädagogischen Handelns demonstriert Herr Schmücker kreative Vermittlungszugänge, um heterogene Lerngruppen, die sich hinsichtlich ihrer Lernvoraussetzungen erheblich unterscheiden, gleichermaßen zufrieden zu stellen. Die Teilnehmenden in seinen EDV-Kurse, unterteilt er in zwei Gruppen: Einerseits „*den ambitionierte Rentner*", mit dem er mit seiner didaktischen Planung weit voran schreiten kann und andererseits die Unterhaltungsorientierten, die weniger leistungsorientiert ausgerichtet sind und stärker an „*Entertainment*" interessiert sind. Auf beide Gruppen stellt er sich mit einer flexibel gestalteten Kursplanung ein und versucht die Gruppe der Ambitionierten durch Zusatzaufgaben, oder wie er es bezeichnet „*Zückerchen*", zu fördern. Aus seinen Darstellungen lässt sich ableiten, dass er mit Leistungsunterschieden und einer hohen Heterogenität flexibel umzugehen versteht und es ihm ein wichtiges Anliegen ist, auf die jeweiligen Bedürfnisse der Lernenden einzugehen. Die Grundlage dafür schafft er mit einer Bedürfnisabfrage vor Kursbeginn. Seine Beschreibungen zeigen, dass jeder von ihm entsprechend seiner Voraussetzungen gefördert wird. Hierbei ist es ihm ein Anliegen sowohl eine Über- als auch eine Unterforderung der Teilnehmenden zu vermeiden. In der Darstellung seines Unterrichtshandelns zeigt sich darüber hinaus ein eher projektorientiertes Vorgehen, das an seine Lernerfahrungen im Rahmen der Zusatzausbildung an der Technikerschule erinnert. Beispielsweise beschreibt er ein didaktisches Setting, bei dem Teilnehmenden der Umgang mit dem Internet vermittelt werden soll. Er löst dies in sofern ein, als dass im Rahmen des Kurses ein komplexes Rechercheprojekt realisiert werden soll:

„Oder was auch immer ein Renner ist im Internetkurs, billiges Fliegen, die Billigflieger für 29,- Euro um die halbe Welt, oder so was. Kommt auch immer gut an. Oder hier wie kann man feststellen, wann und ob ein Flugzeug abgeht oder so, ob man dann noch buchen kann, wie das alles so funktioniert und so was" (Harmeier 2009, S. 128).

Herr Schmücker stellt seinen Teilnehmenden praxisorientierte Aufgaben, die stark an ihrer Lebenswelt orientiert sind. Zur Bearbeitung dieser Aufgaben müssen sie die vermittelten Wissensinhalte konkret anwenden. Da er keinerlei pädagogische Vorerfahrung hat, beeindruckt dieses Vorgehen, das sich durch eine hohe Teilnehmerorientierung und einen Lebensweltbezug auszeichnet. Diese erwachsenenpädagogischen Leitorientierungen hat er im Rahmen der technischen Ausbildung aus der Teilnehmerperspektive kennengelernt und setzt sie nun in seinen EDV-Kursen um. Die Nachdrücklichkeit dieser Lernerfahrung offenbart sich in seiner sprachlichen Darstellung, wenn er über die Lernbedingungen an der Technikerschule spricht. Sowohl zeigt er sich von der technischen Ausstattung beeindruckt („*alles High End, das heißt mit Beamer unter der Decke, mit allem Pi-Pa-Po*"), als auch überzeugt ihn das zunächst ungewohnte praxisorientierte und projektbezogene Arbeiten („*Also normale Schulen. Das ist ein Unterschied wie Tag und Nacht*"). Über wiederholte Leistungsvergleiche mit seinen

Kommilitonen verweist er während des Interviews auf für ihn persönlichkeitsstabilisierende Effekte dieser Lernerfahrungen. Beispielsweise beschreibt er, dass er im Vergleich zu den deutlich jüngeren Kommilitonen viel umfassendere Mathematikkenntnisse habe, auch kann er mit seiner Präsentationskompetenz überzeugen.

Dieser Erfahrungsbezug spiegelt sich in seinem eigenen Lehrhandeln wider: Im Rahmen seiner EDV-Kurse ist es ihm ein besonderes Anliegen, insbesondere für die Gruppe der „*Ambitionierten*" durch Aufgaben mit einem höheren Schwierigkeitsgrad Lernsituationen zu konstruieren, die positive Erfolgserlebnisse produzieren. Die Teilnehmenden, die sich überwiegend im beruflichen Ruhestand befinden, werden von ihm dabei keineswegs als nicht mehr lernfähig eingeschätzt, sondern vielmehr in besonderem Maße gefördert. Die Beschreibung seines Umgangs mit den älteren Lernenden kann diametral zu seinen eigenen Erfahrungen ausgewertet werden: Herr Schmücker hat erfahren, dass er aufgrund seines Alters vom Arbeitsmarkt ausgeschlossen wird und Kompetenzen nicht mehr anerkannt werden. Im Gegenzug achtet er in seinen eigenen Kursen darauf, positive und kompetenzstabilisierende Lernsituationen zu schaffen. Sein persönlicher Erfahrungsbezug, die Arbeitslosigkeit und der darauf folgende Kompetenzverlust, haben ihn sensibilisiert und tragen bei ihm zur Herausbildung eines spezifischen beruflichen Selbstverständnisses bei. Das war nicht immer so, denn gerade im Rückblick auf die Anfänge seiner lehrenden Tätigkeit führt er sich seine Vermittlungsfehler wieder vor Augen:

> *„so als ich das die ersten paar Male gemacht habe, ich komme aus der Technik, das heißt ich habe es fürchterlich techniklastig gemacht, ich weiß zwar eine Menge von der EDV, weil ich 25 Jahre da drin war, nur wenn du dann bei älteren Leuten mit Bytes und Bits und Ports, und da geht das Bytes hin und da kommt das Bit her, dann klappen die die Rollladen runter und deswegen habe ich mir gedacht, O.K. schaust du mal, die Leiterin von dem Ding hat auch gesagt, die ersten Kurse waren einfach nur chaotisch, die Leute wussten gar nicht was du wolltest, nimm mal das Technische raus. Und dann hab ich angefangen das Ding also wirklich, hab auch Bücher gekauft, speziell für Senioren, und hab dann mal gesehen, ach Gott das ist ja nur Fingerhut oder so. Du hast die volle Dröhnung reingesetzt. Und seitdem habe ich auch zurückgefahren, zumindest was den Inhalt angeht. Und seitdem klappt das auch ganz gut"* (Interviewtranskript Z. 10-21).

Er setzt sich freiwillig mit einem bislang für ihn unbekannten Themengebiet auseinander, nämlich der ‚Erwachsenenbildung' und beschäftigt sich mit Fragen nach einer erwachsenengerechten Vermittlung. Er erkennt, dass eine Auswahl und Strukturierung der Wissensinhalte notwendig ist und nutzt diese Erkenntnis zur didaktischen Reduktion seiner Kursplanung. Die Auseinandersetzung mit Vermittlungsmethoden und den Anforderungen an seine Rolle als Kursleiter setzen gleichsam einen Professionalisierungsprozess frei, indem er kritisch sein Lehrhandeln reflektiert und nach Möglichkeiten der Verbesserung sucht. Um seine Vermittlungsfähigkeiten zu verbessern, nutzt er auch die Angebote der örtlichen Volkshochschule. Diese bietet für Kursleitende eine spezielle Fortbildung an. Die Fortbildung „Erwachsenenpädagogische Grund-qualifizierung" (kurz: GQ) wurde 1998 als Weiterbildungsmodell für den Volkshoch-schul-Landesverband konzipiert. In circa 60 Unterrichtsstunden setzen sich die Leh-renden an ihren Wochenenden für ein halbes Jahr mit Lerntheorien, Kommunikation, Moderation und Qualitätssicherung auseinander. Hierfür investiert Herr Schmücker 350,00 EUR, d.h. um sein Vermittlungshandeln zu optimieren, nutzt er verschiedene teilweise auch zeit- und kostenintensive Angebote.

Es lässt sich also feststellen, dass er mit der Ausübung des ehrenamtlichen Lehr-engagements auf vielfältige Weise Impulse für seine berufliche Weiterentwicklung wecken kann. Angesichts seiner schwierigen beruflichen Situation stellt das ehrenamt-liche Lehrengagement für ihn ein wichtiges Instrument der Identitätsstabilisierung dar. Grundsätzlich erfüllt die Lehrtätigkeit für ihn sowohl eine berufsstrategische als auch professionsfördernde Funktion. Angesichts seiner geringen Berufsaussichten kann das freiwillige Engagement als berufserhaltende Strategie bewertet werden, die zu einer zukunftsfähigen beruflichen Perspektive beitragen soll. Inwieweit seine strategische Planung auch tatsächlich zu einer Wiedereingliederung in den Arbeitsmarkt führt, kann allerdings nicht beantwortet werden.

Besonders bemerkenswert sind die lernförderlichen Potentiale, die in dem Ehren-amt impliziert sind: Durch die lehrende Tätigkeit mit den Senioren erlebt er einerseits eine Kompetenzerweiterung. Er handelt in einem für ihn zunächst unbekannten Ar-beitsfeld, eignet sich dort neue Wissensinhalte an, die er im Rahmen seines ehrenamt-lichen Lehrengagements auch praktisch erproben kann. Schließlich reflektiert er über sein Lehrhandeln und sucht sich Unterstützung zur Professionalisierung seines Han-delns über entsprechende Fortbildungsangebote. Andererseits erfährt er auch eine Kompetenzaufwertung. Er erlebt, dass er nützlich ist und seine fachliche Expertise und sein Erfahrungswissen für andere Menschen hilfreich sind. Die als Kompetenz-verunsicherung erlebte Arbeitslosigkeit kann er hierüber kompensieren.

## 4. Organisationale Anbindung des Ehrenamtes

Ein ehrenamtliches Engagement basiert, wie das Fallbeispiel gezeigt hat, auf individu-ellen Motiven, die allerdings auch mit der organisationalen Ausrichtung einer Ein-richtung zur Deckung gebracht werden müssen. Ist es rechtens, dass Herr Schmücker sein Lehrengagement als erfahrungsorientierten Schonraum bezeichnet, in dem er konsequenzlos Lehrerfahrungen sammeln kann? Für eine Einrichtung, die ihr Bil-dungsangebot ausschließlich auf Gemeinwohlorientierung ausrichtet, mag dies legitim sein, da die Nutzerinnen und Nutzer sich mit ihren Erwartungen an die Vermittlungs-qualität darauf einstellen. Andererseits beobachten wir in der Erwachsenenbildung eine steigende Erwartungshaltung unter den Lernenden, die mit einer stärkeren For-derung nach Vermittlungsqualität einhergeht. Vor dem Hintergrund einer zunehmen-den Konkurrenzsituation unter Einrichtungen der Erwachsenenbildung ist es auf organisationaler Ebene nicht unerheblich, nach der Zufriedenheit von Teilnehmenden zu fragen. Die Kursleitenden nehmen im Gesamtgefüge einer Weiterbildungseinrichtung eine exponierte Stellung ein. Sie repräsentieren die Einrichtung nach außen und übernehmen das Kerngeschäft der Erwachsenenbildung, nämlich die Lehre.

Jede Einrichtung hat üblicherweise ein Leitbild, in dem auch definiert wird, nach welchen Maßstäben sich ‚gute' d.h. erwachsenengerechte Lehre ausrichten soll. Hornstein und Rosenstiel beschreiben die Funktion eines Leitbildes folgendermaßen: „Ein Leitbild fasst in prägnanten Formulierungen das zusammen, was an Orientierungen im Unternehmen besonders wichtig ist. Die darin getroffenen Aussage sollen zum einen widerspiegeln, was die Mitarbeiter denken, und sie sollte ihnen zum anderen eine Orientierung darüber geben, wohin die Reise geht"' (Hornstein/Rosenstiel 2000, S. 75). Decken sich jedoch die Ziel- und Wertvorstellungen der Einrichtung mit denen der neben-, freiberuflich und ehrenamtlich tätigen Lehrenden? Diese Fragen berühren Professionalisierungsaspekte von ehrenamtlichen Tätigkeiten in Praxisfeldern, die sich gegenwärtig mit Qualitätsbestrebungen auseinander setzen. Hierzu bemängelt Notz:

„Scheinbar können die gemeinwohlorientierten Tätigkeitsfelder von allen ausgeführt werden, egal welche fachlichen Qualifikationen sie erworben bzw. nicht erworben haben. Diese Annahme passt nicht zu den auf hohem Niveau geführten Professionalisierungsdiskursen, den Debatten um die Notwendigkeit der theoretischen Durchdringung von sozialer Arbeit und der Arbeit im Gesundheitswesen; auch nicht zu neuen Steuerungsmodellen im Sozial- und Gesundheitsbereich mit den Forderungen nach Qualitätssicherung und Qualitätsmanagement" (Notz 2001, S. 15).

Auch Einrichtungen der Erwachsenenbildung müssen sich mit Qualitätsmanagementmodellen auseinandersetzen. Dem widersprechen die geringe institutionelle Anbindung und die (vermuteten) Qualifikationsdefizite der ehrenamtlichen Mitarbeitenden. Ehrenamtliche Kursleitende handeln aufgrund ihrer geringen institutionellen Anbindung autonom. Wenn sie subversiv arbeiten, so Kil, dann haben sie außer ideellen Werten nichts zu verlieren (Kil u.a. 2008). Für Einrichtungen kann allerdings ein Imageschaden entstehen. Demgegenüber lässt sich anführen, dass es grundsätzlich unterschiedliche Vermittlungsqualitäten sowohl bei Ehrenamtlichen als auch bei Hauptamtlichen gibt. Das Berufsbild gilt generell als offen. Eine Vielzahl an Weiterbildnerinnen und Erwachsenenbildner fühlen sich zu dieser Tätigkeit berufen, ohne entsprechende Qualifikationen oder Kompetenzen vorweisen zu können. Gieseke beschrieb diesen Zustand für die 1990er Jahre folgendermaßen: „Jeder kann allein durch einen Arbeitsvertrag zum Erwachsenenbildner werden und sich selbst entsprechend definieren!" (Gieseke 1994, S. 283). An diesem Zustand hat sich bis heute nicht viel verändert. Dies muss allerdings nicht nachteilig sein, da gerade ihre Ungebundenheit sie auch zu Freigeistern macht, die organisationsverändernd wirken können. Sie können Innovationen generieren, die besonders für die Programmplanung hilfreich sein können.

## 5. Professionsfördernde Potentiale einer ehrenamtlichen Tätigkeit

Auf organisationaler Ebene gibt es also einige Aspekte, die bei der Bewertung des Nutzens von ehrenamtlich tätigen Lehrenden berücksichtigt werden müssen. Auf der Individualebene zeigen sich allerdings ebensolche zu problematisierenden Aspekte. Zwar werden ehrenamtliche Lehrende nicht für ihre Tätigkeit bezahlt, jedoch investieren sie Zeit und Geld. Insbesondere wenn sie, wie dies am Beispiel von Herrn Schmücker deutlich geworden ist, Maßnahmen zur Professionalisierung ihres erwachsenenpädagogischen Handelns betreiben. Welcher Nutzen zeigt sich für Personen, die wie Herr Schmücker als erwerbslos gelten?

Das Ehrenamt kann insbesondere für arbeitslose Menschen eine wichtige Funktion erfüllen. Beispielsweise wird das Ehrenamt vielfach als Sprungbrett in den Arbeitsmarkt gesehen und das Wiedereingliederungspotential einer ehrenamtlichen Tätigkeit hoch bewertet (z.B. Enquete-Kommission Deutscher Bundestag). Gleichzeitig hat das Ehrenamt einen hohen Stellenwert für die Befriedigung tiefliegender Bedürfnisse. In einer Studie von Zander und Notz (1997) wurde u.a. ermittelt, dass Ansehen und Achtung mit Ausübung eines Ehrenamtes steigen können. Hinzu kommt, dass eine ehrenamtliche Tätigkeit für erwerbslose Personen das Bedürfnis nach sinnvoller Beschäftigung oder sinnvoller Lebensgestaltung erfüllen, und den Wunsch nach sozialer Erfahrung und Gemeinsamkeit befriedigen kann (Zander/Notz 1997). Insbesondere "das Gefühl, gebraucht zu werden" (Notz 2001, S. 18) und die Möglichkeit „aus der häuslichen Isolation herauszukommen, sich nicht überflüssig zu fühlen" kann dazu beitragen, dass das durch die Arbeitslosigkeit verunsicherte Selbstwertgefühl gestärkt wird – „Hilfe für andere ist so auch immer ein Stück Selbsthilfe" (ebenda S. 19). Gerade das soziale Integrationspotential einer ehrenamtlichen Tätigkeit wird von Notz hoch bewertet: „Erwerbslos sind sie dann nicht mehr. Sie haben Zeit und nutzen diese sinnvoll, nicht selbstlos, sondern weil es ihnen Spaß macht. Und sie genießen eine höhere soziale Anerkennung, sind nicht Unterstützungs-, sondern ZuwendungsempfängerInnen" (ebenda S. 11). Zudem eröffnet sich grundsätzlich die Chance „eine Erwerbsperspektive abzuleiten und (...) erworbene Qualifikationen zu erhalten" (ebenda S. 19). Der Verlust eines materiellen Ertrags verschwindet, so könnte man subsummieren, hinter der subjektiven Sinnstiftung.

Andere Autoren stellen allerdings das Wiedereingliederungspotenzial einer ehrenamtlichen Tätigkeit in Frage (vgl. Strauß 2006): „obwohl bestimmte ehrenamtliche Tätigkeiten das Potential haben, berufsrelevante Qualifikationen und Sozialkapital der Ehrenamtlichen zu erhöhen, bietet das Ehrenamt keine einfache Lösung für das Problem der sozialen Ausgrenzung durch Arbeitslosigkeit" (S. 206). Auch Notz muss feststellen, dass man sich von ehrenamtlicher Arbeit keine Existenz sichern kann

(Notz 2001, S. 14). Fraglich ist etwa in dem oben aufgeführten Fallbeispiel, ob für Herrn Schmücker das Ehrenamt seine Chancen auf Wiedereingliederung in den Arbeitsmarkt erhöhen kann.

Ein Wiedereingliederungspotential hängt auch von den Inhalten und dem Anforderungsniveau einer ehrenamtlichen Tätigkeit ab. An dieser Stelle kommt der eingangs aufgeführte Genderaspekt zum Tragen. Denn das ehrenamtliche Engagement hat ein „deutlich geschlechtsspezifisches Gesicht": „In Feldern mit relativ hohen Anforderungen und Belastungen, wie im sozialen Bereich (67 %), im Gesundheitsbereich (66 %), im Bereich Schule/Kindergarten (65 %) und im Bereich Kirche/Religion (65 %) überwiegen die Frauen" (Notz 2001, S. 7). Männer engagieren sich demgegenüber eher in Berufsverbänden, politischen Interessenvertretungen, in außerfamiliäre, Freizeit- und Bildungsbereichen (Strauß 2006, S. 200). Es lassen sich also unterschiedliche Tätigkeiten im Rahmen eines Ehrenamtes unterscheiden, von denen sich Männer und Frauen in unterschiedlicher Weise angesprochen fühlen. Hinzu kommt, dass nur bestimmte Formen eines ehrenamtlichen Engagements positive Effekte auf die berufliche Entwicklung haben. So gibt es etwa prestigeträchtigere Ehrenämter als andere (Strauß 2006). Gerade Frauen nutzen in hohem Umfang die zeitlich flexiblen Arbeitszeitmodelle etwa an der Volkshochschule, um neben familiären Verpflichtungen einer sinnstiftenden Tätigkeit nachzugehen. Dieses Engagement trägt allerdings nicht grundlegend zu einer zukunftsfähigen Existenzsicherung bei (vgl. Harmeier 2007). Gerade vor diesem Hintergrund muss das ehrenamtliche Engagement neben seinem möglichen Wiedereingliederungspotential, seinem sozialen Integrationspotential und seinen Lernpotentialen kritisch bewertet werden, da ein Ehrenamt besonders für Frauen oft substitutiv ist, d.h. an „die Stelle von Erwerbsarbeit" tritt – „Da sie dafür keinen Lohn bekommen, sind sie abhängig von einer anderen Person, meist vom (Ehe)Mann" (Notz 2001, S. 5). Neben den Potentialen, die ein Ehrenamt beinhaltet, sind auch Abhängigkeiten impliziert.

Damit Menschen, die eine ehrenamtliche Lehrtätigkeit ausüben, sich für die Lehre qualifizieren und ihre in diesem Umfeld erworbenen Kompetenzen anerkennen und für ihr Berufsprofil nutzbar machen zu können, bedarf es einer Intensivierung der vorhandenen Qualifizierungsmöglichkeiten. Insbesondere sind Qualifizierungsangebote erforderlich, die das latente Professionalisierungs- und Wiedereingliederungspotential einer ehrenamtlichen Tätigkeit freilegen und berufsqualifizierende Abschlüsse oder Zertifikate ermöglichen. Ein vielversprechender Ansatz findet sich in der österreichischen Weiterbildungsakademie (wba). Über ein kooperatives Netzwerk verschiedener Weiterbildungseinrichtungen erhalten in der Erwachsenenbildung tätige Personen die Möglichkeit, sich über modular aufgebaute Abschlüsse ihre in vielfältiger Weise erworbenen Kompetenzen und Praxiszeiten anrechnen zu lassen. Sie erhalten hierüber ein anerkanntes Zertifikat bzw. Diplom. In diesem Zusammenhang sollte auch über einen stärkeren Einsatz von Lehrportfolios nachgedacht werden. In einem

„Lehrportfolio" können Erwachsenenbildner und Weiterbildnerinnen über ihre eigene Lehrtätigkeit reflektieren und diese dokumentieren. Einerseits über Belege der Lehrtätigkeiten und andererseits die Nutzung von didaktischen Kommentierungen besteht über ein Lehrportfolio die Möglichkeit die Leitlinien des eigenen erwachsenenpädagogischen Handelns systematisch und strukturiert zu präsentieren. Ein Lehrportfolio ist damit sowohl ein Instrument zur handlungsorientierten Reflexion (und damit Mittel der persönlichen Professionalisierung) als auch ein Instrument zur Leistungsbewertung und Evaluation, die im Kontext von Bewerbungen Relevanz erhalten. Lehrportfolios finden gegenwärtig im universitären Kontext eine verstärkte Aufmerksamkeit. Es sollte aber darüber nachgedacht werden, ob nicht dieses Instrument auch für ehrenamtlich Tätige eine Möglichkeit zur Qualifizierung darstellt.

Die Grundvoraussetzung all dieser Angebote ist die Bereitschaft der ehrenamtlichen Kursleitenden, hinzuzulernen und über ihr Handeln zu reflektieren – damit wäre sowohl für die organisationale Professionalisierung und Qualitätsentwicklung als auch für das Kompetenzprofil der Ehrenamtlichen viel gewonnen.

## Endnoten

1   Unter Professionalisierung versteht man den dynamischen Prozess der Weiterentwicklung eines Berufs zu einem hochqualifizierten Beruf, auch genannt Profession. Professionalisierung meint dabei den kontinuierlichen Einbezug von wissenschaftlichen Theorien einerseits zur Legitimation des Berufs-/Professionshandelns und andererseits zur Statusabsicherung gegenüber anderen Disziplinen mit dem Ziel der Höherbewertung der eigenen Profession, bzw. des eigenen Berufsstandes (vgl. beispielsweise Faulstich 1996). Die Erwachsenenbildung bemüht sich um eine stetige Professionalisierung – sichtbar aktuell an verschiedenen Qualitätsmanagementmodellen.

2   Das Wissenschaftszentrum Berlin für Sozialforschung (WZB) erstellte im Auftrag des BMBFSFJ einen Bericht zur Lage des bürgerschaftlichen Engagements in Deutschland. Hierzu wurden vorhandene Analysen zusammengetragen.

3   Eine Initiative der Aktion Mensch gemeinsam mit über 90 weiteren Partnern. Neben Foren, die die Meinungsbildung unterstützen wollen, findet sich auf den Internetseiten auch eine Freiwilligendatenbank, in der über 2.500 Organisationen aus den Bereichen Soziales, Umwelt und Menschenrechte ehrenamtliche Helfer suchen.

4   Alle Namen der interviewten Kursleiterinnen und Kursleiter wurden anonymisiert.

## Literatur

BMBFSFJ (2009): Bericht zur Lage und zu den Perspektiven des bürgerschaftlichen Engagements in Deutschland. In: http://www.bmfsfj.de/RedaktionBMFSFJ/Broschuerenstelle/Pdf-anlagen/buergerschaftliches-engagement-bericht-wzb-pdf,property=pdf,bereich=bmfsfj,sprache=de,rwb=true.pdf [27.01.10].

Combe, Arno/Helsper, Werner (2002): Professionalität. In: Otto, Hans-Uwe/Rauschenbach, Thomas/Vogel, Peter (Hg.): Erziehungswissenschaft: Professionalität und Kompetenz. Opladen, S. 29-48.

Epping, Rudolf (1998): Pädagogische Aspekte der Professionalisierung in der beruflichen Weiterbildung. In: Klein, Rosemarie/Reutter, Gerhard (Hg.): Lehren ohne Zukunft? Wandel der Anforderungen an das pädagogische Personal in der Erwachsenenbildung. Baltmannsweiler, S. 46-53.

Faulstich, Peter (1996): Erwachsenenbildung als Beruf. In: Hessische Blätter für Volksbildung, S. 289-294.

Gieseke, Wiltrud (1994): Der Erwachsenenpädagoge. In: Lenzen, D. (Hg.): Erziehungswissenschaft. Ein Grundkurs. Reinbek, S. 282-313.

Harmeier, Michaela (2009): Für die Teilnehmer sind wir die VHS. Selbstverständnis von Kursleitenden und ihr Umgang mit Qualifizierungsmaßnahmen. Bielefeld.

Harmeier, Michaela (2007): Kursleiterinnen an der VHS zwischen Work-Life-Balance und ökonomischen Draht-Seil-Akt. In: Netzwerk Frauenforschung NRW, 22/2007, S. 59-64.

Hof, Christiane (2001): Konzepte des Wissens. Bielefeld.

Hornstein, Elisabeth von/ Rosenstiel, Lutz von (2000): Ziele vereinbaren – Leistung bewerten. 360-Grad-Beurteilung, Feedback-Führerschein, Personalentwicklung. München.

Jütting, Dieter H. (1978): Empirisches und Theoretisches zur vergangenen Studien- und gegenwärtigen Berufssituation der Essener Absolventen des Diplomstudienganges Erziehungswissenschaft /Schwerpunkt Erwachsenenbildung. In: Zur Professionalisierung der Erwachsenenbildung, MAEB Heft 10, S. 1-28.

Kil, Monika/Brandt, Peter/Tolksdorf, Markus (2008): Wie gut lässt sich Erwachsenenbildung mit Ehrenamtlichen machen? In: DIE Zeitschrift 2008/2, S. 22-25.

Küchler, Felicitas von (2008): Stichwort „Ehrenamt". In: DIE Zeitschrift 2008/2, S. 20-21.

Loibl, Stefan (2003): Zur Konstruktion von Qualität in Weiterbildungseinrichtungen - am Beispiel der Kreisvolkshochschule Hochtaunus / Oberursel. Bielefeld.

Notz, Gisela (2001): Ehrenamtliches Engagement von Frauen. FernUniversität–Gesamthochschule Hagen.

Otto, Volker (1996): Berufspositionen in der Erwachsenenbildung. In: Hessische Blätter für Volksbildung. Heft 4/1996, S. 307-314.

Peters, Roswitha (1993): Erwachsenenbildung als berufliche Tätigkeit: Laienbeschäftigung oder professionelle Arbeit? In: Mader, Ihelm (Hg.): Weiterbildung und Gesellschaft. Bremen, S. 264-294.

Reichart, Elisabeth/Huntemann, Hella (2008): Volkshochschul-Statistik 2007. In: http://www.die-bonn.de/doks/reichart0802.pdf [05.08.09].

Schlüter, Anne (2002): Biographieforschung als Medium der Professionalisierung der Erwachsenenbildung? In: Kraul, Margret/Marotzki, Winfried/Schweppe, Cornelia (Hg.): Biographie und Profession. Bad Heilbrunn, S. 287-303.

Strauß, Susanne (2006): Durch das Ehrenamt zurück in den Arbeitsmarkt? In: Deutscher Studienpreis: Mythos Markt. Wiesbaden, S. 195-209.

WSF (2005): Erhebung zur beruflichen und sozialen Lage von Lehrenden in Weiterbildungseinrichtungen. In: http://www.bmbf.de/pub/berufliche_und_soziale_lage_von_lehrenden_in_weiterbildungseinrichtungen.pdf [6.1.2010].

Zander, Margherita/Notz, Gisela (1997): Ehrenamtliche soziale Arbeit und Bürgerschaftliches Engagement in Thüringen. Thüringen.

Patrick Meyer-Glitza

# Nicht-tötende Rinderhaltung als neue Herausforderung für den Ökologischen Landbau – eine Fallstudie[1]

*„Ich bin Leben, das leben will, inmitten von Leben, das leben will."*
Albert Schweitzer[2]

## 1. Einleitung

Die Haltung von Rindern ist ein kleiner Ausschnitt dessen, was das Mensch-Tier-Verhältnis ausmacht, jedoch ein Teil mit großem Einfluss auf die Geschichte, Lebensweise, Arbeitswelt und Ernährung der Menschen in weiten Teilen der Welt.

Tiere sind unsere allgegenwärtigen und doch oft stillen und verborgenen Begleiter: z. B. im Boden, über den wir gehen oder im Stall, in den wir oft nicht hinein dürfen und in dem mittlerweile nahezu alle Schweine, alles Geflügel und auch die meisten Kühe das ganze Jahr, sowohl den Tag wie auch die Nacht verbringen. Tiere sind auch unsere Begleiter im Haus, im Garten oder beim Spaziergang. Beim Essen verarbeiteter tierischer Produkte begegnet uns eine ambivalente Mischung aus Nähe und Distanz zu den Tieren. Diese Ambivalenz zeigt sich dabei auch in der Unterscheidung zwischen Tieren, die als unsere häuslichen Begleiter ein Familienrecht haben und solche, die für den Verzehr bestimmt sind.

In Indien zeigt sich den Kühen gegenüber diese ambivaltente Mischung aus Nähe und Distanz in einer hohen religiösen Wertschätzung und einer zugleich oft nicht artgerechten Praxis. Schon Mohandas Karamchand Gandhi forderte als scharfer Kritiker der oftmals grausamen Praxis der Rinderhaltung und einer oberflächlichen Verehrung der Kuh zu seiner Zeit „Cow Protection", um ein Lebensrecht der Rinder und verbesserte Formen der Tierhaltung durchzusetzen. Zugleich waren für ihn die Kühe als „poem of pity" ein Symbol von allem Schutzbedürftigen. „Cow protection means protection of all that lives and is helpless and weak in the world." Der Schutz der Kühe hat eine umfassendere Bedeutung und Zielrichtung: „Man through the cow is enjoined to realize his identity with all that lives" (Gandhi 1959, S. 3). Durch Reden, Artikel und das Vorleben in seinen Ashrams versuchte Gandhi den Schutz der Kühe zu verbreiten (vgl. Burgat 2004).

## 2. Wertediskussion im Ökologischen Landbau

In Europa ist für viele der Kauf von Produkten des Ökologischen Landbaus ein Weg, ihrer Zuneigung zu den Tieren Ausdruck zu verleihen. Für sie ist die ökologische Tierhaltung gleichbedeutend mit einem ethisch vorbildlichen Umgang und einer artgerechten Haltung der Nutztiere. Nun stellt sich aber seit dem „Ende der Nische" (so der Titel der Wissenschaftstagung zum Ökologischen Landbau 2005) auch für den Ökologischen Landbau verstärkt die Frage, wie es um das Verhältnis von Anspruch und Praxis in der Tierhaltung steht. Ein viel diskutierter Aspekt dabei ist die sogenannte Konventionalisierung, die Angleichung an die Strukturen der konventionellen Landwirtschaft durch Intensivierung und Spezialisierung auf allen Ebenen der Wertschöpfungskette: Beim Anbau und bei der Tierhaltung (vgl. u. a. Ramann/Koopmann/Opermann 2005, Darnofer/Bartel-Kratochvil/Lindenthal/Zollitsch 2007), in Handel, Verarbeitung und bei der Vermarktung.[3] So gibt es Befürchtungen, dass enttäuschte Verbraucher und Verbraucherinnen sich (beim nächsten Bioskandal) abwenden, da ihre Erwartungen in die Tiergesundheit und Tierhaltung nicht der Realität entsprechen: „Viele Menschen denken beim Thema Tierhaltung im Ökolandbau an die mittlerweile sprichwörtlichen glücklichen Kühe (respektive Schweine und Hühner) auf grüner Wiese mit einem idyllischen Bauernhof im Hintergrund. … Man muss in diesem Kontext deutlich sagen, dass die Ökologische Tierhaltung ihr hohes Prestige zum Teil wegen dieser, eher irrealen, Erwartungen gewonnen hat" (Ramann/Koopmann/Oppermann 2005, S. 659).

Derartige Beobachtungen, gemischt mit Befürchtungen und Fragen haben eine Reflexion der Werte und die Überarbeitung der Prinzipien und Richtlinien innerhalb des Ökologischen Landbaus angestoßen. Vorläufiger Höhepunkt davon war die Verabschiedung der 4 „Principles of Organic Farming: Health, Ecology, Fairness and Care im Jahre 2005 nach einem 2-jährigen weltweiten Diskussionsprozess durch die International Federation of Organic Agricultural Movements (IFOAM) (Luttikholt 2007, S. 350).

Werte und Prinzipien des Ökologischen Landbau werden empirisch vor allem anhand von Befragungen unterschiedlicher Akteure ermittelt. Die Untersuchungen „take values as a very broad concept, almost similar to motives" (Padel et al. 2007, S. 5). Während diese empirischen, deskriptiven Untersuchungen sich normalerweise der Werturteile im Sinne einer Gewichtung der Werte enthalten, versuchen normative Untersuchungen die empirischen Ergebnisse zu rekonstruieren. Die entstehenden ethischen Prinzipien können dabei mehrere Funktionen erfüllen: als Inspirationsquelle, als Leitfaden für die Zukunft oder als normatives (deontologisches) Prinzip, wie es z. B. ein Stoppschild „keine Gentechnik" erfüllt.

Verhoog et al. (2003) leiten aus Befragungen von landwirtschaftlichen Experten und anderen Akteuren in den Niederlanden 3 unterschiedliche Arten des Selbstverständnisses innerhalb des Ökologischen Landbaus ab: als erstes den „no chemicals approach", welcher durch das Ersetzen von chemisch-synthetischen Hilfsmitteln durch natürliche Stoffe versucht, möglichst nahe an der konventionellen Landwirtschaft zu bleiben. Diese Herangehensweise ähnelt einer Symptombekämpfung anhand eines Denkens in Stoffen.

Als zweites gibt es den Ansatz des „agro-ecological approach", welcher die Natur und den Hof als ökologisches System begreift, und damit die Gestaltung und Förderung eines lokalen Ökosystems anstrebt. Dabei werden Ziele verfolgt wie: ein möglichst geschlossener Stoffkreislauf, Selbstregulation und Biodiversität. Der möglichst geschlossene Stoff- oder Betriebskreislauf ist ein altes Ideal des Ökologischen Landbaus: Auf dem Acker werden Leguminosen als Futter für die Kühe angebaut, und diese Leguminosen düngen dabei wiederum den Acker für die Folgefrüchte durch ihre Fähigkeit Stickstoff aus der Luft zu binden. Die Ausscheidungen der Futter fressenden Rinder können dann auf anderen Flächen als Dünger ausgebracht werden. Das Denken wandelt sich dabei in ein auf ökologische Prozesse orientiertes Systemdenken, um Lösungen für Fragen und Probleme zu finden und um der Prävention von Problemen eine wichtige Rolle zu geben. Durch ihre Fähigkeit Gras in Milch (und Dünger) zu verwandeln können Kühe kaum nutzbare (Berg)Regionen über ihre Verdauung für den Menschen nutzbar machen.[4]

Die dritte Ebene des Selbstverständnisses bildet der „integrety approach" als Respekt vor der Integrität des Lebens. Das Tier ist hier Partner innerhalb des Agrar-Ökosystems. Die „Integrität dieser anderen Lebewesen zu respektieren heißt, das man ihre Eigenheit (ihre charakteristische oder wesentliche Natur) respektiert. […] Verletzung der Integrität bedeutet immer eine Zerstörung der Harmonie, des Gleichgewichtes eines Ganzen" (Verhoog 2009, S. 131). Die Eigenheit des Tieres ist es, sein arteigenes Verhalten ausleben zu wollen und die Verantwortung des Landwirtes ist es, dem Tier dazu die Möglichkeit zu geben. Das Entfernen der Kuhhörner oder das Kupieren (abschneiden) der Schwänze bei Schweinen und das Kürzen der Schnäbel bei Hühnern sind alle eine Verletzung der Tierintegrität. Ebenso sind gentechnische Eingriffe eine Verletzung der Integrität. Auch die ‚traditionelle' Tierzucht kann die Integrität verletzten, wenn z. B. der Kuhorganismus es kaum schafft, die genetisch veranlagte Milchleistung zu produzieren. Eine Diskussion über Integrität kam in der Landwirtschaft zuerst in Bezug auf die Tiere auf und wird inzwischen auch im Pflanzenbau (vgl. Lammerts/Struik 2004) geführt. Der Intergritätsansatz ist ein Denkansatz, bei dem es stark auf die ethische Betrachtung ankommt. Vehoog et al. (2003, S. 46 f.) meinen, dass es für die Ökologische Landwirtschaft darum geht, alle drei Arten des Selbstverständnisses im Begriff der Natürlichkeit zusammen zu bringen und damit die drei verschiedenen Denkrichtungen zu verknüpfen.

## 3.    Indien: Pinjrapoles und Goshalas

Ein anderer Ausdruck des Respektes vor der Integrität der Rinder mit einer langen Tradition findet sich in Indien. Das Engagement für Rinder und auch für andere Tiere – z. T. sogar für Insekten – ist in Form der Pinjrapoles und Goshalas seit vermutlich über zwei Jahrtausenden verankert (vgl. Lodrick 1981, S. 57 f.). Die meisten dieser Heime für alte, kranke und sterbende Tiere sind in den letzten 150-200 Jahren inmitten der Auseinandersetzung mit den britischen Besatzern entstanden (vgl. Lodrick 1981, S. 69). Viele von ihnen halten auch Milchvieh zur Milchproduktion.

Kühe haben bekanntlich eine besondere Stellung innerhalb des Hinduismus. Die Verehrung speziell der Kühe ist nach Lodrick (2005, S. 73) in ihrer konkreten Ausformung eine relativ späte Entwicklung des Hinduismus. Auch wenn es viele Vorläufer einer großen Wertschätzung der Kühe schon vor Christi gab, erlangen sie ihren Status als ‚heilige Kühe' vor allem durch die Verbindung mit dem Ahimsa-Gebot (vgl. Lodrick 1981, S. 54 f.), dem ethischen Wert der Nichtverletzung von Lebewesen weder in Gedanken, in Worten noch in Taten (vgl. von Stietencron 2006, S. 36). Dabei ist es in diesem Zusammenhang interessant, dass sich Ahimsa nicht als eine Kritik an Kriegen verbreitet hat, sondern als Opposition gegen die Tötung von Tieren bei Tieropfern (vgl. Jacobsen 2005). In der Folge der Ausbreitung von Ahimsa und seiner Verbindung mit der Wertschätzung der Kühe begann sich die Sichtweise von den ‚heiligen Kühen' sich im 4 Jhd. nach Christ in den heiligen Schriften durchzusetzen' (vgl. Lodrick 2005, S. 73). Für uns greifbarer wird dieses Engagement in der Person Mohandas Karamchand Gandhis, der in seinem Engagement für Cow Protection anstrebte, die Pinjrapoles und Goshalas neben ihrer pflegerischen Aufgabe zu Vorbildern in Ausbildung, Milchwirtschaft, Gerberei und Zucht zu reformieren (vgl. Burgat 2004).[5]

Die Nähe zu und die Verwandtschaft des Menschen mit den Tieren und allem Lebenden wird in der Bhagavad Gita (5.18), einer der zentralen Schriften des Hinduismus, folgendermaßen ausgedrückt: „Einen mit Wissen und Zucht ausgestatteten Brahmanen, eine Kuh, einen Elefanten, einen Hund und selbst einen Hundeesser betrachten die Weisen (alle) gleich" (Mylius 2007, S. 50). Alle Lebewesen tragen dasselbe göttliche Prinzip in sich. Das wahre spirituelle Selbst, die ewige Seele (Atman) ist seiner Potenz und Qualität nach in allen Lebewesen (hier Menschen und Säugetiere) von gleichem Wert (vgl. Nelson 2006, S. 181).

## 4.  Europa: Ethischer Vegetarismus

In Europa kann der ethische Vegetarismus  (vgl. Leitzmann 2001) auf antike Traditionen zurückgreifen (vgl. Waters/Portmess 1999) und hat sich besonders seit der zweiten Hälfte des 19. Jahrhunderts verbreitet. Wobei sich heute die ethischen Motive häufig als gesundheitliche (vgl. Mangels/Messina/Melina 2003) und ökologisch-politische Motive, wie dem Klimawandel (vgl. u. a. Steinfeld et al. 2006; Goodland/Anhang 2009) darstellen. Der Wunsch das Leid der Tiere zu mindern, der Einsatz für eine gerechtere Welt, und das Bedürfnis die eigene (spirituelle) Entwicklung zu fördern hat viele Menschen zu einer vegetarischen Ernährungsweise geführt. So sind etwa 1,6 % der deutschen Bevölkerung mittlerweile Vegetarier (vgl. Max Rubner-Institut 2008, S. 97).

Der Großteil dieser Vegetarier und Vegetarierinnen verzehrt Milchprodukte und ist sich dabei häufig nicht bewusst, was dieser Konsum für die Rinder bedeutet. Vegetarier sind meist ganz erstaunt und schockiert zu erfahren, dass eine Kuh ein Kalb gebären muss, um Milch geben zu können, und dass die Hälfte aller geborenen Kälber als Bullenkälber - bis auf marginale Ausnahmen - zur Mast und späteren Schlachtung gehalten werden. Für den Ökologischen Landbau kommt hinzu (vgl. Hörning 2005), dass dort die Milchkühe durchschnittlich auch nur 5,5 Jahre alt werden (im konventionellen Landbau werden die Kühe durchschnittlich 4,8 Jahre alt). Wenn man bedenkt, dass eine Kuh über 20 Jahr alt werden kann, ist das kein großer Unterschied. Sollten also Vegetarier aus ethischen Gründen ganz auf Milchprodukte verzichten, da sie sonst untrennbar mit der Tötung der Rinder verknüpft sind? Sollten sie als Veganer durch einen gänzlichen Verzicht auf tierische Produkte dazu beitragen, die Rinderhaltung abzuschaffen?[6]

## 5.  Eine Fallstudie über Nicht-tötende Rinderhaltung: Martha Matzen

Wie kommt jemanden aus Europa dazu, sich um Kühe in Indien zu kümmern, die zum Schlachten bestimmt sind? Welche praktischen und ethischen Formen nimmt dieses Engagement an? Um diesen Fragen nachzugehen wird der Fall von Martha Matzen[7] untersucht. Sie ist von Europa nach Indien ausgewandert und hat dort eine NGO gegründet. Geboren in einer Großstadt nach dem Kriegsende im Juni 1945, zieht sie mit der Familie 1948 in eine mittelgroße Stadt. Mit 11 Jahre lernt sie reiten und erlebt eine turbulente Jugend, in der sie mit 15 Jahren die Schule abbricht.

*„I only thought I am on the wrong planet, something like that ja (P: mhm), so I got quite in, when I was growing up, when I was 16. 17 in adolescence I got quite a lot of problems because of that (P: mhm), because I could not place it"* (1; 17,12-14).

Daraufhin folgen verschiedene Jobs, eine Ausbildung zur Reitlehrerin und Arbeit in diesem Berufsfeld. Mit 23 Jahren geht sie 1968 zurück in eine normale (!) Schule, um dort das Abitur nachzuholen und danach im Alter von 27-34 Jahren Philosophie zu studieren. Ihren Abschluss macht sie in Metaphysik. Nach Heirat und Geburt des Sohnes 1985 und einer Zeit in der sie vor allem als Hausfrau tätig ist, siedelt Martha 1995 (um ihren 50. Geburtstag) mit ihrem Mann und Sohn von Europa nach Indien über, um in der Nähe ihres spirituellen Lehrers zu leben. Nach eigenem Bekunden hielt sie nicht mehr viel in Europa, fühlte sie sich unglücklich, an einem Ort, wo sie nichts verändern und tun konnte.

### 5.1 Ankommen

Dies ändert sich: *„so only when I came to India and got involved with the animals, I have a (aus-atmend), finally"* (1; 17,19-20). Ihre Erleichterung, endlich angekommen zu sein und ihre Aufgabe gefunden zu haben, kommen in dem unwillkürlichen Ausatmen und dem *„finally"* zum Ausdruck: endlich am Ziel! Die Tiere sind ihre Aufgabe geworden.

> *„I have only been acting on the suffering of animals, I have not been thinking about the project, I have started with puppies, donkeys, äh wherever there was, there has been immense suffering in B. 10, 15 years ago when I arrived, so I started taking dogs from the road, I started taking, put dying animals in my house, I mean I just couldn't help myself, that just happened, so from there it was very clear"* (1; 7,5-9).

Es war kein geplantes Projekt, sich den Tieren zuzuwenden, sondern ergab sich aus Mitgefühl und dem Impuls, den Straßenhunden zu helfen. Nachdem Martha schon eine Weile in Indien lebt (1-2 Jahre), fängt sie an, sich um die Hunde auf den Straßen zu kümmern. Anfangs fährt sie mit dem Fahrrad und Eimern los, um die Tiere not-dürftig mit Futter zu versorgen. Sie hat selber lange ihren Platz gesucht und gibt nun den Tieren von der Straße zumindest ein zwischenzeitliches zu Hause. Immer mehr Hunde kommen in ihr Haus oder werden bei schwierigeren Fällen in die nächste Großstadt gebracht, um dort veterinärmedizinisch versorgt zu werden. Schwierig in der Anfangszeit war z. B.: *„in the beginning I had 40, 40 pe- puppies and more, and after one, one after another they die, because they infect each other, but they, I could not get rid of them, I could not place them, people were just dumping them"* (1; 14,39-41). Sie fühlt sich hier überfordert und missverstanden in ihrem Bemühen zu helfen. Drei Jahre nach ihrer Ankunft in Indien beginnt sie einen NGO-Ableger aufzubauen und die Tiere in einem eigenen Gebäude medizinisch zu versorgen. Bei all dem hat sie keine veterinärmedizinische Ausbildung genossen, war aber zu Studentenzeiten aktiv an alternativen Ernährungs- und Heilme-thoden interessiert und hat in Indien im Jahr 2001 ein Zertifikat in alternativer Medi-zin erworben.

Sie stellt ihre Aktivitäten als eine kontinuierliche (und geradezu evolutionäre) Ent-wicklung dar: *„so, when I came to live here, I had no plan in this direction at all, because I was busy with my son and husband and everything, so it happens slowly slowly animal one by one,"* (1; 7,16-18). Auf der praktischen Ebene ist dies hilfreich, da sie sich so nach und nach vielfälti-ge Fähigkeiten aneignen kann, die nötig sind, solch eine NGO mit vielen Mitarbeitern zu leiten. Dabei deutet sich ein fließender Übergang von der unmittelbaren Hilfe für einzelne Tiere zur Arbeit mit entsprechender Infrastruktur an. Eine Klinik wurde ge-baut, in der u. a. auch Hunde mit (rollenden) Beinprothesen leben. In Zusammenar-beit mit einer anderen NGO werden (herrenlose) Hunde im weiteren Umkreis veteri-närmedizinisch in Form von Geburtenkontrolle und Tollwutimpfung kostenlos ver-sorgt.

Wie oben zitiert fand Martha ihre Aufgabe für die Tiere *„finally"* als sie nach Indien kam. Unmittelbar darauf sagt sie: *„so it is, that is why I have nothing to do in the ashram"* (1; 17,20). Nachdem sie gut 8 Jahre täglich im Ashram gewesen ist, hört sie damit auf. Träume haben ihr gezeigt, dass sie nicht mehr in den Ashram gehen sollte. Begründen tut sie diesen Schritt folgendermaßen: ihr spiritueller Lehrer *„is divine and there is no doubt about it, but my chair is also, my dog also"* (1; 17,26-27). Für sie gilt es, das Göttliche nicht im Guru oder im Ashram zu suchen und zu erfahren, sondern in der Verbindung mit der Schöpfung, mit den Tieren. Sie sieht es als ihre Aufgabe, dem allgegenwärtigen Göttlichen im Tier zu dienen und es nicht an einem bestimmten Ort zu verehren. Dies macht sie unabhängiger in ihren Aktivitäten, verlangt aber zugleich von ihr das Opfer ihre Zeit außerhalb des Ashram zu verbringen.

### 5.2 ,Befreiung' von Rindern

Lag das Leid der Hunde geradezu auf der Straße, so war es mit den Rindern anders:

> *„when I came here […] I did not have any understanding of the cows and the buffaloes because I thought, well at least they have an owner, they are looked after, I do not have to worry about them, […] it took me several years to find out what is happening"* (1; 11,36-44).

Sie brauchte mehrere Jahre, um Einblicke in den Zustand der Rinder- und Büffelhaltung zu gewinnen. Auch wenn es nicht so aussehen mag, gehören die Kühe in Indien im Unterschied zu den Hunden normalerweise jemanden. Sie haben einen (ökonomischen) Wert als Geburtseltern von zukünftigen Zugtieren, als Produzenten von Mist für die Düngung oder zum Heizen (vgl. Lensch 1985, S. 59), als Produzenten von geringen Mengen an Milch und z. T. als Schlachttiere. In den meisten indischen Bundesstaaten ist das Schlachten von Rindern (besonders der Kühe) im Gegensatz zu den Büffeln gesetzlich verboten. Zugleich sind die Gesetze aber so verfasst, dass viele Ausnahmen zugelassen sind, wenn z. B. das Schlachtverbot nur bis zu einem bestimmten Alter oder vor allem für die weiblichen Tiere gilt (vgl. Lentsch 1985, S. 38 ff.). Viele Tiere werden geschlachtet, wenn sie keine Milch mehr geben, krank sind und vor allem männliche Rinder, wenn sie nicht mehr die Kraft haben, den Pflug oder Karren zu ziehen. So werden sie z. T. auf langen Wegen in Bundesstaaten transportiert, wo das Schlachten erlaubt ist.

Einsichten dieser Art führen – zusätzlich zu der kostenlosen Versorgung von akuten Fällen im Tierhospital – zu einem aktiven Eingreifen in die Kette der Schlachttiertransporte: Im Dezember 2003 werden mit Hilfe der Polizei illegale Viehtransporte, die von einem Rindermarkt in ihrer Nähe kommen, angehalten und die Tiere beschlagnahmt. 12 Viehwagen werden gestoppt und 46 Menschen festgenommen. 305 Rinder und Büffel werden von den Behörden in die Obhut der NGO gegeben, ohne dass sie dabei Geld für die Versorgung der Tiere bekommen. Es sind zur Hauptsache also männliche – kastrierte und unkastrierte – Arbeitstiere. Was tun mit all den 305

Rindern und Büffeln. Wohin mit ihnen und wie sollen sie ernährt werden? Es war vermutlich nicht geplant solch eine Anzahl an Rindern zu übernehmen. Dies zwingt zur Weiterentwicklung und ‚Expansion'. Neben der Expansion der eigenen Tierhaltung und der Suche nach Wegen diese zu finanzieren wird ein Bullen-Adoptionssystem für die Bauern der Umgebung entwickelt (siehe unten).

Martha hat nach der unmittelbaren Hilfe für die Straßentiere und den institutionalisierten Eingriffe der Geburtenkontrolle auch mit ‚politisch'-konfrontativen Aktion begonnen. Dabei werden diesmal Menschen, die für Tierleid mitverantwortlich sind und deren Einkommen daran gebunden ist, direkt konfrontiert. Martha fühlt sich stark genug, so etwas wagen zu können. Damit es überhaupt möglich ist, sucht sie staatliche Partner: Die Polizei und Gerichte.

### 5.3  Lebensbedrohung

Die Zusammenarbeit mit der Polizei und der Weg über die Gerichte erweist sich aber als äußerst schwierig und aufwendig. Sie selbst und mehrere ihrer Mitarbeiter werden drei Jahre später lebensbedrohlich angegriffen, wo sie einen Stand für (kostenlose) veterinärmedizinische Versorgung für Rinder auf einem ländlichen Rindermarkt aufbauen wollen.

> „(4) äh we have, there has been a planned attack on our lives on the cattle market one day, (when) we came regularly, they were (…) one day and with the whole mob, hundreds, hundreds of people that were (bad) with sticks and bars and everything, they destroyed the car, they destroyed the truck and I just escaped with my life, so that is still pending, I am not interested at all in the court case, because that is all corrupt, so I just left it, I just disconnected myself, nobody pays for our expenses, for our damage (4)" (1; 4,52-5,2).

Sie beschreibt an anderer Stelle, wie sie (und andere) mit Eisenstangen angegriffen werden und sie selber mit Verletzungen davon kam, nachdem sie vom beschädigten Auto und Lastwagen in das Badezimmer einer nahe gelegenen Wohnung floh - bis sie von der Polizei befreit wurde.[8] Es ist eine doppelte Grenzerfahrung: zum einen die unmittelbare Bedrohung und Todesangst, die Angst über die Grenze des Lebens gestoßen zu werden. Dann die widerwillig eingestandene Erfahrung, dass sie so wie bisher nicht weiter arbeiten kann, sondern ihren Aktionsradius begrenzen, ihre konkreten Verbesserung auf einen kleinen, unmittelbaren Bereich eingrenzen muss. Auch wenn die Tiere in Not sind, kann sie die Tiere nicht retten, sondern muss erst einmal sich selber retten.

### 5.4  Zwei unterschiedliche Systeme

Als Folge des Versuches sich von dem Geschehenem zu lösen und neue Wege zu gehen sagt sie: „we have given up to fight the system […] that is where I got some awareness, so *instead of fighting what we can not win, let's try to recover what we have lost"* (1; 9/41-49). Oder wie es der programmatische Untertitel ihres 8-seitigen Rundbriefs *„Organic Farming and Love for Indian Cattle"*, im März 2009 sagt: *„If we cannot change the world, let us see what we can do in our own projects/villages"*.

Dabei steuert sie ein ökonomisch und ökologisch weitgehend selbstständiges System an: Neben einem gerade erfolgten Landkauf, um die Selbstversorgung der Tiere voranzutreiben und um gerade in der Trockenzeit weniger abhängig von Futterzukauf zu sein, wird eine Biogasanlage gebaut und der Aufbau eines überregionalen Vertriebsnetzes für die Garten- und Kuhprodukte (neben weiteren Produkten wie z. B. Algen) vorangetrieben. Seit mehreren Jahren existiert ein Laden für die (Bio-)Produkte des Hofes in einem nahe gelegenen Ort.[9] Martha sieht den ökologischen Landbau als selbstverständliche Basis an, als Bestandteil ihrer Arbeit und ihrer Herangehensweise. Wobei der ökologische Landbau nicht der Startpunkt des Engagements für die Tiere bildet, sondern Teil des Konzeptes ist. Sie selber kommt, ähnlich wie meist bei vergleichbaren Projekten, nicht aus der Landwirtschaft.

## 5.5  Bullenadoptionen

Martha und ihre Mitarbeiter und Mitarbeiterinnen haben ihre Vorgehensweise zu einer eher ‚indirekten' Strategie gewandelt, welche die lokalen Strukturen nachhaltig verändern (soll): *„We will starve the local cattle market of animals instead of fighting the butchers"* (Rundbrief "Organic Farming and Love for Indian Cattle", März 2009). An den Bedürfnissen und der Ökonomie der Bauern und Bäuerinnen orientiert, haben diese die Möglichkeit männliche Zugtiere als ‚Leihgabe' zu bekommen. Männliche Rinder werden auf vertraglicher Basis ‚ausgeliehen'. Die Bauern zahlen eine Sicherheitseinlage (damit sie die Tiere nicht einfach verkaufen), arbeiten mit den Tieren auf ihren Flächen, bekommen eine veterinärmedizinische Versorgung und können bei Krankheit und Alter der Tiere diese zurückgeben. So bekommen sie günstig Zugtiere, und Martha und ihre Mitarbeiter brauchen diese Tiere nicht selber zu füttern und täglich zu pflegen. Den Bauern ist die Möglichkeit und – aus deren Sichtweise – auch die Notwendigkeit genommen, ‚ihre' Tiere zu verkaufen oder (selber) zu schlachten. Mit Tieren, die gerettet wurden oder die aus eigener Nachzucht stammen, wird dieses Adoptionssystem schon praktiziert. So wurden seit 2003 über 200 gerettete männliche Zugtiere weitervermittelt. Aber auch die eigene männliche Rinder-Nachzucht soll durch das Adoptionsschema weitergegeben werden:

> *„we want to take one very good breed bull, a very good Indian breed, we would like to have in our farm, so that slowly slowly over the years the äh the bulls that are coming from us for adoption will be better quality for the farmer, and they will not go for slaughter, they are very valuable, so we, or he stays with the farmer, or he comes back to us"* (3; 9,33-36) *[...]* *„the good one what we have in mind is also local, its also from this area, but it is stronger, it is bigger and the people like it very*

*much, so, it is valuable, they will be very careful with it, they are not being overworked and abused"*
(3; 10,4-6)

Sie will die Bauern und Bäuerinnen durch die Zucht besserer männlicher Arbeitstiere überzeugen, Bullen von ihr zu adoptieren, da die eigene Nachzucht der Bauern oder deren Zukauf von Nachzucht nicht dieselben Qualitäten hat. Dabei haben die Bauern den Vorteil, dass sie nicht mehr einsatzfähige Bullen wieder an Marthas NGO abgeben können und so in gewissen Sinne die Tiere nur ‚ausleihen'.[10]

### 5.6 Label und Ökologischer Landbau

*„and I want to make a label, I want to register a label [...] just like you have the fair trade, that is a label that the people who buy it, they know its organic produce, and the labours get probably paid, there are so-, a lot of conditions, in that way, I want to contact organic farmers and plantations also, who are in need of dung and composts to promote to have their own animals that are not going for slaughter"* (3; 5,28-36).

Sie möchte die ökologischen Betriebe ermuntern und unterstützen, ökologischen und ‚leidens- und tötungsfreien' Dünger für ihre pflanzlichen Produkte selber zu erzeugen. Die Betriebe sollen dazu bewegt werden, die eigenen Tiere, auch wenn sie keine Milch mehr geben, zu behalten und deren wertvollen Dünger zu nutzen. Für diese Form der Tierhaltung und landwirtschaftlichen Produktion plant sie, ein Label zu kreieren. Wenn Biobetriebe nicht genug eigene Tiere haben, können sie auch wieder welche adoptieren bzw. ‚ausleihen'. Dies hätte zusätzlich den Vorteil, dass kein mit Pestizid- und Antibiotikarückständen belasteter Dünger aus der konventionellen Tierhaltung mehr im ökologischen Landbau genutzt wird, der das Tierleid aus der konventionellen Tierhaltung weiter trägt, denn *„The subtle energy of suffering and abuse will be transferred through the compost to the plants and ultimately [to] the food"* (Mail vom 13.11.09).[11]

### 5.7 Natürliches Sterben und Euthanasie

*„I: [...] what happens, how how are the animals dying at your place*
*M: naturally*
*I: what does that mean, can you just (...) an incident*
*M: ja, for example you can see the old animals, (then) they get very skinny, they get, they lose their teeth, so they are not able to to eat and digest the normal food, the grass that is a little bit too hard, ähm so they can not a digest proper, so in that case we start with very soft grass, as the first step, they get the best food, then afterwards we only give porridge, mhm, so we help them just like with old people that have no teeth you have to adjust the diet, but of course sooner or later the system is saying it is almost over, mhm, so they are more skinny, the skin is not looking well, they, and then comes a moment where they can not get up any more"* (1; 11,53-12,7)

Neben eher plötzlichen Todesfällen der Tiere, z. B. durch Fremdpartikel oder Verletzungen verläuft das Sterben der Tiere meist als ein natürlicher Alterungsprozess, wie eine Metamorphose, bis das Körper-„System" zusammenbricht: die Tiere werden dünn und mager, verlieren die Zähne und der Hautzustand verschlechtert sich bis sie nicht mehr aufstehen können. Es ist „*just like with old people*" - alte Menschen bilden den selbstverständlichen Referenzpunkt. Das natürliche Sterben der Tiere ist nicht ein plötzliches Ereignis, sondern etwas, was sich schon lange im Gewand des Alterns (auch durch Krankheiten) vorbereitet und ankündigt. Mit den Tieren, die auf dem Hof sind und bleiben geht Martha eine langfristige und existentielle Verbindlichkeit ein. Es ist neben der täglichen Versorgung und Pflege der Tiere eine langfristige Verantwortung, die sie für das Leben der Tiere und ihr ‚natürliches' Leben und Sterben übernimmt. Kühe können über 20 Jahre und vereinzelt bis zu 30 Jahre alt werden.

> „*one old bull that is lying in the grass, he cannot get up, we still do it with the, with the, we get him up because of the blood circulation and to pre- prevent the sores, but he cannot got up on his own, as long as he is eating and he is having a happy face we don't do anything, because with the cow you can very much see the face, it is, there is much expression in the face, if he is enjoying his food, if he is still happy, that is very easy to see, then in the end there comes a moment that he stops eating and he is putting his head on the side, then we leave him alone, he will get water if he wants, and it goes very quickly within a day or two he is just dead, so we don't interfere in that*" (1; 12,8-15)

Eine wichtige Orientierung in der Pflege der Tiere ist für Martha neben dem Fressverhalten des Tieres der Gesichtsausdruck. Solange das Tier ein ‚happy face' hat, also Lebenswillen zeigt, versucht sie ihm auf vielerlei Weise zu helfen. Zeigt das Tier durch sein Verhalten keinen Lebenswillen mehr, wird dies als Entscheidung des Tieres gesehen und respektiert und nicht versucht, es ‚künstlich' am Leben zu halten. Es wird hier nicht mehr in den Sterbeprozess eingegriffen, um ihn aufzuhalten.

Die ständige Konfrontation mit dem Tod und die Entscheidungen, die zu treffen sind, führen auch zu schwierigen und auch belastenden Situationen.

> „*in case there is extreme suffering, ja, in that case we euthanize the animal* (I: mhm), *but that, then it is still, it is a very individual matter, it is not a principle that, oh the animal is suffering so much, oh good we better euthanize it now, because after two weeks it is still suffering, no, we wait, there is a moment for that, mhm* (I: mhm), *and that is a feeling between the doctor and me and the animal and the attendant, ja, that we all say, yes it is too much,* (I: mhm) *and then we help it out*" (1; 12,15-20)

Leiden und Stillstand in der Genesung sind kein Grund für Euthanasie. Martha hat zwar ihre Arbeit für die Tiere unter dem Motiv angefangen, dass Leiden der Tiere zu mindern, jedoch eine Orientierung am Natürlichen (Sterben) schliesst ein, dass das Leiden als Teil des Lebens dazu gehört. Die Grenze der ‚Natürlichkeit' wird hier nur im Ausnahmefall überschritten. Nur bei „*extreme suffering*" greift sie ein und lässt die

Tiere euthanisieren. Nicht die Dauer des Leidens, sondern eher dessen Intensität ist für sie das Entscheidende. „*we wait*": es gibt einen richtigen Moment, für den man wach sein muss und der sich zwischen den Beteiligten manifestiert. Eine Form der inneren Sicherheit, eine nicht-argumentative Übereinstimmung wird gesucht. Und das Tier ist einbezogen in diesen Entscheidungsfindungsprozess, was sich auch im obigen Interviewzitat an seiner Wortstellung zwischen den anderen Beteiligten zeigt. Martha scheint davon auszugehen, dass das Tier in diesem Prozess seine Ablehnung oder Zustimmung gibt, welche sich in seinem Verhalten, (Fressverhalten und Gesichtsausdruck) und dem „*feeling*" zwischen allen Beteiligten zeigt. Die Aufgabe des Tierhalters ist es, das Tierverhalten richtig einzuschätzen und eine innere Kommunikationsform mit dem Tier zu pflegen. Ob der Tierhalter das Leiden der Tiere aushält ist eine Frage, die dabei mit im Raume steht. Denn es besteht aus dieser Perspektive die Gefahr zu handeln, weil das Leid nicht ertragen wird und es besteht zugleich die Gefahr, das Tier scheinbar ‚natürlich' sterben zu lassen, weil sich niemand richtig um das Tier kümmert oder niemand sich traut einzugreifen.

In Abgrenzung vom Utilitarismus ist hier der individuelle Fall bzw. das individuelle Tier in seiner (arteigenen) Form der Mitteilung und kein (abstraktes) Prinzip (wie z. B. die Dauer des Leidens) der Gradmesser für ethische Entscheidungen. Die Entscheidung muss für jedes Tier und für veränderte Situationen neu getroffen werden, das ‚Gespräch' immer wieder geführt werden.[12] Martha schließt damit an Aspekte einer Care- und einer Tugendethik an. Tiere werden z. B. in einer Care-Ethik als Individuen mit Gefühlen beschrieben "who can communicate those feelings [...] An ethics of care also recognizes the diversity of animals – one size does not fit all; each has a particular history" (Donovan/Adams, 2007, S. 2f.).

Im Sinne der Tugendethik ist es ein wesentlicher Unterschied, ob ein Tier aus dem Eigeninteresse des Tierhalters (und der Konsumenten) heraus getötet wird, da es nicht mehr die gewünschte Leistung bringt oder mit der Absicht, das Beste für das Tier zu tun. Bei letzterem steht der nicht-instrumentelle Eigenwert des Tieres im Zentrum von Entscheidungen über Leben und Tod des Tieres. Das Motiv ist hier der wesentliche Unterschied. Diese Motivationsseite von Handlungen ist auch in dem ethischen Wert Ahimsa – der Nichtverletzung von Lebewesen weder in *Gedanken*, in Worten noch in Taten – angesprochen. Im Unterschied zu der oben beschriebenen Ausnahmesituation, der Euthanasierung von Rindern, gibt es auch Höfe, die ihre Tiere im Sterbeprozess intensiv begleiten und betreuen, ohne sie am Ende euthanasieren zu lassen.

## 5.8 Veganer

*„the vegans, they are pushing me and they are, and I agree with them completely regarding the milk production and the slaughter, yeas"* (3; 2,8-9)

Die landwirtschaftliche Tierhaltung generell und auch Marthas Form der Tierhaltung wird von Veganen in Frage gestellt, da diese mit einer rein pflanzlichen Ernährung nicht an dem Leiden und der Tötung der landwirtschaftlichen Nutztiere beteiligt sein wollen. Aber selbst Veganer

*„have to eat grains and vegetables, and animals are still part of that food production, from the time that people have started agriculture they have used animals for for that purpose"* (3; 2,10-12)

Der Zusammenhang, dass die pflanzlichen Nahrungsmittel (in Indien) mithilfe von Tierdung und der Zugkraft der Rinder angebaut werden und die Veganer beim Essen dieser Nahrungsmittel mit in den Kreislauf des Tierleides und der Tiertötung eingebunden sind scheint vielen nicht bewusst zu sein. Für Martha ist es ein verstärktes Anliegen im Rahmen einer nationalen Tieschutz/ Tierrechts-Organisation die Veganer durch den Austausch von Informationen und der Planung gemeinsamer Aktivtäten mit in die Verantwortung zu nehmen.[13]

## 5.9 Employee und Freund

Die Rinder sind *„almost like friends, I mean like an employee, because poor people also have to work, and they are paid very badly, and they are not treated very well"* (3; 2,13-15)

Tiere arbeiten in der Landwirtschaft und sollen daher wie Employees ihre Rechte haben. Martha mahnt den Schutz und die Achtung der Tiere um ihrer selbst willen an, um mit den Tieren in einer Zone zwischen *„employee"* und *„friend"* zu leben. Ähnliches wird in der Tierethik unter dem Begriff des „ethical contract" vorgeschlagen. Dabei sollen die Erträge des Hof-Ökosystems gerecht verteilt und eine Art Ombudsmann eingerichtet werden, der die Interessen der Tiere vertritt. Aber: „Animals [...] are guaranteed coverage under the contract so long as they continue to contribute to the system with products and services" (Lund/Anthony/Röcklingsberg, 2004, S. 23). Der Vertrag kann also einseitig von den Menschen gekündigt werden, wenn die Tiere nicht mehr genug ‚Leistung' bringen. Genau hier geht Martha weiter und gibt den Rindern als Lebens- und Versorgungsgarantie eine Art Rente. Zugleich ist ihr Tierhospital ein Beispiel dafür, dass keine Vor-Leistungen durch die Tiere erbracht werden müssen, um aufgenommen zu werden.

Begriffe wie Employee und Freund stellen eine Erweiterung des Begriffs der Tierintegrität dar, wie er von Verhoog et al. (2004, S. 43) gebraucht wird, die vor allem betonen, dass die Rinder wiederkäugerecht gehalten und gefüttert werden sollen. Martha ist auf der Betrachtungsebene der Agro-Ökologie bestrebt, ein möglichst unabhängiges und vielseitiges System aufzubauen, in dem die Rinder vor allem eine Aufgabe als Arbeitstier und Düngerlieferant haben. Die Ebene eines „Ohne-Chemie-Landbaus" (hier: ihre Ablehnung von Dünger aus konventioneller Tierhaltung wegen Rückständen) erweitert sie um den Aspekt des Tierleides, der im Dünger als *„subtle energy"* enthalten ist.

Die Frage nach einem natürlichen Leben und Sterben der Tiere, beinhaltet naheliegenderweise auch die Frage, was für uns Menschen ein natürliches Leben (und Sterben) ist bzw. was unser Selbstbild als Mensch ist. Für Martha klingt als (ein) Motiv ihres Selbstbildes an, *„that I know that I am one with creation, I am part of it, it is equal"* (1; 17,15-16) .. *„I need trees and animals to be connected, so lets say it is for my own sake (I: mhm), mhm, and at the same time I can do something for them"* (1; 17,39-40). Ein Bewusstsein der Einheit ist für sie der natürliche Zustand, den es zu realisieren gilt und den die Menschen gestört und verloren haben. So ist auch ihre Hilfe für die Tiere ein Bestreben diesen natürlichen Zustand, die natürliche Ordnung der Einheit (in der Schöfpung), im eigenen Bewusstsein und im Umgang mit den Tieren wieder herzustellen. Oder wie es Gandhi mit dem bereits erwähnten Zitat ausdrückte: „Man through the cow is enjoined to realize his identity with all that lives" (Gandhi 1959, S. 3).

## Endnoten

1    An dieser Stelle möchte ich mich bei Prof. Ton Baars für den intensiven offenen Austausch und die klärenden Diskussionen über das Thema, seine Anregungen und Verbesserungsvorschläge für diesen Beitrag bedanken.

2    Albert Schweitzer 1990, S. 330.

3    Merkmale einer fortschreitenden Intensivierung und Spezialisierung sind z. B. eine Fütterung von Kraftfutter, die Verwendung von konventionellen Selektionskriterien in der Zucht, eine einstreuarme Haltung und ein Trend zu Güllesystemen statt Festmist (vgl. Darnofer,/Bartel-Kratochvil/Lindenthal/Zollitsch 2007). Daneben gibt es die generelle Tendenz einer „Entkopplung von Tierhaltung und Pflanzenbau" (Schumacher 2007). So gibt es immer mehr Acker- und Gemüsebaubetriebe ohne Viehhaltung.

4    Wiederkäuer können das Gras von Regionen, die sonst gar nicht oder kaum von den Menschen zu ihrer Ernährung genutzt werden können über ihre Verdauung in Mist, Milch, Arbeitskraft und Wachstum verwandeln. Sie prägen durch ihre Anwesenheit und ihr Fressverhalten unsere europäische Kulturlandschaft. Ihr Mist ist essentiell für die Erhaltung der Bodenfruchtbarkeit und damit der Basis einer nachhaltigen Ernährung. Außerdem werden neben Gras viele Leguminosen für die Fütterung angebaut. Die Leguminosen helfen den wichtigen, in der Luft vorhandenen Pflanzennährstoff Strickstoff für die Pflanzen verfügbar zu machen. Wie sich die immer weiter verbreitende „viehlose" Bewirtschaftung im ökologischen Landbau auf die Bodenfruchtbarkeit und damit auf die Nachhaltigkeit der Landwirtschaft auswirkt ist unter Beratern und z. T. unter den Forschern umstritten.

5    Es sind vor allem Kaufleute, die als Jains oder Krishna-Verehrer diese Einrichtungen unterstützen.

6    Meist wird bei den Vegetariern unterschieden zwischen (1) lakto-Vegetariern, die Milchprodukte essen, (2) ovo-lakto Vegetarier, die Milch und Eier essen und (3) Veganern, die gar keine tierischen Produkte essen (und kein Leder tragen).

7    Ein anonymisierter Name.
     Die beiden zitierten Interviews mit Martha wurden als offene Interviews im Dezember 2008 und Dezember 2009 in Indien geführt. Die Auswertung orientierte sich an der Fallrekonstruktion (vgl. Rosenthal 2005) und dabei vor allem an der sequentiellen Feinanalyse der Interviews und vorhandenen Dokumenten (Internetseite, Rundbriefe, ein Vor-trag...). Diese Arbeit ist Teil des laufenden Dissertationsprojektes „Nicht-tötende-Rinder-haltung" am Fachgebiet biologisch-dynamische Landwirtschaft der Universität Kassel.

8    Im Zusammenhang des ideologischen Kontextes in Indien ist es interessant, dass sie dabei von einem Moslem berichtet, der ihr in der lebensbedrohenden Situation aus dem Auto hilft. Viele Konflikte zwischen Hindus und Moslems haben in Indien die Achtung für die heiligen Kühe und das Schlachten derselben durch Moslems als Anlass.

9    Dabei ist es für die Außendarstellung auch von Bedeutung, dass die Rinder etwas für sich selber tun, dass sie mithelfen ihren Unterhalt durch die verschiedensten Produkte, die aus Milch und Rindermist hergestellt werden zu finanzieren. Aber dies hat seine Grenzen in Bezug auf Milch und Milchprodukte, da es durch eine nicht-tötende Rinderhaltung zwangsläufig zu einer radikalen Reduktion der Anzahl an Kälbergeburten und damit auch der Milchproduktion pro Jahr kommt. Wenn alte, nicht mehr Milch gebenden Kühe ihren Platz im Stall behalten und nicht zum Schlachter kommen, steht für weniger Nachkommen Stall- und Weidefläche und damit weniger Futter zur Verfügung.
     Eigene Recherchen haben gezeigt, dass vergleichbare Höfe meist ähnlich wie Martha ein Umfeld haben, das sie finanziell und z. T. auch mit tätiger Hilfe fördert und unterstützt. Besonders für „Sanctuaries"/„Gnadenhöfe" sind Tierpatenschaften durch Unterstützer ein häufig anzutreffendes Modell: Die Tiere auf dem Hof bekommen Paten, welche die Fütterung und Versorgung ihres Tieres (über einen bestimmten Zeitraum) finanzieren.

10   Damit zusammenhängend wird die Büffelzucht aufgegeben. Denn obwohl einerseits die weiblichen Büffel(kühe) mehr Milch geben als die Kühe der indischen Zeburinder, findet sich andererseits keine Aufgabe für die männlichen Nachkommen, da Büffel in der heißen und hügeligen Gegend, wo Martha lebt, nicht zur Anspannung in der Landwirtschaft genutzt werden (können). Womit auch ihre Adoption uninteressant wird bzw. die Versuchung für die Bauern und Bäuerinnen groß ist, sie für die Schlachtung zu verkaufen. Auf ganz Indien bezogen ist die Bedeutung der Büffelzucht speziell für die Milchproduktion groß. Es wird mehr Büffelmilch als Kuhmilch ermolken (FAO, 2010) und die Büffelkühe geben durchschnittlich auch mehr Milch als Kühe.

11   Im ökologischen Landbau spielen Rinder als Düngerlieferanten oft eine herausragende Rolle. Es scheint also in Indien, anders als in Europa durch die EU-Ökoverordnung gewährleistet, konventionellen Rinderdung in der ökologischen Landwirtschaft nutzen zu können.

12   In den „Anual Treatment Reports" ihrer NGO von 2006, 2007/8 und 2008/9 werden 10 Kühe, 55 Bullen und 39 Büffel aufgeführt, die eines natürlichen Todes starben, und jeweils eine Kuh und ein Bulle die euthanisiert wurden. Dabei ist zu bedenken, dass durch

die „cattle rescues" wesentlich mehr Bullen als Kühe auf dem Hof sind bzw. waren. Bei den Hunden und Welpen ist die Anzahl der medizinisch versorgten Tiere und auch der Euthanisierungen deutlich höher.

13  Es gibt auch Höfe, die rein vegan wirtschaften, vgl. http://www.veganorganic.net/

## Literatur

Burgat, Florence (2004): Non-Violence towards animals in the Thinking of Gandhi: the Problem of animal Husbandry. In: Journal of Agricultural and Environmental Ethics, 14/2004, S. 223-248.

Darnofer, Ika/Bartel-Kratochvil, Ruth/Lindenthal, Thomas/Zollitsch, Werner (2007): (Konventionalisierung-) Gibt es klare Kriterien für den Ökolandbau? In: Ökologie & Landbau, Heft 144, 1/2007, S. 26-27.

Donovan, Josephine/Adams, Carol J. (2007): Introduction. In: Donovan, Josephine/Adams, Carol J. (Hg.): The Feminist Care Tradition in Animal Ethics. New York, S. 1-15.

FAO (2010): FAOSTAT data. Food and Agriculture Organisation, Rome. In: http://faostat.fao.org/site/339/default.aspx [18.06.10].

Gandhi, Mohandas K. (1959): How to serve the cow. In: Kumarappa, B. (Hg.): How to serve the cow. 2. Auflage. Ahmedabad, S. 1-82.

Goodland, Robert/Anhang, Jeff (2009): Livestock and Climate Change. What if the key actors in climate change are... cows, pigs, and chickens? World Watch, 6/2009, S. 10-19. S. 13

Hörning, Bernhard (2005): Intensivierung oder Rückbesinnung auf die Grundsätze? In: Ökologie und Landbau, Heft 133, 1/2005, S. 22-24.

Jacobsen, Kurt A. (2005): Ahimsa. In: Taylor, Bron (Hg.): Encyclopaedia of Religion and Nature. London, S. 30-31.

Janssen, Meike/Buder, Fabian/Hamm, Ulrich (2010): Große Einheiten im Biosektor auf dem Vormarsch. In: Ökolgie & Landbau. Heft 153, 1/2010, S. 26-28.

Lammerts Van Bueren, E./ Struik, P. (2004): The consequences of the concept of naturalness for organic plant breeding and propagation. NJAS - Wageningen Journal of Life Sciences, Heft 52, 1/ 2004, S. 85-95.

Leitzmann, Claus (2001): Vegetarismus. München.

Lensch, Jürgen H. (1985): Probleme und Entwicklungsmöglichkeiten der Rinder- und Büffelhaltung in Indien unter besonderer Berücksichtigung der ‚heiligen Kühe' – eine interdisziplinäre Betrachtung. Dissertation, Georg-August Universität Göttingen.

Lodrick, Deryck O. (1981): Sacred Cows, Sacred Places. Origins and Survivals of Animal Homes in India. University of California Press, Berkely and Los Angeles.

Lodrick, Deryck O. (2005): Symbol and Sustenance: Cattle in South Asian Culture. In: Dialectical Anthropology, 29/2005, S. 61-84.

Lund, Vonne/Anthony, Raymond/Röcklinsberg, Helena (2004): The ethical contract as a tool in organic animal husbandary. In: Journal of Agricultural and Environmental Ehics 17/2004, S. 23-49.

Luttikholt, Louise W.M. (2007): Principles of organic agriculture as formulated by the International Federation of Organic Agricultural Movements. In: NJAS - Wageningen Journal of Life Sciences, Heft 54, 4/2007, S. 347-360.

Mangels, Ann Reed/Messina, Virginia/Melina, Vesanto (2003): Position of the American Dietetic Association and Dietitians of Canada: Vegetarian diets. In: Journal of the American Dietetic Association, Heft 103, 6/2003, S. 748-765.

Max Rubner-Institut (Hg.) (2008): Nationale Verzehrs Studie II, Ergebnisbericht, Teil 1, Karlsruhe. In: http://www.mri.bund.de/fileadmin/Veroeffentlichungen/Archiv/Einzelthemen_Publikatio nen/nvs_ergebnisbericht_teil1.pdf [18.06.10].

Mylius, Klaus (Hg.) (2007): Die Bhagavadgita. Des Erhabenen Gesang. München. 3. Auflage.

Nelson, Lance (2006): Cows, Elephants, Dogs, and Other Lesser Embodiments of Atman. Reflections on Hindu Attitudes Toward Nonhuman Animals. In: Waldau, Paul/Patton, Kimberlev (Hg.): A Communion of Subjects. Animals in Religion, Science and Ethics. New York, S. 179-193.

Padel, Susanne/Röcklinsberg, Helena/Verhoog, Henk/Alrøe, Hugo Fjelsted/de Wit, Jan/Kjeldsen, Chris/Schmid, Otto (2007): Balancing and integrating basic values in the development of organic regulations and standard: Proposal for a procedure using case studies of conflicting areas. Report No. D23 Organic Revision. Faulum.

Rahmann, Gerold/Koopmann, Regine/Oppermann, Rainer (2005): Kann der Ökologischen Landbau auch in Zukunft auf die Nutztierhaltung bauen? - Wie sieht es in der Praxis aus und wie soll/muss sie sich entwickeln? In: Hess, Jürgen/Rahmann, Gerold (Hg.): Ende der Nische. Beiträge zur 8. Wissenschaftstagung Ökologischer Landbau. Kassel, S. 657-660.

Rosenthal, Gabriele (2005): Interpretative Sozialforschung. Eine Einführung. Weinheim und München.

Schweitzer, Albert (1990): Kultur und Ethik. München.

Schumacher, Ulrich (2007): Prinzipien und Richtlinien im Ökologischen Landbau: der eigene Anspruch aus Erzeugersicht. In: AgrarBündnis-Tagung „Fairness und Ethik im Ökologischen Landbau" 18./19.6.07 Fulda. In: http://www.kasseler-institut.org/9.0.html [13.01.10]

Steinfeld, H./Gerber, P./Wassenaar, T./Castel, T./Rosales, M./de Haan, C. (2006): Livestock's long shadow - environmental issues and options, FAO, Rome In: http://www.virtualcentre.org/en/library/key_pub/longshad/a0701e/A0701E00.pdf [07.10.07].

Stietencron, Heinrich von (2006): Der Hinduismus. München, 2. Auflage.

Verhoog, Henk (2009): Werte der Biologisch-Dynamischen (ökologischen) Landwirtschaft. In: Baars, Ton/Kusche, Daniel/Werren, Dagmar (Hg.): Erforschung des Lebendigen. An den Grenzen herkömmlicher Wissenschaften. Darmstadt, S. 127-134.

Verhoog, H./Matze, M./Lammerts van Bueren, E./Baars, T. (2003): The Role of the Concept of the Natural (Naturalness) in Organic Farming. In: Journal of Agricultural and Environmental Ethics, 16/2003, S. 29-49.

Waters, Kerry S./Portmess, Lisa (1999) (Hg.): Ethical Vegetarianism. Form Pythagoras to Peter Singer. New York.

Cornelia Dinsleder/Katharina Faltis/Andrea Felbinger/Andrea Mayr/Helga Moser/Karin Pesl-Ulm/Harald Ploder/Elisabeth Puster/Katica Stanić

# Die Herausbildung professioneller Handlungsmacht in der Berufswelt einer Betriebsrätin

> *„Wir san heit als Arbeitsnehmervertreter net nur ah do um Gesetze einzuholtn des is gaunz kloar ober vieles vieles spült sie auf der Ebene ob wos holt net im Gesetz niedergschriebn is wird"*
> (Frau A., Z. 78-80).

## 1. Einleitung

Eine Gruppe von Doktoratsstudierenden am Institut für Erziehungs- und Bildungswissenschaft der Universität Graz hat sich im Rahmen ihres Studiums mit der Berufswelt von BetriebsrätInnen auseinander gesetzt. Zunächst stand die Frage, was Menschen dazu veranlasst sich als BetriebsrätInnen zu engagieren, im Zentrum der Aufmerksamkeit. Zudem stellten sich für diese Gruppe weiters die Fragen, wie es BetriebsrätInnen gelingt, die vielfältigen Anforderungen, die in ihrer Arbeit zusammenfließen, auszubalancieren und welche Grundhaltungen, Qualifikationen und Kompetenzen in diesem Zusammenhang gefordert bzw. auszubilden sind? Um Antworten auf diese Fragen zu erhalten, wurden TeilnehmerInnen einer BetriebsrätInnen-Akademie interviewt. Eines dieser biografisch-narrativen Interviews[1] stellte in weiterer Folge die Arbeitsgrundlage für den vorliegenden Beitrag dar, in deren Mittelpunkt die Protagonistin Frau A. steht. Den methodologischen Rahmen bildete die Grounded Theory nach Glaser/Strauss (1998); ausgewertet wurde das Interview nach dem Kodier-Verfahren von Strauss/Corbin (1996).

Die Tätigkeit von BetriebsrätInnen umfasst ein breites Spektrum an Aufgaben. Die gesetzliche Grundlage dafür ist das Arbeitsverfassungsgesetz (ArbVG). Im § 38 ArbVG ist dazu Folgendes festgelegt: „Die Organe der Arbeitnehmerschaft des Betriebes haben die Aufgabe, die wirtschaftlichen, sozialen, gesundheitlichen und kulturellen Interessen der ArbeitnehmerInnen im Betrieb wahrzunehmen und zu fördern" (ArbVG 1973, S. 12). Ausgehend davon formuliert der Österreichische Gewerkschaftsbund (ÖGB) folgende Aufgaben für BetriebsrätInnen: „Sie verhandeln Betriebsvereinbarungen, sorgen für die Einhaltung der Kollektivverträge und der Betriebsvereinbarungen, machen Vorschläge zur Verbesserung der Arbeitsbedingungen und der Sicherheit, haben Mitspracherecht bei der Gestaltung der Arbeitsplätze, haben das Recht auf Mitsprache bei Personal- und Wirtschaftsangelegenheiten, haben das Recht zu Kündigungen und Entlassungen Stellung zu nehmen und diese bei Gericht anzufechten, können unter bestimmten Voraussetzungen Versetzungen verhindern, müssen über alle die ArbeitnehmerInnen betreffenden Angelegenheiten informiert werden" (ÖGB o.J.). Dieser Auftrag stellt eine große Herausforderung für BetriebsrätInnen dar und fordert vielfältiges Wissen und umfassende Kompetenzen. So ist es einerseits notwendig, über ein gewisses Potenzial dieser Fähigkeiten und Fertigkeiten bereits zu Beginn der Tätigkeit als Betriebsrätin bzw. als Betriebsrat zu verfügen, andererseits ist die permanente Weiterbildung im Verlauf dieser Tätigkeit zentral. Die zahlreichen Aus- und Weiterbildungsveranstaltungen der unterschiedlichen gewerkschaftlichen Bildungseinrichtungen verdeutlichen diese Anforderungen und schaffen hierfür geeignete Voraussetzungen für eine erfolgreiche Betriebsratstätigkeit. So etwa bietet der Verband Österreichischer Gewerkschaftlicher Bildung eine BetriebsrätInnen-Akademie an. Die über 14 Wochen laufende Ganztagesausbildung behandelt schwerpunktmäßig die Themen „Arbeitsrecht, Politik, Betriebs- und Volkswirtschaft, Praktische Betriebsarbeit und Kommunikation" (VOEGB o.J.).

Auf dem Hintergrund der vorangegangenen Ausführungen richtet sich der Fokus der nachfolgenden Darstellung auf die Entwicklung professioneller Handlungsmacht der Biografieträgerin Frau A. Ausgehend vom biografischen Porträt werden in weiterer Folge ausgewählte Aspekte der Professionalisierung der Biografieträgerin beleuchtet, welche sich in der Veränderung der persönlichen Handlungsmacht der Akteurin widerspiegeln.

## 2.  Biografisches Porträt: Von der Schüchternheit zur Handlungsmacht

Frau A. ist 42 Jahre alt und seit 20 Jahren in einem fleischverarbeitenden Industriebetrieb einer Supermarktkette tätig. Seit 13 Jahren engagiert sie sich dort auch als Betriebsrätin. Mit der Aufnahme der Betriebsratstätigkeit trat Frau A. zudem der Gewerkschaft als Mitglied bei.

Der Geburtsort ist in der Kurzbiografie nicht angegeben und Frau A. erwähnt ihn auch nicht in der Narration. Ihre Eltern waren in der Landwirtschaft tätig. Nach dem Abschluss der Pflichtschule wollte Frau A. die Hauswirtschaftsschule besuchen, was jedoch nicht möglich war. Stattdessen musste sie in das Arbeitsleben eintreten und begann eine Lehre in der Gastronomie. Die fehlende Mobilität – die Eltern besaßen kein Auto – schränkte die Berufsauswahl der Biografieträgerin ein. Die Arbeit in der Gastronomie

> *„wor sicha net mein Traumberuf"* (Z. 191).

Dennoch findet sie sich in den Beruf ein und lernt ihn „zu lieben" (Z. 192). Sie absolviert ihre Lehre in der Gastronomie und ist einige Jahre als Saisonarbeiterin tätig. Zunächst vermisst sie in dieser Zeit die fehlenden freien Wochenenden nicht, denn

> *„wos wüll ma als a Junger ein freies Wochenende"* (Z. 193).

Die Arbeitszeiten sind aber schließlich ausschlaggebend für den Wechsel in einen Handelsbetrieb als Verkäuferin. Frau A. empfindet diese Arbeit als eine ihrem Lehrberuf verwandte, da sie als Verkäuferin nach wie vor mit KundInnen in Kontakt ist. Nach einem Wechsel innerhalb des Betriebes in die Abteilung der Wurstverpackung fehlt ihr vor allem die Kommunikation mit den KundInnen.

> *„die Kommunikation mit dem Kundn i man dawall i im Gschäft wor hob i des a ghobt den Kundn oba daunn wie i in Betrieb gaungan bin sicha hob i Orbeitskolleginnen und Kollegn und aba a Kunde is wos aundares mit dem kommunizierst und des des hot ma nocha gföllt"* (Z. 198-201).

Im Verlauf ihrer Tätigkeit arbeitet sie sich bis zur stellvertretenden Leiterin der Wurstverpackung hoch.
Was ihre Persönlichkeit betrifft, bezeichnet sich Frau A. rückblickend als eine in jungen Jahren schüchterne Person.

> *„ich bin auf jeden Foll eh wenn mi heite wer frogt und i sog i wor in meim Lebn imma schüchtan dann glaubns des net ((lacht)) des hot si natürlich im Laufe der Zeit glegt"* (Z. 9-11).

Heute beschreibt sie sich als kritische Mitarbeiterin, die bereits vor ihrer Tätigkeit als Betriebsrätin so manches auf ihrer Arbeitsstelle thematisierte, das aus ihrer Sicht nicht in Ordnung war. Sie betrachtet gerade diese Fähigkeit, Kritik zu äußern, als wichtige Eigenschaft einer Betriebsrätin. Im Verlauf ihrer Tätigkeit wird sie auf Anregung eines Arbeitskollegen und eines Betriebsrates dahingehend ermutigt, bei der Betriebsratswahl zu kandidieren. Sie weist im Interview darauf hin, dass sie über den Aufwand, den diese Tätigkeit mit sich bringt, nicht informiert war. Retrospektiv betrachtet, ist sie sich nicht sicher, ob sie diese Herausforderung angenommen hätte, wäre ihr von Beginn an bewusst gewesen, wie aufwändig sich diese Arbeit gestalten würde.

> *„hob ma denkt najo is jo Wurscht moch i holt ((lachen)) oba i glaub wenn i vorher gwisst hätt wie vüll das des Orbeit is hätt is wahrscheinlich gor net taun"* (Z. 249-251).

Emotionale Unterstützung und Energie für ihre Arbeit als Betriebsrätin findet Frau A. in ihrer Familie, der sie sich eng verbunden fühlt und bei ihren FreundInnen. Gerade im ersten Jahr als Betriebsrätin hat sie ihr Privatleben sehr zurückgestellt, um den Herausforderungen und ihrem persönlich sehr hohen Anspruch gerecht zu werden.

> *„wenn i wos moch daunn moch is gaunz oder sunst gor net"* (Z. 32-33).

In dieser Zeit erhält sie vom damaligen stellvertretenden Betriebsratsvorsitzenden große Unterstützung. Er fungiert u.a. als Ansprechpartner für diverse Fragen oder als Unterstützer in Zusammenhang mit der für sie notwendigen Weiterbildung. Zu Beginn der betriebsrätlichen Tätigkeit widmete sie sich vor allem der Orientierung und dem Besuch entsprechender Grundausbildungen. Aber auch in den folgenden Jahren besucht Frau A. zahlreiche Fortbildungen im Rahmen ihrer Tätigkeit als Betriebsrätin. Frau A. lässt sich für ihre betriebsrätliche Arbeit nicht freistellen, obwohl sie dazu die Möglichkeit hätte. Sie ist auch in ihrer Freizeit für die Anliegen ihrer KollegInnen erreichbar, wobei sie gerade ihren Familienstand – Frau A. ist unverheiratet und hat keine Kinder – als Vorteil betrachtet: Das ermöglicht ihr jenen persönlichen Freiraum, den sie in ihrer Betriebsratsarbeit als notwendig und erleichternd erachtet. Sie bringt allerdings auch zum Ausdruck, dass nicht alle BetriebrätInnen mit demselben Engagement ihre Tätigkeit ausüben.

Die Notwendigkeit des Bestehens der Gewerkschaft als *„gelebte Sozialpartnerschaft"* *(Z. 41)* und den Nutzen der Arbeit der aktiven BetriebsrätInnen für ArbeitnehmerInnen als auch ArbeitgeberInnen hat Frau A. auf mehreren Ebenen erfahren: Unter anderem durch die Auseinandersetzung mit dem Arbeitsrecht und den historischen Verläufen der gewerkschaftlichen Einflussnahme wie auch aus der aktuellen Beteiligung an Lohnverhandlungen, Kollektivverträgen, arbeitsrechtlicher Mediation und kollegial betriebsrätlicher Beratung. In den Schilderungen der gewerkschaftlichen Leistungen wird ihre Überzeugung von der Bedeutsamkeit der Gewerkschaft für die Verbesserung der Arbeits- und Entlohnungssituation für ArbeiterInnen und Angestellte deutlich. Die Tätigkeit von BetriebsrätInnen ist gekennzeichnet durch langwierige, intensive und immerwährende Verhandlungsprozesse. Wesentliche Hilfsmittel zur Durchsetzung von Anliegen und Problemlösungen auf allen Ebenen sind der Einschätzung von Frau A. nach vor allem gut funktionierende Netzwerke. Sie ermöglichen Unterstützungen in vielfältigen Angelegenheiten ebenso wie einen Erfahrungsaustausch innerhalb der Gewerkschaft. Frau A. ist sich bewusst, dass sie als Betriebsrätin ein wichtiger Teil der definitiven gewerkschaftlichen Macht ist und sie weiß diese Macht auch entsprechend einzusetzen.

*„wenn as [der Arbeitgeber/ die Führungskraft] gor net aundas kappiert wenn er sehr wuhl was ma kaunn kommuniziern daunn muass ma iahm holt a zagn wer am längeren Hebl sitzt net ((lachen)) oba des san imma die letzen die letztn Dinge wenn auf Gesprächsbasis nix mehr geht"* (Z. 289-291).

## 3. Die Professionalisierung der betriebsrätlichen Arbeit

Die betriebsrätliche Arbeit ist gekennzeichnet durch hohe Anforderungen in den Bereichen fachspezifischen Wissens, sozialer Kompetenzen und Know-how im Umgang mit Organisationen und Institutionen. Die professionelle gewerkschaftliche Arbeit muss sich den, mit den Entwicklungen verbundenen Herausforderungen in den Betrieben und auf gesellschaftlicher Ebene stellen, wodurch sich auch die Rolle der GewerkschafterInnen in den vergangenen Jahren sehr verändert hat. Verlangt werden „Kompetenzen zu analytischer Arbeit, zur Steuerung von Mitbestimmungsprozessen, die Fähigkeit, die Beteiligung von ArbeitnehmerInnen als Grundlage der Ideenentwicklung zu verstehen und eigene Lösungen auch in unternehmenspolitischen Fragen zu entwerfen. Diese Qualifikationen müssen erlernt und in der täglichen Arbeit entwickelt werden. Prozesskompetenz wird zum wichtigsten Baustein innergewerkschaftlicher Aus- und Weiterbildung" (Schmoldt 2000, S. 281). Die Handlungsanforderungen an Betriebsräte und Betriebsrätinnen werden auch durch den Wandel der Produktions- und Organisationsstrukturen in vielfacher Weise neu definiert (vgl. Wannlöffel 2002, S. 1). Die Professionalisierung der betriebsrätlichen Arbeit ist in diesem Kontext ein ständiger Prozess, in dem die methodisch-fachliche und soziale Qualifikation zu einer der Hauptaufgaben der gewerkschaftlichen Bildungsarbeit werden (vgl. ebd. S. 2). Dabei stellt gerade Weiterbildung einen wichtigen Baustein im Professionalisierungsprozess von BetriebsrätInnen dar. Weiters ist es notwendig, „(…) sich mit den in den Organisationen praktizierten Methoden, Verfahren und eingesetzten Instrumenten auseinander zu setzen und hierfür die entsprechende Beurteilungskompetenz zu erwerben" (Schmoldt 2000, S. 279).

Im Folgenden wird entsprechend den hier vorgestellten Merkmalen der Professionalisierung in der betriebsrätlichen Tätigkeit schwerpunktmäßig erstens auf bereichsübergreifende Aspekte (Engagement und Belastbarkeit, Kommunikation), zweitens auf personenbezogene Aspekte (Kritikfähigkeit, pragmatische Handlungsorientierung, Anschlussfähigkeit), drittens auf Aspekte der Aus- und Weiterbildung (defensives Lernen, informelle Lernräume) und viertens auf die professionelle Handlungsmacht (Rolle als Vermittlerin, strategisches Denken, Vernetzung) eingegangen.

### 3.1 Bereichsübergreifende Aspekte

Der Weg zur Professionalisierung in der Betriebsratsarbeit beinhaltet den Aufbau unterschiedlicher Fähigkeiten und Fertigkeiten. Zu den bereichsübergreifenden basalen Fähigkeiten der Biografieträgerin gehören ein hohes Engagement und Belastbarkeit sowie fundierte Kompetenzen im Bereich der Kommunikation. Auf dem Weg zur Betriebsratstätigkeit sowie in ihrer alltäglichen Arbeit zeigt Frau A. genau diese Eigenschaften. Diese Charakteristika sind in vielen geschilderten beruflichen Lebenssituationen erkennbar. So etwa erklärt Frau A. ihr hohes persönliches Engagement durch einen größeren Freiraum im Privatbereich als kinderlose und nicht verheiratete Frau. Ihr Engagement geht dabei weit über den gewöhnlichen Acht-Stunden-Tag hinaus. Frau A. vergleicht ihre betriebsrätliche Tätigkeit mit „Sozialarbeit" (Z. 256) bzw. mit „ehrenamtlichen" (Z. 255) Tätigkeiten wie etwa jene bei der Freiwilligen Feuerwehr oder beim Roten Kreuz. Als Ansprechpartnerin ist sie nahezu ‚allzeit bereit', sich Probleme von Mitarbeiterinnen und Mitarbeitern anzuhören und ihnen auch in schwierigen Situationen – wie beispielsweise bei Kündigungen – mit Rat und Tat zur Seite zu stehen. Dies hat allerdings einen Verzicht von Freizeit zur Folge.

*„ma trogt vieles natürlich in die Privatzeit mit aussi. Des belostet auf der oan Seitn natürlich sehr stork daunn muass ma a rechnen so wias bei uns is waunn der Mitorbeiter holt um zehne auft Nocht wüll kemann sullst holt a Zeit hobn für iham er hot dem Moment as Problem"* (Z. 175-178).

Das besondere Engagement von Frau A. lässt sich auch dadurch erkennen, dass sie die Möglichkeit, sich für die betriebsrätliche Arbeit freistellen zu lassen, nicht in Anspruch nimmt, sondern weiterhin als stellvertretende Leiterin im Betrieb arbeitet. Nicht nur die ständige Verfügbarkeit, sondern auch der direkte Kontakt zu ihren KollegInnen ist Frau A. sehr wichtig.

*„i hob nochan natürlich i bin jemand der wos net nur am Papier Orbeit mocht sondan ah noch a wirklich aktiv tätig is"* (Z. 29-30).

Sie tritt für die Rechte der ArbeitnehmerInnen mit starker persönlicher Überzeugung ein, wobei sie auch ein Schutz- und Fürsorgeverhalten gegenüber den MitarbeiterInnen und deren Familienmitglieder zeigt. Für das hohe Engagement und die Bereitschaft, Belastungen auf sich zu nehmen, werden von Frau A. unterschiedliche Motiven genannt. Diese sind etwa die Dankbarkeit der KollegInnen und die Momente besonderer Aufmerksamkeit und Wertschätzung, die daraus entstehen.

*„jo oba es gibt a viele viele schöne Erlebnisse muass ehrlich sogn des überwiegt wenn du an Orbeitnehmer hölfn kaunnst"* (Z. 119-121).

Die persönliche Empathie und das Verantwortungsbewusstsein für das Wohlergehen der einzelnen MitarbeiterInnen sind ein weiteres Motiv für die hohe Einsatzbereitschaft der Biografieträgerin. Darüber hinaus ist sie sich des speziellen Handlungsspielraums bewusst, der sich aufgrund ihrer Position als Betriebsrätin eröffnet. Der Kündigungsschutz ermöglicht ihr eine entsprechende Positionierung in Verhandlungen, um die Interessen der ArbeitnehmerInnen zu vertreten. Ihre Einsatzbereitschaft führt dazu, dass Frau A. starke Belastungen auf sich nimmt, die ihr einerseits bewusst sind und die sie andererseits auch immer wieder kritisch hinterfragt:

*„auf der aundan Seitn gibt's natürlich es gibt auch imma de Zeitn wo ima denk ma wieso tuast da des aun wieso mochst net deine ocht Stundn (/) gehst in Betreib mochst dein Oreit und verobschiedest dich ((lächeln)) gibt's natürlich aba dann kummt wieda des ma wenn du des net mochst ((...)) und den nächstn trifft grod und der waß sich jetzt net zum Hölfn wal du iham net vertreten kaunnst sicher i hob no as Wissen oba i hob wie ihr wahrscheinlich wissts als Betriebsrot an besonderen Kündigungsschutz des haßt i kaunn dementsprechend verhaundln schwer des kaunn net jeda Orbeitnemeer wal daunn wird ihm gedrot mit da Kündigung"* (Z. 111-118).

Frau A. legt äußerst viel Wert auf die Interaktionen mit den MitarbeiterInnen, den Vorgesetzten und anderen KollegInnen aus dem Betriebsrat und der Gewerkschaft.

Bereits vor Beginn ihrer Arbeit als Betriebsrätin waren ihr der Austausch und das Gespräch mit den Menschen ein großes Anliegen. So verweist sie diesbezüglich in ihrer Narration speziell auch auf ihre frühere Tätigkeit in der Gastronomie.

Um ihre Arbeit erfolgreich bewältigen zu können, ist es für sie notwendig, stets über die Vorgänge im Betrieb am Laufenden zu sein. Als wertvoll erachtet sie es, bei den MitarbeiterInnen vor Ort zu sein, um deren Situation durch den direkten persönlichen Kontakt besser erfassen zu können. Eine weitere Dimension stellt der Austausch mit den anderen BetriebsrätInnen dar, der für sie ein wichtiger Teil ihrer professionellen Tätigkeit ist.

*„do is ebm do is wichtig a die Kommunikation mit den aundan Betriebsrätn wie gehts dem (\) wos hot der do gmocht (\) do do is as gaunz wichtig dasst die Leit kennst a und dasst di und dasst di mit den aundan Problemen a heast I denk ma der hot a imma Schwierigkeitn net nur du oda so oda wie hot a do gmocht bei aundan so also des is gaunz wichtig a dass ma die Orbeit guat mochn kaunn"* (Z. 218-223).

Oftmals übernimmt sie im Betrieb die Organisation gemeinsamer Kommunikationsräume unter den MitarbeiterInnen, zum Beispiel indem sie Pausen initiiert, um das Kennenlernen und den Kontakt der KollegInnen untereinander zu fördern. Frau A. ist der Ansicht, dass durch das Initiieren und Nutzen solcher sozialer Räume die Entstehung von Problemen verhindert werden und damit möglichen Konflikten vorgebeugt werden kann:

*„ma kau also wirklich vieles im Vorausschaun wirklich mit Gespräch mochn und so"* (Z. 138-139).

Gerade wenn Konflikte entstehen, zeigt sich die kommunikative Fähigkeit der Biografieträgerin in besonderem Maße. Auch in schwierigen Situationen, wie etwa bei bevorstehenden Entlassungen oder konkreten Abmahnungen kommt ihre kommunikative Fähigkeit zum Tragen. In dieser Hinsicht stellen ihre Handlungen auch eine präventive Interaktionstätigkeit dar.

*„jo des wos net so einfoch is dass ma wenns Probleme gibt waß ma Verhaundlungen stehngan aun ob des jetzt a Kündigung betrifft oda so dasst de wüllst dass ma schaut dass de net ausgprochn wird"* (Z. 173-175).

### 3.2 Personenbezogene Aspekte

In der Narration der Biografieträgerin werden vor allem kritisches Bewusstsein, eine pragmatische Handlungsorientierung und eine entsprechende Anschlussfähigkeit von Wissenspotenzialen und relevanten personenbezogenen Fähigkeiten thematisiert. Die Fähigkeit und damit verbunden der Mut von Frau A., Kritik zu üben, äußern sich

bereits vor ihrem Einstieg in die Betriebsratsarbeit, indem sie Missstände am Arbeitsplatz artikuliert.

*„jo i wor natürlich auch immer a kritischer Mitarbeiter i hob manches kritisiert wos net in Ord-
nung woar"* (Z. 21-22).

Dadurch wurden aktive BetriebsrätInnen auf sie aufmerksam und haben versucht, sie
für eine Mitarbeit im Betriebsrat zu gewinnen. In der Betriebsratstätigkeit ist jedoch
die Kritikfähigkeit von Frau A. nur eine von mehreren zentralen Kompetenzen. So
vollzieht sich für Frau A. im Rahmen ihres Professionalisierungsprozesses eine Erweiterung und Verschränkung ihrer Perspektiven in Bezug auf die Rechte und Pflichten
der MitarbeiterInnen und der ArbeitgeberInnen. Sie nimmt bei Verhandlungen zwischen unterschiedlichen Parteien beispielsweise eine vermittelnde Perspektive ein.

*„des is gaunz wichtig a dass i des jetzt fürn Orbeitgeber obcheck des kaunn a mochn und des net
und genauso oba a fürn Orbeitnehma ne Dinge mochn si die Mitorbeita a sölba kaputt"*
(Z. 282-284).

Weiters wird die Gewinnung eines differenzierten Blicks in ihrer kritischen Position zu
den Forderungen der MitarbeiterInnen am Beispiel der Nachtarbeit für Frauen deutlich:

*„wi die daumals hom die Fraun daunn an Orbeitsmorkt bedrängt hobn gsogt ma wir wulln a in
da Nocht orbeitn (/) wal in da Nocht verdient ma holt a bissl mehr ober sie hom absolut net
gesegn dass des sehr belastend is a Schichtarbeit is irrsinnig was belastendes (/) und die Frauen
hobn immer gedocht so in da Nocht geh ich orbeitn und am Tog kaunn i die Kinder und Kochn
und Haushalt mochn sie hobn total vergessn dass irgendwaunn schlofn miassn"* (Z. 65-70).

Eine pragmatische Handlungsorientierung von Frau A. zeigt sich im Sinne der nutz-
bringenden Ausrichtung ihrer Aktivitäten sowie in ihrem Fokus auf deren praktische
Bedeutung. Die pragmatische Orientierung von Frau A. wird zum einen in ihrem
persönlichen beruflichen Werdegang sichtbar, indem sie sich mit den entsprechenden
Gegebenheiten zu arrangieren weiß.

*„bei mir wors daumauls so meine Öltan hobn ka Fohrzeig ghobt i hob ka aundare Möglichkeit
ghobt und daunn geht ma zum nächstn wo ma is Wor sicha net mein Traumberuf oba i hob ich
hob ihn lieben gelernt meinen Beruf muass i dazu sogn"* (Z. 190-192).

Zum anderen spiegelt sich ihre pragmatische Orientierung auch in der Ausübung ihrer
Tätigkeit als Betriebsrätin wider. Aus- und Weiterbildungsveranstaltungen nutzt Frau
A. beispielsweise neben der fachlichen Qualifizierung auch als eine wichtige Möglich-
keit zur Vernetzung. In ihrer Rolle als Vermittlerin zwischen ArbeitnehmerInnen und
ArbeitgeberInnen versucht sie die Interessen der unterschiedlichen Parteien auszuba-
lancieren. In ihrer strategischen Vorgangsweise orientiert sie sich an pragmatischen

Zielen, welche sie an reale Gegebenheiten rückbindet. Sie vermittelt zwischen dem Anspruch und dem Möglichen und versucht, als ausgleichendes Bindeglied zu fungieren. Dabei sind ein respektvoller Umgang und eine dementsprechende Kommunikation mit ArbeitnehmerInnen bedeutsam, wobei ArbeitgeberInnen und Führungskräften aus ihrer Sicht dabei eine entscheidende Vorbildfunktion zukommt.

*„es muass imma a Gesprächsbasis do sein"* (Z. 281).

Als Betriebsrätin befindet sich Frau A. immer wieder in einer sogenannten Sandwich-Position: Einerseits vertritt sie die Interessen der MitarbeiterInnen im Betrieb mit besonders hohem persönlichen Einsatz und dem dafür nötigen Engagement, auf der anderen Seite ist sie auch bemüht, eine vertrauensvolle Gesprächsbasis zur Führungsebene aufrecht zu erhalten, um die Interessen und Rechte der MitarbeiterInnen in konstruktiver Weise zu vertreten. Dieses ambivalente Spannungsverhältnis zwischen der Arbeit an der Basis und jener auf der Funktionärsebene stellt eine besondere Herausforderung dar. Auf der einen Seite kann dies nämlich einen Verlust von eindeutiger sozialer Zugehörigkeit zu ihren ArbeitskollegInnen bedeuten, auf der anderen Seite kann dies aber auch zu einer verstärkten Kohäsion sozialer Zugehörigkeit in der Funktionärsgruppe führen.

*„i kenn sehr gute Aunsprechpartner des is holt a durch durch die Schulung oder Weiterbüldung du lernst die spezielle die guten Aunsprechpartner kennen (/) kaunnst den daunn weitervermitteln und so kaunnst den hölfn (\*) des is holt des oller Wichtigste"* (Z. 89-92).

Frau A. gelingt es, die verschiedenen beruflichen Herausforderungen anzunehmen und sinnstiftend in ihre Biografie zu integrieren. Diese Anschlussfähigkeit ist eine bedeutende Ressource, die in unterschiedlichen Bereichen zum Ausdruck kommt. Ihre Anschlussfähigkeit ist auch mit einer pragmatischen Perspektive verbunden, die nicht selten mit persönlichen Präferenzen in Erscheinung tritt. Frau A. integriert ihre Stärken in neue Tätigkeitsfelder und gestaltet gezielt Kommunikationsräume.

*„dawall i im Gschäft wor hob i des a ghobt den Kundn oba daunn wie i in Betrieb gaungan bin sicha hob i Orbeitskolleginnen und Kollegn und aba a Kunde is wos aundares mit dem kommunizierst und des des hot ma nocha gföllt und des hob i nocha weita imma nebenher wahrgenommen würd i amol sogn"* (Z. 193-202).

### 3.3 Aspekte zu Aus- und Weiterbildung

Die Themen Bildung und Lernen haben für Frau A. einen besonderen Stellenwert in ihrem Leben; die Biografieträgerin zeichnet sich durch eine sehr hohe Lernbereitschaft aus. Vor allem im Rahmen ihrer betriebsrätlichen Tätigkeit zeigt sich dies durch die laufende Teilnahme an Weiterbildungsveranstaltungen, die gerade für erfolgreiche

Positionierungen in Verhandlungsprozessen wichtig sind. Diesen Anforderungen kommt sie stets in verantwortungsvoller Weise nach.

Der Bildungszugang und ihr Verständnis von Lernen sind für die Biografieträgerin zu Beginn ihres Bildungsweges durch ihr defensives Lernen im Rahmen der Pflichtschule gekennzeichnet. Dies verändert sich jedoch im Verlauf ihrer Lernbiografie: Frau A. holt das neunte Schuljahr freiwillig und auf eigenen Wunsch nach und entdeckt für sich in dieser Zeit die Freude am expansiven Lernen und damit an ihrem individuellen Lernfortschritt.

> *„in da Schul wor des imma so lernst fürn Lehrer des wor daunn in da Berufschul net mehr so des wor in da in [A Standort der Hauswirtschaftsschule] a net mehr so und is a do heit net mehr so sondan waß ma für wen mas tuat und dass mas wirklich sölba tuat"* (Z. 308-310).

Hier wird deutlich, wie sich schulisches, oft auf defensives Lernverhalten ausgerichtetes Handeln verändert und sich Möglichkeitsräume des Lernens aus Eigeninteresse und eigenem Engagement heraus weiter entwickeln. Dieses Interesse an lernender Weiterentwicklung und am permanenten Kompetenzaufbau begleitet die Biografieträgerin durch ihr weiteres Leben. Gerade dieses expansive Lerninteresse kommt ihr in ihrer professionellen Tätigkeit als Betriebsrätin zugute:

> *Mhm I hob zerst amol an Grundkurs gmocht i wor daumals no a ANG des haßt Agra-Nahrung und Genuss die Gewerkschoft und heite san ma mit die Metolla jo zaumman daumols hots an Grundkurs gebn der hot 14 Tog dauert amoi dann host du ständig a fachspezifische Weiterbildungsmaßnahmen wir hobn zum Beispül die Molkarei wor extra die Fleischa hobn extra ghobt kaunn ma speziell auf den Kollektivvatrog besser eingehn Änderungen de wos do passiern wos jo auch immer wieda vorkommt ah dann wenn si heit ollgemein im Gesetz wos ändert obs Orbeitszeitgesetzänderungen san obs irgendwie aundare Gesetze no san des kriagst nocha do aussi* (Z. 205-212).

Der formale Bildungsweg wird zu einer wichtigen Grundlage für die inhaltliche betriebliche Tätigkeit von Frau A. Das darin vermittelte Basiswissen stellt einen unverzichtbaren Bestandteil in ihrer Vertretungsfunktion als Betriebsrätin dar. Für diese Vertretungsfunktion ist ein umfangreiches fachliches und juristisches Wissen notwendig. Da sie von Grundausbildung her nicht über jenes Fachwissen verfügt, das etwa JuristInnen auszeichnet, ist es für sie umso wichtiger, sich stets fachlich weiter zu qualifizieren.

> *Jo sunst san eigantlich wirklich imma nur die spezisfischn Weiterbildungen gwesn und jetzt do die drei Monat ah Betriebsräte-Akademie wo i natürlich wieda Festigung des gaunzn Stoffes wieda ka Jurist kaunn heit a Gesetzbuach auswendig aba dass ma sich einfach leichter tut im Nachschlagn dass ma ebn wieda die passenden Ansprechpersonen hot sölbst wenn ma die aunderen in Grundausbüldungen hot oda so kummt ma heit i wüll jetzt wieda keine Namen*

*nennen oba zu irgendan an an an Chef oda net so genau in die Orbeitakaumma oda sunst wohin als wia wenn man do hot nocha also nocha host nimmt a si wirklich die Zeit wennst a so a Problem host Dann lernst do natürlich a verschiedene Verhandlungstechnikn wos a wichtig is ne und sulche Sochn Und es is a sölbst wennst as amol ghört hot oda in ana zwa drei Togesschulung gmocht hot is wichtig auffrischn imma wieda Es sitzt do zvor irgandwo oba wenn as jetzt launge Zeit net benützt daunn ziagt si do so a Nebl driba und mit mit anfoch aktuell sich damit befossn kummt des wieda viara* (Z. 310-322).

Um das notwendige Know-how für die konkrete Arbeit zu aktivieren, sind spezielle Lernprozesse von besonderer Bedeutung. Im konkreten bezieht sich Frau A. auf rhetorische, verhandlungstechnische und netzwerkbildende Fähigkeiten, die es ihr erst ermöglichen, ihre Tätigkeit professionell und in verantwortungsvoller Art und Weise ausüben zu können.

*I hob a daumols schun an Rhetorikkurs gmocht (\*) do des brauchst a wall zerscht bist schun nervös imma bist a bissl nervös beim Redn oba vor ollm is a wichtig Vorbereitungszeit zu kürzn weil do geht schun vüll drauf oda wenn ma heit amol net so guat drauf is ((schneller bis\*)) do kaunn i mi no so zuwi setzn wird aus da Rede nix i muass mi holt nocha zuwi setzn nocha gehts oba in a Viertlstund (\*) oba des des is natürlich olles zum lernan. Dann is a wichtig bei den Schulungen is dabei dass du Ich bin auch im Frauenbereich tätig in der Steiermork ((...)) Do is ebm do is wichtig a die Kommunikation mit den aundan Betriebsrätn wie gehts dem (\) wos hot der do gmocht (\) do do is as gaunz wichtig dass die Leit kennst a und dass di und dass di mit den aundan Problemen a heast I denk ma der hot a imma Schwierigkeitn net nur du oda so oda wie hot a do gmocht bei aundan so Also des is gaunz wichtig a dass ma die Orbeit guat mochn kaunn ((15))* (Z. 212-223).

Besonders zu Beginn ihrer Karriere als Betriebsrätin war ihr besonderes Engagement gefragt, wenn es darum ging, sich notwendiges Wissen und Kompetenzen zur Bewältigung ihrer neuen Funktion anzueignen. Dafür war ständige Weiterentwicklung bzw. Weiterbildung auf formeller als auch informeller Ebene notwendig. Im Wissenserwerb standen und stehen für Frau A. zwei Aspekte im Vordergrund: Zum ersten die Anwendungsorientierung des erworbenen Fachwissens, wie sie es beispielsweise in Beratungen zu gesetzlichen Bestimmungen benötigt, und zum zweiten Kenntnisse im Bereich der sozialen Kompetenzen, wie etwa Verhandlungstechniken. Neben spezifischem Detailwissen hat sie sich im Laufe der Zeit auch ein breites fachübergreifendes Wissen angeeignet. Erst dadurch wird es ihr möglich, auf Augenhöhe mit VerhandlungspartnerInnen zu diskutieren, die sich ebenfalls ständig weiterbilden. Frau A. führt in diesem Zusammenhang die Metapher einer Rolltreppe ein:

*„man muass sie natürlich auch immer laufend fortbüldn. I muass ehrlich sogn des is so ähnlich wie eine Rolltreppe die hinunter fohrt und unsereins geht hinauf und sobold du stehen bleibst bist du*

*weg bist du zurück zumindest a jeder Manager jede Führungskroft büldet si ständig weiter des gült für uns natürlich genauso weil sunst bleibst stehn oder ziagst bist hintn." (Z. 35-39).*

Dieses Bild der Rolltreppe verdeutlicht, dass die Fortbildungen und die darin vermittelten Inhalte für Frau A. die Voraussetzungen darstellen, um als Verhandlungspartnerin bestehen zu können. Dementsprechend wird die Teilnahme an Weiterbildungen von ihr als wichtiger Parameter ihres betriebsrätlichen Erfolges bezeichnet.

*„wennst ständig wos tuast und für die Leit wirklich wos tuast und di weiterbüldest daunn kummst holt auch in ((leise bis*)) Laundesleitung in Bundesvorstaund (*)" (Z. 58-59).*

Um das notwendige ‚Handwerkszeug' für die konkrete betriebsrätliche Arbeit zu erwerben, ist auch der Kompetenzerwerb in informellen Lernräumen von besonderer Bedeutung. Durch ihre langjährige Tätigkeit in der betrieblichen und gewerkschaftlichen Vertretungsarbeit erwarb sich Frau A. komplexes informelles Wissen etwa in Bezug auf Abläufe und Strukturen in Betrieben. Neben den unterschiedlichen professionellen Weiterbildungen, die Frau A. in Anspruch nimmt, stellen gerade informelle Lernräume wichtige soziale Kontexte für erweiterte Lernprozesse dar. Sie bilden darüber hinaus den Support für das Kennenlernen notwendiger Spielregeln in Organisationen.

*„daunn muss ma herausfindn wölchn Weg gehst ((lacht)) geh ich jetzt da des is natürlich a Praxis gaunz kloar in meim Bereich ((langsam bis*)) geh i net zerscht zum Chef sondern i geh zerscht zum Personalchef ((lachen))wenn i was den hob i schun amol hinter mir daunn kaunn er schun net mehr aus (*) des is oba des lernt ma mit der Zeit wo ((lächeln)) wo gehst wo gehst hin oda so des is" (Z. 104-108).*

In diesem Zusammenhang spricht sie auch die besondere Bedeutung von KooperationspartnerInnen an, die eine wesentliche Unterstützungsfunktion übernehmen. Durch diesen personalen Support wird auch die eigene Verhandlungsposition gestärkt, was wiederum zur Gewichtung einer professionellen Vertretung beiträgt.

*„auch wenn i mi no so gut auskenn so wer i imma a Rückendeckung holn von der Gewerkschoft, eine Bestätigung meines Wissens von der Kaumma oder noamol von der Gewerkschaft (…) erst dann wenn i sog immer wenn i auf sicheren Boden geh ohne dass do irgand a Brettl wockalt kann i zum Orbeitgeber hinein gehen i muass bestens informiert sein weil i sölba unsicher bin" (Z. 94-101).*

### 3.4 Der Aspekt der professionellen Handlungsmacht

Im Prozess der Professionalisierung als Betriebsrätin spielen neben dem Erwerb von Fach- und Sozialkompetenzen auch die Positionierung als erfolgreiche Vermittlerin, ihr strategisch ausgerichtetes Handeln und die inner- und außerbetriebliche Vernetzungsleistungen wichtige Rollen. Dabei präsentiert sich Frau A. als erfolgreiche Vermittlerin. Wie bereits erwähnt, nimmt sie als Betriebsrätin eine Position zwischen ArbeitgeberInnen sowie ArbeitnehmerInnen ein.

*„als Betriebsrot sichst jo a net nur auf ana Seitn und imma nur fürn Orbeitnehma genauso wiest a net imma nur fürn Orbeitgeber kaunnst sein Es muass imma a Gesprächsbasis do sein und und ma muass sehr wohl ausanaund holtn können des is möglich und des is net möglich ne"* (Z. 279-282).

Sie ist damit einerseits gefordert, die Interessen der MitarbeiterInnen im Betrieb zu vertreten, und andererseits ist sie bemüht, eine vertrauensvolle Gesprächsbasis zur Führungsebene aufrecht zu erhalten. In Verhandlungen sind ihre empathische Grundhaltung und ihre Sozialkompetenzen von großem Nutzen, aber auch das Wissen um ihre Handlungsspielräume als Betriebsrätin.

*„i sölba wer natürlich net nur gfrogt gö ob des jetzt in meim Bereich is sondern auch wenn's in Maunn amol betrifft (/) ((lächeln)) oder irgend ane Verwaundten i muass dazua sogn i kenn a net olle Kollektivverträge (/) für des gibt's zu vüll kann man et außerdem gibt's Vertriebs Betriebsvereinbarungen dahinter oba i kaunn amol wos gurndsätzliches sogn und gaunz wichti is a ((langsam bis*)) i kenn sehr gute Ansprechpartner des is holt a durch die Schulung oder Weiterbüldung du lernst die speziellen Aunsprechpartner kennen (/) kaunnst den daunn weitervermitteln und so kaunnst den hölfn (*)"* (Z. 85-92).

Ein weiterer Aspekt der professionellen Handlungsmacht von Frau A. kann in ihrer strategischen Art zu denken gesehen werden: nämlich vorausschauend, systematisch und ganzheitlich. Diese Fähigkeit kann in direkte Verbindung mit ihrer Rolle als gut informierte Verhandlungspartnerin gebracht werden. Denn nicht nur fundierte Kenntnisse entscheiden über den Ausgang eines Verhandlungsprozesses, sondern auch die dabei angewandte strategische Vorgehensweise. So ist Frau A. beispielsweise mit den Spielregeln des Systems in Bezug auf den Umgang mit Hierarchien und dem Nutzen von Allianzen vertraut und lässt dieses informelle Wissen gezielt in ihre betriebsrätliche Arbeit einfließen.

*„es wird natürlich a schwieriger er informiert si a mehr ((lachen)) daunn muss ma herausfinden wölchn Weg gehst"* (Z. 103-104).

Die Biografieträgerin zeichnet sich durch eine starke kollektive Orientierung aus und legt großen Wert auf die Partizipation in verschiedenen Netzwerken. So nennt sie in diesem Zusammenhang die Notwendigkeit der Kooperation mit anderen BetriebsrätInnen sowie mit KollegInnen aus der Gewerkschaft. Frau A. erwähnt darüber hinaus mehrmals die hohe Bedeutung der Vernetzungsarbeit im Rahmen von Weiterbildungsveranstaltungen. In den kooperativen Netzwerken geht es neben der Klärung formaler Fragestellungen auch um die kritische Reflexion der eigenen Standpunkte.

Diese sozialen Verbände stellen eine wichtige Ressource im Sinne einer Plattform dar, auf der sich die BetriebsrätInnen austauschen und damit Sicherheit für ihr weiteres berufliches Handeln generieren. Dies erweitert schließlich die Spielräume ihrer Handlungsmacht, die sich auf unterschiedlichen hierarchischen Ebenen zeigen.

Frau A. präsentiert sich in ihrer Narration auch mit einem starken Bezug zu ArbeitskollegInnen im Betrieb. Deutlich wird dies in der wiederholten Betonung der Bedeutsamkeit des sozialen Zusammenhalts. So ist ihr wichtig, eine Kultur der Zusammengehörigkeit unter den MitarbeiterInnen zu schaffen.

*„aba i kaunn den Mitorbeiter in den aunderen Obteilungen einsetzn und damit des funktioniert is es gaunz wichtig dass ma zaummen wenigstens a Pause verbringt oda irgend wos mitanaunder unternimmt wall wenn ma des jetzt in zwa Gruppn teiln würdn san des zwa Gruppn die aunfaungan gegnanound zu orbeitn"* (Z. 153-156).

Frau A. verfügt neben ihren weitreichenden Arbeitskontakten auch über ein funktionierendes privates Netzwerk. Ohne die soziale Einbindung und den entsprechenden Rückhalt durch die Herkunftsfamilie und ihre FreundInnen könnte sie – nach eigener Aussage – die betriebsrätliche Arbeit nicht mit so großer Ausdauer und hohem persönlichen Einsatz durchführen.

*„i bin ledig hob auch keine Kinda jo hob oba sonst an an sehr ah sehr starke Bindung zu meina Familie ob des jetzt meine Geschwister san ah Mutter lebt net mehr zum Vota in dem Foll ob des auch das weitere Familienumfeld is wos ebn wos was i Tanten Onkln und so weita san des is oba a sehr wichtig das ma des als Kraft dahinta hot des is gaunz wichtig i was schun dass des net imma und übaroll so is oba oba durt hullt ma sich die Enagie oft erst heraus oda Freunde oda wos a imma des Umföld is gaunz wichtig wall sunst würdest des irgand waunn net mehr vakroftn geht net mehr"* (Z. 339-345).

## 4. Resümee

Die Tätigkeit einer Betriebsrätin erfordert eine Reihe von Fähigkeiten und Kenntnissen in unterschiedlichen Handlungsfeldern. Die Palette der Anforderungen in der Professionalisierung ist demgemäß bunt und vielfältig, sodass permanente Anpassungsleistungen erforderlich sind. Am Beispiel von Frau A. konnte verdeutlicht werden, wie es einer engagierten Frau in ihrer Funktion als Betriebsrätin gelingt, die vielfältigen Anforderungen, die diese komplexe Tätigkeit mit sich bringt, auszubalancieren und welche grundlegenden Qualifikationen und Kompetenzen vonnöten sind, diese weitreichenden Aufgaben erfolgreich zu bewältigen.

Legt man den Fokus auf die Herausbildung einer professionellen Handlungsmacht, so wird in der Narration von Frau A. erkennbar, dass sich diese durch bereichsübergreifende Fähigkeiten wie etwa umfassendes Engagement, hohe Belastbarkeit sowie fundierte Kommunikationskompetenz auszeichnet. Die Biografieträgerin verfügt darüber hinaus über ausgeprägte Kritikfähigkeit, pragmatische Handlungsorientierung und weist weiters hohe Anschlussfähigkeiten im kognitiven Verständnis und im sozialen Miteinander aus. Zudem wird deutlich, dass es der Biografieträgerin gelingt, speziell durch die Teilnahme an Aus- und Weiterbildungen das notwendige Fachwissen zu erweitern, die eigenen Kompetenzen auszubauen und sich umfassendes informelles Wissen, vor allem durch den Austausch mit KollegInnen, aber auch durch die reflexive Beobachtung des organisationalen Systems, anzueignen.

Zusammengenommen bildet der Erwerb dieser unterschiedlichen Qualifikationen und Kompetenzen die Grundlage für die professionelle betriebsrätliche Tätigkeit von Frau A. Diese Professionssegmente tragen entscheidend dazu bei, dass sich die Biografieträgerin – gestützt von zahlreichen Netzwerkstrukturen auf unterschiedlichen Ebenen und durch ihre strategische Herangehensweise – als erfolgreiche Betriebsrätin mit professioneller Handlungsmacht präsentiert.

## Endnoten

1    Dieses Interview wurde von Eva Klöckl und Karin Puntigam durchgeführt.

## Literatur

Alheit, Peter/Dausien, Bettina (2002): Bildungsprozesse über die Lebensspanne und lebenslanges Lernen. In: Tippelt, Rudolf (Hg.): Handbuch Bildungsforschung. Opladen, S. 565-585.
ArbVG (1973): Bundesgesetz vom 14. Dezember 1973 betreffend die Arbeitsverfassung. In: http://www.uni-salzburg.at/pls/portal/docs/1/1061243.PDF [7.12.2009].
Glaser, Barney G./Strauss, Anselm L. (1998): Grounded Theory. Strategien qualitativer Forschung. Bern.
ÖGB (o.J.): Angebote für ArbeitnehmerInnenvertreter. In: http://www.betriebsraete.at/servlet/ContentServer?pagename=ANV/Page/Index&n=ANV_1.1.a&cid=1127903766303 7.12.2009].
Schmoldt, Hubertus (2000): Kompetenzentwicklung in lernenden Organisationen. In: Arbeitsgemeinschaft QUEM (Hg.): Kompetenzentwicklung 2000. Lernen im Wandel - Wandel durch Lernen. Münster, S. 277-288.
Strauss, Anselm/Corbin, Juliet (1996): Grounded Theory: Grundlagen qualitativer Sozialforschung. Weinheim.
VOEGB (o.J.): Die BetriebsrätInnenAkademie (BrAk). In: http:// www1.voegb.at/bildungsangebote /Akademie [30.11.2009)].
Wannlöffel, Manfred (2002): Professionalisierung der Betriebsratsarbeit? In: Forschungsinstitut Arbeit Bildung Partizipation e.V. (Hg.): Jahrbuch Arbeit Bildung Partizipation, Band 19/20 2001/02, Recklinghausen, S. 141-152.

# AutorInnenverzeichnis

## Peter Alheit

Prof. Dr. Dr., Lehrstuhl für Allgemeine Pädagogik mit dem Schwerpunkt außerschulische Pädagogik am Pädagogischen Seminar der Georg-August-Universität Göttingen, Arbeitsgruppe Biographie- und Lebensweltforschung. Arbeitsschwerpunkte: International vergleichende Bildungsforschung, (Auto)Biographieforschung, Mentalitätsforschung, Community Development, Bildung und Alter
Kontakt: palheit@uni-goettingen.de

## Wolf-Dietrich Bukow

Dr., em. Professor für Kultur- und Erziehungssoziologie und Geschäftsführender Direktor der Forschungsstelle für interkulturelle Studien (FiSt) an der Humanwissenschaftlichen Fakultät der Universität zu Köln. Arbeitsschwerpunkte: Interkulturelle Studien und Diversity Studies zu globaler Mobilität, Migration, Bildung, urbane Quartiere
Kontakt: wbukow@uni-koeln.de

## Michael Corsten

Dr., Professor für Soziologie an der Stiftung Universität Hildesheim. Arbeitsschwerpunkte: Lebenslauf- und Generationssoziologie, Kultursoziologie, Berufs- und Bildungssoziologie, Zivilgesellschaft
Kontakt: corsten@uni-hildesheim.de

## Cornelia Dinsleder

Mag^a., Dissertantin am Institut für Erziehungs- und Bildungswissenschaft der Karl-Franzens-Universität Graz im Fachbereich Erwachsenenbildung zum Thema Communities of Practice unter Lehrenden in Schulen
Kontakt: cornelia.dinsleder@gmx.at

## Rudolf Egger

Dr. phil., Professor für Weiterbildung und Lebenslanges Lernen am Institut für Erziehungs- und Bildungswissenschaft der Universität Graz. Arbeitsschwerpunkte: Erforschung formeller und informeller Lernwelten aus der Sicht transformativer Aneignungsprozesse, interpretative und rekonstruktive Modelle empirischer Sozialforschung
Kontakt: rudolf.egger@uni-graz.at

**Katharina Faltis**

Mag<sup>a</sup>., Dissertantin am Institut für Erziehungs- und Bildungswissenschaft der Karl-Franzens-Universität Graz im Fachbereich Erwachsenenbildung/Integrationspädagogik zum Thema Bildung und Legasthenie; tätig als Lernpädagogin in Graz
Kontakt: katharina.faltis@tele2.at

**Andrea Felbinger**

Mag<sup>a</sup>. Dr<sup>in</sup>., wissenschaftliche Mitarbeiterin an der Karl-Franzens-Universität Graz, Institut für Erziehungs- und Bildungswissenschaft, Arbeitsbereich Angewandte Lernweltforschung. Erwachsenenbildnerin; Lehrbeauftragte an der Medizinischen Universität Graz, der Montanuniversität Leoben sowie in universitätsnahen Weiterbildungseinrichtungen; Arbeitsschwerpunkte: Hochschuldidaktik, Geschlechterforschung, Kohärenzgefühl und Lernkultur in der Erwachsenenbildung
Kontakt: a.felbinger@aon.at

**Michaela Harmeier**

Dipl.Päd<sup>in</sup>. Dr<sup>in</sup>., wissenschaftliche Mitarbeiterin an der Universität Duisburg-Essen im Fachgebiet Erwachsenenbildung/Bildungsberatung. Arbeitsschwerpunkte: Erwachsenenbildung, Biografieforschung, Frauen- und Geschlechterforschung, Professionalisierung und berufspraktische Qualifizierung
Kontakt: michaela.harmeier@uni-due.de

**Heiner Keupp**

Dr., von 1978 bis 2008 Professor für Sozial- und Gemeindepsychologie an der Universität München. Aktuell Gastprofessuren an den Universitäten in Klagenfurt und Bozen. Arbeitsschwerpunkte: Soziale Netzwerke, gemeindenahe Versorgung, Gesundheitsförderung, Jugendforschung, individuelle und kollektive Identitäten in der reflexiven Moderne und Bürgerschaftliches Engagement
Kontakt: keupp@psy.uni-muenchen.de

**Melanie Krug**

M.A. Soziologie/Medienwissenschaft, ist wissenschaftliche Mitarbeiterin im Methodenbüro des Instituts für Sozialwissenschaften an der Stiftung Universität Hildesheim. Arbeitsschwerpunkte: Qualitative Methoden der Sozialforschung, Biographieforschung
Kontakt: melanie.krug@uni-hildesheim.de

**Michael May**
Dr. habil., Professor für „Erziehungswissenschaften mit dem Schwerpunkt Theorie und Methoden der Jugendarbeit, der Randgruppenarbeit und der Gemeinwesenarbeit" im Fachbereich Sozialwesen der Fachhochschule Wiesbaden: heute Hochschule RheinMain; Privatdozent für Allgemeine Erziehungswissenschaften im Fachbereich Erziehungswissenschaften der Goethe-Universität Frankfurt. Arbeitsschwerpunkte: Politik und Pädagogik des Sozialen, Sozialraum, Diversity
Kontakt: Michael.May@hs-rm.de

**Andrea Mayr**
Mag[a]., Dissertantin am Institut für Erziehungs- und Bildungswissenschaft der Karl-Franzens-Universität Graz im Fachbereich Sozialpädagogik zum Thema Wirkungen von arbeitsintegrativen und ökologisch orientierten Betrieben und Projekten
Kontakt: andrea.mayr@uni-graz.at

**Patrick Meyer-Glitza**
Doktorand an der Universität Kassel, Fachbereich Ökologische Agrarwissenschaften im Fachgebiet biologisch-dynamische Landwirtschaft zum Thema „Nicht-Tötende Rinderhaltung"
Kontakt: laku@freenet.de

**Regina Mikula**
Mag[a]. Dr[in], lehrt und forscht als Assistenzprofessorin an der Karl-Franzens-Universität Graz, Institut für Erziehungs- und Bildungswissenschaft, Arbeitsbereich Angewandte Lernweltforschung. Arbeitsschwerpunkte: Lernen und Neue Lernwelten, Systemtheorien und Konstruktivismus, feministische Bildungstheorien. In außeruniversitären Einrichtungen lehrt sie u.a. zu Systemischer Pädagogik, Hochschuldidaktik und Organisationsmanagement
Kontakt: regina.mikula@uni-graz.at

**Helga Moser**
Mag[a]., Dissertantin am Institut für Erziehungs- und Bildungswissenschaft der Karl-Franzens-Universität Graz im Fachbereich Weiterbildung zum Thema Anerkennung von Bildungskapital von MigrantInnen. Lehrbeauftragte an der Fachhochschule Joanneum – Studiengang Soziale Arbeit sowie Tätigkeiten in NGOs im Integrations- und Antirassismusbereich
Kontakt: moser_helga@yahoo.com

## Karin Pesl-Ulm

Mag[a]., Dissertantin am Institut für Erziehungs- und Bildungswissenschaft der Karl-Franzens-Universität Graz. im Fachbereich Weiterbildung zum Thema Lebenswelten alternder Menschen im Kontext informeller Lernprozesse. Lehrtätigkeit an der Medizinischen Universität Graz

Kontakt: karin.pesl-ulm@stmk.gv.at

## Angela Pilch Ortega

Mag[a]. Dr[in], lehrt und forscht als wissenschaftliche Mitarbeiterin im Arbeitsbereich Angewandte Lernweltforschung am Institut für Erziehungs- und Bildungswissenschaft der Karl-Franzens-Universität Graz. Forschungsschwerpunkte: Biographie-orientierte Lernwelt- und Bildungsforschung, soziale Bewegung(en), interkulturell vergleichende Lernweltforschung, qualitativ-interpretative Sozialforschung

Kontakt: angela.pilch-ortega@uni-graz.at

## Harald Ploder

Mag. [FH], Dissertant am Institut für Erziehungs- und Bildungswissenschaft der Karl-Franzens-Universität Graz im Fachbereich Weiterbildung zum Thema Ehren-amtlichkeit und Soziales Kapital; tätig als Sozialarbeiter in Graz

Kontakt: harald.ploder.sam04@fh-joanneum.at

## Sonja Preißing

Dipl. Päd., Wissenschaftliche Mitarbeiterin am Institut für vergleichende Bildungsforschung und Sozialwissenschaften an der Humanwissenschaftlichen Fakultät der Universität zu Köln. Arbeitsschwerpunkte: Stadtforschung, Migrationsforschung, Jugendforschung

Kontakt: sonja.preissing@uni-koeln.de

## Elisabeth Puster

Mag[a]. Bakk[a]., abgeschlossenes Studium der Erziehungs- und Bildungswissenschaft an der Karl-Franzens-Universität Graz. Masterarbeit im Fachbereich Weiterbildung zum Thema Lernort Bibliothek; tätig als Bibliothekarin an der Universitätsbibliothek der technischen Universität Graz

Kontakt: elisabeth.puster@tugraz.at

**Katica Stanić**

Mag[a]., Dissertantin am Institut für Erziehungs- und Bildungswissenschaft der Karl-Franzens-Universität Graz im Fachbereich Weiterbildung zum Thema Weiterbildung der höher qualifizierten exjugoslawischen MigrantInnen

Kontakt: katica.stanic@uni-graz.at

**Michael Wrentschur**

Mag. Dr., Hochschullehrer und Forscher am Institut für Erziehungs- und Bildungs-wissenschaft der Karl-Franzens-Universität Graz im Arbeitsbereich Sozial-pädagogik (50 %). Arbeitsschwerpunkte: Theaterarbeit in sozialen Feldern; Soziokultur und Par-tizipation; Szenisches Forschen. Künstlerischer Leiter von InterACT, der Werkstatt für Theater und Soziokultur in Graz (50%).

Kontakt: michael.wrentschur@uni-graz.at

If you have any concerns about our products,
you can contact us on
ProductSafety@springernature.com

In case Publisher is established outside the EU,
the EU authorized representative is:
Springer Nature Customer Service Center GmbH
Europaplatz 3, 69115 Heidelberg, Germany

Printed by Libri Plureos GmbH
in Hamburg, Germany